CAPITALISMO DESTRUTIVO

Quinn Slobodian

Capitalismo destrutivo
Os radicais do mercado e a ameaça
de um mundo sem democracia

TRADUÇÃO
Renato Marques

Copyright © 2023 by Quinn Slobodian
Todos os direitos reservados, inclusive os direitos de reprodução total ou parcial em qualquer meio.

Grafia atualizada segundo o Acordo Ortográfico da Língua Portuguesa de 1990, que entrou em vigor no Brasil em 2009.

Título original
Crack-Up Capitalism: Market Radicals and the Dream of a World without Democracy

Capa
Eduardo Foresti/ Foresti Design

Mapas das páginas 110 e 236-7
Sonia Vaz

Preparação
Fábio Fujita

Índice remissivo
Probo Poletti

Revisão
Ana Maria Barbosa
Luís Eduardo Gonçalves

Dados Internacionais de Catalogação na Publicação (CIP)
(Câmara Brasileira do Livro, SP, Brasil)

Slobodian, Quinn
  Capitalismo destrutivo : Os radicais do mercado e a ameaça de um mundo sem democracia / Quinn Slobodian ; tradução Renato Marques. — 1ª ed. — Rio de Janeiro : Objetiva, 2024.

  Título original : Crack-Up Capitalism : Market Radicals and the Dream of a World without Democracy.
  ISBN 978-85-390-0811-7

  1. Capitalismo 2. Capitalismo – Aspectos morais e éticos 3. Política I. Título.

24-199909   CDD-306.342

Índice para catálogo sistemático:
1. Capitalismo : Sociologia   306.342
Eliane de Freitas Leite – Bibliotecária – CRB 8/8415

Todos os direitos desta edição reservados à
EDITORA SCHWARCZ S.A.
Praça Floriano, 19, sala 3001 — Cinelândia
20031-050 — Rio de Janeiro — RJ
Telefone: (21) 3993-7510
www.companhiadasletras.com.br
www.blogdacompanhia.com.br
facebook.com/editoraobjetiva
instagram.com/editora_objetiva
twitter.com/edobjetiva

Para minha irmã, Mayana

Mas no início do século XXI ficou evidente que o planeta não tinha condições de assegurar o sustento de todos os seres em níveis ocidentais e, nesse ponto, os mais ricos se refugiaram em suas mansões-fortaleza, compraram os governos ou os incapacitaram de agir contra eles, e lacraram suas portas para esperar até algum momento melhor, pessimamente teorizado, que na verdade se resumia apenas ao resto da vida deles, e talvez à vida de seus filhos, se estivessem otimistas — além disso, après moi le déluge.
Kim Stanley Robinson, *The Ministry for the Future*

Sumário

Lista de siglas 11
Introdução: Despedace o mapa 13

PARTE I: ILHAS

1. Duas, três, muitas Hong Kongs 25
2. Cidade dos cacos 51
3. A solução de Cingapura 73

PARTE II: PHYLES

4. Bantustão libertário 93
5. A maravilhosa morte de um Estado 111
6. Cosplay da Nova Idade Média 129
7. Um Liechtenstein para chamar de seu 145

PARTE III: NAÇÕES-FRANQUIAS

8. O clã de negócios de homens brancos na Somália 163
9. As estruturas de bolhas legais de Dubai 181
10. Colonialismo do Vale do Silício 199
11. Um país na nuvem no Metaverso 215

Conclusão: Seja água 239

Agradecimentos 253
Notas 255
Índice remissivo 321

Lista de siglas

CEE Comunidade Econômica Europeia
CNA Congresso Nacional Africano
DIFC Centro Financeiro Internacional de Dubai
FMF Fundação do Livre Mercado
FMI Fundo Monetário Internacional
GLC Conselho da Grande Londres
Nafta Acordo de Livre-Comércio da América do Norte
OCDE Organização para a Cooperação e Desenvolvimento Econômico
OMC Organização Mundial do Comércio
ONU Organização das Nações Unidas
Otan Organização do Tratado do Atlântico Norte
PCC Partido Comunista da China
PFS Sociedade pela Propriedade e Liberdade
PIB Produto Interno Bruto
RED Região Especial de Desenvolvimento
SMP Sociedade Mont Pèlerin
UE União Europeia
Zede Zona de emprego e desenvolvimento econômico
ZEE Zona econômica especial
ZPE Zona de processamento de exportação

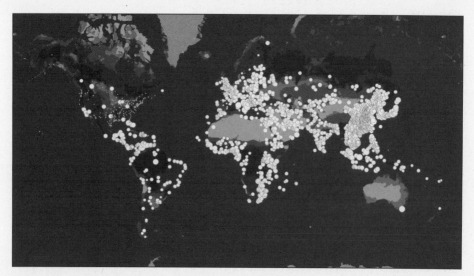
As zonas econômicas especiais do mundo. O tamanho do ponto corresponde à área coberta por cada zona. Para uma versão interativa do mapa, consulte <openzonemap.com>.
FONTE: Cortesia do Grupo Adrianople.

Introdução
Despedace o mapa

Sem consultar mecanismos de busca no seu celular, responda: quantos países existem no mundo? Não tem certeza? A resposta é: cerca de duzentos, mais ou menos. Agora pense no ano 2150. Quantos haverá? Mais de duzentos? Menos? E se houver mil países? Ou apenas vinte? Que tal dois? Ou um? Que tipo de futuro esses mapas sugeririam? E se tudo dependesse dessa resposta?

A pessoa que apresentou esse experimento mental em 2009 foi o investidor de risco Peter Thiel, de 41 anos.[1] Depois de amealhar uma pequena fortuna como fundador do PayPal e um dos primeiros investidores do Facebook, um ano antes ele acabara de sofrer um considerável revés na crise financeira. Então, Thiel tinha uma coisa em mente: como escapar do Estado democrático de cobrança de impostos. "Eu não acredito mais que liberdade e democracia sejam compatíveis", escreveu. "A grande tarefa dos libertários é encontrar uma maneira de fugir da política em todas as suas formas."[2] Quanto maior o número de países, mais lugares possíveis para receber nosso dinheiro e menor a probabilidade de que qualquer país aumente os impostos, por medo de afugentar a galinha dos ovos de ouro. "Se quisermos aumentar a liberdade", declarou ele, "teremos de aumentar o número de países."[3]

Thiel lançou a ideia de um mundo de milhares de governos ou sociedades politicamente organizadas como o sonho utópico de uma realidade futura. O que não mencionou foi o fato de que, de várias maneiras, o futuro descrito por ele já existia.

Um globo-padrão mostra um mosaico irregular de cores, pixelado de forma mais densa na Europa e na África, abrindo caminho para trechos cromáticos mais amplos na Ásia e na América do Norte. Essa é uma imagem conhecida do mundo, aquela que nos foi ensinada desde o ensino fundamental, aquela a que Thiel se referia: cada pedaço de terra com sua própria bandeira, seu próprio hino, seu próprio traje nacional e sua própria culinária típica. A cada par de anos, o desfile de abertura dos Jogos Olímpicos encena essa versão do globo, uma reconfortante confirmação de que, no fim das contas, o mundo é pequeno.

Mas é um erro ver o mundo apenas como esse quebra-cabeça de nações. Na verdade, como os acadêmicos fazem questão de nos lembrar, o mundo moderno, longe de ser uniforme, é esburacado, perfurado, esfarrapado e irregular, rasgado e alfinetado. Dentro dos contêineres das nações existem espaços legais singulares, territórios anômalos e jurisdições peculiares. Existem cidades-Estado, paraísos fiscais, enclaves, portos francos e portos livres, parques de alta tecnologia, centros de inovação e distritos isentos de tarifas, impostos alfandegários ou taxas aduaneiras. O mundo das nações é apinhado de *zonas* — e elas definem a política do presente de maneiras que estamos apenas começando a entender.[4]

O que é uma zona? Em sua definição mais básica, é um enclave criado dentro dos limites de uma nação, isento de formas comuns de regulamentação. No interior de suas fronteiras, os poderes de tributação usuais costumam ser suspensos, o que permite aos investidores ditarem suas próprias regras. As zonas são quase extraterritoriais, a um só tempo inseridas no Estado anfitrião e distintas dele. Elas apresentam uma gama desconcertante de variedades — são pelo menos 82 tipos, segundo um cálculo oficial.[5] Entre as mais destacadas estão a zona econômica especial, a zona de processamento de exportação e a zona de comércio exterior. Em uma extremidade do espectro socioeconômico, as zonas podem ser entroncamentos nas redes de manufatura transfronteiriça.[6] Quase sempre cercadas por arame farpado, são locais de produção de baixa remuneração. No outro extremo, podemos ver uma versão da zona nos paraísos fiscais em que as corporações transnacionais escondem seus ganhos — algo que o economista Gabriel Zucman chama de "a riqueza oculta das nações".[7] A fuga dos lucros corporativos para essas jurisdições com impostos baixos ou nulos custa, apenas aos Estados Unidos, 70 bilhões de dólares por ano em receitas tributárias, ao passo que os paraísos fiscais offshore detêm cerca de 8,7 trilhões de dólares da riqueza mundial.[8] Em algumas ilhas do Caribe, há mais empresas registradas do que residentes.[9] Em sua primeira campanha presidencial, o candidato Barack Obama salientou o caso do edifício Ugland House nas ilhas Cayman, que continha 12 mil empresas: "Trata-se ou do maior prédio do mundo, ou do maior esquema de evasão de tributos do mundo", declarou.[10] Na verdade, era totalmente legal, um fato rotineiro do sistema financeiro global.[11]

Existem atualmente mais de 5400 zonas no planeta, um número muito maior de regimes do que a fantasia de Thiel de um mundo futuro com mil países. Mil novas zonas surgiram só na última década.[12] Algumas não são maiores do que uma fábrica ou um galpão, um ponto de comutação no circuito logístico do mercado global ou um local para armazenar, montar ou refinar um produto para evitar tarifas.[13] Outros são megaprojetos urbanos — por exemplo, a Nova Cidade de Songdo (Distrito Internacional de Negócios de Songdo), na Coreia do Sul; a Neom, na Arábia Saudita; ou a cidade de Fujisawa, no Japão —, que funcionam sob suas próprias regras, como cidades-Estado privadas.[14] Em 2021, os legisladores de Nevada, nos Estados Unidos, lançaram ideia semelhante, sugerindo que poderiam autorizar as empresas que se mudassem para seu estado a escreverem suas próprias leis — o retorno da "cidade-empresa" ou "cidade operária"* um século depois, agora transformada em "zona de inovação".[15] No Reino Unido, o governo conservador fez da criação de uma cadeia de zonas francas ou portos livres a peça central de uma proposta para "nivelar" o Norte desindustrializado após o Brexit. Seu quixotesco objetivo? Competir com a Zona Franca de Jebel Ali de Dubai, fundada em 1985 e na qual, há meio século, as empresas desfrutam de isenções fiscais, com acesso a trabalhadores estrangeiros alojados em dormitórios e remunerados com uma fração do salário mínimo britânico.[16]

Recorro à metáfora da perfuração para descrever a maneira como o capitalismo funciona, abrindo buracos no território do Estado-nação, criando zonas de exceção com leis diferentes e, muitas vezes, sem supervisão democrática.

---

* No original, *company town*: cidadezinhas ou vilarejos que pertenciam a determinada empresa, nos quais praticamente toda a mão de obra local era empregada e em que tudo — casas, escolas, hospitais, supermercados, clubes, cinemas, postos de gasolina e estabelecimentos comerciais — dependia do custeio ou do subsídio da empresa. (N. T.)

O filósofo Grégoire Chamayou acrescenta outra metáfora, comparando projetos de privatização à técnica do besouro serra-pau — feito broca, roem a estrutura da sociedade por dentro.[17] Poderíamos lançar mão de outra metáfora e relembrar como se faz uma peça de renda, amarrando-se fios com lacunas entre eles. O que resulta dá a impressão de um padrão pelo que é deixado de fora. O termo que os especialistas dão a isso é *padronagem do vazio*. Para entendermos a economia mundial, precisamos aprender a ver os vazios.

A maior parte das zonas do mundo se encontra na Ásia, na América Latina e na África. Só a China tem quase metade delas. A Europa e a América do Norte somam menos de 10%.[18] No entanto, como veremos, é no Ocidente que estão alguns dos mais fervorosos defensores das zonas, que as enaltecem como experimentos do que eu chamo de *micro-ordenamento*, ou a criação de arranjos políticos alternativos em pequena escala. Os paladinos das zonas sugerem que a utopia do livre mercado pode ser alcançada por meio de atos de secessão e fragmentação, engendrando-se territórios livres dentro e além das nações, com efeitos disciplinadores e demonstrativos para outros Estados. "A liberdade localizada", de acordo com o que escreveu em 1982 Stuart Butler, da Fundação Heritage, "pode apodrecer os alicerces do Estado não livre ao seu redor."[19] Defensores da perfuração se apresentam em termos melodramáticos como guerrilheiros de direita, reivindicando — e decompondo — o Estado-nação, zona por zona. Tão logo o capital fuja para novas zonas não regulamentadas e com impostos baixos, reza a teoria, as economias que se recusarem a se sujeitar à prática serão forçadas a emular essas anomalias. Ao começar com pequeno escopo, a zona se propõe a servir de exemplo como um novo Estado definitivo e desejável para todos.

Este livro conta a história do que chamo de *capitalismo destrutivo*. Trata-se, ao mesmo tempo, de uma descrição do mundo que tomou forma nos últimos quarenta anos por meio dos esforços descoordenados de atores privados ávidos por lucro e segurança econômica, o que foi viabilizado por governos solícitos, *e também* da história de uma ideologia deliberada. "Capitalismo destrutivo" é um rótulo para definir tanto a maneira como o mundo funciona quanto o modo pelo qual pessoas específicas têm a esperança de continuar a mudá-lo. É uma forma de descrever um mundo cada vez mais interconectado e fragmentado. Seus defensores detectam sinais da mutação do contrato social e especulam se seriam capazes de acelerar e lucrar com a dinâmica da dissolução. Eles são estudantes do que Lionel Shriver chama em seu romance *A família Mandible: 2029-2047*, publicado em 2016, de "o gênero recentemente criado da economia apocalíptica".[20]

A zona não existe somente no vasto mundo. Ela começa em casa. Para a maioria das pessoas, isso não significa a separação total ou a criação de um novo Estado — não se trata da conquista dos píncaros do poder, mas a soma de muitos pequenos atos de recusa. Um radical do mercado chama isso de *secessão suave*.[21] As pessoas podem se separar retirando os filhos das escolas públicas, convertendo moeda corrente em ouro ou criptomoeda, mudando-se para estados com impostos mais baixos, obtendo um segundo passaporte ou se expatriando em um paraíso fiscal.[22] A separação pode ocorrer quando as pessoas vão viver em condomínios fechados para criar governos privados em miniatura, e muita gente já fez isso. Na virada do novo milênio, cerca de metade de todos os novos empreendimentos imobiliários no Sul e no Oeste dos Estados Unidos era de "microcidades planejadas", complexos fechados e protegidos por dispositivos de segurança.[23] Os enclaves fechados são globais, de Lagos a Buenos Aires.[24] Na Índia, os condomínios fechados começaram com a tomada de vias públicas por meio da instalação de barreiras de aço, antes de passar para "colônias" planejadas visionárias e inovadoras, agrupadas em torno de zonas econômicas especiais.[25]

Um investidor de risco que trabalhava para Peter Thiel cunhou um termo engenhoso quando, brincando com a palavra *overthrow* [tomada do poder, destronar ou derrubar o governo] chamou essa forma de secessão suave de *underthrow* [o oposto da subversão e da deposição violenta].[26] Para ele, o melhor modelo de política era a corporação. De bom grado, optamos por participar e ser incluídos ou por ficar de fora, como clientes. Se não gostamos do produto, compramos em outro lugar. Ninguém exige nada de nós e não devemos nada a ninguém específico. Na clássica dicotomia traçada pelo economista Albert Hirschman há meio século, nós nos fiamos mais na saída do que na voz.[27]

Cada ato de secessão suave — cada corporação que, às escondidas, guarda seus lucros junto a uma empresa de fachada na Suíça ou no Caribe; cada impasse com agentes federais sobre disputas de direitos de pastagem; cada policial, empreiteiro ou mercenário contratado para patrulhar, prender ou invadir — é outra pequena vitória para a zona, outro furo que se abre no coletivo. Estamos sendo estimulados a viver em zonas por aqueles que mais lucram com a nossa abdicação do conjunto de responsabilidades compartilhadas. Cem anos atrás, os barões bandidos construíam bibliotecas. Hoje, constroem naves espaciais. Este livro é uma história do passado recente e do nosso conturbado presente, em que bilionários sonham em escapar do Estado e em que a ideia do público é repugnante. Aqui se conta a história de um esforço de décadas para abrir buracos no tecido social, da opção para ficar de fora, separar-se e abandonar o coletivo.

Para entendermos o significado do capitalismo destrutivo, precisamos dar um passo atrás e relembrar as grandes histórias que os acadêmicos contaram a respeito das últimas décadas. A queda do Muro de Berlim em 9 de novembro de 1989 inaugurou uma era de globalização. Em seu romance *Piratas de dados*, Bruce Sterling evoca um vislumbre deste planeta hiperconectado, "todo costurado junto numa única rede esparramada sobre o mundo, um sistema nervoso global, um polvo de dados".[28] Predominam as imagens de conexão: um emaranhado de linhas azuis de lasers interligando os locais mais distantes do mundo, um novelo de troca e mobilidade. A tendência era de interconexão: a Organização Mundial do Comércio (OMC), a União Europeia (UE) e o Acordo de Livre-Comércio da América do Norte (Nafta) foram criados com poucos anos de diferença um do outro. Contudo, se olhássemos de perto, havia também uma linha do tempo alternativa, marcada tanto pela fragmentação quanto pela unidade. As duas Alemanhas se unificaram em 1990, mas a União Soviética se estilhaçou no ano seguinte. A Iugoslávia se dissolveu com a formação da União Europeia. A Somália mergulhou em uma guerra civil e, por mais de uma década, não teria um Estado central.

Assim que a Guerra Fria terminou, novas barricadas substituíram as antigas. Mercadorias e dinheiro fluíam livremente, mas as pessoas, não. De uma ponta à outra do mundo construíram-se muros. Estima-se que mais de 16 mil quilômetros de fronteiras em todo o planeta foram reforçados com barreiras.[29] Em 1990, os Estados Unidos ergueram seu primeiro trecho de cerca de fronteira, ao sul de San Diego. O presidente Bill Clinton liberalizou o comércio na América do Norte enquanto autorizava a Operação Gatekeeper [Guardião do Portão], fortalecendo ainda mais a fronteira sul.[30] Dois meses depois da queda do Muro em Berlim, a BBC lançou o filme *A marcha*, drama que acompanha os passos de um sudanês que reúne pessoas deslocadas pela guerra e pela pobreza para uma jornada através do Norte da África até a Europa. A cena final mostra a caravana chegando a uma cidade turística no Sul da Espanha e subindo degraus rumo a um paredão de tropas armadas enquanto um helicóptero sobrevoa. Um adolescente africano com um boné do time de futebol americano Miami Dolphins é morto a tiros na praia pelos soldados, um ícone da promessa quebrada do cosmopolitismo. Desde 2014, mais de 24 mil pessoas morreram no mar tentando chegar à Europa.[31] A globalização tem força centrípeta e centrífuga. Ela nos une e nos separa ao mesmo tempo.

Este livro enfoca os anos 1990 como um subestimado período de fermentação política e um caldeirão de imaginação nacional e pós-nacional. A história que contamos da década — que se baseou em uma integração cada vez mais ampla e em uniões econômicas de escala cada vez maior — deve ser invertida de modo a mostrar a profundidade da energia secessionista e do ardente fervor por experimentos de micro-ordenamento. Quando, em 1989, o cientista político Francis Fukuyama especulou sobre "o fim da história", ele se referia à convergência em torno do modelo de democracia liberal, mas também ao incontestável reinado de um modelo específico de arranjo do mundo: dividido em Estados-nação soberanos e autodeterminados no âmbito de uma única economia global e vinculados por meio do direito internacional público.[32] Mas a contínua evolução do capitalismo global alterou o quadro. O fim do império e o fim do comunismo deram origem a uma porção de novos Estados-nação soberanos, mesmo quando outra forma política também despontava. A partir dos anos 1990, e cada vez mais até hoje, o Estado-nação ganhou a companhia de uma nova entidade: a zona.

As zonas nos ajudam a repensar a globalização como uma fratura do mapa, ensejando o que os acadêmicos chamam de "economia de arquipélago de offshores", em que territórios se empenham em perpétua competição por clientes, poupadores e investidores itinerantes.[33] Na esteira da pesquisa de grande sucesso de Thomas Piketty e Emmanuel Saez, bem como das revelações de cair o queixo dos Panama Papers e Paradise Papers, estamos começando a aprender mais sobre um tipo particular de zona, o paraíso fiscal.[34] Mas ver a zona como um dispositivo de "acumuladores de riqueza" é constatar algo, ao mesmo tempo, verdadeiro e insuficiente.[35] Devemos avaliar a maneira como, para os radicais do mercado, a zona não era apenas um meio para um fim econômico, mas uma inspiração para a reorganização da política global como um todo.

A zona serve a muitas funções para a direita capitalista. O espectro da zona e a concomitante ameaça de fuga de capitais servem para, via chantagem, pôr em perigo a existência do que ainda resta do Estado social na Europa Ocidental e na América do Norte. A zona também mostra uma segunda crença central para a imaginação compartilhada da direita política contemporânea: a convicção de que o capitalismo pode existir sem democracia. Quando a Alemanha se reunificou, o filósofo político Raymond Plant observou que,

> à luz do colapso do comunismo no Leste Europeu, alguns podem pensar que a relação entre capitalismo e democracia é óbvia. No entanto, isso está longe de ser a realidade, e alguns daqueles que estiveram na vanguarda intelectual do debate sobre o livre mercado agora se preocupam bastante com a relação entre mercados e democracia.

Ele apontou que, "de acordo com esse argumento, a democracia, no formato em que se desenvolveu nas sociedades ocidentais, talvez seja inimiga do crescimento e da manutenção dos mercados".[36] Na visão de alguns, antigos redutos coloniais como Hong Kong, pátrias na África do Sul do apartheid e os enclaves autoritários da península Arábica forneceram evidências de que a liberdade política pode, na verdade, corroer a liberdade econômica.

A ideia de capitalismo sem democracia circula mais amplamente do que se possa imaginar. Stephen Moore, um dos principais conselheiros econômicos do presidente Donald Trump e indicado ao Conselho do Federal Reserve, membro de longa data da Fundação Heritage e intelectual da direita tradicional, declarou com franqueza: "O capitalismo é muito mais importante do que a democracia. Eu nem sequer acredito piamente na democracia".[37] Longe de ser uma piada frívola ou um lapso de linguagem, trata-se de uma posição bem formulada que vem avançando em surdina nos últimos cinquenta anos, moldando nossas leis, instituições e o horizonte das nossas aspirações políticas.

O estilhaçamento do mapa-múndi não se deu de forma espontânea. Já teve seus paladinos. Este livro é sobre aqueles que vieram antes e depois de Thiel, pessoas que viram uma fratura chegando e torceram por ela. Depois do fim da Guerra Fria, propuseram algo surpreendente: talvez, de maneira secreta, o capitalismo tivesse perdido. Talvez os superestados social-democratas estivessem retomando de onde os comunistas pararam, já que os gastos estatais continuavam a crescer. Talvez a verdadeira vitória do capitalismo exigisse ir mais longe. E se o "fim da história" não fosse o tabuleiro de xadrez de mais de duzentos Estados-nação existentes sob condições de democracia liberal, mas, sim, dezenas de milhares de jurisdições de vários sistemas políticos em constante competição? Como um radical do mercado declarou: "E se a maior tendência política dos últimos duzentos anos, a centralização do poder estatal, se reverter no século XXI?".[38] E se a sociedade precisasse ser fundada de novo?

A partir da década de 1970, a zona ofereceu uma elegante alternativa à bagunça da democracia de massa e ao desordenado alastramento e inchaço de canhestros Estados-nação. Secessionismo, não globalismo, era o mantra dos pensadores no cerne deste livro, que segue esse grupo de radicais do mercado em todo o mundo ao longo de meio século em sua busca do recipiente ideal para o capitalismo. A jornada vai de Hong Kong ao distrito de Docklands, em Londres, passa pela cidade-Estado de Cingapura e vai à África do Sul no período final do apartheid, ao sul neoconfederado dos Estados Unidos e à antiga fronteira do Oeste estadunidense; das zonas de guerra do Chifre da África a Dubai e às menores ilhas do mundo e, pior fim, ao reino virtual do Metaverso. Os defensores do capitalismo destrutivo imaginaram uma nova utopia: uma fortaleza para guardar o capital, ágil e incansavelmente móvel, protegida das mãos da população ávida por um presente e futuro mais igualitários.

Em seu romance *Red Pill* [Pílula vermelha], publicado em 2020, Hari Kunzru descreve um homem que, em estado alucinatório, redige um manifesto

> sobre um sistema que, mais cedo ou mais tarde, acabaria se descobrindo capaz de prescindir completamente das políticas públicas e pôr em seu lugar a arte da negociação: uma caixa-preta, impossível de supervisionar, visível apenas para as contrapartes. Não haveria freios e contrapesos, nenhum direito de apelação contra as decisões dos negociadores, nenhum "direito" de qualquer espécie, apenas o exercício bruto do poder.[39]

Isso traduz fielmente o mundo descrito nas páginas deste livro: uma forma radical de capitalismo em um mundo sem democracia.

Parte I

Ilhas

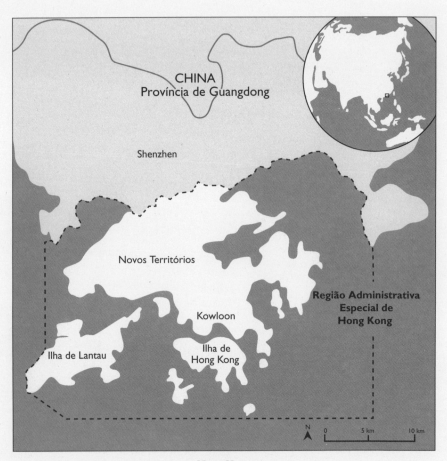

Hong Kong.

1. Duas, três, muitas Hong Kongs

Quando Peter Thiel falou de um mundo de mil nações, não era especulação — era um plano de negócios. Ele se apresentava em um evento organizado por um instituto que ele mesmo financiava e cujo objetivo era aumentar drasticamente o número de territórios do mundo. Os detalhes foram fornecidos pelo homem que se juntou a ele no púlpito, um engenheiro de software do Google de trinta e poucos anos. "Então, o futuro", começou ele, e discorreu sobre seus planos de transformar a soberania política em um empreendimento com fins lucrativos.[1] Desde tempos imemoriais, ele escreveu em outro texto, havia apenas uma maneira de criar uma nova nação: quebrar uma existente, subdividir o território e renomeá-lo. Era um negócio difícil no qual adentrar. Muitas vezes havia a necessidade de travar uma guerra. Mas e se fosse possível criar uma nação política na qual antes não existia nenhuma sociedade politicamente organizada?[2] E se em algum lugar por aí existisse um espaço ainda não reivindicado, à espera? A proposta dele: reaproveitar a tecnologia de plataformas marítimas de petróleo e estabelecer povoamentos além da jurisdição dos Estados terrestres, estabelecendo-se em alto-mar e reivindicando sua posse.[3] Além da "zona econômica exclusiva", faixa que se estende por 370 quilômetros a partir da costa de cada país, o mar aberto estava livre para exploração privada e experimentação política. As *seasteads*, casas aquáticas permanentes ou casas flutuantes independentes no mar, escapariam do Estado fiscalizador e regulador, declarariam independência e desencadeariam o que ele chamou de "explosão cambriana no governo".[4] No jargão do Vale do Silício, seriam "nações-startup".

O homem no palco era Patri Friedman. Ele tinha um avô famoso, talvez o economista mais notório do século, celebrado e insultado em igual medida por seu papel em oferecer arcabouços intelectuais para formas cada vez mais radicais de capitalismo e por sua atividade secundária aconselhando ditadores: Milton Friedman. Ambos compartilhavam uma falta básica de comprometimento com a democracia. "A democracia não é a resposta", escreveu Patri, mas apenas "o padrão atual da indústria."[5] O modelo ideal para suas comunidades se inspirava em corporações. "Empresas competindo entre si por clientes proporcionam produtos mais eficazes do que sistemas democráticos", declarou.[6] Na edição comemorativa dos quarenta anos de publicação de seu best-seller *Capitalismo e liberdade*, lançada em 2002, Milton concordou. "Embora a liberdade econômica seja uma condição necessária para a liberdade civil e política", escreveu ele, "a liberdade política, por mais desejável que seja, não é uma condição necessária para a liberdade econômica e civil."[7]

Milton citou seu exemplo favorito: Hong Kong. Mais do que qualquer coisa, Hong Kong o convencera de que a liberdade capitalista poderia ser assegurada sem as urnas. Em cima do palco, Patri ecoou o avô, dizendo que queria ver era uma "Hong Kong flutuante".[8] O cabeçalho de seu blog incluía um slogan adaptado de Mao Tsé-tung — "Que mil nações floresçam" —, mas a imagem era de Hong Kong, e o logotipo, suspeitamente semelhante a uma versão sinuosa da flor de bauínia presente na bandeira de Hong Kong.[9] O que havia no território de Hong Kong que o tornava o modelo perfeito? Para entendermos o entusiasmo dos dois Friedman, devemos viajar para décadas antes, quando Milton se apaixonara por seu paraíso colonial capitalista.

1.

No final de 1978, a inflação era alta e galopante nos Estados Unidos. A Grã-Bretanha entrava em seu próprio "inverno de descontentamento", com um número recorde de ações trabalhistas ajudando a engendrar uma reação que culminou na ascensão ao poder da destruidora de sindicatos Margaret Thatcher. A agitação reverberou no Irã, onde estudantes revolucionários de esquerda juntaram forças com seus colegas religiosos — não menos revolucionários — para derrubar o governo, falando em nome de Deus e do povo com os punhos erguidos no ar. Três dos maiores países da América do Sul definhavam sob o jugo militar. O Vietnã invadiu o Camboja, e a China se preparou para invadir o Vietnã. O mundo estava sob as rédeas do que um grupo de cientistas políticos, incluindo Samuel Huntington, descreveu em um influente relatório como uma "crise da democracia". Os autores especulavam se o mundo havia ficado "ingovernável", se a vida social se tornara complexa demais, e as pressões populares, intensas demais para uma resposta adequada dos governos. Citaram a previsão do chanceler da Alemanha Ocidental, Willy Brandt, de que "a Europa Ocidental tem apenas mais vinte ou trinta anos de democracia".[10] A capa do relatório mostrava uma bandeira nacional na mira de um fuzil.

O infortúnio regia o mundo, mas o sol brilhava em Hong Kong. No final de setembro de 1978, Milton Friedman sorria enquanto apontava para a cidade pontilhada de arranha-céus brancos reluzindo no mar do Sul da China atrás dele. Ali, Friedman prometeu, estava a solução para a crise, um lugar distante dos paroxismos da soberania popular. Talvez, sugeriu ele, aquele lugar pudesse ser o Estado definitivo e desejável para o capitalismo global. Talvez as ideias de autodeterminação nacional, de "um homem, um voto" e de poder do povo tenham sido imensos desvios, caminhos sinuosos para a servidão, e o impecável veículo para o comércio e as finanças — blindado contra as demandas da população, mas ágil para responder às demandas do mercado, um rolo compressor capitalista a todo vapor — fosse o futuro. E se precisássemos provocar um curto-circuito nos caóticos fundamentos da democracia para garantir o sucesso do mercado? E se a bandeira na linha de fogo realmente tivesse de ser fuzilada para tornar o mundo governável de novo? E se a era em que o Estado-nação dominou as aspirações políticas, desde o fim da Primeira Guerra Mundial até a década de 1970, não passasse de um fenômeno instantâneo e insignificante? "Acredito que uma economia relativamente livre é uma condição necessária para uma sociedade democrática", Friedman diria em uma entrevista em 1988. "Mas também acredito que há evidências de que uma sociedade democrática, uma vez estabelecida, destrói uma economia livre."[11]

As origens de Hong Kong contam uma história sobre como o Estado ideal de Friedman foi criado — sob a mira de uma arma. Por meio do Tratado de Nanquim, assinado em 1842, os britânicos reivindicaram a posse da ilha de

Hong Kong em perpetuidade, como um despojo da Primeira Guerra do Ópio. Abençoada com um porto amplo e profundo, protegido de tufões por uma montanha remanescente da explosão de um supervulcão na era mesozoica, sua cidade recebeu o nome de Victoria, em homenagem à monarca britânica, e se transformou em um entreposto livre de taxas alfandegárias e com a economia impulsionada pelo comércio de drogas — o tráfico de ópio cultivado e processado na Índia e despachado pelo mar para consumidores chineses.

Os britânicos esperavam que o comércio unisse os chineses "em relações amigáveis" com "habitantes mais ativos e empreendedores do que estamos acostumados a chamar de mundo civilizado" (referindo-se a si mesmos), mas as relações se mostraram menos que amigáveis, e eles eram menos que civilizados.[12] A Grã-Bretanha e a França instigaram a Segunda Guerra do Ópio, que levou à aquisição britânica de Kowloon, do outro lado do porto, em 1860. Em 1898, os japoneses derrotaram a China e tomaram Taiwan como butim. Sentindo o cheiro de fraqueza, outras potências europeias iniciaram uma "corrida por concessões", transformando a costa chinesa em um queijo suíço de mais de oitenta acordos internacionais, concessões e portos de tratado, pelos quais, por meio de tratados especiais, permitia-se o comércio internacional, sobretudo por parte de ocidentais.[13]

Cedidas a potências estrangeiras em arrendamentos que variavam de um quarto de século até a perpetuidade, as concessões costeiras, ao mesmo tempo, pertenciam à China e estavam fora dela — Estados de exceção, ou zonas. Os estrangeiros que habitavam as zonas eram extraterritoriais. Mesmo em território chinês, eram governados por suas próprias leis, e seus crimes, julgados por seus próprios tribunais.[14] A própria Hong Kong era uma entidade mista. A ilha e Kowloon eram possessões britânicas, e em 1898 o interior agrícola dos Novos Territórios foi arrendado à Grã-Bretanha por 99 anos, ampliando em dez vezes o rastro colonial. A economia chinesa mais ampla também teve de se abrir na marra, por força de lei. Embora sua soberania permanecesse formalmente intacta, os tratados impingiam ao governo uma política de tarifas baixas. O princípio da "nação mais favorecida" significava que os privilégios concedidos a uma potência, digamos os Estados Unidos, também eram imediatamente concedidos aos russos, alemães, franceses e assim por diante.

Essas leis eram lembradas como os "tratados desiguais" — cernes do "século de humilhação" da China. Em referência a eles, em 1912, um importante diplomata chinês afirmou que foram firmados "com a ajuda da espada".[15] Com menos frequência, aponta-se o quanto a combinação de violência, território e lei ajudou a definir o modelo para a globalização econômica no século que se seguiria: portos e terminais de embarque de contêineres e bases militares foram cedidos em arrendamentos de longo prazo; organizações comerciais como a OMC trabalharam com base no princípio da nação mais favorecida; e tratados permitiram que investidores estrangeiros fossem governados por seus próprios tribunais. Longe da relíquia de um passado sépia, a constelação de enclaves era uma prévia do futuro.

Na nova paisagem legal, Hong Kong prosperou. Começando como um porto comercial, entrou em ritmo acelerado na produção manufatureira para os mercados globais depois que a vitória do Exército Vermelho comunista em 1949 levou as pessoas para a cidade, onde foram empregadas em pequenas oficinas e fábricas que espocavam por toda parte. Cerca de 1 milhão de refugiados e migrantes — mais do que a população total da colônia quando os britânicos a retomaram dos japoneses em 1945 — trouxeram mão de obra e capital, sobretudo do centro comercial de Shanghai. De 1945 a 1956, a população de Hong Kong quadruplicou.[16] Suas fábricas eram pequenas, organizadas de modo informal, e reagiam às mudanças na demanda do consumidor. Oficinas surgiam e fechavam conforme a necessidade, muitas delas localizadas em grupos de "fábricas achatadas" de seis andares, construídas pelo governo a fim de impulsionar o comércio.[17] Hong Kong se concentrou na ponta final da cadeia de valor, fabricando produtos baratos para exportação — artigos de consumo para a explosão demográfica do pós-guerra, de tecidos e roupas a flores de plástico, bonecas e alimentos embalados.[18] Em 1972, a colônia era a maior exportadora mundial de brinquedos.[19] No fim dos anos 1970, era a maior exportadora mundial de roupas.[20] Com um território inferior a 1295 quilômetros quadrados, era o vigésimo maior exportador global, e sua economia crescia 10% ao ano.[21] De centro manufatureiro, rapidamente se tornou o centro financeiro da Ásia.[22] Na década de 1970, o número de bancos mais do que dobrou, e seus ativos cresceram seis vezes.[23]

Foi nesse momento que Friedman desembarcou em Hong Kong. Financiado por doadores conservadores, incluindo a petroleira Getty Oil Company e a Fundação Sarah Scaife, ele estava lá para filmar o primeiro episódio do que seria sua popularíssima série da rede de televisão educativa PBS, *Free to*

Choose [Livre para escolher].[24] Aos sessenta e poucos anos, Friedman via sua carreira acadêmica chegar ao fim, no auge da fama. Sua coluna regular na revista *Newsweek* era lida nos lares de milhões de norte-americanos, e sua estrela aumentou ainda mais ao arrebatar o Nobel de economia em 1976. A série de TV seria transmitida para lares de uma ponta à outra do país, até chegar, por fim, à Grã-Bretanha, acompanhada por uma versão em livro, que passou espantosas 51 semanas na lista de best-sellers do *New York Times* como a obra de não ficção mais vendida de 1980. Por 4800 dólares (cerca de 17 mil dólares em valores corrigidos), qualquer um poderia apreciar, em casa ou na sala de aula, fitas de vídeo do homem que a revista *Time* chamou de "tio Miltie".[25] "Agora", escreveu um jornalista, "o semblante angelical e a figura de gnomo do economista Milton Friedman são presenças constantes na paisagem intelectual norte-americana."[26]

Na tela, vemos cenas do travesso economista passeando por barracas de peixeiros e vendedores de legumes e verduras, e a câmera registra de perto o trabalho de latoeiros na calçada e ateliês de marfim em becos. Entremeando filmagens da Chinatown de Nova York, Friedman elogiou o *sweatshop*,* relembrando que sua própria mãe havia trabalhado em condições semelhantes. A revista libertária *Reason* celebrou o modelo de contratação-seguida-de-demissão praticado em Hong Kong: pequenas fábricas empregavam funcionários por períodos de apenas um mês e os demitiam logo em seguida.[27] No que um jornalista chamou de "mundo dos sonhos de Milton Friedman", "a mão de obra é obrigada a ir aonde o capital a conduza, pelo salário que o capital decida pagar".[28] O próprio Friedman descreveu Hong Kong como "quase um experimento de laboratório sobre o que acontece quando o governo se limita à sua função adequada": as pessoas sabem que, quando fracassam, "elas arcam com o custo".[29]

O episódio da série era intitulado "O poder do mercado", mas, na verdade, tratava-se de encontrar algemas para o Estado. Como impedir que os governos expandissem programas de bem-estar, estendessem direitos sociais e gastassem

---

* Sem tradução em português, o termo *sweatshop* define locais de trabalho caracterizados pelo desrespeito a direitos fundamentais dos funcionários, como imposição de jornadas exaustivas, péssimas condições de higiene e segurança, punições excessivas por pequenas falhas, salários irrisórios etc. Muitas vezes, representam uma continuação da própria residência do trabalhador, albergando diversas famílias aglomeradas. (N. T.)

mais dinheiro em novas áreas, como proteção ambiental, assistência médica, educação pública e conservação de energia? Segundo Friedman, foram essas muitas demandas, entre outras, as responsáveis pelo aumento da inflação e do desemprego nos anos 1970. Ele via Hong Kong como uma lufada de ar fresco em uma década arrastada para a ruína pelas exigências da soberania popular tanto no Norte quanto no Sul globais. As decisões das pessoas de se divorciar, ter filhos fora do casamento ou perambular indolentemente pelos campi universitários estudando Herbert Marcuse e Karl Marx sobrecarregavam os orçamentos do governo.[30] Não havia esses mimos em Hong Kong.

O que possibilitou tamanha disciplina foi, antes de mais nada, a ausência de democracia. A inexistência de sindicatos ou eleições populares significava ausência de poder e influência para trabalhadores ou cidadãos. O secretário das Finanças de Hong Kong era mais importante do que o governador colonial.[31] A colônia britânica era administrada mais como "sociedade anônima" do que como nação, nas palavras de um admirador.[32] Um dos colegas de Friedman na conservadora Instituição Hoover, Alvin Rabushka, enalteceu Hong Kong como uma "aproximação do modelo ideal" da economia neoclássica, "viabilizada pela ausência de um eleitorado".[33] Os formuladores de políticas estavam "livres das onipresentes pressões eleitorais que prevalecem em tomadas de decisão econômicas na maioria dos regimes democráticos".[34] Rabushka celebrou o modelo de "absolutismo administrativo" e o "Estado administrativo sem partidos" de Hong Kong.[35] Era a própria "ausência de política", escreveu ele, que permitia a "liberdade econômica".[36] O resultado? Nem sempre uma vida confortável ou segura, mas, antes, uma vida em que "os trabalhadores aqui em Hong Kong aceitam o veredito das forças do mercado".[37] Rabushka também observou que o sistema de livre empresa dependia "do fato da continuidade do status colonial".[38] Hong Kong havia recebido autorização de Londres para estabelecer sua própria política comercial e tributária desde o final dos anos 1950.[39] Isso dissociou a ilha da construção do Estado de bem-estar social na Grã-Bretanha do pós-guerra, ao passo que a privação de direitos da população local na condição de súditos, em vez de cidadãos, impedia movimentos de contestação e rebeldia que almejassem a autodeterminação. O governador colonial manteve os impostos baixos, e as tarifas, inexistentes. Em 1978, a alíquota máxima do imposto de renda no Reino Unido era de 83%, e nos Estados Unidos, de 70%. Enquanto isso, em Hong Kong não incidiam impostos sobre ganhos de capital ou herança, e havia um imposto de renda fixo de 15%. O segredo para fazer de Hong Kong "o último lugar verdadeiramente capitalista na Terra", nas palavras do diretor da Câmara de Comércio local, foi não ter sucumbido ao canto da sereia, nem da descolonização, nem da democracia.[40]

Friedman aproveitou para filmar cenas de *Free to Choose* enquanto se encontrava em Hong Kong para outra ocasião: a reunião geral bienal da Sociedade Mont Pèlerin (SMP). Fundada pelo economista austríaco-britânico Friedrich Hayek em 1947 para se defender contra a insinuante ameaça do avanço do socialismo e do Estado de bem-estar social, a SMP era um clube privativo de intelectuais, políticos, pensadores e jornalistas (o próprio Friedman foi membro fundador e presidente da sociedade no início dos anos 1970). Seus membros se autodenominavam *neoliberais* na década de 1950.[41] Embora o termo tenha muitas definições, este livro usa *neoliberal* como uma abreviação útil para os indivíduos associados à SMP e seus *think tanks* afiliados.

Dentro do grupo neoliberal havia pensadores de diferentes matizes, mas eles estavam unidos pela convicção de que o capitalismo tinha de ser blindado da democracia na era da democracia de massa. Havia alguns grupos principais de pensadores. Os que mais nos interessam neste livro se reconheceriam no termo *libertário*. Embora o libertarianismo contenha muitas escolas e tendências, os libertários se unem pela crença de que o papel do Estado é proteger o mercado, e não ter posse de propriedades, administrar recursos, dirigir empresas ou fornecer serviços como assistência médica, habitação, serviços públicos ou infraestrutura. As principais funções do governo devem ser a manutenção da segurança interna e externa, a proteção da propriedade privada e a inviolabilidade dos contratos. A principal diferença, como veremos, está entre aqueles que acreditam em um Estado mínimo (às vezes chamados de minarquistas) e os que não acreditam em Estado algum (conhecidos como anarcocapitalistas).[42]

Deve ter sido fácil se apaixonar por Hong Kong quando a Sociedade lá se reuniu, em 1978. O tempo estava ameno, e o céu ainda não havia sido encoberto pela névoa das fornalhas de carvão de Shenzhen, o que mais tarde se tornaria a norma. Os participantes da conferência da SMP se hospedaram em dois dos hotéis mais luxuosos da cidade, o Excelsior e o Mandarin.[43] Uma impressionante coluna de mais de quarenta andares de janelas chanfradas, o Excelsior foi construído no "Lote Número Um" — o primeiro lote de terra leiloado depois que os britânicos tomaram posse da ilha. O Mandarin, por sua vez, foi o primeiro hotel cinco estrelas da cidade e o primeiro na Ásia a ter banheiras e telefones com discagem direta em todos os quartos.[44] Era um destino tão icônico para a fina flor do jet set que, mais tarde, um jornalista fez o sarcástico gracejo de que seria possível, do saguão do hotel, "escrever uma coluna política com as informações privilegiadas de um insider de Londres".[45]

Ambos os hotéis eram de propriedade da empresa britânica Jardine Matheson, também conhecida como Jardines. Uma das casas comerciais originais de Hong Kong, ela começou vendendo ópio para os chineses na década de 1830. Mais tarde, passou a se concentrar em varejo, transporte e hospitalidade, entrando logo cedo na China, firmando parcerias e consórcios em 1979, e saindo igualmente cedo — transferiu sua base de operações para as Bermudas, onde a alíquota de imposto pairava em um atrativo 0%.[46] Alguns anos depois da reunião da SMP, a Jardines ganharia fama mundial sob o pseudônimo de Casa Nobre, a empresa central do romance homônimo de 1200 páginas de James Clavell — uma "carta de amor de quase dois quilos para Hong Kong" —, que vendeu meio milhão de exemplares da edição em capa dura em 1981 e, por meses, ocupou o topo da lista de best-sellers do *New York Times*. "Um lugar superlotado em que todo mundo, exceto os muito ricos, convive em estreita proximidade, Hong Kong é uma metáfora do mundo moderno", um resenhista escreveu.[47] A *National Review* definiu o livro como um "*A revolta de Atlas* da década de 1980" e elogiou sua glorificação da competição capitalista e do individualismo.[48] Clavell teria ficado satisfeito — ele enviou um exemplar com uma calorosa dedicatória a Ayn Rand, "a deusa do mercado" em pessoa.[49] Em 1988, a rede de TV NBC transmitiu uma adaptação de *Casa Nobre* durante quatro noites, estrelando Pierce Brosnan como um "líder supremo", ou *taipan*, que da cobertura da Jardine House encarava seus rivais corporativos com cara de poucos amigos. A revista *Town & Country* chamou Hong Kong de "a cidade mais deslumbrante do momento".[50]

Os visitantes tinham uma chegada inesquecível no aeroporto de Kai Tak, uma faixa de terra recuperada que se projetava da densamente povoada península de Kowloon — o Brooklyn, se a ilha de Hong Kong fosse Manhattan. À medida que seus estômagos despencavam na descida para a aterrissagem, os passageiros podiam espiar pela janela dos conjuntos de vários andares de apartamentos e oficinas que abrigavam a população da cidade, cujo crescimento se dava em ritmo vertiginoso. Lidar com o influxo de recém-chegados às residências improvisadas (e aplacar as demandas sociais depois de violentos protestos em 1967) levou o governo a atuar ativamente na área da moradia pública, juntamente com a educação pública e os serviços básicos de saúde que já oferecia; de 1970 a 1972, os gastos estatais cresceram 50%.[51] Em 1973, quase um terço dos 4,2 milhões de residentes de Hong Kong vivia em moradias financiadas pelo governo.[52] Esse era um dos muitos aspectos pelos quais o local passava longe de ser um modelo puro de libertarianismo. Em 1978, de Hong Kong, o colunista John Chamberlain, cujos textos eram reproduzidos em diferentes jornais, escreveu que

> alguns dos puristas da Sociedade Mont Pèlerin ficaram transtornados ao saber, por meio de um documento apresentado em sua reunião, que Hong Kong pratica controle de aluguéis e que uma boa quantidade das moradias é de complexos habitacionais do governo.[53]

A maior preocupação, contudo, era o futuro incerto de Hong Kong. O contrato de arrendamento de 99 anos dos Novos Territórios expiraria em 1997, menos de vinte anos depois da reunião dos membros da Mont Pèlerin. O status de colônia soava cada vez mais uma anomalia. Ao longo do século anterior, a Grã-Bretanha havia transferido o controle de volta para seus territórios ultramarinos, começando pelos "domínios brancos", como Canadá, Austrália e Nova Zelândia. Na Índia, a joia da coroa do império, muitas das questões internas já eram conduzidas por um governo nacional eleito na década de 1920. Em 1947, os britânicos deixaram de vez a Índia e, na sequência, outros países da Ásia e da África. O número de novos Estados soberanos aumentou bastante em meados do século XX. A maior parte das colônias caribenhas e africanas da Grã-Bretanha conquistou sua independência ao longo dos anos 1960. No final dos 1970, Hong Kong deixou de ser uma estrela entre muitas no firmamento do império ultramarino europeu para se transformar em um dos últimos satélites solitários numa era de nacionalismo pós-colonial. Hong Kong estava, como dizia uma expressão corrente à época, "com as horas contadas num lugar que se encontrava nas últimas".[54]

Os neoliberais estavam ansiosos. Será que os herdeiros de Mao Tsé-tung matariam a galinha dos ovos de ouro? A China deu uma prévia de suas intenções já em 1971, quando fez com que as Nações Unidas removessem Hong Kong de sua lista de colônias.[55] A implicação era que Hong Kong sempre fora território soberano chinês e voltaria a sê-lo. Hong Kong era um lugar deslocado.[56] Foi uma colônia na época dos Estados-nação e um território minúsculo no tempo das grandes potências. No entanto, os neoliberais viam a ilha como um prenúncio do futuro. "Em vez de ser um anacronismo do século XIX", Chamberlain escreveu da conferência, Hong Kong era "algo a ser valorizado e ampliado."[57] Mas como fazer isso? Seria possível estender a experiência de Hong Kong no capitalismo colonial em uma época marcada pelo senso comum da descolonização?

Os membros da SMP foram lá para elogiar Hong Kong, mas muitos também compareceram para contrabandear a essência da ilha, levá-la escondida em suas bagagens, antecipando-se ao que temiam ser o fim iminente do lugar. Nos anos e nas décadas seguintes, Friedman e seus colaboradores criaram uma Hong Kong portátil, miniaturizada e despojada de suas contradições internas, complexidades e diferenças de classe e cultura. Transformaram-na em um modelo móvel, desvinculado do lugar de origem e liberado para materialização em outras bandas. Na condição de uma zona modelar, Hong Kong oferecia a perspectiva de escapar dos dilemas e pressões da democracia de meados do século. Em 1967, no auge da rebelião anticolonial, quando a nação ainda era o horizonte da libertação, Che Guevara havia exigido "dois, três, muitos Vietnãs". Em 1979, a revista *Reason* deu uma piscadela e revisou a palavra de ordem para um slogan de terminação nacional, pedindo "duas, três, muitas Hong Kongs".[58]

2.

Em 1841, os britânicos assumiram o controle de Hong Kong no que um contemporâneo chamou de "uma aquisição comercial".[59] Desde então, eles a administraram pondo em prática a melhor forma de capitalismo de que eram capazes. O futuro e provável fim do império também era considerado um negócio. Alguns políticos britânicos olhavam para suas colônias restantes como um consultor olharia para uma empresa em dificuldades ou falida, farejando o valor do ativo e destrinçando o peso morto. Havia vozes no governo que achavam que prudência fiscal significava abrir mão dos territórios remanescentes.[60] Mas outros, como a própria Thatcher, tinham um apego sentimental e estratégico ao império. A bem-sucedida guerra de Thatcher para assegurar a posse das longínquas ilhas Malvinas, ao largo da costa da Argentina, aumentou seus índices de aprovação popular, e Hong Kong era um posto avançado de alto desempenho da marca britânica. Quando ponderou sobre o futuro do enclave em 1982, Thatcher enfatizou que continuava sendo um "grande ativo" para a China.[61] E se eles o tratassem como uma empresa e separassem a propriedade do controle?[62] Se a China recuperasse a soberania, mas a Grã-Bretanha continuasse a administrar o território, então o Partido Comunista da China (PCC) seria análogo aos acionistas e o Reino Unido a seu CEO. Os britânicos assegurariam a "confiança comercial", ao passo que os chineses teriam a satisfação de restaurar a integridade territorial nacional.[63] Thatcher tinha esperança de que os britânicos pudessem renovar o arrendamento dos Novos Territórios. Ela se lembrou de ter apontado que, "como a administração britânica havia sido tão bem-sucedida com o caráter chinês, será que eles, na condição do senhorio que detém a propriedade, nos dariam outro arrendamento ou um contrato de administração?".[64] Outra alternativa aventada também foi tomada de empréstimo do mundo dos negócios: um acordo de *leaseback*, ou contrato de venda com cláusula de recompra, pelo qual Hong Kong retornaria à China, mas o Reino Unido a arrendaria novamente.[65]

Os chineses rejeitaram essas ideias. Um dos objetivos das lideranças da China era apagar a mancha histórica da perda de território para o imperialismo.[66] No entanto, também tinham ciência de que precisavam fazer isso sem perder a utilidade da colônia. Em termos econômicos, a China havia passado a depender de Hong Kong. Embora observadores internacionais a classificassem no "segundo mundo", a China estava afastada da União Soviética desde o início dos anos 1960, tendo encontrado no Ocidente seus principais parceiros comerciais. Grande parte desse comércio se dava via Hong Kong.[67] Para os chineses, era importante que o capital e as mercadorias continuassem a entrar e sair do território mesmo depois da devolução da ilha, irrigando a República Popular por um canal secundário e secreto. Hong Kong era a válvula de ar da China — sua abertura para a economia mundial significava que a China poderia permanecer seletivamente protegida dela. Tinha de permanecer assim quando voltasse ao controle nacional.

O primeiro desafio da China era encontrar uma forma de acalmar os capitalistas de Hong Kong "que, nervosamente, checavam as rotas de saída".[68] Por 150 anos, o governo colonial britânico fez malabarismos para conseguir se equilibrar entre manter a comunidade empresarial feliz e aplacar sua demanda por participação no governo sem abrir a porta para a entrada das massas. Isso significava um sistema informal de barganhas e direitos tácitos, mas também a nomeação direta de elites selecionadas para exercer nas colônias a função de aprovação e endosso automáticos das ações governamentais — um grupo chamado com o apropriado epíteto de "os não oficiais".

Uma solução que a China e suas autoridades coloniais encontraram foi consagrar constitucionalmente o máximo possível de liberdades capitalistas sob a nova administração. O primeiro-ministro Zhao Ziyang deu garantias antecipadas de que a China manteria o território como um porto livre com regime aduaneiro próprio e centro financeiro internacional independente.[69] Em 1979, Deng Xiao Ping esclareceu que Hong Kong seria governada como uma "região administrativa especial" depois de ser incorporada à República Popular da China, livre "para praticar seu sistema capitalista enquanto nós praticamos nosso sistema socialista".[70] A Declaração Conjunta Sino-Britânica assinada em 1984 estabeleceu isso por escrito, já que os chineses concordaram em não alterar o sistema em Hong Kong por cinquenta anos depois da devolução, fixando em 2047 a data para a absorção total no continente. O novo líder seria chamado de executivo-chefe, termo emprestado de uma sala de conselho corporativo. Em mais um sinal de continuidade, em 1986 o HSBC — Hongkong and Shanghai Banking Corporation [Corporação Bancária de Hong Kong e Shanghai], conhecido em âmbito local como "o Banco" — abriu as portas de sua nova sede projetada por Norman Foster. A torre de 56 andares foi descrita por um jornalista como uma "plataforma de petróleo com fissuras", mas, mais significativamente, como "um compromisso de 1 bilhão de dólares incrustado de forma inamovível no coração do distrito financeiro".[71]

As negociações para a devolução foram facilitadas pela descoberta de que a elite do PCC e a comunidade de negócios de Hong Kong tinham algo em comum com Milton Friedman: uma clara priorização da liberdade econômica em detrimento da liberdade política. As elites empresariais foram os primeiros alvos de uma estratégia de "frente unida" para suavizar a transição, constituindo 70% do comitê de elaboração da miniconstituição de Hong Kong, ou a Lei Básica.[72] Poucas das pessoas relevantes nas salas estavam investindo na expansão das possibilidades de democracia.[73] Cita-se que um representante do empresariado teria dito que Hong Kong, "aos longo dos anos, se beneficiou com a falta de democracia", creditando à ilha ter rechaçado as demandas por um salário mínimo nas décadas de 1950 e 1960.[74] Outro líder empresarial expressou de maneira mais rude o sentimento ao declarar que a democracia "deu errado" como um sistema no qual "o todo é igual à *escória* das partes".[75] Aqueles que queriam assegurar certo grau de controle local foram marginalizados; nas palavras da jornalista Louisa Lim, "o povo de Hong Kong era um mero espectador do próprio destino".[76]

O que poderia ser chamado de "pacto de Hong Kong" se encontrava no cerne da Lei Básica, um acordo mutuamente benéfico entre os magnatas locais e os novos governantes chineses que, suavemente e sem maiores complicações, deu continuidade à "recompensadora aliança" com os governantes coloniais que a precedeu.[77] A questão foi evidenciada quando da aprovação da Lei Básica em 1990. Ela incluía cláusulas para preservar as características da antiga Hong Kong, garantindo orçamentos equilibrados e impostos baixos. Um advogado de Hong Kong não passava longe da verdade quando observou que as cláusulas se assemelhavam a "um trecho de livro de Milton Friedman".[78] Os encarregados de elaborar a Constituição citaram diretamente o trabalho dos membros da SMP James M. Buchanan e Rabushka.[79]

A Lei Básica foi uma revelação para os intelectuais neoliberais.[80] Eles temiam que o Partido Comunista destruísse os fundamentos da liberdade econômica no território. Porém descobriram que o PCC e os homens de negócios de Hong Kong queriam a mesma coisa: estado de direito, segurança bancária, leis trabalhistas frouxas, segurança de contratos e uma moeda estável. Em vez de uma ameaça às liberdades capitalistas, o PCC parecia mais um baluarte. Os chineses também inovavam. Thatcher prestou pouca atenção quando o primeiro-ministro chinês mencionou que eles estavam abrindo partes da costa sul como "áreas especiais" livres para desenvolver seu próprio comércio exterior, mas esse aparte teria consequências de grande importância.[81] Os chineses estavam prestes a ensinar aos britânicos sobre a natureza mutável do capitalismo. A ascensão da China ao poder econômico global aconteceria, em parte, pela transformação do país em uma galáxia de Hong Kongs em miniatura.

3.

A Hong Kong da Declaração Conjunta e da Lei Básica era uma criatura estranha, aproximando-se de um Estado dentro de um Estado. Tentando entender isso, um advogado internacional observou que a ilha tinha mais autonomia do que as províncias ou outras unidades federais, mas menos do que os Estados-nação de pleno direito. Ele teve de recuar no tempo para fazer analogias, comparando-a com cidades livres como Cracóvia, criada no século XIX, ou os cantões suíços antes da federação.[82] A curiosidade legal de Hong Kong tinha autogestão e autonomia interna, mas dependia externamente de Beijing. A defesa ficava a cargo da China, ao passo que Hong Kong tinha controle sobre seus próprios assuntos internos, incluindo moeda, impostos, juízes, polícia e tribunais, bem como algumas questões externas, incluindo seus próprios procedimentos de visto e imigração. Beijing não cobrava impostos em Hong Kong, e o território estava legalmente fadado a permanecer como porto livre e centro financeiro internacional, com garantia de livre circulação de mercadorias e capitais. Sob o título de "Hong Kong, China", pôde celebrar alguns acordos internacionais de forma independente, sobretudo os relacionados a questões de comércio, navegação e aviação. Hong Kong se tornou parte do Acordo Geral sobre Tarifas e Comércio (Gatt, na sigla em inglês) em 1986 e aderiu à OMC anos antes da própria China.[83] Tinha, em suma, liberdade econômica e autogestão legal sem o status de independência nacional.

"Um país, dois sistemas" é como Deng definiu o arranjo, primeiro em referência a Taiwan, depois a Hong Kong.[84] Embora a expressão tenha se tornado conhecida por meio da repetição, vale a pena salientar o quanto ela é, com efeito, incomum. O arcabouço da Guerra Fria que dominou a política mundial do fim dos anos 1940 até os anos 1990 era visto como um choque entre dois blocos, cada qual com seu próprio sistema monolítico. Era o capitalismo contra o comunismo, e apenas um ou outro poderia triunfar. A ideia de que um único sistema econômico seria coincidente com as fronteiras nacionais se evidenciava por si mesma, óbvia demais para ser declarada. A China era comunista, os Estados Unidos, capitalistas. O que poderia significar para parte da China "vermelha" mudar de cor e tolerar, parcialmente, o capitalismo? Deng propunha uma subdivisão do Estado-nação, o que não constava do radar de expectativas das mentes contemporâneas.[85]

Poucos dos intelectuais da SMP que bebericavam drinques e batiam papo no Mandarin e no Excelsior perceberam a proximidade de um histórico momento de fluxo com impacto planetário, à medida que a China realinhava as energias de sua população de 1 bilhão de pessoas e enorme força produtiva latente. Enquanto os membros da SMP se reuniam para sua educação política e passeios de compras, Deng Xiao Ping preparava um plano de reforma que veio a ser chamado de "atravessar o rio tateando as pedras".[86] Poderia ter recebido o epíteto de "atravessar o rio tateando as zonas". Depois que ele se tornou o líder supremo em dezembro de 1978 — e foi eleito "a pessoa do ano" da revista *Time* —, as quatro primeiras e experimentais zonas econômicas especiais (ZEEs) foram criadas no delta do rio das Pérolas, aninhadas em Hong Kong, no mar do Sul da China. Em contraste com o tratamento de choque aplicado por Augusto Pinochet ao Chile depois de seu golpe militar de 1973, ou com as drásticas reformas de preços implementadas da noite para o dia na Rússia e no Leste Europeu pós-comunistas, a China empregou um modelo de "gradualismo experimental", abrindo barragens e comportas para investidores estrangeiros e preços determinados pelo mercado, em vez de dinamitar o dique e deixar tudo transbordar.[87]

A primeira abertura para o experimento da hidráulica capitalista foi o distrito de Bao'an — do outro lado do rio Shenzhen, que dividia os Novos Territórios da China — a 24 quilômetros do centro de Hong Kong, mas a um mundo inteiro de distância em termos de padrão de vida no final dos anos 1970. Os visitantes do outro lado da fronteira descreviam agricultores de subsistência em casebres simples, sem nenhum dos confortos do mercado de massa de que desfrutavam até mesmo os habitantes ainda mais pobres de Hong Kong. Em janeiro de 1979, a linha de junção entre os dois mundos foi rompida quando um empresário de Hong Kong lançou a ideia de uma zona para o que mais tarde seria chamado de Shenzhen. Ele trouxe consigo o artigo de importação de Hong Kong mais estimado pelos neoliberais: a alíquota de imposto corporativo de 15%.[88] Na primavera daquele ano, os empresários de Hong Kong estavam investindo em algumas centenas de projetos da indústria leve no delta do rio das Pérolas, além de tantos outros à espera. "Assim como os norte-americanos, para cortarem custos, tiravam proveito das meninas operárias mal remuneradas e de dedos ágeis de Hong Kong processando seus produtos aqui", escreveu um jornalista, "os capitalistas de Hong Kong envolvidos em indústrias menos sofisticadas e dependentes de mão de obra intensiva voltam olhos especulativos sobre os mal pagos trabalhadores comunistas."[89]

Por muitos anos, chegar a Shenzhen era como entrar em um país estrangeiro. A cidade era guarnecida por cercas de arame farpado, e até mesmo os cidadãos chineses precisavam de visto para entrar, "deixados em quarentena num espaço de experimentação econômica".[90] Do lado de dentro, uma empreitada radical estava em curso. Os empreendedores locais tinham a liberdade de se auto-organizar, com pouco ou nenhum direcionamento de Beijing, e o governo assumiu a forma de administração corporativa.[91] A zona acolheu de braços abertos um maciço influxo de investimentos estrangeiros e serviu de sede para uma transformação histórica: a conversão da terra e da mão de obra chinesas em commodities. A partir de 1982, foram introduzidos contratos para trabalhadores em Shenzhen, rompendo com a tradição de emprego permanente da "tigela de ferro de arroz"* da China comunista. Eles chamaram isso de *teoria das formigas* — use algo doce para atrair "formigas precursoras", e elas trarão outras "formigas investidoras" a reboque.[92] Mais tarde, o modelo se espalhou por todo o país.[93] Desde a revolução em 1949, a terra era governada pelos "três sem": "distribuída por meios administrativos sem compensação, sem direito de posse especificado e sem transação de mercado".[94] Em Shenzhen, em 1987, pela primeira vez foi introduzido um mercado de terras, sob a pressão de investidores de Hong Kong.[95]

O resultado foi um dilúvio. O que ficou conhecido como *febre da zona* tomou conta da nação, à medida que enormes quantidades de terra foram sugadas do uso rural e da propriedade coletiva e transformadas em propriedade privada em arrendamentos de longo prazo, constituindo uma das maiores transferências de bens públicos para mãos privadas na era moderna.[96] No papel, o sucesso foi impressionante, um dos episódios mais rápidos de crescimento econômico na história mundial.[97] Em 1980, as autoridades pretendiam levar talvez 300 mil pessoas para Shenzhen até o ano 2000.[98] O número real foi de 10 milhões. Em 2020, a população dobrou novamente, para 20 milhões

---

* O autor se refere ao sistema de assistência social e emprego vitalício garantido, instaurado com a vitória da Revolução Chinesa em 1949; conhecido pela expressão idiomática chinesa "tigela de ferro de arroz", o sistema determinava que cada unidade de trabalho urbana (*danwei*) deveria prover aos seus trabalhadores as condições sociais para o seu desenvolvimento, como moradia, alimentação, assistência médica, educação, lazer e aposentadoria. (N. T.)

de habitantes, com um PIB maior que os de Cingapura ou Hong Kong. Estava definido o modelo para uma "China de enclaves", o que alguns chamaram de "zonificação" do país.[99]

"Se existia uma única poção mágica para uma decolagem econômica chinesa", um acadêmico escreveu, "era Hong Kong."[100] Na condição da assim chamada "grande mestre das zonas", Hong Kong era um protótipo, um lugar para estudar os limites da liberalização e dos usos relativos da liberdade, bem como um modelo para experimentações e provas de que gigantescos volumes de dinheiro e mercadorias poderiam viajar por um pequeno canal.[101] Dois terços dos investimentos estrangeiros diretos na China entraram via Hong Kong — o "portão sul" — nas décadas imediatamente seguintes à sua abertura.[102] Desde seus primórdios, no final dos anos 1970, as zonas econômicas especiais se multiplicaram de anomalias no Sul para experimentos adicionais na costa, até se espalhar por todo o país.[103] A elas se juntaram esforços de marquetização em pequena escala semelhantes a zonas, em que "empresas em vilarejos e cidadezinhas" foram autorizadas a produzir e vender para o mercado.[104] A "descoletivização" do interior rural criou um exército de reserva de trabalhadores migrantes que se deslocavam entre a cidade e o campo, oferecendo sua mão de obra como insumo crucial para o surto de crescimento encabeçado pela construção civil.[105]

Quando políticos ocidentais se atormentam com as aspirações chinesas ao domínio econômico global, eles estão olhando, em parte, para uma adaptação do modelo de Hong Kong de uma geração atrás — uma rede que permite a canalização de investimentos e mão de obra através de um favo de zonas, com prestação pública de contas limitada pela proibição de eleições diretas acima do nível local. A maneira imperfeita com que Hong Kong se encaixou nas categorias usuais de soberania indicava uma mudança na natureza da própria soberania em uma era de capital hipermóvel e locais de produção facilmente transferíveis.

Tal como sucede na natureza, o que a princípio parece uma aberração muitas vezes é, na verdade, uma mutação adaptada ao ambiente alterado — uma aberração genética acaba se tornando dominante no futuro. Assim foi com Hong Kong. A falta de um assento entre os Estados soberanos na Assembleia Geral das Nações Unidas não significava que a ilha não tivesse seu impacto na história mundial. No fim, houve uma simetria adequada entre a imagem de Milton Friedman sobre o horizonte de Hong Kong no programa *Free to Choose* e o famoso outdoor em Shenzhen mostrando Deng Xiao Ping por sobre seu próprio horizonte. Embora nem um nem outro tivesse mais que um metro e meio de altura, os dois homens se destacavam como defensores da crença compartilhada de que seria possível obter uma vantagem competitiva nos mercados globais com a suspensão das pressões de uma população votante dentro de um território isolado, o que permitiria aos atores do mercado privado agirem com a ajuda de um Estado cooperativo e um conjunto de leis. Em 1990, Friedman afirmou que o modelo certo para o Leste Europeu depois do socialismo de Estado não eram os Estados Unidos nem a Grã-Bretanha, tampouco a Suécia. Era Hong Kong.[106] O capitalismo não precisava da democracia para funcionar, e o caminho para o sucesso passava pela zona.[107]

4.

Ao bater da meia-noite de 30 de junho de 1997, *God Save the Queen* tocou enquanto a bandeira do Reino Unido e a bandeira colonial baixavam lentamente no Centro de Convenções e Exposições de Hong Kong, para serem substituídas pela bandeira vermelha com cinco estrelas amarelas da República Popular da China, logo acima da bandeira com a flor de bauínia da Região Administrativa Especial de Hong Kong. Assim terminava o que Friedman chamou de "experimento de cinquenta anos" em política econômica, no qual o crescimento econômico de Hong Kong no pós-guerra superou Israel, Estados Unidos e Reino Unido.[108] Ao descrever o experimento, Friedman falou sobre a baixa alíquota de impostos, a proteção da propriedade privada, os tribunais confiáveis, a regulamentação leve e as baixas barreiras ao comércio — síntese incisiva da Hong Kong portátil. O que ele não mencionou foi a história real e irrepetível da ilha: a maneira como a ascensão de Hong Kong foi semeada pelo influxo de capital e mão de obra de refugiados chineses, acelerada por seu status de entreposto de bens essenciais para um continente isolado e, posteriormente, super-revigorada pela coordenação de investimentos para as ZEEs. Ele também deixou de mencionar a importância da língua e dos laços de parentesco do outro lado da fronteira, que facilitou o papel de Hong Kong como painel de controle e fachada para a fábrica do continente, uma cabine de comando para o boom de crescimento chinês.[109]

Para dar apenas um exemplo da diáspora em ação, o morador de Hong Kong que abriu a primeira zona no delta do rio das Pérolas nasceu em Bao'an e lutou com os comunistas na revolução. Ao solicitar a abertura da zona, seu pedido foi encaminhado adiante por seu ex-superior militar, que se tornara ministro das Comunicações chinês.[110] Hong Kong não era uma ilha à deriva no mar do Sul da China. Mesmo durante os anos de divisão, permaneceu atrelada ao continente.[111] Em vez de dar atenção a essa complexa história, Friedman, falando a estudantes da Universidade de Hong Kong, optou por lembrá-los dos perigos da democracia. "Infelizmente, a democracia política tem elementos que tendem a destruir a liberdade econômica", declarou.[112]

Felizes em reduzir o território à caricatura, os neoliberais despacharam versões de uma Hong Kong portátil em sua bagagem de mão.

Uma delas foi o imposto de alíquota fixa de 15%, que Rabushka fomentou desde os plenários do Congresso dos Estados Unidos nos anos 1980 à Europa Central e Oriental pós-comunistas nos anos 1990, muitas vezes com grande sucesso. O imposto de alíquota fixa foi adotado em 21 países do antigo bloco soviético em um intervalo de poucos anos; o livro de Rabushka, *The Flat Tax* [O imposto de alíquota fixa], inspirado em Hong Kong, foi descrito como a bíblia da reforma tributária.[113]

Outra foi a cláusula constitucional que impunha um orçamento equilibrado, o que impedia uma política keynesiana expansionista e fixava limites rígidos ao investimento estatal. Conhecidas na Alemanha como um freio à dívida, as emendas orçamentárias equilibradas se espalharam pela Europa na primeira década do século XXI.[114]

Outra ainda foi a celebração da possibilidade de liberdade econômica sem liberdade política, ou o que os acadêmicos chamam de autoritarismo liberal. Rabushka, Friedman e outros acreditavam que as virtudes desse modelo haviam sido ofuscadas pela exagerada ênfase dada à democracia na definição do "mundo livre" na Guerra Fria. Segundo Friedman, a democracia não era um fim em si mesma: "Quem acredita na liberdade nunca contou o número de eleitores".[115]

Tomando como modelo o ranking "Liberdade no mundo" divulgado anualmente pela ONG progressista Freedom House, no final da década de 1980 Rabushka e Friedman realizaram uma série de workshops para elaborar o que chamaram de Índice de Liberdade Econômica do Mundo, que, de caso pensado, rompia com o que um de seus redatores chamou de "fetiche pela democracia" e, em vez disso, classificava os territórios do mundo em função de sua carga tributária, abertura das fronteiras ao comércio e facilidade para fazer negócios, além de outros indicadores.[116] Hong Kong ficou em primeiro lugar, posição que ocuparia por mais de duas décadas. A definição de liberdade que eles usaram em seus cálculos indicava que a democracia era uma questão controversa e discutível, a estabilidade monetária, fundamental, e qualquer expansão dos serviços sociais significava uma queda na classificação do ranking. Eles declararam que os "'direitos' à alimentação, a vestuário, a serviços de assistência médica, à moradia ou a uma renda mínima" nada mais eram do que "exigências de 'trabalho compulsório'", e chamaram a redistribuição de riqueza de "trabalho escravo".[117] A taxação era roubo, puro e simples. De acordo com os autores, não importava "se o roubo ocorre por meio das urnas ou mais diretamente, no estilo de um assalto à mão armada".[118] Hong Kong foi seguida de perto por Cingapura e outros territórios de baixa tributação menos conhecidos, como as ilhas Maurício, em quinto lugar, e Costa Rica, na nona posição.[119] Campeões mais improváveis podiam ser encontrados em outros lugares. O panorama histórico sugeria que, em 1980, a ditadura da Guatemala estava entre as cinco economias mais livres do mundo.[120] O Índice de Liberdade Econômica era o mapa para um universo paralelo ao das medidas de liberdade política da Freedom House. Era um mundo de territórios classificados por seu nível de porosidade ao fluxo do que um participante dos workshops chamou de "capital mercurial".[121]

Ao classificarem as nações por códigos de cores, celebrando os vencedores em papel cuchê brilhante e dando aos países nas primeiras posições do ranking uma razão para comemorar em banquetes e bailes, os índices ajudaram a perpetuar a ideia de que a economia deve ser protegida dos excessos da política — a ponto de um governo autoritário defensor dos livres mercados ser preferível a um governo democrático que os redesenhe. Não contente com a mera economia, em 2016 o *think tank* por trás do índice se uniu ao Instituto Cato para publicar o primeiro índice global de "liberdade humana". Eles incluíram todos os indicadores anteriores e os complementaram com medidas numéricas de liberdade civil, direito de associação e liberdade de expressão, ao lado de dezenas de outros critérios. O número de mortes causadas por atos terroristas e a porcentagem de mulheres que sofreram mutilação genital estão na lista. As eleições multipartidárias e o sufrágio universal, não. Os autores apontaram com todas as letras que excluíram do índice especificamente a liberdade política e a democracia. Mais uma vez, Hong Kong encabeçou o ranking.[122] Era uma redefinição do mundo livre, em que as eleições livres foram ofuscadas pelo livre mercado, entendido como a inviolabilidade da propriedade privada. Poderíamos chamá-lo de "novo mundo livre", no qual a ideia de governo foi substituída pela gestão, e o ideal do líder eleito, suplantado pelo CEO.

Reduzir Hong Kong à ausência de democracia exigiria medidas de repressão cada vez mais intensas ano após ano. Em 1990, 150 mil pessoas se reuniram em solidariedade ao protesto reprimido com o massacre da praça da Paz Celestial. As marchas anuais cresceram na década seguinte, à medida que mais gente insistia no cumprimento do texto da Lei Básica, que, embora focada na estabilidade dos negócios, também incluía a ambígua cláusula de que o governo deveria ser "constituído por eleições [...] realizadas à luz da situação concreta em Hong Kong e postas em prática de maneira gradual e ordeira".[123] Durante anos, os pró-democratas tentaram alcançar a aprovação de suas demandas por meio dessa estreita abertura, frustrando-se em diversas ocasiões diante de uma mixórdia de eleições diretas e indiretas e representantes de grupos profissionais que favoreciam os poderes constituídos na comunidade empresarial. O fato desolador era que os residentes médios de Hong Kong não tinham direito a voto para escolher seu líder, mas as principais corporações, por meio de seus CEOs, sim.[124] Um clímax precoce das demandas por autodeterminação veio com a chamada Revolta dos Guarda-chuvas, em 2014.* À época, uma pessoa que canalizou a lógica de Friedman foi o chefe do Executivo de Hong Kong, Leung Chun-ying, um ex-incorporador imobiliário. Questionado sobre os motivos pelos quais o sufrágio não poderia ser expandido, ele deu uma resposta prática que expôs a lógica da restrição do direito de voto. Era um "jogo de números", afirmou. Expandir o direito de voto aumentaria o poder dos pobres e levaria ao "tipo de política" favorável à expansão do Estado de bem-estar social em vez de políticas pró-negócios.[125] Para ele, a escolha entre liberdade econômica ou política era clara como a luz do sol.

---

* A partir do fim de setembro daquele ano, e nas semanas subsequentes, manifestantes foram às ruas para exigir o direito de escolher diretamente seus representantes políticos. A fim de se protegerem das bombas de gás, portavam guarda-chuvas, daí o nome do movimento. (N. T.)

5.

Olhar para o último século através de Hong Kong estilhaça três narrativas que contamos sobre o passado recente. Uma é sobre a maré ascendente de democratização como um fenômeno supostamente universal e natural. Se na década de 1970 Samuel Huntington diagnosticava uma crise terminal para a democracia, na de 1990 ele saudou o renascimento dela.[126] Supunha-se que lugares como a China em processo de "reforma e abertura", ou a Rússia pós-comunista, estivessem em meio a um movimento rumo à plena democracia. *Transição* era o termo do momento e chegou até mesmo a gerar um subcampo acadêmico: a transitologia. No entanto, na década seguinte, a transição dava mostras de estagnação. Começou a parecer que alguns lugares, incluindo Hong Kong, apesar do fervor das demandas locais, talvez permanecessem na "zona cinzenta" para sempre.[127] O êxito da China dava a impressão de que o capitalismo de Estado sem democracia poderia ser uma fórmula vencedora.

Outra história é sobre o movimento de um mundo de impérios para um mundo de Estados-nação. Essa narrativa se baseia em uma noção de impérios como bolhas esparramadas sobre a superfície do planeta, sendo fatiadas em pequenos pedaços e encaixadas dentro de recipientes organizados de Estados individuais à medida que a autodeterminação substituía o jugo estrangeiro. Os impérios não eram bolhas, mas organismos complexos e segmentados internamente. Regiam populações e territórios diversos de forma diferente.[128] Às vezes, anexavam terras e as administravam de maneira direta, como em Hong Kong. Em outras ocasiões, estabeleciam apenas um ponto de apoio, como nos portos de tratado ao longo da costa chinesa. Populações autogovernadas viviam dentro de corpos imperiais, soberanias aninhadas no interior de soberanias. O império, na definição da historiadora Lauren Benton, era "granuloso", e não liso.[129] A era das nações, também. Com o fim do império, novas nações se formaram, mas depois se fragmentaram ainda mais em uma variedade vertiginosa de zonas, cidades-Estado, distritos, paraísos fiscais, enclaves, passagens e corredores logísticos. A historiadora Vanessa Ogle mostrou como esse desnivelamento legal reproduziu algumas das características anteriores do império.[130] A globalização moderna tem "bordas irregulares", e o conhecido contorno das fronteiras nacionais conta apenas parte da história.[131]

Alguns críticos de Deng o acusaram de recriar os portos de tratado do século XIX ao abrir as cidades costeiras para investimentos e comércio estrangeiros.[132] De certa forma, tinham razão. O PCC preferiu o termo *zona* pela neutralidade, desvinculando-o simbolicamente do legado tóxico do porto de tratado ao qual se assemelhava.[133] Ao mesmo tempo, o caractere usado, *qu* (区), também pode significar "área", "distrito" e "região", permitindo a interpretação de que as zonas não estavam fora do território nacional, mas eram redivisões administrativas dentro dele.[134] Em lugar do monólito que, vez ou outra, os observadores ocidentais presumem, a China, na era da reforma, operou por meio do "autoritarismo fragmentado".[135] A multiplicação global de zonas ajudou a criar um mundo de "um país, *muitos* sistemas". Visto dessa maneira, o híbrido de Hong Kong era estranho apenas no sentido de que o futuro era estranho, uma prova do fato de que a passagem da era do império para a era da nação não foi unilateral.

Uma terceira história que contamos é de que o capitalismo, em que pesem todos os seus defeitos, produz coisas úteis para os humanos. Mas isso é sempre verdade? Alguns aspectos que não apareceram no Índice de Liberdade Econômica do Mundo foram melhorias na produtividade, na natureza do investimento, no nível de desemprego, na segurança social, no bem-estar da população ou na igualdade econômica — em suma, todas as coisas que possibilitam aos habitantes de um território vivenciarem a liberdade econômica em sua vida cotidiana. Se medissem essas coisas, Hong Kong teria figurado em posição bem diferente.

A concentração de riqueza é gritante. O patrimônio líquido dos dez maiores bilionários de Hong Kong representa 35% de seu PIB, em comparação com 3% dos Estados Unidos.[136] Desde sua fundação, Hong Kong era menos um mercado de livre concorrência aberto a todos os produtores, comerciantes e empresas do que uma economia controlada por um punhado de casas comerciais — e, mais tarde, conglomerados familiares e magnatas — com um relacionamento amigável e oportunista com o governo.[137] Estudos indicam que "as dez maiores famílias em Hong Kong controlavam cerca de um terço do setor corporativo".[138] Menos celebrado do que o Índice de Liberdade Econômica foi o fato de que Hong Kong encabeçava o "índice de capitalismo de compadrio" da revista *The Economist*.[139] Era um paraíso capitalista com pouca concorrência. A inexistência de impostos sobre heranças significa que a riqueza é dinástica e instiga pouco interesse em se contestar o status quo. Thomas Piketty e Li

Yang descobriram que os 15% mais abastados em Hong Kong eram os menos propensos a apoiar movimentos em prol de mais democracia.[140]

No fim das contas, a essência do modelo de Hong Kong não era uma ideia abstrata de liberdade econômica. Em vez disso, foi a demarcação legal de um pequeno território com pouca ou nenhuma democracia e um estreito conluio entre um clube restrito de elites empresariais e o governo para capitalizar o mercado cativo por meio da máxima abertura econômica e do valor crescente de terra escassa.

Foram precisamente essas características que seriam levadas para o coração do império — transformando Londres na gêmea distante de Hong Kong.

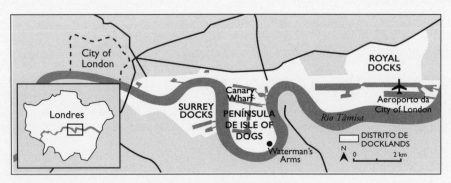

Distrito de Docklands em Londres.

2. Cidade dos cacos

Há muito as cidades são ilhas legais em meio ao oceano do território que as cerca. Na Idade Média, entrar nas muralhas da cidade era sujeitar-se a um código diferente. Por algum tempo, os servos podiam fugir do jugo de seus senhores feudais para uma nova vida no ambiente citadino, dando origem a um ditado popular alemão: "O ar da cidade liberta". A Europa medieval e do início da Idade Moderna foi salpicada por dezenas de milhares de diferentes zonas legais. Somente o Sacro Império Romano-Germânico dos séculos XVIII e XIX tinha mais de mil entidades independentes.[1] O historiador Fernand Braudel chamou as primeiras cidades europeias modernas de "mundos autônomos" rodeados de "baluartes reais e jurídicos".[2]

Embora a marcha do Estado-nação estivesse bem avançada no século XX, um enclave medieval que sobrevive até hoje fica no coração de Londres. A "milha quadrada" do distrito financeiro na margem norte do Tâmisa — conhecida como City of London — não integra completamente seu país anfitrião. Quando da invasão normanda, a City manteve sua propriedade, sua milícia e seu próprio prefeito, o Lord Mayor. Seu corpo diretivo, chamado simplesmente de Corporação de Londres até bem pouco tempo, é anterior ao Parlamento.[3] Até hoje, como nos lembra o jornalista Nicholas Shaxson, quando o rei ou a rainha entram na City, ele ou ela têm de tocar na espada do prefeito.[4] A City é uma zona primordial, estabelecida em seu espaço político circundante e regida por regras diferentes. O fato mais notável é que, em suas eleições, como nas de Hong Kong, as empresas também votam. Os 32 mil votos das empresas superam os dos 9 mil moradores.[5] Um acadêmico a compara às cidades-Estado modernas de Gênova e Veneza.[6] Outro a chama de "o Vaticano de Londres" — um Vaticano do capitalismo.[7]

Por séculos, a City representou uma concepção da economia britânica enraizada nas finanças e no poder do dinheiro. Houve tensões entre a City e a Coroa ao longo desses séculos, mas uma estava enredada na outra num abraço apertado. A City precisava da Coroa para proteção, e a Coroa precisava da City para arrecadar fundos para a guerra e o império. A City adquiriu uma nova importância nas décadas do pós-guerra como um local para guardar dólares offshore, ou seja, fora do alcance dos reguladores dos Estados Unidos. Indivíduos, bancos de propriedade estrangeira e, posteriormente, países que eram grandes exportadores de petróleo, como Arábia Saudita, Líbia e Emirados Árabes Unidos, usaram a City of London como um local para depositar dinheiro e organizar grandes empréstimos. Com a dissolução do império ultramarino da Grã-Bretanha, surgiu em seu lugar um "Segundo Império Britânico" como um conjunto de paraísos fiscais, incluindo territórios dependentes britânicos, caso das ilhas Cayman e Bermudas, e ex-colônias como Cingapura, Irlanda e Dubai.[8] E a City ficava no centro de tudo.

Em 1938, Lewis Mumford comparou o capitalismo a um pássaro cuco que botava seus ovos na cidade murada e expulsava do ninho a prole nativa da própria cidade.[9] Depois que Margaret Thatcher desregulamentou os serviços financeiros com o chamado Big Bang em 1986, a City irrompeu de seus limites e gerou um duplo rio abaixo, em um bosque de arranha-céus de vidro conhecido como Canary Wharf. Apelidado de "Hong Kong no Tâmisa", Canary Wharf era mais do que um novo distrito financeiro: tratava-se do protótipo de uma nova forma de zona, projetada de modo a capturar o Estado para as construtoras e incorporadoras, desatrelada das necessidades básicas dos habitantes comuns da cidade.[10]

Tal qual a basílica de Sacré-Cœur, construída no ponto mais alto de Paris depois da destruição da Comuna de Paris em 1871, Canary Wharf também era um monumento a uma versão derrotada da cidade. Os projetos socialistas urbanos da Londres Vermelha foram abandonados, eclipsados e demolidos para dar lugar à construção de veículos de investimento para os ultrarricos. O resultado foi uma cidade dos cacos.

1.

Um lugar para começar a história da metamorfose de Londres é com um thriller de ação sobre o submundo do crime organizado, *A noite do terror*, filme de 1980. Na cena de abertura, o chefão do crime local e aspirante a empreendedor imobiliário Harold Shand (interpretado por Bob Hoskins) está em seu iate; ostentando um terno branco risca de giz, cigarro e uísque na mão, ele paira sobre uma maquete arquitetônica. A localização é o distrito de Docklands, zona portuária a alguns quilômetros a leste do centro da cidade. As docas da área, outrora as mais movimentadas do mundo, entraram em acentuado declínio no final da década de 1970, quando a força de trabalho foi reduzida a alguns milhares de homens.[11] O navio porta-contêineres representou o começo do fim. Deslocar uma caixa de aço de tamanho-padrão de um navio para um vagão ou reboque exigia uma fração do trabalho necessário para içar mercadorias por meio de redes e polias.

Shand e sua esposa (interpretada por Helen Mirren) bebericam *bloody marys* no convés, e ao fundo se vê o maquinário enferrujado do porto desativado. O iate desliza em meio a armazéns, depósitos vazios e guindastes ociosos que margeiam as vias navegáveis como estátuas fúnebres. "Antes havia oitenta ou noventa navios aqui ao mesmo tempo", Shand declama da proa, em um discurso emoldurado pela Tower Bridge. "Esta era a maior doca do mundo." Ele vê oportunidade na decadência. Seu plano? Atrair investidores estrangeiros para financiar a construção de um local para os futuros Jogos Olímpicos, molhando as mãos de políticos locais desonestos e depois cobrando os favores.

Um dos refúgios de Shand é um bar enfumaçado, com papel de parede flocado vermelho, chamado Waterman's Arms, na península de Isle of Dogs, uma parte das Docklands que paira como uma úvula no Tâmisa. No filme, acompanhamos os desdobramentos do esquema de investidores estrangeiros de Shand. Mas, por acaso, poucos meses antes de o filme ser rodado, o mesmo bar testemunhara o nascimento de um análogo da vida real muito mais bem-sucedido. Reunidos no pub, um grupo de políticos do Partido Conservador apresentou uma proposta não muito diferente da de Shand: dividir pedaços de Londres, livrar de impostos e regulamentações os investidores dispostos a aplicar dinheiro nessas áreas e ainda por cima dar-lhes subsídios e subvenções, de modo a fazer o que até então a lei vigente no país considerava corrupção.[12]

As áreas seriam chamadas de zonas de empreendimento. Nas Docklands, a zona transformaria um bairro da classe trabalhadora em um segundo distrito financeiro.

O principal orador no pub Waterman's Arms era Geoffrey Howe, um político de carreira na casa dos cinquenta anos, de cabelo grisalho ondulado e olhos lacrimosos por trás de óculos retangulares com aros de tartaruga — um presente para caricaturistas. Ele era o ministro das Finanças paralelo do Partido Conservador de Thatcher, que obteria sua vitória decisiva em 1979. No momento em que Howe falava, a economia mundial se via em um ponto de inflexão. A mesa da história parecia estar virando. Por cinco séculos, desde que os galeões armados portugueses e holandeses entraram no oceano Índico e os conquistadores espanhóis derrotaram os impérios americanos nativos, a parte do mundo conhecida como Ocidente se manteve incontestada no topo da hierarquia global. No final dos anos 1970, porém, alguns viram seu domínio oscilar. O cientista político Ezra Vogel escreveu um best-seller chamado *O Japão como primeira potência*.[13] A participação da Grã-Bretanha na produção industrial global caiu de 25% para 10% nas três primeiras décadas do pós--guerra.[14] Em 1976, com o chapéu na mão, o Reino Unido recorreu ao Fundo Monetário Internacional (FMI) e, humildemente, pediu dinheiro emprestado — medida normalmente reservada para os países em desenvolvimento. Alguns projetavam um futuro sombrio. Um documento estratégico redigido por um *think tank* neoliberal questionou se a Grã-Bretanha teria de "começar de novo como uma economia de Segundo Mundo de baixos salários, tentando acompanhar o ritmo de Taiwan, Coreia do Sul, Hong Kong e Cingapura".[15]

Para a Grã-Bretanha, aceitar a ideia de que uma de suas próprias colônias poderia ter algo a ensinar à metrópole sobre capitalismo equivalia a engolir um sapo. Mas a meteórica ascensão da posição de Hong Kong como centro de manufatura e núcleo de serviços financeiros offshore era inegável.[16] Na segunda metade da década de 1970, Hong Kong apresentou taxas anuais de crescimento do PIB de até 16,9%, ao passo que o crescimento do PIB do Reino Unido atingiu o pico de 4% e chegou a ser negativo alguns anos depois.[17] Howe apontou a ironia de Hong Kong, o "paraíso da iniciativa, do empreendedorismo e da autodisciplina", ser "filho de dois pais, a Grã-Bretanha e a China, que quase ao mesmo tempo mergulhavam nas profundezas abissais da humilhação nacional: uma como a 'doente da Europa', a outra como vítima da Revolução Cultural".[18]

A China já vinha emulando aspectos de Hong Kong em seus experimentos costeiros. Suas zonas econômicas especiais mostraram que, para ter laboratórios, não era necessário criar novas nações: bastava desmembrar as antigas. No pub, Howe começou seu discurso apresentando a radical proposta do geógrafo Peter Hall de fazer exatamente isso. Hall comparou a moribunda agonia das cidades britânicas a centros prósperos como Hong Kong, Cingapura, Seul e São Paulo. Admitiu que esses lugares praticavam "uma versão imperfeita da democracia ocidental", mas talvez isso ajudasse a explicar seu sucesso. Ele esmiuçou seu "não plano": em vez de determinar de antemão o que deveria ser construído, primeiro seria criado um vácuo no qual algo novo pudesse surgir. Os políticos britânicos poderiam sequestrar áreas do centro das cidades e transformá-las em novas "colônias da Coroa" sem nenhum controle sobre o fluxo de entrada e saída de pessoas, mercadorias ou dinheiro. Em seu experimento mental, as pessoas que optassem por participar perderiam sua cidadania nacional e proteções, mas teriam liberdade para construir, transportar e negociar sem sofrer impedimentos como cobrança de impostos ou regulamentações de qualquer natureza. As zonas deixariam a Comunidade Econômica Europeia (CEE) e recriariam Hong Kong "no interior de Liverpool ou da grande Glasgow".[19]

Um dos parceiros mais próximos de Thatcher, Keith Joseph, rezava pela mesma cartilha. Falando em um *think tank* neoliberal em 1978, Joseph foi indagado se concordaria em pôr o socialismo e o liberalismo em um teste frente a frente, implementando-se o socialismo num lugar, digamos a ilha de Wight, no Sul da Inglaterra, e a neutralidade laissez-faire em outro. Ele respondeu que os conservadores tinham precisamente a intenção de separar áreas "nas quais as leis da rainha não se aplicam": tributação, leis trabalhistas e regulamentos de saúde e segurança seriam, todos, eliminados. Em vez de paraísos fiscais em ilhas remotas, porém, usariam locais "decadentes do centro da cidade". Aparentemente a ideia fez a plateia irromper em aplausos.[20]

Os objetivos mais ambiciosos para a zona foram elaborados por Stuart Butler, da Fundação Heritage, que também tentava levar zonas para os Estados Unidos a fim de criar o que uma revista descreveu como "Hong Kong no Hudson".[21] Butler chamou as zonas de empreendimento de "um animal político".[22] O objetivo era criar uma "comunidade de fronteira no coração de uma grande cidade" e iniciar uma mudança de mentalidade na era do grande governo.[23]

Apartados das autoridades, os moradores seriam compelidos a improvisar suas próprias soluções. O profundo nível da pobreza no centro da cidade era uma vantagem. "A crise gera empreendedores", escreveu Butler.[24] A zona era um experimento híbrido de criatividade e desespero. Os empreendedores capazes de modificar a seu favor a legislação e as políticas públicas se alvoroçaram, com tintas melodramáticas, no papel de guerrilheiros da direita, ocupando e decompondo as cidades zona por zona. Um analista chamou a zona de empreendimento de "punhal apontado para o coração do socialismo".[25]

Onze zonas de empreendimento foram introduzidas no primeiro orçamento de Thatcher.[26] Todas foram desobrigadas de requisitos para a aprovação de planejamento local e receberam isenção de impostos locais por dez anos; ademais, a elas foram concedidos subsídios de capital para edifícios comerciais.[27] Nas palavras do historiador Sam Wetherell, elas "abriram buracos no tecido econômico nacional da Grã-Bretanha, permitindo, por um breve período, que o agressivo capitalismo de livre mercado e uma economia social-democrata regulatória convivessem literalmente a poucas ruas de distância".[28] Apesar do espalhafato e das descomedidas expectativas, os resultados foram decepcionantes e mostraram poucas evidências de novos investimentos.[29] Basicamente as empresas se transferiram de um lugar para outro, mudando-se para as zonas em busca de incentivos fiscais enquanto os proprietários aumentavam o valor dos aluguéis a fim de abocanhar um pedaço do bolo e os investidores encontravam maneiras de reduzir seus impostos.[30] COMPRE UM PRÉDIO DE GRAÇA, dizia uma manchete tentando atrair investidores para a zona.[31] COMO CONSTRUIR UM PARAÍSO FISCAL, dizia outra, como se isso fosse uma coisa boa.[32] O conselheiro econômico de Thatcher, Alan Walters (outro membro da Sociedade Mont Pèlerin), declarou que gostaria de transformar a Grã-Bretanha em "uma grande zona de empreendimento".[33] Mas se o dinheiro dos impostos era retirado de uma parte da economia para custear outra, quem sobraria para pagar os subsídios? Os próprios consultores do governo admitiram que "apenas algumas áreas podem ter prioridade".[34]

As zonas pareciam vitrines — aldeias Potemkin do livre mercado.[35] Mas e se levássemos a sério a ideia de Butler sobre o "animal político"? Um geógrafo sugeriu que as zonas eram experimentos mais de política do que de economia.[36] A zona não era, de forma alguma, um não plano. Era um plano em si mesmo. A inovação estava na maneira como causava um curto-circuito no governo local e entregava o controle diretamente aos incorporadores. O fac-símile de Hong Kong que Hall e Howe propuseram de início tinha a ver com comércio básico e tradicional. O que veio depois foi, sem dúvida, uma versão mais duradoura da colônia construída em estreita parceria entre incorporadoras imobiliárias e o governo local para criar "campos de pouso para o capital financeiro extremamente móvel".[37] O historiador Perry Anderson relembra um episódio no Banco Mundial em que Walters enalteceu Hong Kong como a "sociedade mais livre do mundo". Quando o eminente estatístico Angus Maddison fez o aparte de que "lá nem sequer há eleições", Walters respondeu com um "sorriso beatífico" e afirmou: "Sim, foi exatamente isso que eu quis dizer".[38]

2.

Em 1985, a cena de abertura de *A noite do terror* ganhou vida quando foram reveladas as maquetes para um complexo nas Docklands de Londres, no alto das antigas West India Docks, em Isle of Dogs. Cobrindo 287 mil metros quadrados e com 930 mil metros quadrados de espaço para escritórios, o plano original incluía não um, mas três dos arranha-céus mais altos da Europa, e foi anunciado como o maior empreendimento imobiliário do mundo. O projeto reuniu o estúdio de estrelas da arquitetura Skidmore, Owings & Merrill — que na década anterior havia construído a Torre da Sears em Chicago — e I. M. Pei, cuja Torre do Banco da China acabara de ser inaugurada em Hong Kong. Chamava-se Canary Wharf [cais das Canárias], por causa do armazém que outrora abrigava frutas despachadas de navio desde as ilhas Canárias.[39] Os arquitetos alegaram estar fazendo um aceno para o tecido urbano tradicional de Londres. Ao contrário de Paris, Viena, Budapeste ou Madri, com seus grandiosos bulevares que culminavam em monumentos, casas de ópera e museus, Londres se assemelhava mais a uma colmeia, com vista para praças e miniparques.[40]

Outros viram um modelo diferente. Na opinião de um crítico, era "praticamente uma cópia carbono" do Exchange Square, complexo de edifícios ainda em construção à época, no Distrito Central de Hong Kong.[41] Ambos os megaprojetos se assemelhavam entre si como aglomerados de arranha-céus de vidro erguidos em torno de um espaço aberto, mas as similaridades também eram evidentes nos ambientes internos. O Exchange Square foi construído de modo a se adaptar à mudança da Bolsa de Valores de Hong Kong para o sistema de transações eletrônicas. A mesma mudança estava em curso em Londres, expulsando as pessoas dos prédios apertados e historicamente protegidos da City of London. Erguidos em torno de poços de elevadores centrais, esses prédios não seriam capazes de atender à demanda por vastos andares com monitores e sistemas de refrigeração para a nova era dos "bancos eletrônicos".[42] A mudança para as plataformas eletrônicas exigia layouts flexíveis e pisos elevados para a passagem de cabos e a instalação de equipamentos e dispositivos nas estações de trabalho.[43] "A porção central de Hong Kong hoje é exatamente o que as Docklands devem se tornar no terceiro milênio", escreveu o crítico, "uma nova cidade financeira; uma cabeça de ponte para o dinheiro norte-americano na Europa, bem como a cabeça de ponte para as finanças norte-americanas a meio mundo de distância."[44]

O que ele não observou foi a semelhança ainda mais acentuada na forma como os dois complexos surgiram. No modelo de "absolutismo administrativo" de Hong Kong, autoridades nomeadas e representantes de grandes empresas tomavam as decisões sem nenhuma contribuição dos residentes comuns. Canary Wharf foi construído com base em um mecanismo semelhante. Por ser uma zona de empreendimento, uma entidade chamada Corporação de Desenvolvimento das Docklands de Londres, dirigida por personalidades de destaque do setor imobiliário, tinha autorização para desconsiderar o governo local, abrir mão das usuais permissões de planejamento e ignorar as necessidades habitacionais dos residentes da antiga zona portuária.[45] O primeiro diretor da corporação não era nem um pouco acanhado acerca de seu desprezo pelo que chamou de "população excedente" de residentes — e ele não precisava ser.[46]

Os empreendedores imobiliários receberam ofertas boas demais para serem recusadas: terras a um sexto do valor de mercado, bem como promessas de investimento estatal em infraestrutura.[47] Em 1986, os primeiros voos pousaram no recém-construído City Airport, aeroporto da City of London, nas Docklands. Alguns anos depois, inaugurou-se uma nova linha de trem que levava as pessoas do distrito de Docklands até o coração da City em menos de dez minutos.

Canary Wharf estabeleceu um marco no futuro de Londres. Era um símbolo do afastamento do Reino Unido do lugar que vinha ocupando desde a Segunda

Guerra Mundial, ou seja, um país definido pela manufatura e até mesmo pela autossuficiência agrícola. Antes da guerra, a Grã-Bretanha havia sido pioneira no comércio globalizado. No início do século XX, importava quase todos os seus alimentos, até mesmo ovos.[48] Depois da guerra, houve uma mudança no sentido de uma maior produção para consumo local. Em Londres, as docas da área de Royal Docks fecharam por causa da conteinerização, mas também porque os silos de grãos deixaram de ser necessários, uma vez que o trigo era cultivado em âmbito doméstico.[49] Essa autossuficiência desapareceu na década de 1980, quando o Reino Unido, novamente, começou a importar mais do que exportava. Outrora a "economia mais intensiva em manufatura do mundo", o país começou a fazer outras coisas.[50] A principal delas foi o setor financeiro. Em 1991, havia mais pessoas trabalhando em escritórios do que na produção industrial ou agrícola.[51] "A Londres que negociava coisas", escreveu um historiador, "se tornou a Londres que negociava dinheiro."[52]

A zona pode até ter sido uma adaga apontada para o coração do socialismo, mas o socialismo não sucumbiria sem luta. A oposição mais forte veio do próprio governo da cidade, o Conselho da Grande Londres (GLC, na sigla em inglês), que se transformou no porta-bandeira de uma visão socialista de Londres depois da eleição de Ken Livingstone, político da esquerda trabalhista, em 1981. Se o governo Thatcher tirou lições dos dragões econômicos do Extremo Oriente, a "nova esquerda urbana" do GLC praticava um tipo diferente de internacionalismo. Buscava criar vínculos entre as comunidades de imigrantes recém-chegadas a Londres e a classe operária mais antiga.[53] O GLC via o bairro como um lugar no qual seria possível fazer pequenas versões do futuro, o que às vezes é chamado de política prefigurativa. Um êxito inicial se deu na área de Coin Street [rua da Moeda], do outro lado do Tâmisa e do distrito financeiro da City, onde conseguiram bloquear os planos de uma construtora e reivindicar a posse do terreno para um fundo comunitário, doado aos residentes locais para a construção de algo que atendesse a seus próprios interesses.[54] O grupo organizou funcionários administrativos na City of London e até se mobilizou para a abolição do anacrônico governo medieval que comandava o distrito financeiro.[55]

A área das Docklands foi outro foco dos esforços do GLC, que financiou a criação de um Centro de Planejamento do Povo para reunir ideias alternativas de revitalização da região das docas além dos dispendiosos megaprojetos de construção de alta visibilidade.[56] Recorrendo à mobilização popular de base, percorriam bingos, reuniões de grupos de pais e mães de crianças pequenas e as poucas fábricas remanescentes a fim de coletar informações para o plano. Em 1984, cópias da versão finalizada foram entregues em todas as casas das Docklands. O Plano do Povo expressou a esperança de que "em nossa vida profissional e na vida de nossos filhos haja mais perspectivas do que ser porteiros e atendentes de banheiro para homens de negócios que estão aqui apenas de passagem", imaginando, em vez disso, uma maneira de restaurar a produção manufatureira em pequena escala, requalificar e renovar as docas, proposta respaldada por uma empresa de consultoria externa.[57]

A visão alternativa de Londres era uma pedra no sapato de Thatcher.[58] A resposta da primeira-ministra foi contra-atacar. Na conferência do Partido Conservador em 1983, os tóris incluíram uma nova demanda em seu manifesto: eliminar o GLC. O presidente do partido, Norman Tebbit, formulou o raciocínio em termos simples: o GLC representava a "versão divisiva do socialismo [que] deve ser derrotada. Portanto, aboliremos o GLC".[59] Outra parlamentar foi ainda mais explícita. Afirmando que o GLC havia se tornado "um monstro", ela acrescentou que "a única maneira de lidar com esse monstro é eliminá-lo, matá-lo".[60] Cinco conselhos metropolitanos em outras cidades foram simultaneamente abolidos, e se impôs um limite à quantidade de receitas que o governo local poderia arrecadar por meio de impostos.[61] O governo local e a plataforma que oferecia para o reavivamento da tradição britânica do socialismo municipal foram deliberadamente prejudicados. Geralmente sinônimo de quebrar sindicatos, o thatcherismo também tinha a ver com quebrar os governos locais.

Muitas vezes pensamos na década de 1980 em termos da luta entre o Estado e o mercado. Mas isso não traduz de forma alguma a dinâmica. O governo Thatcher e o GLC faziam parte do "Estado". Diferiam em sua concepção acerca de qual era a finalidade do Estado. A nova esquerda urbana tinha sua parcela de ceticismo sobre o papel benevolente do governo; às vezes, eles se referiam ao que estavam fazendo como operar "dentro e contra o Estado".[62] Mas o que de fato importa é onde as decisões estão sendo tomadas — e no interesse de quem. Em uma canetada, a obliteração do GLC por Thatcher eliminou o maior governo urbano da Europa.[63] Foi um golpe de cima para baixo. No rescaldo, o caminho estava livre para uma nova visão da cidade a ser lançada e divulgada com menos obstrução.

3.

No final do século, a Londres Vermelha se encontrava de joelhos, enquanto as finanças estavam em alta. Recuperando-se de um tropeço depois do tombo do mercado de ações da Segunda-Feira Negra de 1987, Canary Wharf, em meados da década de 1990, figurava como o duplo da cidade, um resplandecente monumento à nova metrópole. Estimativas sugeriam que a incorporadora responsável pela obra havia utilizado o status de zona de empreendimento para assegurar 1,3 bilhão de libras esterlinas em isenções fiscais e infraestrutura em nome de um suposto "modelo perfeito de revitalização urbana de livre mercado".[64] Sua estrutura central era o One Canada Square, arranha-céu de cinquenta andares encimado por uma pirâmide e projetado por outro arquiteto famoso da época, César Pelli. Quando o primeiro-ministro Tony Blair recebeu o presidente francês Jacques Chirac no 38º andar do prédio, eles olharam para as ruas com nomes que homenageavam colonos famosos das Américas — Columbus Courtyard [Pátio Colombo], Cabot Square [Quadra Cabot] —, bem como para o local que Blair, assim como Shand, tinha em mente para sediar os Jogos Olímpicos.[65]

Se Londres havia passado da negociação de coisas para a negociação de dinheiro, agora começava a negociar espaço, à medida que o setor imobiliário — e a habitação em particular — se transformou em um novo ativo global.[66] A aquisição da casa própria virou algo despersonalizado e negociável, desnorteado e à deriva em meio às ondas de oferta, demanda e especulação globais. No novo milênio, parecia não haver alternativa a não ser se render ao modelo de "mercantilismo municipal", dividindo cada vez mais partes da cidade a fim de oferecer incentivos fiscais e subsídios públicos para a construção de novas torres.[67] A mudança foi evidenciada pelo fato de o próprio esquerdista Ken Livingstone ter retornado ao governo como prefeito de Londres e se tornado um dos principais defensores das torres privativas na zona.

Depois do ano 2000, o mundo rumou em direção ao céu. Nos primeiros quinze anos do novo século, no mundo inteiro o número de edifícios com mais de duzentos metros mais do que triplicou.[68] Parte do impulso veio de dinheiro em busca de refúgio. A invasão do Iraque em 2003 pelos Estados Unidos e pelo Reino Unido ajudou a elevar os preços do petróleo, turbinando os lucros dos Estados petrolíferos, que investiram em imóveis por meio de fundos soberanos colossais. Em 2005, oligarcas russos à procura de lugares para depositar sua riqueza no exterior deram à capital britânica o apelido de "Londresgrado".[69] Em um momento simbólico, em 2003 o oligarca Roman Abramovich comprou o Chelsea Football Club, time de futebol do oeste de Londres. A vertiginosa ascensão da China também significou mais dinheiro querendo sair. A crise financeira global de 2008 — em si um produto da especulação superalavancada no mercado imobiliário — potencializou a sensação de volatilidade e instabilidade. Com juros zero, o dinheiro estava barato e buscava, como sempre, altos lucros, baixo risco e governos dispostos a fazer isso acontecer.

A Grã-Bretanha estava ansiosa para agradar e condescender. Um pequeno número de distritos luxuosos passou a ser visto como um punhado de inexpugnáveis "paraísos seguros" de riqueza móvel.[70] Londres passou a ser a "incomparável monarca da liga global de propriedades para os super-ricos".[71] De 2009 a 2011, 8 bilhões de libras esterlinas foram investidos na compra de imóveis londrinos apenas por meio das ilhas Virgens Britânicas; em 2015, empresas offshore compraram assombrosos 100 bilhões de libras esterlinas em imóveis.[72] Em 2012, acadêmicos descobriram que "85% de todos os imóveis residenciais de alto padrão em Londres e 50% em Nova York foram adquiridos por compradores estrangeiros".[73] Em muitos casos, tratava-se de habitação só no nome, já que muitos praticavam "comprar para ir embora", ou seja, os imóveis eram adquiridos como investimento e ficavam vazios. "Estamos construindo os cofres mais caros do mundo", um consultor imobiliário afirmou em 2017. "A pessoa simplesmente coloca seus objetos de valor no imóvel e, depois disso, nunca mais aparece nem para visitá-lo."[74] Em 2015, um parlamentar trabalhista condenou os "super-ricos globais" por comprarem "casas em Londres como se fossem barras de ouro, como ativos a serem apreciados, em vez de lugares para morar".[75]

Numa metamorfose, a zona deixou de ser um local de manufatura para se transformar em espaço de escritório para contas bancárias tridimensionais dos ricos. Um resultado bastante visível foi o esticamento dos horizontes de um pequeno número de metrópoles globais. Em Nova York, as torres se concentravam na Billionaires' Row, logo ao sul do Central Park. A forma que elas assumiram foi emprestada de um estilo popular em Hong Kong na década de 1980: a "torre lápis", com uma pequena área construída para dar sustentação a um arranha-céu residencial inacreditavelmente estreito e alto. A peculiaridade de Nova York era que cada andar abrigava apenas um apartamento. Uma das primeiras coberturas foi vendida para um gerente de fundos hedge que não tinha planos de se mudar para lá; ele pensou em dar algumas festas no apartamento antes de passá-lo adiante para as mãos de outro comprador.[76] A cobertura de outro prédio se tornou o apartamento mais caro da história quando foi vendida para outro gestor de fundos hedge por 238 milhões de dólares em 2019.[77] Esse comprador tampouco pretendia morar lá.[78] Era um *pied-à-terre* a peso de ouro.

Em 1991, a socióloga Saskia Sassen fez críticas ao surgimento do que ela chamou de "cidades globais", um pequeno número de "centros de comando e controle" na organização da economia mundial, nas quais um número reduzido de pessoas, a maioria empregada no setor de serviços financeiros, dependia de um grande substrato de trabalhadores em condições precárias e mal remunerados para passar suas camisas, servir suas entradas no restaurante, preparar suas bebidas, limpar seus halteres na academia, dirigir seus carros e limpar suas casas. Em seu entendimento, isso era um novo motor de desigualdade e uma dissociação das áreas metropolitanas dos rincões pós-industriais abandonados, pressagiando futuros problemas políticos e desconexão econômica.[79] Na década seguinte, entretanto, o teor crítico já havia sido desvinculado do termo "cidade global", que se tornou jargão para os discursos de vendas dos corretores imobiliários.[80]

Nesse admirável mundo novo de imóveis "ultraluxuosos" do século XXI, um dos edifícios mais extraordinários foi o Shard, projetado pelo arquiteto italiano Renzo Piano. Proposto em meados dos anos 1990 e inaugurado pelo próprio Livingstone, o Shard foi o primeiro arranha-céu "superalto" de Londres, o que o enquadrava na mesma categoria do Burj Khalifa de Dubai e do World Financial Center de Shanghai.[81] O nome do edifício — *shard* significa caco, fragmento, pedaço — não surgiu como um truque de marketing, mas como um insulto: o English Heritage, órgão público que administra e conserva edifícios, monumentos e locais históricos da Inglaterra, descreveu o edifício como uma obra que rasgava "a Londres histórica como um caco de vidro".[82] *Shard* também é um termo para a carapaça de um inseto, especificamente a grossa crosta de exoesqueleto sobre a asa de um besouro, e essa definição também se encaixa. Edifícios como o Shard eram carapaças, em geral repositórios vazios de riqueza móvel, em muitos casos canalizados por meio das empresas chamadas *shell companies*.[83] Na década de 2010, virou prática comum a construção de edifícios que um crítico chamou de *shardettes*, com o propósito específico de atender aos interesses de compradores estrangeiros. Muitos foram vendidos em feiras imobiliárias na China e em Hong Kong antes mesmo de serem erguidos.[84] Um dos eventos de exibição da luxuosa Maine Tower em Canary Wharf foi realizado em Hong Kong.[85] As duzentas unidades disponíveis se esgotaram em cinco horas.[86] A Autoridade de Investimento do Catar detinha 95% do Shard.[87]

Em 1997, Thatcher falou sobre a "sinistra e até agora bem-sucedida experiência da China em combinar liberdade econômica com servidão política".[88] Numa ironia sombria, a China e o Catar — dois dos principais exemplos de capitalismo sem democracia — se tornaram os proprietários do que foi descrito como o "legado" da primeira-ministra, Canary Wharf.[89] No ano em que Thatcher morreu, o prefeito de Londres, Boris Johnson, viajou a Beijing a fim de assinar um acordo com incorporadores chineses para a construção do que ele denominou "um terceiro distrito financeiro na capital", na Zona de Empreendimento das Royal Docks, ao lado de Isle of Dogs.[90] Empreiteiras privadas chinesas adquiriram 142 mil metros quadrados com planos para um parque empresarial de 1 bilhão de dólares, em meio a um impulso de investimento estrangeiro incentivado por Xi Jinping que injetou dinheiro novo em Londres.[91] Johnson vinha tentando rebobinar a fita de Canary Wharf e tocá-la mais uma vez. "O Reino Unido é um país muito pequeno", um incorporador chinês declarou, "e se você não aproveitasse as oportunidades logo, não sobraria oportunidade nenhuma."[92]

No início da década de 1980, radicais do mercado começaram a transformar Londres em uma Hong Kong em miniatura. Trinta anos depois, esse objetivo foi alcançado de uma forma com a qual nunca poderiam ter sonhado. Os acadêmicos chamam Hong Kong de "cidade de magnatas" porque o governo mantém uma relação simbiótica com os bilionários da cidade, dos quais quase metade fez fortuna no mercado imobiliário.[93] O governo detém o controle definitivo da terra em Hong Kong, mas leiloa terras em arrendamentos de longo prazo, contando com o contínuo aumento dos preços dos imóveis para financiar suas próprias operações por meio de vendas e taxas.[94] Em um livro best-seller, Alice Poon descreveu o modelo de Hong Kong como "hegemonia imobiliária" — um modelo econômico baseado na especulação à medida que a propriedade substituiu outras formas de produção.[95] Da mesma forma, na nação de magnatas da Grã-Bretanha, 25% das pessoas mais ricas têm na propriedade de imóveis sua principal fonte de riqueza.[96] As cidades globais de Londres, Hong Kong e Nova York contam com mercados de trabalho de dois níveis, em que a maioria dos ganhos é revertida para um pequeno número de pessoas no topo. O papel básico do Estado é proteger os preços crescentes dos imóveis e conceder os agrados e bajulações necessários para que o capital móvel chame sua cidade de lar temporário.

Na "cidade plutocrática", os governos urbanos veem a presença dos super-ricos como um sinal de saúde urbana.[97] O resultado é uma cidade com forças que se movem em duas direções opostas: os ricos são sugados para dentro, inflando os valores das propriedades, e os pobres são expulsos.[98] Depois que os soldados retornaram das trincheiras da Primeira Guerra Mundial, os primeiros projetos de habitação social foram chamados de "lares para os heróis". Em 2013, Boris Johnson chamou os super-ricos de "heróis dos impostos" e sugeriu que os dez mais ricos deveriam ser automaticamente condecorados com o título de cavaleiros da Coroa britânica.[99] Se a zona era uma adaga apontada para o coração do socialismo, parece ter atingido o alvo.

Outro lugar onde o sonho original da zona de empreendimento — um lugar sem atritos para atrair investimentos — se concretizou foi cortesia do "primeiro presidente empreendedor dos Estados Unidos", Donald Trump.[100] Trump foi um dos primeiros devotos da zona. Magnata do mercado imobiliário, ele construía prédios apenas se recebesse incentivos fiscais colossais. Sua tacada de mestre foi o Grand Hyatt na 42nd Street, na cidade de Nova York, inaugurado em 1980, que reluzia de dourado por dentro e por fora. Trump fez uso da Corporação de Desenvolvimento Urbano, agência de Nova York semelhante à Corporação de Desenvolvimento das Docklands de Londres, que controlava Canary Wharf. Ele vendeu o Grande Hyatt à agência pelo valor simbólico de um dólar, e em seguida a agência estatal arrendou a propriedade de volta para Trump por um preço módico. O acordo custou à cidade mais de 360 milhões de dólares em receitas tributárias.[101] E, assim como em Londres, a corporação podia passar por cima das leis de uso da terra e dos códigos de construção civil.[102] Três anos depois, Trump cortou a fita inaugural de outro edifício dourado com seu nome: Trump Tower. Ele processou a cidade — e ganhou — para assegurar uma redução de impostos de mais algumas dezenas de milhões de dólares.[103]

Na década de 1990, Trump comprou por 13 milhões de dólares uma ilha ao largo da cidade de New Rochelle, esperando preenchê-la com 2 mil apartamentos como um porto seguro para os milionários de Hong Kong em fuga antes da devolução da colônia à China.[104] A ilha de Trump, que cintilava com torres de cristal cujos residentes seriam transportados até o distrito financeiro via hidrofólio, nunca se materializou, mas a dívida do magnata para com a zona era clara. Um jornalista britânico observou que a "fórmula central do sucesso de Trump" era a mesma que Thatcher usava nas cidades do interior da Grã-Bretanha.[105]

Na presidência dos Estados Unidos, Trump se lembrou de seus colegas incorporadores quando introduziu algo chamado de "zonas de oportunidade" em seu enorme programa de corte de impostos em 2017. Essas zonas, tais quais as de Thatcher, foram concebidas para estimular os investidores imobiliários a pôr seu dinheiro a longo prazo em áreas carentes, eliminando-se os impostos. As pessoas que vendiam ações ou outros investimentos e punham seus ganhos de capital em zonas específicas poderiam ter seus impostos reduzidos até o que Trump chamou de "um enorme, gordo e belo número zero" se lá os deixassem por dez anos.[106] Eram paraísos fiscais em miniatura, bolsões de território offshore.

As zonas de oportunidade eliminavam as exigências de todo e qualquer tipo de supervisão, aprovação e relatórios. O círculo íntimo de Trump, incluindo seu ex-secretário de imprensa e seu genro, lucrou imediatamente. As zonas foram utilizadas para a construção de moradias de luxo em Miami e torres em condomínios no condado de Westchester, com infraestrutura completa que incluía spas para cães.[107] Um consultor com papel ativo na concepção do programa e na escolha das zonas deu um veredito sombrio sobre elas perante o Congresso americano em 2021. O fato de, por causa das zonas, o governo deixar de arrecadar todo ano 1,6 bilhão de dólares era ruim, mas pior ainda era o que isso representava: o definitivo repúdio ao papel do governo no desenvolvimento da comunidade. Era planejamento via renúncia fiscal, desenvolvimento nas mãos apenas de empreendedores norteados por fins lucrativos, um vácuo no lugar de uma visão.[108]

Ao se queixar desse estado de coisas, um vereador de Nova York afirmou que "os bilionários não deveriam ter permissão para comprar o céu e lançar o resto da cidade na sombra".[109] Entretanto, nas primeiras décadas do novo milênio era simplesmente assim que as coisas se davam. Quando a Amazon anunciou que estava à procura de um lugar para construir sua nova sede em 2017, a cidade de Nova York ofereceu 3 bilhões de dólares em isenções fiscais e assistência governamental. Dois anos depois, quando o Hudson Yards, o maior empreendimento imobiliário privado de uso misto da história dos Estados Unidos — uma mistura de torres residenciais e prédios de escritórios, um shopping center de 67 mil metros quadrados e uma escultura escalável apelidada de Shawarma —, foi inaugurado no West Side de Manhattan, recebeu quase 6 bilhões de dólares em isenções fiscais e outras ajudas do governo.[110]

O crítico de arquitetura do *New York Times* chamou o projeto de "Sião neoliberal", mas era também uma nova versão da zona neoliberal.[111] Embora construído em uma das regiões de aluguel mais caras do mundo, o complexo foi financiado por meio de um programa especial de venda de vistos para investidores estrangeiros que põem dinheiro em áreas economicamente deficitárias. Para garantirem esse financiamento, os desenvolvedores traçaram uma linha serpeante de setores censitários desde áreas genuinamente depauperadas do Harlem ao sul, passando pelo Central Park até a periferia de um dos bairros de aluguel mais caro da cidade.[112] Lá, o Hudson Yards brotou como "cacos de vidro em cima de um muro", na descrição do *New York Times*.[113] Uma zona corporativa criada por meio de manipulação e redesenho das linhas de fronteira dos distritos ajudou a fazer isso acontecer.

Em Londres, a cidade dos cacos recebeu um ícone às avessas muito mais aterrorizante em 2017. Em junho desse ano, um pequeno incêndio se transformou em um inferno que engoliu a Torre Grenfell, edifício residencial no coração de um dos "pontos dourados" da cidade — área na qual 10% das propriedades foram compradas por meio de "jurisdições secretas" offshore e na qual o salário médio era de 123 mil libras esterlinas, mas um terço dos habitantes ganhava menos de 20 mil libras.[114] O incêndio matou 72 pessoas. O conselho ignorou as preocupações dos moradores acerca do revestimento e do isolamento baratos e de baixa qualidade, que acabaram agindo como um vácuo, puxando as chamas pelo vão entre o material e as paredes externas do prédio. Sprinklers e outras medidas que poderiam ter salvado vidas foram deixados de lado devido a um esforço para reduzir as exigências de dispositivos de segurança para os novos edifícios. A "fogueira dos regulamentos" tantas vezes celebrada para atrair incorporadores teve como resultado direto um inferno catastrófico.[115] A torre devastada se manteve de pé, figurando como uma lápide carbonizada para uma versão extinta do contrato social.[116]

4.

No filme *A noite do terror*, Shand parece encontrar seu fim nas mãos de guerrilheiros irlandeses. Em 1996, as Docklands foram alvo de um atentado terrorista do Exército Republicano Irlandês que matou duas pessoas e causou um prejuízo superior a 100 milhões de libras esterlinas. Como consequência, construiu-se um "minianel de aço" de segurança em torno de Canary Wharf — o acesso à rua passou a ser controlado, instalaram-se câmeras de circuito fechado, e o local foi protegido por um cordão policial.[117] Alguns desses recursos, a exemplo das câmeras de vigilância, logo se tornariam elementos corriqueiros em todo o país. Em 2015, havia meio milhão delas em funcionamento somente em Londres.[118] Por ser um espaço público de propriedade privada, Canary Wharf não está sujeito aos usuais direitos de reunião e liberdade de expressão. O Sindicato dos Transportes e Trabalhadores em Geral descobriu isso quando tentou protestar contra os baixos salários dos funcionários de limpeza e se viu impedido por uma liminar do tribunal superior.[119] Havia nessa proibição uma amarga ironia. O sindicato, que já havia sido o maior do mundo, foi formado depois de uma sequência de eventos que começou com uma greve nas mesmas docas em 1889.[120]

A jornalista Anna Minton observa que os espaços protegidos e vigiados de Canary Wharf se tornaram um modelo para projetos de construção públicos e privados no início do século XXI.[121] Thatcher se mudou para um condomínio fechado no sul de Londres, tomando parte de um gradativo retorno da cidade murada.[122] Na década de 2010, havia condomínios fechados nas alturas. No que um geógrafo chama de "secessão vertical", as pessoas se retiram para "luxuosos casulos de super-riqueza e segurança fortificada".[123] O popular formato de *podium building*, cujos exemplos pioneiros foram erguidos em Vancouver, estabelece um pátio externo no segundo andar — com comodidades como lagos artificiais e bares ao ar livre —, uma rua ersatz acima da rua.[124] Quando o Shard foi concluído como o edifício mais alto de Londres em 2011, o crítico Owen Hatherley refletiu sobre como era impossível imaginar "blocos de prédios de conjunto habitacional ou um hospital público como um dos objetos centrais em seu horizonte".[125] Vista do alto de uma cobertura de noventa andares, a cidade é reduzida a um pano de fundo.

Os últimos quarenta anos são geralmente descritos como uma época de capitalismo livre e irrestrito. É comum falar da incapacidade de governar as finanças. O capitalismo é veloz demais para ser capturado, dizem. A zona mostra como essa qualidade é construída de caso pensado, multiplicada em "distritos de fomento aos negócios" e muitas outras formas de cessão de terra a construtoras e incorporadoras no modelo que alguns definem como "urbanização incentivada", e outros como "geossuborno" ou "geopropina".[126] Como os geógrafos já mostraram repetidas vezes, a gentrificação não é algo que acontece quando o mercado é liberado para agir com rédeas soltas, mas quando o Estado leva o mercado pela mão.[127]

Canary Wharf é o exemplo mais famoso do uso da zona no final do século XX.[128] Em 2012, abrigava mais banqueiros do que a City of London.[129] Para seus defensores, conta a história de uma empolgante e ambiciosa visão de entrada e experimentação irrestritas — o sedutor conto da liberdade econômica. Porém, encerradas as apostas, o saldo foi que a concentração de poder se deslocou para cima e para fora. A zona de empreendimento e a corporação de desenvolvimento imobiliário revelaram ser não aspectos de uma competição experimental aberta a todos, um salve-se quem puder, mas uma correia transportadora unidirecional que entregou terras britânicas aos balancetes dos oligarcas e fundos soberanos mais abastados do mundo. Uma das maiores vitórias de Thatcher em termos de políticas públicas foi seu programa Right to Buy [Direito de Comprar], que permitiu a inquilinos de baixa renda adquirirem moradias populares com grandes descontos. Quando ela assumiu o cargo de primeira-ministra, cerca de um terço das residências na Grã-Bretanha era de casas de projetos habitacionais de estatais. Alguns anos depois do início do século XXI, cerca de metade desse estoque de moradias públicas — em torno de 2,7 milhões de residências — havia sido vendida.[130] O objetivo dessa colossal transformação de propriedades públicas em propriedades privadas era expandir uma sociedade de proprietários de imóveis. No entanto, depois de atingir o pico em 2003, a posse da casa própria realmente começou a declinar.[131] A transferência das moradias da propriedade estatal para o mercado ajudou a transformar as casas em um ativo especulativo. A fábula da democracia de pequenos acionistas se transformou na realidade da captura privada da riqueza pública.

Os limites do poder do Estado podem ser vistos no Canary Wharf da década de 2020, quando a construção de novos "cacos" estagnou e Boris Johnson viu seus paladinos dos edifícios "ultraluxuosos" cavalgarem para longe. O projeto Royal Docks, que havia sido um dos principais triunfos de sua prefeitura, se tornou uma "cidade-fantasma" em que a vegetação retomou a posse das cercas.[132] Outra das supostas vitórias de Johnson foi um empreendimento apoiado pelos chineses em Canary Wharf com o medíocre apelido de "a Agulha", uma torre alta e esguia concebida para ser o edifício mais alto da Europa Ocidental. A construção da Agulha foi adiada em meio às incertezas pós-Brexit, da pandemia e das sanções chinesas ao investimento imobiliário superalavancado. A fim de preservar sua margem de lucro, a construtora fez pressão junto ao conselho pela eliminação das 95 unidades de preço acessível do plano.[133] Em 2022, a Agulha era um buraco no chão. Depois da invasão russa da Ucrânia, o dilema moral de ser um cofrinho offshore para oligarcas também se fez mais premente. Abramovich vendeu o Chelsea, e os políticos tentaram descobrir como desembaraçar o balaio de gatos de fundos fiduciários cegos e empresas de fachada offshore com nomes insípidos que apagavam a identidade dos proprietários —, ao mesmo tempo que se perguntavam qual seria o efeito na economia da cidade caso assim procedessem.[134]

Quando o governo deixou de ver seu próprio papel como o de um facilitador de uma base industrial ou agrícola e passou a atrair compradores voláveis, a cidade dos cacos apareceu como uma consequência natural — assim como surgiram a cidade dos buracos quando o dinheiro acabou e a cidade dos codinomes quando o dinheiro ficou maculado demais pela corrupção. Mais uma razão para lembrar as versões derrotadas de uma cidade alternativa. As propostas progressistas dos últimos anos se inspiram nas políticas do GLC dos anos 1980. Hoje, programas como Saúde de Emergência e o Projeto de Ação para a Saúde das Mulheres Negras de Londres, com foco em cuidados preventivos e resposta às necessidades da comunidade, bem como redes de tecnologia para a "produção socialmente útil" e esforços para desestimular o uso de automóveis com um único ocupante, parecem formas avançadíssimas de lidar com riscos e oportunidades na cidade moderna.[135] O renascimento do municipalismo, bem como as ideias de fundos comunitários de terras e os bens comuns urbanos, propõe uma relação entre propriedade, comunidade e o papel do Estado diferente da cidade dos cacos.[136]

Em 1994, o geógrafo David Harvey descreveu Canary Wharf como uma edificação que "flutuava feito uma arca perdida rio abaixo desde a City na maré do Tâmisa".[137] Vale a pena terminar a história com uma contraimagem. Um grupo chamado "Democracia para as Docklands" tentava descobrir uma maneira de divulgar seu plano alternativo para o desenvolvimento da área, e um morador mencionou que operava uma pequena barcaça. Artistas locais criaram um logotipo para o movimento, um dragão cujo corpo sinuoso tinha o formato do rio Tâmisa serpeando através das docas, e afixaram um enorme pôster vermelho no veículo. Em abril de 1984, com a barcaça à frente de um numeroso cortejo de barcos, mil pessoas participaram da primeira Armada Popular ao Parlamento. Cópias da "Carta do povo para as Docklands" foram entregues a todos os parlamentares.[138] Outras armadas seriam realizadas nos anos seguintes. A rota até o Parlamento consumia um pouco mais de energia do que a "arca perdida" que Harvey imaginou partindo da City. Ao contrário de Canary Wharf, a frota do povo tinha de viajar contra a corrente.

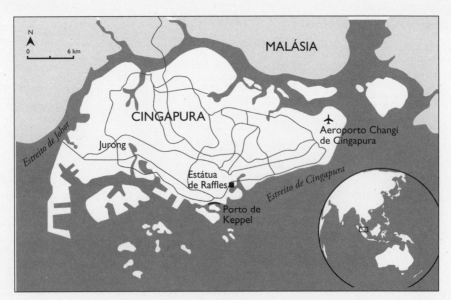

Cingapura.

3. A solução de Cingapura

O deslocamento do modelo de Hong Kong para Londres na década de 1980 ajudou a transformar a capital inglesa em uma cidade de magnatas. Entretanto, no final do milênio, uma metrópole diferente brilhou com intensidade ainda maior na imaginação dos radicais do mercado. Margaret Thatcher escreveu a uma amiga que achava que a Grã-Bretanha deveria se afastar da Europa para se tornar "uma espécie de 'Cingapura' de livre-comércio e não intervencionista".[1] Um quarto de século depois, os acólitos de Thatcher fizeram exatamente isso, levando o país para fora da UE depois de uma bem-sucedida votação favorável ao Brexit. "Que Cingapura seja nosso modelo", um deles escreveu.[2] Paralelamente, a China também procurou "aprender com Cingapura". Desde 1990, mais de 20 mil autoridades chinesas fizeram a peregrinação à cidade-Estado.[3] Em 2012, Xi Jinping, então vice-presidente, encomendou uma série de TV em dez partes sobre as lições que Cingapura tinha a dar à China.[4]

Cingapura é, qualquer que seja o critério de avaliação, um lugar incomum. É uma cidade-Estado, formato cujo auge se deu na Idade Média. Tem aproximadamente o tamanho da Grande Londres — ou menos de 0,1% da massa terrestre da China —, mas é totalmente independente, com assento na ONU. Que lições esse pequeno e anômalo espaço geopolítico poderia oferecer a potências tão maiores e mais longevas? Citar o modelo de Cingapura suscita uma questão: de qual Cingapura estamos falando? É uma ditadura do bem-estar social? Um país das maravilhas do laissez-faire? Um eixo na economia da informação? Um triunfo da industrialização encabeçada pelo Estado? Uma utopia sustentável das políticas de habitação social e espaços verdes? Um Estado de vigilância paranoica? Tudo isso ao mesmo tempo? A micronação de Cingapura é um caleidoscópio — diferente em cada um dos ângulos. No entanto, apesar — ou por causa — dessa ambiguidade, continua sendo a estrela-guia para projetos de reinvenção político-econômica do Cazaquistão ao Brasil, de Beijing à Grã-Bretanha.

Cingapura e Hong Kong figuram lado a lado no topo dos índices neoliberais de liberdade econômica e, à distância, podem até parecer gêmeas — mas não são idênticas. Diferentemente de Hong Kong, Cingapura desfruta de autogoverno desde 1959 e plena soberania nacional desde 1965. Milton Friedman, por exemplo, não amava com a mesma intensidade essas duas crias do Império Britânico. Em sua primeira viagem a Cingapura em 1963, ele zombou do papel ativo do governo em orientar o desenvolvimento. "Quando alguém olha para esses modelos, planos etc., é meio parecido com algo entre crianças brincando de casinha e um artista moldando uma escultura", afirmou. "Seria interessante voltar aqui em cerca de vinte anos e ver o que acontece."[5] Friedman teve honestidade suficiente para engolir suas palavras quando lá retornou em 1980 para visitar uma próspera cidade que crescia a uma taxa de 10% ao ano. Mesmo assim, distorceu os fatos, argumentando que a cidade-Estado havia triunfado "a despeito de intensas intervenções do governo".[6]

Isso era trocar as bolas e confundir as coisas. Como posto por uma economista, o que explicava o sucesso de Cingapura era o "longo braço da intervenção estatal", mais do que a "mão invisível do livre mercado".[7] Se em Hong Kong os interesses privados moldavam a feição da ilha tendo o governo como coadjuvante, em Cingapura o Estado assumiu o centro das atenções. O governo construiu áreas industriais e acrescentou centenas de quilômetros quadrados de novas terras ao litoral, por meio de projetos colossais de recuperação de solo. Muitas das maiores empresas do país eram de propriedade do Estado, e polpudos fundos soberanos investiam economias dos cingapurenses em âmbito doméstico e global.[8]

A "solução de Cingapura" significava usar o poder do governo para encontrar seu nicho no mercado mundial. O ministro das Relações Exteriores, S. Rajaratnam, estabeleceu a estratégia em 1972. Ao "conectar-se" a corporações multinacionais, Cingapura poderia saltar décadas de desenvolvimento trazendo tecnologia mais avançada de fora. Cingapura não precisaria mais de um interior: "Nosso porto faz do mundo o nosso interior".[9] Não haveria necessidade de uma esfera pública doméstica: "Podemos, via satélite, ver e ouvir nossos eventos de televisão em Londres, Tóquio ou Jacarta uma fração de segundo depois de acontecerem". Graças a viagens aéreas, era mais fácil ir de Cingapura a Hong Kong do que a uma cidade da Malásia a algumas centenas de quilômetros de distância. "Por meio dos tentáculos da tecnologia", disse ele, um pequeno número de metrópoles "forma uma cadeia de cidades que hoje moldam e dirigem, em vários graus de importância, um sistema econômico mundial."[10] Outrora as ideias acerca do Estado soberano tinham como premissa a noção de ele ser capaz de alimentar e vestir seus cidadãos com os produtos de seu próprio território. Cingapura virou esse modelo de cabeça para baixo. Abraçou a oportunidade global, ainda que ao custo da dependência global. Se havia a possibilidade de tirar proveito dos mercados mundiais, então por que ter suas próprias minas, suas próprias terras agrícolas e, especialmente, sua própria classe trabalhadora problemática? Pequeno era bom. Assim era possível dar uma guinada mais rápida e girar 180 graus quando os ventos da demanda econômica mudassem.

Um aspecto da solução de Cingapura que Rajaratnam deixou de fora foi o tratamento dos não cidadãos. A cidade-Estado lidava com trabalhadores estrangeiros da mesma forma como faríamos com qualquer outro recurso: abra a torneira quando precisar e feche quando não precisar. A prosperidade da comunidade nacional dependia de um reservatório infinito de mão de obra excedente. Em meados da década de 1970, havia cerca de 200 mil trabalhadores estrangeiros na cidade-Estado, cerca de 10% da população. Em 2008, os estrangeiros representavam 22% da população; em 2017, eram quase 40%.[11] Os "não residentes" não gozam de nenhum dos privilégios ou direitos dos cidadãos. Quando o mercado desaba, eles seguram o rojão e arcam com o peso amargo das demissões.[12] Ser um cidadão de Cingapura significa acesso a uma gama de serviços, incluindo uma conta poupança compulsória que pode ser usada para pensões e aposentadorias, serviços de saúde e compra da casa própria. Ser um trabalhador estrangeiro significa que a pessoa não apenas está sujeita à roda-viva da contratação rapidamente seguida de demissão, como também corre o risco da roda-viva da demissão seguida de deportação.[13]

A solução de Cingapura também significava um débil comprometimento com a democracia. Lá, as eleições eram multipartidárias, mas estavam longe de ser livres. O mesmo partido se manteve no poder por toda a existência do país, e um único homem, Lee Kuan Yew, comandou o governo de 1959 a 1991. Até recentemente, não havia liberdade de protesto, e os políticos da oposição costumavam ser processados na justiça até se calarem, isso quando não acabavam encarcerados ou levados ao exílio.[14] Os jornais precisam renovar regularmente suas licenças de publicação, e os que saem do espaço do discurso permitido são simplesmente retirados do mercado.[15] No mais respeitado índice de liberdade política, Cingapura, reiteradas vezes, é classificada como apenas "parcialmente livre".[16] Para justificar o controle central, evoca-se a linguagem do "pragmatismo", mas também o apelo a valores "comunitários confucianos" culturalmente específicos na nação de maioria chinesa, os quais, em troca de estabilidade e ordem, em tese permitem certo grau de governo paternalista.[17]

Fukuyama já foi evocado por sua declaração de que, com o "fim da história", a democracia liberal era a derradeira forma de governo que restava. Mas também podemos chamar a atenção para o artigo que publicou logo depois, no qual encontrou "um potencial concorrente da democracia liberal ocidental", chamando-o de "autoritarismo brando" do Leste e do Sudeste da Ásia.[18] Cingapura era um excelente exemplo. Perscrutar o caleidoscópio da solução de Cingapura nos ajuda a entender a gama de futuros que as pessoas veem para reforma, reversão ou aceleração do capitalismo global numa época em que o minúsculo "Estado-startup", longe de ser uma mera curiosidade geográfica, é um duradouro objeto de emulação.

1.

A natureza excepcional de Cingapura começa com sua localização próxima ao estreito de Malaca, onde o oceano Índico encontra o mar do Sul da China e o mar de Java — uma artéria de comércio de longa distância que, por séculos, ligou o Oriente Médio, o Norte da África e o Sul da Ásia ao Leste Asiático.[19] Antes de Cristóvão Colombo ter navegado para o Novo Mundo, o general chinês Zheng He navegou com navios quatro vezes maiores que as caravelas *Niña*, *Pinta* e *Santa María* para passar por Cingapura numa missão de exploração e tributo que chegou à costa da África.

Não obstante esse longo passado, a história oficial de Cingapura começa em uma data mais recente, 1819, quando Stamford Raffles, funcionário de alto escalão da Companhia Britânica das Índias Orientais, chegou para assinar um tratado com o sultão malaio autorizando a utilização do porto para fins comerciais. A estátua de Raffles lá permanece, à beira-mar, com os braços cruzados e a cabeça erguida em uma pose de posse insolente. Inscrita na base está a autonarrativa oficial, de como Raffles, "com genialidade e percepção, mudou o destino de Cingapura e a transformou de uma obscura vila de pescadores em um grandioso porto marítimo e metrópole moderna".[20] Raffles fez de Cingapura um porto livre de taxas alfandegárias, atraindo comerciantes chineses de todo o mar do Sul da China.[21] A abertura do canal de Suez em 1859 aumentou o tráfego. Fazendo as vezes de estação de abastecimento de carvão para a Marinha Real, Cingapura se juntou a uma série de portos — de Hong Kong a Áden e Nova Scotia — que permitiam à força marítima britânica salvaguardar sua supremacia nos mares, o que uma autoridade colonial chamou de "pontos estratégicos na superfície da Terra".[22]

As rotas militares também eram canais do comércio de drogas e armas. A economia de Cingapura, como a de Hong Kong, girava em torno do ópio, que respondia por entre um terço e metade de suas receitas antes de 1900.[23] No século XX, o Sudeste Asiático passou a fornecer novos produtos, incluindo a seiva da árvore guta-percha, látex empregado para isolar os cabos telegráficos colocados no fundo do mar entre os continentes; borracha para pneus; estanho para latas; e petróleo, que a Marinha de Guerra começou a utilizar em substituição ao carvão antes da Primeira Guerra Mundial.[24] Outra substância extraída das árvores — a borracha — era exportada por meio das subsidiárias da primeiras multinacionais, a exemplo da Firestone e da Goodyear. E depois que a Royal Dutch Shell (empresa cujo nome se vincula ao fato de que um dos investidores originais importava conchas marinhas — *shells*, em inglês — do Leste da Ásia para colecionadores de Londres) começou a fazer perfuração petrolífera na ilha colonial holandesa de Sumatra, também construiu instalações de armazenamento em Cingapura.[25]

Borracha, estanho e petróleo eram ingredientes essenciais não apenas para a economia de consumo, mas também para a economia de guerra. Entre os planejadores militares que perceberam sua dependência dos produtos da região estavam os fascistas japoneses da década de 1930, que se ressentiam dos opressivos estrangulamentos imperiais britânico, norte-americano e holandês na região.[26] Em larga medida o Japão mergulhou de cabeça na Segunda Guerra para se livrar dessa camisa de força e submeter as matérias-primas da região a seu controle. No mesmo dia em que as bombas nipônicas caíram sobre Pearl Harbor, também caíram sobre Cingapura, Hong Kong e Manila.[27] Quando Cingapura foi tomada em 1942, os japoneses a designaram como a capital de uma nova província em seu império asiático.

Um dos objetivos da ordem internacional desenhada pelos Estados Unidos depois do fim da guerra era afastar-se do foco no império colonial. Os Estados Unidos abriram mão de sua própria possessão no Sudeste Asiático, as Filipinas, concedendo a independência ao arquipélago em 1946, e fizeram pressão pelo acesso às colônias britânicas. A partir da mudança de Cingapura para o autogoverno em 1959, seu primeiro líder, Lee Kuan Yew, afirmou que a micronação precisava fazer duas coisas para sobreviver: tornar-se um "camarão venenoso", intragável para seus vizinhos maiores, e ficar perto dos peixes maiores.[28] A cidade-Estado reforçou suas Forças Armadas, equipando-se com frotas de tanques e blindados.[29] E também se apegou ao antigo senhor imperial; a Marinha de Guerra britânica continuou como um importante empregador, mesmo depois da independência total em 1965. Cingapura ajudou o novo poder hegemônico — os Estados Unidos — na guerra que os norte-americanos travavam no Vietnã, 965 quilômetros ao norte. A guerra trouxe "benefícios colaterais" para Cingapura, Lee afirmou mais tarde, propiciando ao país uma chance de começar a alcançar o Japão, muito mais industrializado.[30] Os "milagres asiáticos", um acadêmico ironizou em tom sombrio, foram alicerçados sobre "massacres asiáticos".[31]

Quando os britânicos anunciaram a retirada de sua Marinha, um consultor holandês das Nações Unidas, Albert Winsemius, deu dois conselhos. O primeiro era esmagar os comunistas — o que Lee já havia começado a fazer, prendendo membros da oposição e proibindo partidos e sindicatos independentes. Winsemius foi mais longe. "Não estou interessado no que você vai fazer com eles", o holandês resumiu mais tarde. "Você pode jogá-los na cadeia, expulsá-los do país, até matá-los. Como economista, isso não me interessa, mas devo lhe dizer, se você não os eliminar do governo, dos sindicatos, das ruas, pode dar adeus ao desenvolvimento econômico."[32] O segundo conselho era deixar Raffles de pé. Eles não deveriam repetir o erro dos defensores da liberdade indonésios que derrubaram uma estátua do representante colonial holandês responsável pelo massacre da população indígena na conquista do arquipélago.[33] A estátua de Raffles seria um testemunho "de que vocês aceitam a herança dos britânicos" e serviria como um farol para as empresas ocidentais.[34]

Os líderes cingapurenses seguiram ambas as recomendações. Em 1972, seguiram outra e se tornaram o segundo país da Ásia (depois do Japão) a adaptar seu porto para contêineres — a mesma tecnologia que matou as docas de Londres. Quase que da noite para o dia, Cingapura foi alçada à posição de quarto porto mais movimentado do mundo.[35] Um visitante a passeio pela ilha a bordo do teleférico recém-instalado nos anos 1970 veria guindastes erguendo altas caixas brancas de novos edifícios no distrito comercial, ao lado de guindastes de pórtico ou de cavalete e empilhadeiras do novo porto de contêineres. Entre os edifícios mais impressionantes estava a OCBC Tower, torre de 59 andares, projetada pelo onipresente I. M. Pei, um colosso brutalista que pairava sobre telhados baixos de telhas vermelhas, barcaças de pesca ancoradas e a estátua de Raffles — agora renovada e ampliada com mármore sintético.

Na independência, um dos modelos para Cingapura foi a ilha de Porto Rico, possessão dos Estados Unidos pioneira em zonas de processamento de exportação (ZPEs) e que viveu uma enxurrada de atividade industrial no pós-Segunda Guerra, atraindo investidores para fábricas simples financiadas por incentivos e isenções fiscais, e guarnecidas, principalmente, por mulheres envolvidas no trabalho de confecção de roupas íntimas e outras peças.[36] Na década de 1980, Cingapura subiu na cadeia de valor, passando dos têxteis para a alta tecnologia. Nos primeiros anos, Winsemius ajudou a atrair para a ilha empresas de eletrônicos como a Philips.[37] Em 1969, o maior produtor mundial de semicondutores, a Texas Instruments, abriu uma fábrica lá; a Apple fez o mesmo em 1981.[38]

Seguindo o exemplo da City of London, Cingapura também desenvolveu seu setor financeiro. Winsemius se lembrava da imagem de um financista segurando um globo e apontando a localização da ilha, a meio caminho entre o fechamento dos mercados em San Francisco e a abertura em Londres.[39] Cingapura virou um centro financeiro offshore, o que significava que, depois de 1968, os bancos passaram a poder realizar seus negócios e fazer empréstimos em dólares. Passados dez anos, os controles sobre compra e venda de moedas estrangeiras foram totalmente abolidos.[40] Durante séculos, mercadorias comerciais passaram pelo estreito de Cingapura. Agora se juntavam a elas grandes volumes de dinheiro negociados ao toque de uma tecla.

2.

Nos anos 1990, a economia de Cingapura vinha crescendo havia décadas a uma taxa sem precedentes no mundo. Por ocasião da independência, seu PIB per capita equivalia a um terço do PIB de seu antigo senhor colonial, até que ultrapassou essa cifra pela primeira vez em 1994. Qual era o segredo do sucesso cingapurense? Já em 1977, em sua série da PBS que inspirou *Free to Choose*, o economista John Kenneth Galbraith ponderou que era "bastante fora de moda e de mau gosto em nosso tempo explicar o desenvolvimento econômico por um critério de raça ou origem étnica", mas, ainda assim, ele "atribuiria boa parte do êxito de Cingapura à excelente mistura étnica".[41] Ele estava à frente de seu tempo. Na década de 1990, o essencialismo cultural se tornou a forma preferida de explicar Cingapura, uma cidade-Estado multirracial, com proporções relativamente estáveis de 75% de chineses, 14% de malaios e 8% de indianos, mas os chineses encabeçavam os negócios e dominavam o governo.[42] Eles deram o tom para o que veio a ser chamado de "capitalismo confucionista".[43]

O clichê "valores asiáticos" pegou as ideias tradicionais do orientalismo e as inverteu. O Oriente era fundamentalmente diferente do Ocidente — o que era bom. Há muito visto pelos acadêmicos ocidentais como um freio ao desenvolvimento capitalista chinês, o confucionismo foi redefinido como seu combustível de foguete, promovendo não apenas a paz social, como também a diligência, a lealdade aos empregadores e a cooperação no local de trabalho.[44] O defensor mais ativo dessa tese foi Lee Kuan Yew. Ele passou a falar de tradição pela primeira vez na década de 1970, em resposta a sinais de contracultura de estilo ocidental na cidade-Estado. Restrições ao rock, ao cabelo comprido para homens e à atividade homossexual foram acompanhadas por uma insistência de que o hedonismo e o individualismo se contrapunham aos valores familiares confucionistas. A virada foi formalizada quando, em 1988, Yew consultou um grupo de acadêmicos (ironicamente, quase todos de universidades dos Estados Unidos) e lançou um relatório governamental oficial sobre "valores compartilhados".[45] De acordo com Lee, os valores asiáticos enfocavam não o indivíduo, mas a "família estendida, clã, [que] propiciava uma espécie de jangada de sobrevivência para o indivíduo".[46] A nação era um conjunto de famílias unidas de forma orgânica, enraizadas na tradição, e não nos indivíduos atomizados do Ocidente.

Lee era um improvável porta-voz de essências culturais. Nascido em Cingapura, era descendente de chineses, mas só aprendeu chinês como terceira língua; criado como anglófono, estudou na London School of Economics e depois se formou em direito em Cambridge. Na juventude, confessou estar perplexo com "os peculiares mecanismos de funcionamento da mente chinesa".[47] No entanto, na meia-idade, falava sem parar sobre a cultura "sínica" concernente a Coreia, Japão, China e Vietnã. Por quê? Pode-se dizer que, para Lee, os valores asiáticos tinham uma dupla função. Agiam como o ingrediente secreto ou a variável não replicável do modelo de Cingapura que tornava a cidade-Estado algo mais do que o "país administrado como uma corporação", como frequentemente a descreviam.[48] Ademais, ofereciam ainda uma justificativa já pronta e pouco original para a extinção das liberdades civis em Cingapura. Lee reclamou que a democracia era um sistema em que eles foram "enredados" por causa do desvelo britânico em "exportá-la por toda parte, na esperança de criar raízes em algum lugar".[49] Anos depois, ele declarou: "Acredito que, para se desenvolver, um país precisa mais de disciplina do que de democracia".[50]

A solução de Cingapura combinou abertura econômica com controle político, um meio de levar o gênio da globalização capitalista não de volta ao interior da garrafa, mas a um arreio robusto. Na esteira dos distúrbios globais das décadas de 1960 e 1970, encabeçados por movimentos jovens e insurreições guerrilheiras, as elites em todo o mundo buscavam uma maneira de afirmar esse controle. Talvez em nenhum outro lugar isso tenha sido mais verdadeiro do que na República Popular da China, onde uma década da Grande Revolução Cultural Proletária desencadeada por Mao Tsé-tung depois de 1966 estimulou o desenraizamento de todas as formas de autoridade, desde os militares até o prefeito local, incluindo os diretores de escola de ensino fundamental.[51]

A abertura da economia no fim da década de 1970 trouxe gradual prosperidade, mas também tomou direções indesejáveis, alimentando entre os intelectuais uma onda de entusiasmo pelo liberalismo político que culminou com a ocupação da praça da Paz Celestial por um grupo de estudantes que exigiam liberdades políticas para corresponder às recém-concedidas liberdades econômicas. A violenta repressão do movimento em 1989 resolveu metade do problema, mas deixou em aberto a questão de qual linguagem nova a liderança política poderia usar para explicar sua ideia de boa sociedade. Tinha de diferir tanto da liberdade dos Estados Unidos quanto da glasnost da União Soviética, que, aos olhos do Partido Comunista da China reinante, pareciam duas versões de suicídio. Cingapura se ofereceu como modelo.

"Primeiro crescer para depois compartilhar", disse Lee em 1974.[52] "Deixemos alguns ficarem ricos primeiro", foi como Deng Xiao Ping expressou a ideia alguns anos depois. Ambos os países aceitaram a desigualdade de médio prazo para o crescimento de longo prazo. Cingapura parecia ter lições sobre como conter os efeitos potencialmente destrutivos desse processo. Em 1992, Deng visitou Cingapura e elogiou sua "boa ordem pública". "Devemos aprender com sua experiência", afirmou, "e superá-la nesse aspecto."[53] Hong Kong ensinou a ideia da segmentação do espaço (conforme o modelo adotado em Shenzhen) e de incentivos como impostos baixos e privatização da terra. Cingapura tinha mais a ver com o que os intelectuais chineses classificavam como "boa governança".[54]

Se Hong Kong produziu a "febre da zona", Cingapura alimentou a "febre cultural", à medida que os intelectuais discutiam os méritos relativos da tradição ocidental versus tradição chinesa.[55] Os eventos da década de 1990 entusiasmaram os adeptos desta última. Os chineses observaram o conselho dos estadunidenses levar ao caos da "terapia de choque" da privatização na ex-União Soviética.[56] O Ocidente foi assolado por desigualdade econômica, desastre ecológico, apatia do eleitor e captura do processo democrático pela elite.[57] A Organização do Tratado do Atlântico Norte (Otan) travou nos Bálcãs uma guerra aérea em nome dos direitos humanos que incluiu o bombardeio da embaixada chinesa em Belgrado. Diante desse cenário desalentador, por que a Ásia "sínica" não deveria seguir seu próprio caminho?

Quatrocentas delegações chinesas viajaram para a cidade-Estado somente em 1992, quando Cingapura passou a ser o modelo estrangeiro dominante.[58] Os métodos de gerenciamento e planejamento de Cingapura foram copiados em zonas experimentais na China, do Parque de Inovação de Alta Tecnologia de Cingapura-Sichuan em Chengdu e de uma Cidade do Conhecimento em Guangzhou a uma Zona de Alimentos em Jilin e, mais importante, um parque industrial na cidade de Suzhou, no Sul.[59] Projetado para abrigar 600 mil pessoas e empregar 300 mil trabalhadores, o Parque Industrial de Suzhou foi desenvolvido nos moldes do que um acadêmico descreve como um "clone" do distrito industrial de Jurong, em Cingapura.[60] Embora as representações ocidentais de Cingapura reciclem fotografias de seu horizonte e projetem a imagem de uma metrópole compacta e apertada, trata-se, na verdade, de uma das cidades mais verdes no mundo, tal qual Hong Kong e Londres: quase metade de sua área é destinada a espaços verdes. A versão chinesa do sistema de Cingapura enfatizou um equilíbrio gerenciado entre as pessoas e a natureza. O Parque Industrial de Suzhou construiu cinturões verdes e protegeu espaços naturais e lagos.[61]

Implantadas na China, as mini-Cingapuras tinham seus próprios conjuntos de leis, regulamentos e até sistemas de bem-estar social, condizentes com a atmosfera de experimentação subnacional que caracterizou os períodos de reforma e abertura. Cingapura oferecia uma modernidade capitalista asiática, simplificada e atualizada, combinando hospitalidade para investidores multinacionais e contenção de qualquer um dos valores menos desejáveis que vinham junto com eles. Era uma visão de chamativos e elegantes prospectos imobiliários, explosões de luz, reflexos nas lentes, vidraças e vegetação hiper-real em contraste com o céu azul.

Seguir o modelo cingapurense de capitalismo confucionista levou a China a refinar seu abandono do socialismo, fazendo com que parecesse a realização de algo autóctone, e não uma importação de algo estrangeiro. Acrescentou também um verniz cultural à estratégia de fragmentação por meio de zonas econômicas especiais. Em vez de meras miniaturas de Hong Kong (a colônia da Coroa) ou imitações de zonas de processamento de produtos de exportação, elas foram apresentadas como parte do localismo das aldeias tradicionais chinesas e a herança de uma forma descentralizada de governo imperial. O capitalismo confucionista abriu a possibilidade do que foi chamado de "múltiplas modernidades", a ideia de que o mundo talvez não estivesse se deslocando na mesma direção rumo a um objetivo comum — e que talvez fosse melhor assim.[62]

Em 1977, o professor de relações internacionais Hedley Bull publicou um livro clássico chamado *A sociedade anárquica*, no qual denunciava a "tirania dos conceitos existentes".[63] O problema, afirmou ele, era que tínhamos uma ideia estreita de como os Estados deveriam ser. Havíamos ficado confortáveis demais com uma pequena gama de opções para a organização política humana.

Ainda pensávamos em termos binários — ou impérios, ou Estados-nação —, e vivíamos escravizados por categorias conhecidas, embora o mundo escapasse desses limites. Como uma das duas únicas cidades-Estado (ao lado de Mônaco) com assento na ONU, Cingapura rompeu com a tirania dos conceitos existentes. Importada para a China de Deng, vinha gerando formas flexíveis da zona, variações do capitalismo "com características chinesas".

3.

Em 1965, Gordon Moore, um dos fundadores da Fairchild Semiconductor, observou que o número de transistores que um microchip conseguia comportar dobrava a cada dois anos. O que ficou conhecido como "lei de Moore" significava que o hardware encolhia ano após ano, ao passo que aumentava em muito a quantidade de dados que era capaz de conter. Cingapura estava na vanguarda — a nação perfeita para a era do microchip. Primeiro lugar a se autodenominar uma "cidade inteligente", Cingapura tentou conectar o país com banda larga e colocar um computador em cada casa com a iniciativa Ilha Inteligente na década de 1990.[64] O país não apenas produzia o hardware literal em suas fundições de semicondutores, como suas leis, quando exportadas para lugares como a costa da China, eram chamadas de "software".[65] Cingapura condizia com a ideia de recortar e colar, a noção de que o sistema operacional de um governo poderia ser reproduzido e efetuado em outro local.

O microestado de Cingapura parecia se mover na direção oposta de outras tendências econômicas. À medida que a tecnologia se miniaturizava, os territórios econômicos cresciam. O Nafta criou um bloco comercial formado por Canadá, Estados Unidos e México. A OMC fez da economia global uma nova realidade institucional. O Tratado de Maastricht transformou a União Europeia em um mercado comum cada vez mais estreito para bens, serviços e mão de obra. A maioria dos observadores viu esses tratados como uma vitória para os capitalistas transnacionais e um impulso para terceirizar a produção e aumentar o acesso a bens de consumo mais baratos. Mas uma minoria bastante ruidosa na direita os via como cavalos de Troia da esquerda, contrabandeando políticas socialistas e ecológicas para o teor de leis fora do alcance das nações.[66] Para os chamados eurocéticos do Partido Conservador britânico, Cingapura se tornou um talismã, representando a crença de que "menor era melhor" e a convicção de que um mundo de capitalismo ainda mais radical era possível.

A santa padroeira dos eurocéticos foi Margaret Thatcher, uma das maiores incentivadoras de Cingapura. Ao longo de seus anos no poder, ela elogiou a cidade-Estado reiteradas vezes, em inúmeras ocasiões comparando-a à moribunda Europa à qual a Grã-Bretanha estava atrelada. Ela engoliu toda a conversa de valores asiáticos de Lee, referindo-se aos chineses como "capitalistas naturais" e "comerciantes natos".[67] Para ela, Cingapura era um híbrido feliz, tendo também lucrado com os valores do "mundo anglo-saxão".[68] "Digam-me: qual é a receita para a colossal realização que vocês fizeram?", indagou a amigos em Cingapura. "Mas aprendemos tudo com vocês, todas as lições da livre-iniciativa", ouviu em resposta. "A questão é que vocês se esqueceram delas, e nós as encampamos!"[69]

Cingapura parecia manter vivos os princípios vitorianos de autoajuda e árdua labuta. Um cingapurense relatou que a mensagem neles incutida desde tenra idade era de que "o mundo não deve a você um sustento". Em vez da medicina socializada, os cingapurenses tinham contas de poupança pessoais compulsórias — o que os conservadores britânicos admiravam —, das quais sacavam dinheiro para cobrir assistência médica, aposentadoria e compra de imóveis. Legitimado pelo discurso confucionista sobre o dever filial, o governo se desobrigou de muitas das responsabilidades pelo trabalho de cuidado, transferindo-as para as famílias.[70] Um livro escrito por thatcheristas, incluindo a futura primeira-ministra Liz Truss, elogiou os cingapurenses por trabalharem em média duas horas e vinte minutos a mais por dia do que os britânicos.[71]

Para os tóris eurocéticos, Cingapura combinava o antigo com o novo — valores sociais conservadores com a disposição de fazer contorcionismos a fim de se adaptar a qualquer nova posição que a economia mundial exigisse. À medida que aumentava o ímpeto em direção ao referendo do Brexit de 2016, a ideia de "Cingapura no Tâmisa" se tornou uma expressão da moda para descrever uma visão de como a Grã-Bretanha poderia ser fora da União Europeia. O termo era empregado tanto por detratores quanto por defensores. Juntamente com a oposição à socialização dos serviços de saúde, implicava impostos baixos, desregulamentação e erosão de direitos dos trabalhadores, uma combinação de paraíso fiscal offshore e exploração clandestina dos *sweatshops*. Aludia ainda à rápida ascensão de Cingapura como um centro financeiro internacional.

O foco recaía, muitas vezes, na forma como a City of London poderia ter mais oportunidades depois de deixar a União Europeia. A *The Economist* argumentou que, fora da União Europeia, Londres poderia ser "uma espécie de Cingapura anabolizada".[72] Alguns defensores do Brexit adotaram o termo. Um dos executivos de publicidade mais bem pagos do país enalteceu a perspectiva de uma "Cingapura anabolizada, uma economia do Reino Unido quase livre de regulamentações e com impostos baixos, aberta para negócios de uma forma que nunca vimos".[73]

Para a ala de mentalidade global dos adeptos do Brexit, invocar Cingapura era acreditar no otimismo. A metamorfose de Cingapura, que alguém definiu como a evolução de "um pântano de mosquitos em uma fulgurante cidade-Estado", era uma inspiradora história sobre a combinação de soberania nacional e comprometimento com o livre-comércio.[74] Um político conservador comparou o Brexit ao momento de independência de Cingapura, citando Rajaratnam diretamente para dizer que era uma chance para o Reino Unido também se conectar à "rede econômica internacional".[75] Outro escreveu que, tal como em Cingapura, a única variável era a "ousadia".[76] O ministro das Finanças britânico prometeu uma repetição do momento thatcherista de desregulamentação: um "Big Bang 2.0".[77]

Em sua ênfase nas virtudes da saída da União Europeia, alguns dos ideólogos do Partido Conservador mostraram sua dívida para com o mundo financeiro em rápida evolução de onde vieram. Nas finanças, de fato é possível ganhar dinheiro apenas indo embora. Deixar uma posição no momento certo era, muitas vezes, a chave para a obtenção de lucros astronômicos.[78] Um defensor do Brexit passou três anos trabalhando em Cingapura, onde ganhava cerca de 3 milhões de libras esterlinas por ano como diretor-gerente do Deutsche Bank. Ele se gabava de ler uma cena de *A nascente*, de Ayn Rand, duas vezes por ano, durante toda a sua vida adulta.[79] Outro iniciou sua carreira profissional em Hong Kong e administrava um fundo de hedge que operava em Cingapura e Dublin.[80]

No entanto, como os conservadores logo descobriram, a solução de Cingapura era menos uma aposta instantânea numa ação do que um longo processo, de décadas de duração, em que um material ia sendo esmerilado até adquirir um novo formato. No primeiro discurso de Boris Johnson como primeiro-ministro, ele anunciou o que a imprensa chamou de "portos livres ao estilo de Cingapura" em todo o país.[81] A ideia era isolar porções da costa britânica e suspender regulamentações, leis trabalhistas e impostos usuais a fim de criar áreas offshore mais atraentes para o investimento estrangeiro. Essa espécie de zona franca seguia o modelo das zonas de empreendimento da era Thatcher. Na verdade, alguns dos mesmos *think tanks* estavam envolvidos.[82] "Liberdades transformaram as Docklands de Londres na década de 1980", declarou Liz Truss, ainda na função de secretária do comércio internacional de Boris Johnson, "e os portos livres farão o mesmo para vilarejos e cidades em todo o Reino Unido."[83] Estar fora da União Europeia parecia criar uma nova margem de manobra, mas o governo logo descobriu que a lei da OMC era igualmente restritiva.[84]

O filósofo político Isaiah Berlin fazia uma famosa distinção entre liberdades negativa e positiva. O erro dos radicais do mercado no campo do Brexit foi pensar em Cingapura puramente em termos de liberdade negativa. Na verdade, havia a necessidade de menos, não de mais. Mas a solução de Cingapura não foi um projeto de liberdade negativa no sentido de abolir impostos e regulamentações (à época do Brexit, as alíquotas de imposto corporativo dos dois países diferiam apenas alguns pontos percentuais uma da outra). Foi um projeto ativo de liberdade positiva, produzindo segurança, saúde e capacidade. Para Thatcher, o sucesso de Cingapura e de outras economias dos tigres asiáticos "não foi o resultado de algum plano estatal grandioso; mas o agregado de centenas de milhares de indivíduos e empresas, cada um tentando melhorar sua situação e obtendo um sucesso magnífico".[85] No entanto, o sucesso de Cingapura foi precisamente o resultado de um grandioso plano estatal. Em 1963, sob a supervisão e o aconselhamento da ONU, elaborou-se um plano-piloto para Cingapura, o "Ring City", um anel de infraestrutura de transporte ao redor da ilha, com microcidades planejadas polvilhadas de arranha-céus e espaçadas de maneira uniforme.[86] A esse plano conceitual se sobrepuseram projetos posteriores, com o acréscimo de plantas industriais, instalações recreativas e amplos programas habitacionais.[87] Longe da fantasia thatcherista do "não plano" na zona de empreendimento, estes foram meticulosamente estabelecidos por meio de comando e controle centrais.

A solução de Cingapura não se limitava a construir um horizonte elegante e vistoso. Tratava-se também de cultivar a legitimidade popular por meio do fornecimento de moradia e infraestrutura que melhorassem a vida cotidiana das pessoas comuns.[88] Inspirada por imensos projetos de mobilização em tempos de guerra e nacionalização pós-guerra, logo em seu primeiro ano de independência Cingapura expropriou quase todos os nacos de território. A terra foi utilizada para transferir a população de suas oficinas de trabalho e aldeias com casebres de telhado de palha ou sapé (conhecidas como *kampong*, a origem da palavra de língua inglesa *compound* — "complexo residencial", "área cercada ou murada contendo prédios e residências") para altos prédios de apartamentos.[89] Em 1963, o programa habitacional Moradia para a População construía uma nova unidade habitacional a cada 45 minutos.[90] O papel-moeda recém-emitido estampava a imagem de fileiras de prédios residenciais modernistas, uma prova do cuidado com a população.

Em 1977, 60% dos cingapurenses viviam em projetos habitacionais públicos.[91] Um quarto de século depois, eram 80%. Mesmo que 90% desses residentes ocupassem suas unidades por meio de contratos de arrendamento de longo prazo, o governo continuava sendo o proprietário da terra, o que lhe permitia tirar proveito do aumento dos preços das propriedades e intervir quando necessário para seu plano diretor.[92] O setor imobiliário não era moldado somente pelo mercado. Os complexos habitacionais se integravam ativamente tanto em termos raciais quanto socioeconômicos — com sistemas de cotas para diferentes etnias (também concebidos para mitigar mobilizações étnicas contra o Estado de Cingapura) e uma mistura de apartamentos de tamanhos diferentes, algo bem destoante da segregação racial e de classe das cidades britânicas norteadas por interesses privados.

A Grã-Bretanha pós-Brexit está suspensa entre duas versões de Cingapura. Uma é o porto livre — Raffles com o queixo erguido — pedindo a mão firme da liderança, tarifas baixas e isenções fiscais generosas. A outra versão de Cingapura é a do plano meticuloso. Essa versão também tem seus fãs. O principal estrategista por trás da campanha do Brexit, Dominic Cummings, exalta Cingapura não por seu pequeno Estado, mas por seu controle central, funcionalismo público meritocrático, sistema de lei e ordem ocasionalmente rígido, preparação militar e aplicação de pesquisas com apoio estatal para encontrar novos nichos para o crescimento econômico nacional.[93] Define Cingapura como "governo-startup de alto desempenho". Ele e outros entenderam que a maneira de amenizar a desigualdade regional na Grã-Bretanha — que é o que os eleitores almejavam — exigiria investimentos do Estado semelhantes aos de Cingapura em infraestrutura e outras formas de política industrial: liberdade positiva, não negativa.[94]

O debate sobre o significado de Cingapura faz parte de uma discussão mais ampla acerca do futuro do capitalismo. A corrida ao fundo do poço da guerra fiscal baseada em impostos baixos, salários baixos e regulamentação branda perdurará ou será substituída por uma corrida para o topo com base em salários altos e investimentos pesados? Seja como for, a visão é prejudicada por pontos cegos. A primeira é a questão das mudanças climáticas. Olhando para a própria Cingapura, fica claro que não há escapatória do planeta. Não apenas a cidade-Estado é extremamente dependente de ar-condicionado e água importada, como também seus projetos de sugar a areia dos países vizinhos mais pobres a fim de construir espaço artificial para a construção de mais imóveis torna Cingapura uma parábola da negação dos seres humanos quanto aos limites naturais.[95] A localização a um grau acima da linha do equador, bastante exposta a mudanças nas correntes e condições climáticas extremas, põe Cingapura na mira de um desastre climático iminente.

Em segundo lugar está a questão da população. Décadas atrás, o economista Paul Krugman fez uma crítica devastadora ao modelo de crescimento de Cingapura ao argumentar que a economia não era necessariamente mais eficiente ou produtiva do que outras. Tal qual o breve boom da União Soviética nas décadas de 1940 e 1950, Cingapura apenas injetava recursos em um ritmo mais veloz. Não estava construindo um motor melhor. Estava apenas introduzindo mais combustível para que as chamas ficassem mais intensas.[96] Esse combustível não era somente o investimento de fundos estatais ou matérias-primas, mas também a introdução de mais gente. Em Cingapura, essas levas de trabalhadores provêm, sobretudo, do Sul da Ásia, da China, da Tailândia e da Birmânia; cerca de metade deles arranja emprego na construção civil, muitos dos demais como trabalhadores domésticos e, em menor escala, profissionais liberais e executivos.[97] Excluídos dos programas de habitação do governo ao longo dos anos, os trabalhadores braçais são alojados em dormitórios segregados do restante da cidade por cercas e acessíveis somente por estradinhas secundárias e marginais; transportados de ônibus do trabalho para casa, fazem paradas no enclave de Little India para compras e recreação. Foi em Little India que o descontentamento dos trabalhadores estourou em 2013, depois da morte de um operário da construção civil indiano que resultou no primeiro motim de grandes proporções em Cingapura em meio século.[98]

A mão de obra é a areia na maquinaria da globalização. Se na década de 2010 a Grã-Bretanha foi convulsionada com a política de imigração, Cingapura também esteve em maus lençóis. Em 2011, o partido governista obteve seus resultados eleitorais mais baixos de todos os tempos devido ao acentuado aumento do número de não cidadãos que se mudaram para a cidade. Da mesma forma, o que a maioria das pessoas que votaram a favor do Brexit queria era reduzir a imigração.[99] No Brexit, o primeiro slogan da campanha Vote Leave [Vote pela Saída] foi "*Go global*" [Seja global], mas o slogan que venceu foi "*Take Back Control*" [Reassuma o controle].[100] No fim das contas, a Grã-Bretanha não pode se tornar semelhante a Cingapura para resolver seus problemas porque Cingapura tem problemas similares e caiu na mesma armadilha demográfica que o restante do mundo industrializado. Uma população envelhecida está empenhada em proteger seus direitos sociais, ao mesmo tempo que se mostra cada vez mais crítica do influxo de novos trabalhadores, necessários para manter o sistema funcionando.

Como um herói no panteão do capitalismo destrutivo, Cingapura parece ensinar a lição de que tudo é possível com a dose suficiente de disciplina, determinação e subordinação às forças da globalização. Mas também é uma vitrine das teimosas e intratáveis contradições do capitalismo: crescimento sem fim que desafia os limites, segurança social para alguns baseada no número cada vez maior de excluídos e dificuldade de obter o consentimento dos governados, pois os espólios econômicos são divididos de maneira cada vez mais desigual. Entre os territórios abastados, a profundidade de sua desigualdade perdia apenas para Hong Kong. O título de um livro best-seller em Cingapura era contundente em sua avaliação da cidade-Estado: *This Is What Inequality Looks Like* [Este é o semblante da desigualdade].[101]

Cingapura, ao fim e ao cabo, não é uma ilha — está em toda parte.

Parte II

Phyles

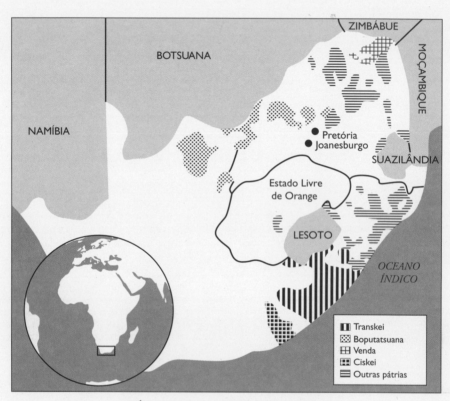

A África do Sul na era do fim do apartheid.

4. Bantustão libertário

Já se disse que uma cidade é uma mina virada de cabeça para baixo.[1] Lugares como Hong Kong, Canary Wharf e Cingapura dependem de locais distantes de exploração e extração de minerais a serem refinados e processados: ferro para revestimentos de aço, areia para paredes envidraçadas e cortinas de vidro, cobre para canos, arenito e mármore para saguões reluzentes. As cidades globais se valem de um vasto traçado de rotas marítimas e rodovias espalhadas pelo planeta, além de poços, fossos e bombas descendo até as profundezas da terra. O trabalho humano que opera tudo isso, entretanto, depende de reservas de calorias e regimes de coerção.

Se Hong Kong, Londres e Cingapura estavam numa ponta da cadeia de valor na década de 1980, a África do Sul ficava na outra. Poucos lugares eram tão fisicamente diferentes. Hong Kong abraça um porto profundo na base de uma montanha coberta por uma densa selva. Com o espaço de construção tão escasso, é uma cidade vertical, com magros arranha-céus ávidos por metragem quadrada. Da mesma forma, Canary Wharf se ergue a partir da vastidão da esparramada Grande Londres, e Cingapura desde um estreito de águas azul-esverdeadas apinhadas de embarcações e navios-tanque.

Já o Cabo Oriental da África do Sul dobrou o eixo da construção em noventa graus, trazendo-o de volta à Terra. Seus prédios eram baixos, feitos de blocos de concreto moldados para ventilação, decoração e economia. As poucas áreas urbanas apresentavam um punhado de torres de concreto armado de vários andares; trechos com postes de luz esmorecidos margeavam ruas de asfalto que desapareciam em meio a pastagem amarelada, espinheiros e moitas de arbustos da savana. Estradinhas de terra desciam gradualmente até grupos de *rondavels*, as tradicionais cabanas redondas de barro ou estuque com telhados de palha, ou até conjuntos de habitações retangulares cobertas com chapas de ferro corrugado. Por mais improvável que pareça, nos anos 1980 esse lugar era um campo de experimentação neoliberal tanto quanto Hong Kong, Londres e Cingapura. O interior sul-africano agreste e seus trabalhadores, assim como o paraíso fiscal e seu jet set, simbolizavam o admirável futuro novo do capitalismo. Os libertários afluíram aos bandos. Poucos anos depois de pedir "duas, três, muitas Hong Kongs", a *Reason* perguntou: "É muito difícil obter a cidadania sul-africana?". Dando o que falar, a revista fez uma proclamação desconcertante: "É possível que, na última década, nenhum país tenha avançado mais em direção a uma sociedade libertária do que a África do Sul".[2]

Falando para uma plateia de 2 mil pessoas na Universidade da Cidade do Cabo em 1976, Milton Friedman anunciou que a democracia era superestimada. O mercado era um caminho muito mais seguro para a liberdade, afirmou; votar com dólares era melhor do que votar com cédulas.[3] A chave para a liberdade não estava em eleições livres, mas na descentralização do próprio poder estatal. Na década de 1980, os libertários sul-africanos adotaram essa linha — porém, traindo a própria retórica, sua versão do capitalismo radical dependia inteiramente da mão disciplinadora do Estado (e de seus subsídios). Em um caso negligenciado de ideias neoliberais em ação, a "pátria" negra do Ciskei, numa África do Sul governada por brancos, mostra como certos tipos de liberdade econômica dependiam da privação de direitos políticos.

1.

Por ocasião da palestra de Milton Friedman, o apartheid da África do Sul se encontrava em meio a uma crise de legitimação. Desde o final dos anos 1950, novas bandeiras foram sendo hasteadas por todo o continente. Onde antes tremulavam a bandeira do Reino Unido e o azul, branco e vermelho da *Tricolore* francesa, agora esvoaçavam o escudo massai do Quênia, o grou-coroado de Uganda e a estrela negra de cinco pontas de Gana. Quando Portugal finalmente deixou a África no final dos anos 1970, Angola inseriu um facão em sua bandeira, enquanto Moçambique escolheu outro símbolo da luta armada: o fuzil AK-47. A Rodésia se tornou o Zimbábue em 1978, fazendo do governo de minoria branca da África do Sul uma aberração ainda mais impressionante. Entrincheirado no extremo sul do continente, o estabelecimento do apartheid estava sozinho e em apuros.[4] Como solução, o governo escolheu uma versão do que Friedman recomendava: descentralização em vez de democracia, criando uma série de pretensas pátrias com base na infundada noção (derivada da antropologia colonial) de que certas populações pertenciam por direito a certos territórios. Muitas dessas pátrias não eram contíguas, e assim surgiu uma paisagem fragmentada que levou os ativistas antiapartheid a apelidar essas pequenas pátrias de "bantustões", palavra que aglutinava a abrangente categoria sul-africana para designar os africanos em geral a um sufixo com precedência no Paquistão: depois da independência da Índia, uma porção do território foi separada e dividida em duas partes pelas potências coloniais: Paquistão Ocidental e Paquistão Oriental (mais tarde Bangladesh), em lados opostos do independente subcontinente indiano.[5]

Estendendo a técnica de "dividir para reinar", alguns bantustões foram transformados em nações pseudoindependentes, não reconhecidas por nenhum outro Estado. A primeira a obter essa independência de fachada foi a República do Transkei, em Cabo Oriental. Em uma pantomima de descolonização, a cerimônia incluiu discursos do novo chefe de Estado e uma salva de 101 tiros para uma multidão esparsa em um estádio recém-construído. O único dignitário estrangeiro presente era um general da ditadura militar do Uruguai, um emissário da própria versão do Cone Sul do capitalismo sem democracia.[6] O Transkei foi a primeira das quatro falsas nações criadas no esforço da África do Sul para provar que seguia a tendência à autodeterminação e ao fim do império.[7] A ela se seguiram Boputatsuana em 1977, Venda em 1979 e Ciskei em 1981. Sob a diretriz política dos bantustões, os sul-africanos negros perderam sua cidadania sul-africana e foram transformados em cidadãos de pátrias onde muitos jamais haviam pisado. Mais de 3,5 milhões de pessoas, sobretudo idosos, mulheres, desempregados e opositores do regime, foram deslocados à força.[8] A ideia era tornar a própria África do Sul progressivamente mais branca, mantendo-se o acesso a uma mão de obra itinerante concentrada em territórios balcanizados. Tratava-se de um ideal em que apenas uma minoria da população era de cidadãos, e o restante, trabalhadores convidados.[9] Os críticos descreveram corretamente essas pátrias como "lixões".[10] O ativista antiapartheid Steve Biko as denominou "campos de concentração sofisticados" e "a maior fraude já inventada pelo homem branco".[11]

Assim como o Transkei, a pseudonação do Ciskei ficava em Cabo Oriental, no Sudeste da África do Sul. Tinha sua própria companhia aérea e seus próprios selos nacionais, exibindo tapetes artesanais, fábricas de conservas de abacaxi e fábricas de bicicletas. Em um episódio terrivelmente simbólico, seu mastro de bandeira, quando alçado em 4 de dezembro de 1981, quebrou e teve de ser segurado por soldados sul-africanos.[12] Conhecido principalmente como uma prisão ao ar livre para o "povo excedente" da África do Sul, na década de 1980 o Ciskei se tornou também o improvável local para o que os neoliberais chamam de "experimento de laboratório [...] concebido com a ajuda de um projeto elaborado por economistas que acreditam no poder dos mercados, preços e incentivos".[13] Em vez da substituição do modelo do bantustão, os libertários almejavam descobrir como fazer uso dele ao mesmo tempo que eram menos explicitamente racistas. Esperavam que a pátria pudesse funcionar como uma espécie de zona, convidando a entrada de capital estrangeiro enquanto estimulava a segregação voluntária de baixo para cima, em vez da segregação compulsória de cima para baixo.

Os libertários sul-africanos tiveram sua chance quando o líder vitalício do Ciskei, o chefe Lennox Sebe, reuniu uma comissão para dar forma à política econômica da nova pátria. Redigido por um grupo que o *Financial Times* chamou de "adeptos da economia pelo lado da oferta* do Ciskei", o relatório era uma receita para transformar a pátria em "uma Hong Kong africana".[14] Seus autores expressaram otimismo de que a pátria tinha condições de se tornar o "paraíso bancário" que faltava na África.[15] O Ciskei privatizou terras tradicionais e concedeu isenções fiscais a investidores estrangeiros.[16]

---

* No original, *supply siders*. O conceito de *supply-side economics* surgiu na década de 1970 nos Estados Unidos; seus adeptos sustentam que o crescimento econômico pode ser obtido com incentivos tributários que induziriam as empresas a realizar investimentos produtivos; para eles, a redução dos impostos estimularia as empresas a produzir mais e, consequentemente, faria com que os indivíduos ganhassem mais, já que a oferta de bens leva ao crescimento econômico. (N. T.)

À frente da comissão estava Leon Louw, sul-africano que havia participado da reunião de libertários da SMP em Hong Kong a convite de Friedrich Hayek.[17] Nascido em 1948, Louw vinha de uma conservadora família africânder na cidade mineira de Krugersdorp — homenagem ao presidente sul-africano Paul Kruger, que também emprestava seu nome à moeda de ouro chamada Krugerrand, uma das favoritas dos investidores.[18] Em 1975, Louw ajudou a criar a Fundação do Livre Mercado (FMF, na sigla em inglês), um *think tank* que levou Friedman ao país. A FMF viu a "tragédia" da África do Sul no descompasso entre a retórica sul-africana de pró-capitalismo e anticomunismo e a realidade do que eles entendiam como "socialismo insidioso".[19] Para eles, o apartheid era só mais um programa social financiado pelo dinheiro dos contribuintes e dependente de um alto grau de intervenção, incorporando barreiras e restrições de cor ao mercado de trabalho, bem-estar social para a população branca e a propriedade estatal de muitas empresas.[20] Louw se autodenominava um "abolicionista" — acreditava que o livre mercado garantiria a ordem social e proporcionaria prosperidade com mais eficácia do que o capitalismo racial encabeçado pelo Estado que o apartheid representava.[21]

Louw tinha a esperança de que o Ciskei fosse a vitrine de uma modalidade mais aberta de capitalismo para influenciar o restante da nação, criando adesão da comunidade negra anteriormente excluída da propriedade e do empreendedorismo independente. Um aspecto significativo do relatório da comissão foi sua alegação de que a propriedade privada fazia parte do modelo tradicional de posse da terra no Sul da África.[22] O documento elogiava o sufocado "espírito de livre mercado" da comunidade negra.[23] No entanto, o que passou a existir guardava pouca semelhança com o cultivo de uma classe empreendedora nativa. A pátria que se vendia como a "Suíça da África" era um caso caricato de bem-estar corporativo, sob a supervisão de destruidores de sindicatos dispostos a matar.

O instrumento utilizado no Ciskei foi a zona de processamento de exportação, ou ZPE. Uma ZPE se instalava num pedaço de território que, em termos legais, ficava fora do país anfitrião: um espaço offshore no quintal de casa, com um conjunto diferente de regulamentos, regras e supervisão, inevitavelmente mais favorável aos investidores. Conforme acadêmicos como Patrick Neveling demonstraram, as ZPEs tiveram vários antecedentes. Um deles eram as zonas de comércio exterior nos Estados Unidos, espaços isentos de impostos criados a partir de armazéns ou fábricas. Vistas pela primeira vez nos Estados Unidos nos anos 1930, decolaram nos 1980, sobretudo para processamento de petróleo e montagem de automóveis.[24] Outro precursor foi a zona franca do aeroporto de Shannon, na República da Irlanda, outrora uma parada necessária para os voos transatlânticos; depois que a autonomia de voo das aeronaves melhorou e a escalada na Irlanda passou a ser redundante, Shannon se adaptou e, de forma pioneira, em 1958 passou a ser o primeiro aeroporto do mundo a ter uma área duty-free e a primeira zona franca aduaneira para a indústria exportadora.[25] Um terceiro precursor foi Taiwan, que montou sua primeira ZPE no porto de Kaohsiung em 1966. Alguns anos depois, um dirigente trabalhista norte-americano deu um depoimento sobre ter visto a ZPE de Kaohsiung, separada da cidade por uma cerca alta e guardas armados. Ele relembrou o seu guia lhe explicando "com óbvio prazer que, em virtude da cerca e de algumas leis, a terra em que estávamos não era mais considerada parte de Taiwan". As empresas que operavam dentro da cerca poderiam evitar o pagamento de impostos domésticos de Taiwan. Ele chamou as zonas de "ilhas de fantasia para a intensificação dos lucros corporativos".[26]

Os libertários pretendiam construir uma ilha da fantasia no Ciskei. Na década de 1980, o governo sul-africano enviou agentes ao exterior a fim de solicitar investidores estrangeiros para o que chamaram eufemisticamente de "áreas de descentralização". Os agentes tiveram sua melhor sorte em Taiwan e Hong Kong, prometendo minar o que antes eram zonas de baixos salários que viram os salários subirem lentamente para uma faixa de renda média.[27] Em 1988, havia oitenta pequenas fábricas taiwanesas no Ciskei, produzindo "de tudo, de cabeças de bonecas a varas de pesca".[28] Um investidor taiwanês elogiou a situação. "Isto aqui é como Taiwan há trinta ou quarenta anos", disse. "Sem concorrência, a mão de obra é barata."[29]

Como em todas as ZPEs, a força de trabalho era majoritariamente feminina. Reportando sobre a "bonança" para as empresas asiáticas, o jornal *The Boston Globe* estampou uma foto de mulheres com lenços na cabeça na fábrica China Garments, do Ciskei.[30] Em outra fábrica têxtil, a mão de obra era formada inteiramente por mulheres, que se sentavam lado a lado em bancos ou sacos de tecido.[31] Eram cenas típicas dos *sweatshops*: fábricas de teto baixo abarrotadas de dezenas de trabalhadoras com redes de cabelo, operando máquinas de costura ao lado de pilhas de roupas sob luzes fluorescentes.[32]

Os relatórios saudaram um "boom econômico" de rápida industrialização e aumento das taxas de emprego, mas isso se devia ao incremento dos fluxos de ajuda do governo sul-africano, com transferências de 120 milhões de rands (cerca de 20 milhões de dólares de hoje) apenas em 1984.[33] Um aumento no preço do ouro — um dos principais produtos de exportação do país — encheu os cofres do Estado e lhe permitiu oferecer alguns dos melhores incentivos a investidores do mundo.[34] Os salários do Ciskei já eram artificialmente baixos, por volta de 50% do valor dos salários pagos na cidade vizinha de East London, que por sua vez estavam 25% abaixo da média nacional. Além disso, graças a um orçamento de auxílio estatal, os investidores recebiam um subsídio de salário mensal de cinquenta dólares por trabalhador, de forma que, segundo o *Wall Street Journal* reportou, "não demorou muito para os investidores descobrirem que, pagando aos trabalhadores menos de cinquenta dólares por mês [...], poderiam ganhar dinheiro apenas por empregar pessoas".[35] De fato, algumas empresas, incluindo uma fabricante de roupas norte-americana que operava por meio de uma subsidiária de Hong Kong, contratavam trabalhadores desnecessários apenas para recolher os subsídios.[36] No suposto "experimento de laboratório" de livre mercado no Ciskei, os investidores receberam uma oferta boa demais para deixar passar, já que o Estado pagava os salários de seus funcionários, subsidiava 80% do custo do aluguel de suas fábricas e não cobrava deles impostos corporativos.[37]

Os investidores foram atraídos para o Ciskei por conta dos incentivos e benefícios dos subsídios estatais, mas também lucraram com o generoso uso que o apartheid do Estado fazia da política de penalidades — e das armas. A pretensa utopia libertária operava de mãos dadas com as forças de segurança sul-africanas, que puniam os atos de resistência civil do dia a dia ao mesmo tempo que faziam cumprir à força a proibição dos sindicatos. A ativista Priscilla Maxongo descreveu o modo como as mulheres do movimento trabalhista eram rotineiramente presas, interrogadas e torturadas. Ela contou que amarraram um tubo de borracha em seu pescoço para cortar seu suprimento de ar e forçá-la a divulgar informações sobre os grupos que se organizavam na luta pelos direitos dos trabalhadores.[38]

Em 1983, a polícia abriu fogo contra a multidão que protestava contra um aumento de 10% na passagem de ônibus, matando quinze manifestantes.[39] O *Times* chamou o Ciskei de "pequeno e feio Estado policial".[40] A casa de

Thozamile Gqweta, secretário do Sindicato dos Trabalhadores do Comércio e Aliados da África do Sul, foi incendiada, e os autores do atentado bloquearam com arame a porta da frente; também atearam fogo na casa da mãe e do tio de Gqweta, que morreram; na saída do funeral da mãe de Gqweta, a namorada dele foi baleada; o próprio Gqweta foi encarcerado durante três meses e torturado com choques elétricos.[41] Em outro incidente, entre muitos ocorridos no ano em que a *Reason* celebrou o Ciskei como um "refúgio de prosperidade e paz no quintal da África do Sul", as forças de segurança invadiram uma igreja que celebrava o décimo aniversário do levante de Soweto e espancaram a congregação com chicotes feitos de couro de rinoceronte; 35 pessoas foram hospitalizadas e um menino de quinze anos morreu.[42]

A tragédia da parceria com o Estado policial foi mais dura em 1987. Nesse ano, Louw viajou para Dakar a fim de se encontrar com membros exilados do Congresso Nacional Africano (CNA). Ele esperava persuadir o CNA socialista de que a privatização era a melhor maneira de reformar a África do Sul.[43] Meses depois, o advogado negro dos direitos civis que organizou a reunião foi encontrado no banco de trás de seu próprio carro, amarrado e espancado até a morte pelas forças de segurança do Ciskei.[44] Os parceiros de Louw na construção de uma utopia libertária vinham exterminando ativamente a oposição democrática antiapartheid.

Ciskei era um "cavalo de Troia para derrubar o apartheid". Foi o que um pensador neoliberal britânico afirmou na primeira página do *Wall Street Journal*.[45] Mas não era assim. Em vez disso, um economista sul-africano declarou com franqueza: "Se o CNA chegasse ao poder na África do Sul, conquistaria o Ciskei e integraria o bantustão novamente à África do Sul. Portanto, o sucesso contínuo do Ciskei depende da continuidade da sobrevivência do governo sul-africano".[46] Outro economista corroborou o sentimento, afirmando que a última coisa de que a África do Sul precisava era "o tipo de governo em curso no resto da África. Todo cidadão fica melhor com o atual regime tradicional firmemente entrincheirado".[47] Por "tradicional", é claro, ele se referia à tradição do governo da minoria branca.

O bantustão libertário não era expressão do anseio do povo sul-africano. Não era uma alavanca para enfraquecer o domínio do estado de apartheid. Em vez disso, desempenhou um papel relevante na estratégia do apartheid e precisava dele para existir. Os libertários não eram resistentes obstinados, mas idiotas úteis do governo de Pretória. Numa época em que era possível ler sobre a violenta repressão do Estado nas páginas dos principais jornais com grande facilidade, um pensador neoliberal pediu que o Ciskei fosse adicionado ao ranking da Freedom House como um país separado, embora ninguém, exceto as elites sul-africanas, acreditasse na ideia de independência dos bantustões. "Eu insisto em que o Ciskei seja incluído, realçado e destacado", afirmou ele. "Acho que é um farol para todos nós na África do Sul, e estou muito feliz com o que se passa por lá."[48] Ele perguntou aos Estados Unidos: "Podemos ter um Ciskei aqui?". Como muitos outros libertários, ele viu o auge da liberdade econômica em um Estado livre do peso da democracia representativa, desprovido de sua capacidade de tributar e redistribuir e instruído pela ameaça de fuga de capitais a sempre pôr as necessidades dos investidores em primeiro lugar.

2.

Embora o experimento do Ciskei mostrasse resultados que devem ter sido bastante preocupantes para aqueles que afirmavam acreditar na liberdade, Leon Louw procurou incrementar o modelo da zona favorável aos negócios para um plano de reforma que abarcasse toda a nação. Ele se reuniu com um milionário do petróleo do Texas em visita à África do Sul e compartilhou sua ideia. O texano havia prometido financiamento — dinheiro que acabou vindo de Charles Koch, a quem Louw agradeceu nas primeiras páginas de *South Africa: The Solution* [África do Sul: A solução], publicado na capital do Ciskei, Bisho, em 1986.[49] O livro, que Louw escreveu a quatro mãos com a esposa, Frances Kendall, foi um dos best-sellers políticos de maior sucesso da África do Sul na época, vendendo cerca de 40 mil exemplares e tendo obtido lançamento no exterior com ampla repercussão crítica internacional.[50]

Na obra, o casal propõe uma "solução suíça" para a África do Sul, dividindo o sistema existente de estados e bantustões em um mosaico de "cantões", em que os residentes poderiam "votar com os pés", indo embora com seu capital quando bem entendessem. Todo sul-africano teria múltiplas cidadanias — nacional, cantonesa e local. O modelo de "uma pessoa, um voto" seria substituído pelo modelo suíço de "uma pessoa, muitos votos".[51] O governo central não controlaria grandes fontes de receita, não faria grandes transferências entre cantões e seria constitucionalmente obrigado a respeitar os direitos de propriedade privada. Todo o sistema educacional e todas as terras seriam privatizados, e seriam estabelecidos elevadíssimos padrões para alterações constitucionais via referendos.

O resultado seria o que Louw e Kendall chamaram de "mercado na política".[52] Eles acreditavam que, em sua maioria, os cantões seriam o que chamaram de "cosmopolitas" — isto é, multirraciais —, mas um elemento fundamental de sua proposta era que "pessoas de determinada raça ou ideologia podem se agrupar em cantões 'nacionais' ou 'étnicos' para satisfazer a suas preferências particulares e escapar do tipo de governo que rejeitam".[53] A liberdade de movimento seria assegurada pela Constituição, mas, de maneira decisiva, o direito de cidadania neste ou naquele cantão, não.[54] Em outras palavras, a pessoa poderia conseguir um emprego em um cantão segregado, mas talvez não obtivesse permissão para se estabelecer lá de forma permanente nem recebesse os benefícios da cidadania. Era precisamente assim que o mercado de trabalho existente funcionava na África do Sul do apartheid, em que os trabalhadores negros entravam e saíam de áreas brancas em busca de emprego mas tinham direitos limitados de residência e direitos de propriedade ainda mais restritos. Era central o que os autores chamavam de "liberdade de dissociação" — e a liberdade de discriminar em âmbito privado.[55] Louw e Kendall esperavam que o novo reloteamento da terra em muitos cantões e a descentralização do controle sobre os recursos naturais fossem uma salvaguarda contra políticas de vingança racializada. Louw não deixou dúvidas sobre essa implicação quando disse à *Time*: "Queremos possibilitar que o tigre — a maioria negra — saia da jaula sem que os brancos sejam devorados".[56]

A solução libertária para o apartheid involuntário e de cima para baixo deixou a porta aberta para a segregação racial voluntária e de baixo para cima. Assegurar o direito de se mudar, mas não o direito de fixar residência — incluindo o direito de expulsão — sugeria uma maneira de pôr em prática uma reclassificação forçada da população de volta ao status quo anterior.[57] Louw e Kendall ilustraram isso no epílogo de seu livro, que imaginava um futuro treze anos distante do deles, no qual sua solução suíça havia sido concretizada. Profetizaram uma gama de formas políticas coexistentes, incluindo um cantão chamado Paraíso dos Trabalhadores em que "todos receberam um exemplar do livrinho vermelho de Mao" e a segregação racial foi reinstituída porque os radicais de esquerda negros e brancos "se recusavam a se misturar socialmente uns com os outros".[58] Outro cantão era chamado de Cisbo, acrônimo de Ciskei Border Region [região fronteiriça do Ciskei], onde tudo era desregulamentado, e as terras tradicionais, privatizadas; uma "mini-Mônaco" na qual maconha, prostituição e pornografia eram legalizadas. Uma ilustração mostrava um homem branco com tacos de golfe e varas de pescar correndo em direção a coristas negras e brancas, enquanto um homem envergando um traje de Mao e outro em uma burguesa sobrecasaca preta balançavam os dedos num gesto de desaprovação puritana.[59] Um último cantão especulativo foi chamado de Witwaterberg, "o cantão branco separatista radical da África do Sul", no qual automação e trabalhadores brancos substituíam totalmente a mão de obra negra e pactos raciais asseguravam a exclusividade de residentes brancos.[60]

No fim das contas, apenas o último veio a existir. Em 1990, um grupo conhecido como Frente da Liberdade Africânder comprou um pedaço de terra e alguns prédios na porção central da África do Sul, expulsou seus residentes mestiços informais e, no ano seguinte, abriu o enclave bôer branco de Orânia.[61] Os projetos para o povoamento remontavam ao início dos anos 1980, quando Carel Boshoff, chefe do Escritório de Assuntos Raciais e genro de Hendrik Verwoerd, o primeiro-ministro criador do apartheid e assassinado em 1966, apresentou o assim chamado Plano Oranje para o estabelecimento de uma pátria branca. De acordo com a descrição que Boshoff fez à época, como no longo prazo a "supremacia branca" estava condenada em um ambiente de maioria negra, a melhor coisa a fazer era se retirar para um reduto branco, preservando as relações econômicas com as comunidades não brancas vizinhas.[62] Na década de 1990, quando Boshoff residia no enclave, Orânia adotou como logotipo um garotinho branco arregaçando as mangas, gesto que sinalizava disposição para o trabalho — mas também, inequivocamente, a gana de lutar.

A área na qual se localizava Orânia foi colonizada na década de 1830 pelos *voortrekkers*, bôeres que deixaram a colônia britânica do Cabo e se mudaram para o interior sul-africano. Louw, cuja combinação de libertarianismo antiapartheid e conservadorismo cultural confunde as costumeiras classificações políticas, havia muito idolatrava os *voortrekkers* e definia a "Grande Jornada" para o interior como "uma das mais gloriosas histórias do liberalismo clássico, de robusto individualismo".[63] Kendall e Louw defenderam a viabilidade do enclave branco moderno. Antes da efetiva fundação de Orânia, escreveram que "as pessoas riem da proposta de separatistas africânderes como Carel Boshoff de estabelecer uma pátria independente" no semideserto. Mas a escassez de recursos naturais não deve ser problema, disseram. Uma "pátria africânder" só precisava de uma "política de impostos baixos ou de isenção de impostos para atrair negócios de alta tecnologia e habilidades intensivas para a região".[64] O etnoestado em miniatura precisava apenas se tornar uma zona.

Outros radicais do mercado sul-africano adotaram o experimento racial de Orânia. Na reunião anual da Sociedade Libertária Sul-Africana lá realizada em 2015, Louw se referiu a ela jocosamente como uma adaptação do modelo da pátria para criar um "Africanderstão".[65] Para os libertários, a principal atração é sua estrutura como uma entidade privada.[66] O líder de Orânia é o executivo-chefe, e os residentes são acionistas da matriz da empresa.[67] Ela emite sua própria moeda, a ora. Outro libertário sul-africano descreveu Orânia como "um raro exemplo de enclave libertário", no qual a adesão era regida por contrato voluntário como forma de alcançar a liberdade em relação à "tirania da maioria".[68] O fundador da Sociedade Libertária Sul-Africana usou o exemplo de Orânia em alguns conselhos publicados na internet: "Façam seu próprio país", escreveu.

> A África do Sul é vasta. Encontrem um terreno interessante e distante dos centros urbanos, certifiquem-se de que haja água, construam uma cerca ao redor e convidem pessoas que comunguem das mesmas ideias para viver com vocês. Vão para o mais longe possível do radar. Tenham o mínimo de contato possível com a burocracia. Construam sua própria economia e organização política. Armem-se bem.[69]

Orânia ganhou força em todo o mundo. Em 2019, grupos de extrema direita australianos usaram Orânia como modelo para criar "enclaves anglo-europeus" como base para uma vindoura guerra racial.[70] Nos Estados Unidos, o grupo nacionalista branco Renascimento Americano elogiou Orânia como um lugar em que os africânderes "podiam se manter brancos e preservar sua língua e cultura", além de "estabelecer uma corporação privada para administrá-la, com o poder de conceder residência apenas a certos africânderes aprovados de antemão".[71]

Uma clara vantagem desse esquema de cantonização era permitir a persistência de padrões de poder econômico racializado sem o estigma do apartheid formal.[72] Uma segregação racial voluntária vinda de baixo não enfrentaria os mesmos problemas de legitimidade que incomodavam o Estado separatista de cima para baixo. Os Estados Unidos pós-leis Jim Crow ofereceram um grande precedente — um país no qual a segregação se dava por meio do mercado, em vez da intervenção estatal escancarada.[73] De acordo com o modelo libertário, a separação racial e a desigualdade racial criadas pelo vaivém de empurrões e puxões das forças econômicas não representavam nenhuma ameaça aos princípios do livre mercado. Os cidadãos-clientes votariam com os pés e organizariam a população organicamente. Se o resultado fosse um equilíbrio de poder econômico muito similar ao que havia no início, paciência. Em uma sociedade reconcebida como uma constelação de zonas, a redistribuição não pertencia mais à alçada do governo.

3.

Em 11 de fevereiro de 1990, imagens de Nelson Mandela saindo pelos portões da prisão de Victor Verster após 27 anos de encarceramento apareceram nas telas de TV em todo o mundo. Houve saques e tumultos isolados de uma ponta à outra da África do Sul, o que levou as forças policiais sul-africanas, notoriamente brutais, a dispararem contra a multidão, matando muitas pessoas. Na Cidade do Cabo, Mandela discursou de uma sacada parcialmente coberta por uma bandeira soviética vermelha e foi ouvido por uma imensidão de pessoas que se espremeram e se ergueram nos ombros e braços umas das outras para vê-lo; sua mensagem foi clara e inequívoca: "O sufrágio universal, num registro eleitoral em comum, numa África do Sul unida, democrática e sem discriminação de raça, é o único caminho para a paz e a harmonia racial".[74] No mês seguinte, o governo de Lennox Sebe no bantustão do Ciskei foi derrubado por um golpe, sob os gritos da multidão: "Viva o CNA! Viva o Partido Comunista Sul-Africano!". O próprio Sebe não estava presente. Durante uma tentativa de golpe anterior, ele estava cortejando investidores em Israel, onde associou a capital do Ciskei ao assentamento de Ariel na Cisjordânia.[75] Dessa vez, estava na pátria da zona: Hong Kong.[76]

Os eventos do início da década de 1990 pareciam uma refutação dos arranjos do cantão e sua fantasia de fragmentação.[77] Não haveria reconfigurações drásticas dos mapas. As fronteiras herdadas do Estado sul-africano permaneceram onde estavam, e as pátrias artificiais voltaram a se juntar à nação unitária em 1994. Quando Mandela venceu uma eleição livre e justa, ele falou da África do Sul como uma "nação arco-íris em paz consigo mesma e com o mundo".[78] Os historiadores marcam a eleição como o último ato de descolonização do século XX, prova de que o império havia saído do cenário mundial em um triunfo do Estado-nação.[79] Mas havia sinais de que o sonho da zona não sairia de cena de forma tranquila. Em 1979, a revista *Far Eastern Economic Review* escreveu que as zonas de livre-comércio, "inseminadas artificialmente e facilmente transplantáveis para qualquer nação em desenvolvimento [...], espalharam-se pelo Terceiro Mundo como um surto de nascimentos de bebês de proveta".[80] O que aconteceu no interior de Cabo Oriental, com seus aglomerados de *sweatshops*, era muito moderno e, de certa forma, o futuro. Em 1986, havia apenas 176 zonas no mundo. Em 2018, eram 5400.[81]

Talvez os bantustões libertários não fossem tão anômalos quanto pareciam. Depois da independência, os elementos nacionais de contenção eram permeáveis. Os fluxos de mão de obra e dinheiro para dentro e fora dos países mudaram as condições do possível e impuseram restrições às esperanças de soberania desimpedida que acompanhavam as cores vibrantes de uma nova bandeira hasteada no mastro.[82] Os limites da soberania nacional podem ser ilustrados comparando-se o pseudoindependente Ciskei a seu vizinho, o Estado efetivamente autônomo do Lesoto, apenas algumas centenas de quilômetros ao norte.

Tenho uma ligação pessoal com o Lesoto. Minha família se mudou para esse país sem acesso ao mar em 1985, quando eu tinha seis anos: meu pai passara a integrar o Serviço de Transporte Aeromédico do Lesoto, pilotando um Cessna ao redor das montanhas para atender a clínicas inacessíveis por estradas. Chegamos via Bloemfontein, África do Sul, carregando nossas dez grandes malas pretas, incluindo 48 latas de salmão defumado que ganhamos de amigos pescadores kwakwaka'wakh quando partimos de nosso último lar, numa ilhota ao largo da ilha de Vancouver. O Lesoto é um país acidentado, em tons de cinza e marrom-claro e um pouco de verde, acima do nível do mar, dividido de norte a sul por cordilheiras, e cuja população vive em sua maioria ao longo da borda ocidental. Ao conquistar a independência do Império Britânico em 1966 como um enclave no meio do apartheid na África do Sul, o Lesoto recebeu muitos expatriados além da minha família — voluntários do Corpo da Paz, engenheiros, professores e geólogos. Ao lado dos filhos das elites pós-coloniais, meus melhores amigos de infância eram indianos, israelenses e americanos.

O Lesoto foi objeto de atenção especial na era do desenvolvimento internacional. O país era um espaço modelo, de tamanho administrável, e servia como possível vitrine do domínio negro pós-colonial, incrustado bem no meio de um Estado pária. Parecia o oposto da zona. Ambicionava ser uma economia nacional, lutando por crescimento e modernização. Especialistas e financiadores deveriam ter logrado fazer as coisas acontecerem ali, mesmo que não conseguissem em nenhum outro lugar. Mas, no fim das contas, também não foram capazes de fazer nada acontecer lá.

Há um livro famoso sobre o esforço para "desenvolver" o Lesoto, *The Anti-Politics Machine* [A máquina antipolítica], que, descobri mais tarde, estava sendo pesquisado e escrito no período em que lá vivemos. Seu autor, o antropólogo norte-americano James Ferguson, conclui que o erro dos pelotões de especialistas foi verem o Lesoto como a ilhota autossuficiente que parecia ser no mapa codificado por cores. A bem da verdade, a fronteira tinha pouco significado quando o trabalho estava além dela.[83] Os homens iam e vinham através da fronteira para trabalhar nas minas de ouro e diamante da África do Sul e voltavam com salários em dinheiro vivo. Alguns acabavam se metendo em brigas; parte do trabalho de meu pai era costurar ferimentos causados por *knobkerries*, os robustos bastões ou tacos de madeira de cabeça arredondada que os homens costumavam carregar sob os pesados cobertores de lã que os protegiam nas noites frias da região montanhosa.

O Lesoto era um reservatório de mão de obra excedente para as necessidades do Estado do apartheid. As fronteiras também pouco significavam para as Forças de Defesa Sul-Africanas, que se infiltravam no Lesoto para assassinar opositores do regime que lá se refugiavam. Vez ou outra, ouvíamos os ruídos dos helicópteros e tiros. Eu ouvi o som de um golpe de Estado — pessoas marchando ao longo da estrada principal até a fronteira, a Kingsway — enquanto, na casa de um amigo, assistia aos dragões da sorte e aos come-pedras do filme *A história sem fim* em uma fita VHS. A lição do Lesoto foi que nenhuma nação é uma ilha, e o desenvolvimento fazia pouco sentido se fingíssemos que é. Mesmo que as fronteiras fossem oficialmente reconhecidas e a independência fosse genuína, em contraste com as pseudonações dos bantustões, havia maneiras de o Estado continuar sendo uma zona na era da globalização. A autonomia política nada significava sem os meios econômicos de sobrevivência.[84]

4.

A África do Sul teve uma segunda vida na ficção científica como uma idealização da política além e depois do Estado-nação democrático. Em *Triangulum*, romance especulativo de Masande Ntshanga publicado em 2019 e cuja trama se ambienta, principalmente, no Ciskei, os pais do protagonista se mudam para o bantustão a fim de trabalhar no governo de Sebe. Um projeto que poderia ter sido concebido por Louw transforma os municípios em "zonas independentes e de propriedade privada com populações padronizadas de 200 mil pessoas e funções econômicas organizadas e simplificadas, incluindo produção de energia, reciclagem, manufatura e agricultura urbana".[85] O arranha-céu Torre da Revolução, o mais alto do continente, localizado em Joanesburgo, foi construído por uma corporação estrangeira para sinalizar aos investidores que o clima é bom. Assistindo a um debate na televisão, a narradora vê um sociólogo condenar "as zonas como uma nova forma de apartheid", enquanto um organizador comunitário responde, resignado, que "as pessoas precisavam comer". "O de sempre", a narradora comenta, e em seguida muda de canal.[86]

Ntshanga expressou o pessimismo de um quarto de século de pós-apartheid existente na vida real, em que o Estado teve sua capacidade de agir limitada pela necessidade de atrair capital estrangeiro e traiu muitas promessas. Outro romancista, mais próximo do discurso de Mandela na sacada, levou o modelo do cantão a uma conclusão mais radical. Em dois romances do início dos anos 1990, o escritor norte-americano Neal Stephenson evocou um mundo muito semelhante à fantasia libertária. Em *Snow Crash*, de 1992, o "Franchulado* da Nova África do Sul" é um "*burbclave* apartheid", uma versão fictícia da Orânia da vida real: propriedade privada, governo privado.[87] Ele expandiu essa noção em seu romance seguinte, *The Diamond Age* [A era dos diamantes], que apresentava um enclave de bôeres semelhante à Orânia — "loiras parrudas de terninhos ou os tipos de vestidos mais conservadores, geralmente com meia dúzia de crianças a tiracolo". Entre os futuros cantões que Kendall e Louw previram estava "Maovila"; Stephenson apresentou um mais barroco "Clave Sendero"

---

* No original, *franchulate*, combinação de *franchise* (franquia) e *consulate* (consulado): empresas privadas que substituem o Estado em todas as suas funções, competindo entre si para fornecer bens e serviços. (N. T.)

[Caminho Iluminado], em homenagem ao Sendero Luminoso, o movimento de guerrilha comunista do Peru. Ergue-se a "quatro andares de altura e dois quarteirões de comprimento, uma sólida e gigantesca *mediatron*"* mostrando Mao Tsé-tung "a acenar para uma multidão invisível" ao lado do líder revolucionário peruano.[88]

Stephenson deu vida aos cantões de Louw e Kendall. Entre suas ideias mais evocativas estava a do *phyle*, tirada da palavra em grego antigo para "tribo" ou "clã". *The Diamond Age* apresenta *phyles* baseados em linhagem, mas também os "sintéticos", "tribos que as pessoas simplesmente criavam a partir do nada".[89] Ainda que artificiais, esses *phyles* se tornaram reais por meio de acordos legais e coabitação, rituais compartilhados e códigos de conduta. Essa abertura foi possibilitada pelo capital descontrolado dos fabricantes que, sem peias, vasculham o mundo em busca de baixos salários e brindes do governo. Graças aos navios porta-contêineres e às telecomunicações, ficou tão fácil — e bem mais barato — se instalar na zona rural de Cabo Oriental quanto em Youngstown ou Sunderland. O fim de um mundo dividido em dois blocos ou três mundos tornou mais visível um mundo estilhaçado, uma imaginação política fragmentada.

Na década de 1990, os radicais do mercado perseguiram uma geografia pixelada semelhante à distopia de Stephenson, em que contínuos processos de secessão produziam cada vez mais Estados e governos como produtos, estendendo a liberdade de escolha de Milton e Rose Friedman para novas formas de filiação eletiva. Depois do fim da Guerra Fria, os libertários abraçaram a fantasia de um mundo no qual o direito de secessão fosse ilimitado. Como afirmou o jornalista Tom Bethell: "Existem hoje cerca de 160 países no mundo. Desde a queda do Muro de Berlim, muitas vezes eu me pego pensando: por que não muitos mais? Por que não quinhentos países?".[90]

---

* Um monitor de computador com a espessura de papel e conectado em rede. (N. T.)

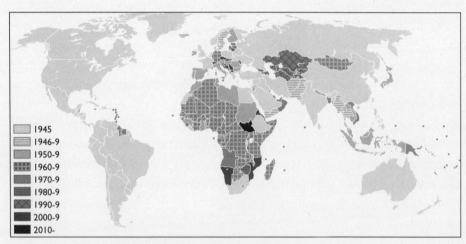

Estados-membros da ONU e a década em que aderiram.
FONTE: Roke/ Wikimedia.

5. A maravilhosa morte de um Estado

Não é fácil começar um novo Estado. A superfície da Terra já está toda dividida. Um novo Estado implica retirar território de um já existente. Por uma boa razão, os Estados preferem que isso não aconteça. Não querendo que suas próprias fronteiras sejam contestadas, eles defendem as leis internacionais que os definiram de forma indelével. Mesmo durante a descolonização na África e na Ásia, de maneira geral os contornos muitas vezes arbitrários das colônias mantiveram seu formato na configuração de novas nações. As demandas das minorias em busca de autodeterminação foram ignoradas ou reprimidas, com a anuência da comunidade internacional. A cartografia era destino.[1]

Na década de 1990, essas suposições entraram em colapso. A dissolução do bloco soviético produziu uma série de nações novas e restabelecidas, embaralhando os contornos da Europa.[2] A massa vermelha da União das Repúblicas Socialistas Soviéticas no mapa da minha escola de ensino médio fez brotar em suas bordas um punhado de novas repúblicas; o oblongo da Iugoslávia se encontrava em pedaços quando terminei o ensino médio. A Tchecoslováquia sofreu mitose. A dissolução da Europa socialista parecia abrir a caixa de Pandora. O espírito da criação de nações entrou em ação. Novos movimentos lutavam por seu próprio direito de se separar: os catalães na Espanha, os flamengos na Bélgica, os tâmeis no Sri Lanka. Em meu próprio país, por meio de um referendo, a província do Quebec chegou a um ponto percentual de iniciar um processo de separação do Canadá.

Quando eu tinha quinze anos, minha família vivia em Vanuatu, minúsculo Estado insular entre Fiji e Austrália. Os chineses e os norte-americanos mexiam os pauzinhos na disputa pela influência sobre o arquipélago, doando caminhões Toyota para projetos de saúde locais e construindo infraestrutura. Não se tratava exatamente de humanitarismo, mas uma prova do que significava um assento nas Nações Unidas. Vanuatu era uma nação com menos de 200 mil habitantes e apenas alguns milhares de quilômetros quadrados, que só em 1980 obteve sua independência — mas na Assembleia Geral da ONU seu voto tinha o mesmo peso do voto de uma superpotência mundial.[3] O Japão pressionava as minúsculas nações do Pacífico por apoio para continuar a realizar a caça comercial de baleias; a China, para angariar apoio a seus interesses materiais e estratégicos. Na década de 1990, a ONU concedeu assentos a pequenas nações há muito excluídas: Andorra, San Marino, Mônaco e Liechtenstein.

A maioria das pessoas viu essa onda de nações pelas lentes da política — algumas preocupadas com o ressurgimento do "neonacionalismo". Os radicais do mercado viram isso pelas lentes do capitalismo — e ficaram felizes com a situação. Cada Estado gerado era uma nova jurisdição, um "território-startup" que poderia se oferecer como refúgio para a fuga de capitais ou um local de negócios ou pesquisas não sujeitos a regulamentações. As micronações eram zonas, espaços delimitados legalmente diferenciados e pequenos o suficiente para servir de palco de experimentos econômicos. Eram também *phyles* — agrupamentos voluntários de residentes com os mesmos ideais. A secessão era uma forma de subdividir o planeta e trazer novos territórios para o alvoroçado mercado da competição global. O neonacionalismo poderia ser o prenúncio de uma vindoura era dourada de separação e classificação social, definida por jurisdições cada vez mais diminutas.

Nos Estados Unidos, dois grupos formaram uma aliança em resposta a esse momento de turbulência geopolítica: os radicais do mercado, em busca da passagem para uma organização política capitalista além da democracia; e os neoconfederados, interessados em ressuscitar o Velho Sul. Assim como nos projetos de Leon Louw e Frances Kendall para a África do Sul, eles entrelaçavam princípios de competição capitalista descentralizada e homogeneidade racial. Essa aliança de direita sonhava com os bantustões preferidos — o Grande Apartheid vindo de baixo para cima. Embora seu objetivo imediato tenha fracassado, sua visão de segregação laissez-faire sobreviveu. Para eles, a secessão era o caminho para um mundo dividido em termos sociais, mas integrado do ponto de vista econômico — separado, mas global.

1.

A figura mais importante na aliança secessionista foi Murray Rothbard. Nascido no Bronx em 1926, ele ganhou notoriedade no mundo dos *think tanks* neoliberais, tornando-se membro da SMP na década de 1950.[4] Ao longo de sua carreira, Rothbard desenvolveu uma versão particularmente radical do libertarianismo conhecida como *anarcocapitalismo*. Ele não tolerava nenhuma espécie de governo; entendia que os Estados eram "banditismo organizado", e a tributação, "roubo em escala gigantesca e desenfreada".[5] Em seu mundo ideal, o governo seria totalmente eliminado. Segurança, serviços públicos essenciais, infraestrutura, assistência médica: tudo seria comprado no livre mercado, sem rede de segurança para quem não pudesse pagar. Os contratos substituiriam as Constituições, e as pessoas deixariam de ser cidadãos de um lugar, passando a ser clientes de uma gama de prestadores de serviços. Nessas antirrepúblicas, a propriedade privada e o escambo de bens acabariam com qualquer vestígio de soberania popular.

Como chegar a um destino tão extremo? Embora a ideia de autodeterminação nacional fosse a base do sistema de Estado moderno do qual Rothbard queria escapar, ele julgava que uma radicalização da autodeterminação nacional poderia fornecer os meios de saída. Acelerar o princípio da secessão desencadearia uma reação em cadeia de desintegração. A maioria das novas organizações políticas não seria anarcocapitalista, mas o processo de desintegração despojaria o Estado de seu bem mais precioso — sua impressão de permanência. A criação de novas bandeiras e novos países corroeria a legitimidade dos antigos e solaparia suas mitologias egoístas. Se novos territórios evitassem ser esmagados pelo vingativo governo central, eles assumiriam diferentes formatos e formas. E se alguns optassem por seu modo preferido de ausência de Estado? "Quanto maior o número de Estados em que o mundo estiver fragmentado", escreveu Rothbard, "menos poder qualquer Estado será capaz de acumular." Para ele, o primeiro princípio era o de que os movimentos de secessão deveriam ser celebrados e apoiados "onde e como quer que surgissem".[6] A fratura era o motor do progresso humano.

A vida de Rothbard foi marcada pela busca por sinais de potencial secessão — rachaduras no edifício da fé pública nos Estados existentes. Quando encontrava essas fissuras, ele fazia o possível para aprofundá-las. Na década de 1960, viu uma promessa na oposição da Nova Esquerda à Guerra do Vietnã.[7] Rothbard também odiava a guerra. Considerava que o autonomeado papel de "polícia global" dos Estados Unidos era um pretexto para centralizar o poder estatal e expandir o compadrismo e a mancomunação, o desperdício e a ineficiência do complexo militar-industrial.[8] Um Exército permanente financiado por impostos com monopólio do armamento moderno era um anátema para os princípios de Rothbard, e o recrutamento militar era "escravização em massa".[9] Embora o anarcocapitalismo de Rothbard fosse rejeitado pela Nova Esquerda socialista, ele conjecturou se a oposição a *algumas* ações do Estado poderia ser convertida em ódio ao Estado *como tal*. Levando-se a questão a sério, "cair fora" não se traduziria em sair? Rothbard ajudou a lançar uma revista chamada *Left & Right*, em que propagou a secessão como uma práxis revolucionária. Aos radicais cabia não se apoderar do Estado, mas ir embora dele — e criar seus próprios novos Estados.

À guisa de combustível para a secessão, Rothbard via o nacionalismo como uma força positiva. Os movimentos separatistas, desde a Escócia até a Croácia, passando por Biafra, eram construídos sobre o alicerce de um senso comum de pertencimento de grupo a uma nação ou etnia.[10] Nos Estados Unidos, Rothbard se interessava especialmente pelo potencial do nacionalismo negro. Ele admirava os envolvidos na luta pela liberdade dos negros que tinham em mente a autoajuda comunitária e visavam à autodefesa coletiva, e endossava o apelo de Malcolm X ao separatismo em detrimento do apelo de Martin Luther King Jr. por moderação e não violência.[11] Rothbard e seus colaboradores acreditavam que a secessão negra dos Estados Unidos era alcançável; com efeito, as comunidades deveriam respeitar o princípio da separação racial.[12] Rothbard se frustrou com a colaboração inter-racial de radicais brancos e negros. Em seu juízo, os negros deveriam trabalhar com os negros, assim como era "responsabilidade dos brancos construir o movimento branco".[13]

Ao se desviar do roteiro que Rothbard preferia em termos de saída racial, a Nova Esquerda fez com que ele se voltasse com violência contra esse movimento político no início dos anos 1970. O obstinado igualitarismo dos esquerdistas era uma afronta à crença de Rothbard na hierarquia biologicamente inata de talentos e habilidades em indivíduos e grupos.[14] Ele condenava a ação afirmativa e as cotas para grupos sub-representados, comparando-os à trama do romance distópico britânico intitulado *Facial Justice* [Justiça facial], no qual o Estado decide impor um ideal de beleza-padrão a todas as mulheres por meio de cirurgias plásticas, de modo a garantir que "os rostos de todas as meninas sejam igualmente belos".[15] Havia a necessidade, pensava Rothbard, de um contramovimento — uma rebelião contra a igualdade humana. Depois de ajudar a fundar o Instituto Cato com Charles Koch em 1976, Rothbard contribuiu para criar um novo *think tank* no Sul Profundo dos Estados Unidos em 1982: o Instituto Ludwig von Mises de Economia Austríaca, em Auburn, Alabama, homenagem ao mentor de Hayek, o economista austríaco cujos seminários Rothbard havia frequentado em Nova York de 1949 a 1959.[16]

Embora o próprio Ludwig von Mises não fosse um anarcocapitalista, o instituto que leva seu nome se tornou o carro-chefe da linha mais radical do libertarianismo. A distância geográfica do *think tank* em relação à cúpula do governo federal estadunidense e aos bastidores de Washington denotava sua rejeição à política de lobby empregada por grupos mais tradicionais, como o Instituto Cato e a Fundação Heritage. Em vez disso, o Instituto Ludwig von Mises fomentava posições politicamente mais marginais, como as virtudes da secessão, a necessidade do retorno ao padrão-ouro e a oposição à integração racial. O diretor do instituto, Llewellyn "Lew" Rockwell Jr., tinha uma grande afinidade com Rothbard e era seu parceiro mais próximo; libertário radical, ele defendia o separatismo racial desde o primeiro cargo que ocupara na editora conservadora Arlington House (cujo nome homenageava, com pouca sutileza, a última residência do general confederado Robert E. Lee, no condado de Arlington, estado da Virgínia). Como editor, Rockwell encomendou livros sobre os desastrosos efeitos da dessegregação e a traição da classe política branca no Sul da África, publicados ao lado de *Machinery of Freedom* [As engrenagens da liberdade], de David Friedman, e best-sellers semeadores de pânico, como *How to Profit from the Coming Devaluation* [Como lucrar com a iminente desvalorização].[17] Rockwell tentou vender a um autor a ideia de um livro chamado *Integration: The Dream that Failed* [Integração: O sonho que fracassou]; sua opinião pessoal era de que a única opção seria uma "segregação de fato para a maioria de ambas as raças".[18]

115

Tal qual Rothbard, Rockwell combinava políticas extremas de laissez-faire com uma fixação na questão racial. Em 1986, ele começou a editar o boletim de investimentos do político e negociante de moedas Ron Paul, que tratava de temas semelhantes.[19] Os boletins eram lucrativos — as assinaturas geravam cerca de 1 milhão de dólares por ano em receitas.[20] Espécie de catálogo da Ikea para a guerra racial que se aproximava, o boletim — que em 1992 teve o nome alterado para *Ron Paul Survival Report* [Relatório de sobrevivência de Ron Paul] — trazia comentários sobre atualidades, apresentava listas de livros e ensinava as pessoas a enterrar seus pertences, converter sua riqueza em ouro ou escondê-la no exterior, transformar a casa em uma fortaleza e defender sua família.[21] "Esteja preparado", lia-se em suas páginas. "Se sua família vive perto de uma cidade grande com uma população negra substancial, tanto o marido quanto a esposa precisam de uma arma e treinamento em técnicas de manejo e tiro."[22]

A África do Sul aparecia como um alerta sobre o perigo de certas iniciativas, com artigos lamentando seu "desbranqueamento" e defendendo a cantonização.[23] Se os palestinos podiam ter uma "pátria", o boletim informativo perguntava, por que os sul-africanos brancos também não poderiam?[24] O *Survival Report* apresentava um ideal da universalidade do separatismo racial. "A integração não produziu amor e fraternidade em nenhum lugar", proclamava. "As pessoas preferem seus iguais."[25] O "desaparecimento da maioria branca" significava que, em câmera lenta, os Estados Unidos vinham se transformando na África do Sul. Os brancos "não estavam se procriando", e grupos minoritários capturavam recursos estatais.[26] A solução proposta era antiga. "O Velho Sul estava certíssimo: secessão significa liberdade", o *Survival Report* afirmou em 1994.[27]

Não por acaso, os temas dos boletins ecoavam o *Rothbard-Rockwell Report* [Relatório Rothbard-Rockwell], que a dupla começou a publicar em 1990[28] (mais tarde, o periódico foi renomeado de *Triple R* [Triplo R]; quando Paul voltou a Washington, seus leitores receberam assinaturas gratuitas). Rockwell chamou de "paleolibertarianismo" a ideologia que ele e Rothbard estavam desenvolvendo.[29] O prefixo sinalizava sua crença de que o libertarianismo precisava ser "despojado" das tendências libertinas da década de 1960 em favor de valores conservadores. Os paleolibertários esperavam "expulsar" os "hippies, drogados e ateus militantemente anticristãos" do movimento libertário mais amplo, de modo a defender as tradições judaico-cristãs e a cultura ocidental, e restaurar o foco na família, na Igreja e na comunidade, tanto para a proteção contra o Estado quanto, em igual medida, para a construção dos componentes básicos de uma futura sociedade sem Estado.[30]

Os paleolibertários desejavam um futuro capitalista anarquista, mas não previam uma massa amorfa de indivíduos atomizados. Em vez disso, as pessoas estariam aninhadas em coletivos que cresceriam a partir da família nuclear heterossexual no que Edmund Burke chamou, em uma citação repetida exaustivamente, de "pequenos pelotões aos quais pertencemos na sociedade". Dava-se como favas contadas que esses pequenos pelotões se dividiriam de acordo com a raça. "Desejar associar-se a membros de sua própria raça, nacionalidade, religião, classe, sexo ou mesmo partido político é um impulso humano natural e normal", escreveu Rockwell. "Não há nada de errado na preferência dos negros pela 'coisa negra'. Mas os paleolibertários deveriam dizer o mesmo sobre os brancos preferirem a 'coisa branca', ou os asiáticos, a 'coisa asiática.'"[31]

O ressurgimento da secessão no final da Guerra Fria pareceu aos paleolibertários uma oportunidade privilegiada para uma nova geografia política. "Deve ter sido assim viver a Revolução Francesa", escreveu Rothbard. "A história geralmente avança em um ritmo glacial... e então, bum!"[32] Acerca da dissolução da União Soviética, Rothbard observou que era "uma coisa particularmente maravilhosa ver, diante de nossos olhos, o desenrolar da morte de um Estado".[33] Com isso ele queria se referir, obviamente, tanto àquele Estado específico quanto, em tom otimista, a todos os Estados. A secessão era o meio, a sociedade anarcocapitalista, o fim. A esperança dos paleolibertários era de manter o fôlego da dissolução até chegar ao outro lado do Atlântico. A retórica de Rothbard era severa. "Vamos quebrar o relógio da social-democracia", escreveu. "Vamos quebrar o relógio da Grande Sociedade. Vamos quebrar o relógio do Estado de bem-estar social [...]. Vamos *revogar* o século XX."[34]

No entendimento dos paleolibertários, era sua tarefa a preparação para o dia seguinte ao colapso. Olhando para o destino da União Soviética, eles fizeram perguntas convincentes: o que aconteceria em seu próprio país se o regime desmoronasse da noite para o dia? De que maneira a vida coletiva poderia continuar a funcionar? O pensamento não era desagradável. Ele oferecia a tentadora perspectiva de desfazer décadas de quixotesca intervenção estatal, deixando uma tábula rasa. Rockwell fantasiou sobre uma terapia de choque autogerida, privatizando o ar, a terra e a água; vendendo rodovias e aeroportos; acabando com o bem-estar social; devolvendo o dólar ao padrão-ouro; e deixando os pobres cuidarem de si mesmos.[35] No entanto, os paleolibertários também reconheciam que precisariam, de algum modo, construir uma nova ordem a partir dos destroços do ponto zero. Eles encontraram um denominador comum com a extrema direita: a necessidade de tradição e valores civilizacionais para unir os coletivos. Ambos os grupos abraçaram de forma explícita a consciência racial, movimento que os baniu para as margens da opinião dominante, mas oferecendo um espaço para colaboração.

Rothbard negociou uma aliança com um grupo de extrema direita baseado no Instituto Rockford, em Illinois, cujos membros se autodenominavam "paleoconservadores". Ambos os lados da "aliança paleo" julgaram que era hora de parar de negar a realidade da diferença cultural e racial e redesenhar as entidades políticas de modo a refletir os fatos básicos da psicologia e da biologia. Ambos desprezavam os programas do "Estado de bem-estar de guerra". Intervenções militares no exterior, legislação de direitos civis e esforços federais contra a pobreza não passavam de irrelevantes programas de trabalho pró-forma para burocratas indolentes e ineptos, além de plataformas para políticos parasitas.

A aliança paleo realizou sua primeira reunião em Dallas em 1990. As planícies ao redor de Dallas e as planícies da África do Sul não eram tão diferentes. Ambos os lugares eram catalisadores de mitos duradouros. Ambos viram ondas de povoamento branco e, no século XIX, a transformação de territórios de posse coletiva habitados por povos nativos em propriedades de posse individual. A África do Sul tinha *voortrekkers* avançando para o interior; o Texas tinha comboios de carroças que saíram do oeste para chegar às águas do golfo. Na esteira de ambas as migrações permaneceu um resíduo de histórias: sobre a maleabilidade da geografia política, mãos brancas extraindo valor de uma terra supostamente desolada e estéril, e a necessidade de solidariedade racial contra um inimigo existencial de pele mais escura. A ideologia do colono unia pessoas a meio mundo de distância. Rothbard deu um status especial ao pioneiro e ao colono, a quem ele via como o ator libertário definitivo — "o primeiro usuário e transformador" do território.[36] Ele estabeleceu a posse das "terras virgens", tomadas e valorizadas pelo trabalho árduo, no centro do "novo credo libertário".[37] Para refutar a objeção de que os colonos nunca encontraram terras realmente vazias de humanos, Rothbard tinha um argumento. Os povos indígenas da América do Norte, ainda que sob a lei natural tivessem direito à terra que cultivavam, haviam perdido esse direito por não exercerem a posse da terra como indivíduos. Os nativos, afirmou ele, "viviam sob um regime coletivista".[38] Por serem protocomunistas, sua reivindicação à terra era discutível.

O novo grupo se chamava Clube John Randolph, em homenagem a um senhor de escravos cujo bordão era "Amo a liberdade, odeio a igualdade".[39] Era a nata da extrema direita.[40] Um dos membros fundadores foi Jared Taylor, cujo jornal nacionalista branco *American Renaissance* [Renascença Americana] protestava contra a contínua "desapropriação" de brancos por não brancos.[41] Outro era Peter Brimelow, o mais destacado oponente da imigração de não brancos, cujo livro *Alien Nation* [Nação forasteira] trouxe uma "explícita posição supremacista branca" de volta às discussões prioritárias.[42] Entre outros fundadores incluíam-se o colunista Samuel Francis, que conclamava os caucasianos a reafirmar sua "identidade" e "solidariedade" por meio de "uma consciência como brancos",[43] e o jornalista e político Pat Buchanan, cujas tiradas nativistas contra a imigração não branca pressagiaram a retórica de Donald Trump.[44]

Em vez da autodeterminação nativa, o Clube John Randolph defendia a demanda de autonomia para os sulistas brancos, o que ficou mais conhecido como movimento neoconfederado. E foram esses entusiastas do Velho Sul que, de forma mais direta, trouxeram o espírito global de secessão para a política dos Estados Unidos. Os neoconfederados tentaram defender sua posição construindo um cambaleante corpus de pesquisa para afirmar que os sulistas eram etnicamente distintos dos nortistas, abrangendo migrantes do País de Gales, da Irlanda e da Escócia, e não da Inglaterra.[45] A chamada "Tese do Sul Celta", baseada, em grande medida, em um livro de 1988 intitulado *Cracker Culture* [Cultura do branco sulista], era repleta de lacunas óbvias — para não mencionar o pequeno problema da história da escravidão e seu legado demográfico —, mas foi suficiente como uma tradução improvisada de eventos paralelos do outro lado do Atlântico. Era explícita a inspiração dos neoconfederados em exemplos europeus. Sua principal organização, a Liga Sulista (mais tarde Liga do Sul), tirou seu nome da Lega Nord, partido político de direita que buscava separar o Norte da Itália do restante do país. O "Novo Manifesto Dixie" da Liga Sulista, publicado no *Washington Post*, pedia a saída do "império continental multicultural" dos Estados Unidos e a criação de uma Comunidade de

Estados do Sul.⁴⁶ Seu site incluía uma página sobre "pátrias", com links para grupos e movimentos secessionistas que iam desde o Sul do Sudão e Okinawa até Flandres e Tirol do Sul. "Independência. Se soa bem na Lituânia, vai soar muito bem no Dixie!", proclamava o site.⁴⁷ A página também continha um link para um partido que acabaria desencadeando a bem-sucedida saída da Grã-Bretanha da União Europeia: o Partido pela Independência do Reino Unido (Ukip, na sigla em inglês).

Embora de maneira geral os neoconfederados não fossem anarcocapitalistas, Rothbard endossava a necessidade de "preservar e valorizar o direito de secessão, o direito de diferentes regiões, grupos ou nacionalidades étnicas de se separar o mais rapidamente possível da entidade maior, de estabelecer sua própria nação independente".⁴⁸ Ele tinha também uma interpretação revisionista da Guerra Civil, comparando a causa da União à aventureira política externa dos Estados Unidos na década de 1990: os Estados Unidos percorreram o mundo em busca de monstros para matar em nome da democracia e dos direitos humanos, uma campanha perversa cujo resultado foi morte e destruição, em vez de qualquer um dos objetivos declarados. "Daí a tragédia da derrota sulista na Guerra Civil", escreveu ele, "pois enterrou o próprio pensamento de secessão neste país daquele tempo em diante. Mas quem tem o poder nem sempre tem a razão, e a causa da secessão pode voltar à tona novamente."⁴⁹

Na reunião inaugural da aliança paleo, Rothbard explicou que a visão dos paleolibertários se aglutinava em torno das ideias gêmeas de conservadorismo social e saída do Estado maior. Em um mundo sem governo central, as formas de novas comunidades seriam determinadas por "contratos de vizinhança" entre proprietários.⁵⁰ Em outro texto, ele chamou essas entidades, muito semelhantes à ideia de Neal Stephenson sobre o *phyle*, de "nações por consentimento".⁵¹ O programa era desintegrar e segregar, instalando a homogeneidade como base da organização social.⁵² Simplesmente barrar a nova imigração não seria suficiente. A "velha república estadunidense" de 1776 havia sido atolada e dominada por "europeus e, depois, africanos, latino-americanos não espanhóis e asiáticos". Como os Estados Unidos "já não eram mais uma nação", escreveu ele, "é melhor começarmos a pensar seriamente na separação nacional".⁵³ Eles poderiam começar em pequena escala, reivindicando apenas uma porção do território nacional. "Devemos ousar pensar o impensável", afirmou, "antes que seja possível obter sucesso em qualquer um de nossos objetivos nobres e de longo alcance."⁵⁴ Se as coisas saíssem de seu jeito, a maravilhosa morte do Estado também chegaria aos Estados Unidos.

2.

Frequentemente falamos de movimentos separatistas e de extrema direita, como os neoconfederados, em termos puramente políticos ou culturais, como sintomas de uma fixação às vezes patologizada na etnia que exclui todas as preocupações econômicas. Mas isso é um erro. Também devemos pensar na política radical dos anos 1990 em termos de capitalismo. O próprio raciocínio de Rothbard e Rockwell começou com a economia. Como adeptos do padrão-ouro, abandonado pelos Estados Unidos na década de 1970, eles julgavam que o sistema de moeda fiduciária estava fadado a um vindouro período de hiperinflação. Desmembrar Estados grandes era uma forma de se antecipar ao iminente colapso monetário e criar Estados menores mais capazes de se reorganizar depois da debacle. Ron Paul falou de sua convicção de que a mudança viria "com uma calamidade e com um estrondo". "Nas condições que temos hoje, mais cedo ou mais tarde o Estado se desintegrará", afirmou, comparando os Estados Unidos à União Soviética. Ele descreveu seu sonho de uma República do Texas "sem imposto de renda, com uma moeda sólida e uma metrópole próspera".⁵⁵

Mesmo para quem não fazia esses prognósticos tão terríveis para o futuro próximo, simplesmente era verdade que a globalização da década de 1990 tornou os Estados pequenos mais viáveis do que nunca. Cingapura mostrou que, embora o foco nas exportações e no livre-comércio pudesse expor o país aos caprichos da demanda global, não era mais necessário cultivar suas próprias safras para alimentar a população. Como os radicais do mercado volta e meia apontavam, microestados como Luxemburgo e Mônaco estavam entre os mais ricos do mundo.

Os paleolibertários esperavam que a disseminação da secessão como uma opção ajudasse a acelerar a reforma econômica para longe da social-democracia e rumo a uma versão mais despojada do capitalismo. O defensor mais eloquente desse argumento foi Hans-Hermann Hoppe, o protegido de Rothbard que deu continuidade às ideias de seu mentor depois que Rothbard morreu de ataque cardíaco em 1995. Formado em sociologia em Frankfurt, Hoppe imigrou para os Estados Unidos e se associou a Rothbard no corpo docente da Faculdade de Economia da Universidade de Nevada em 1986.[56] Membro ativo do Clube John Randolph, ele considerava que, depois do fim da Guerra Fria, havia ocorrido uma inversão, quando o outrora sonolento bloco socialista da Europa Oriental virou a vanguarda do capitalismo global. A Estônia era governada por um homem de trinta e poucos anos que afirmava que o único livro de economia que já havia lido na vida era *Livre para escolher*, de Milton e Rose Friedman.[57] O minúsculo Montenegro montou uma universidade privada libertária.[58] Países de toda a região introduziram impostos fixos baixos, seguindo os conselhos de *think tanks* neoliberais.[59] Na visão de Hoppe, uma Europa Oriental repleta de pequenas economias abertas pressionaria os programas de bem-estar social do Ocidente, pois essas economias sugavam investimentos e aliciavam empregos industriais. "O surgimento de um punhado de 'Hong Kongs' ou 'Cingapuras' do Leste Europeu", escreveu ele, "logo atrairia quantidades substanciais de capital ocidental e de talento empreendedor."[60]

Hoppe previu uma sobrecarga da dinâmica de autodeterminação nacional promovida por Woodrow Wilson depois da Primeira Guerra Mundial, quando os outrora vastos impérios Habsburgo e Otomano foram divididos em Estados constituintes e territórios sob mandato. Esses futuros Estados seriam internamente homogêneos, escreveu ele, substituindo "a integração forçada do passado" pela "segregação física voluntária de culturas distintas".[61] Hoppe acreditava que os novos territórios deveriam ser bem menores do que o Estado-nação contemporâneo. "Quanto menor o país", observou, "maior é a pressão para optar pelo livre-comércio em vez do protecionismo."[62] Citando micronações e cidades-Estado como modelos, ele reivindicava "um mundo de dezenas de milhares de países, regiões e cantões livres, de centenas de milhares de cidades livres". Era um ideal de algo como a Idade Média da Europa — no ano 1000, o continente era uma densa urdidura de milhares de organizações políticas diferentes, reduzidas ao longo do tempo a algumas dezenas. Rothbard havia dito: revogar o século XX. A mensagem de Hoppe era mais extrema: revogar o milênio.

Em 2005, Hoppe realizou a primeira reunião da Sociedade pela Propriedade e Liberdade (PFS, na sigla em inglês) no salão de baile dourado de um hotel na Riviera Turca que pertencia à sua esposa.[63] Em suas reuniões anuais, a PFS congrega ex-membros do Clube John Randolph (que se dissolveu em 1996) com novos defensores do libertarianismo sem Estado e da secessão racial.[64] Os profetas da ruptura racial e social dividem o palco com consultores de investimentos e conselheiros financeiros. Numa das reuniões, o psicólogo e teórico racial Richard Lynn apresentou seu novo livro sobre inteligência racial, *The Global Bell Curve* [A curva de sino global], enquanto outros palestrantes falavam sobre "saúde pública como uma alavanca para a tirania", "como enriquecer às custas dos outros sem que ninguém perceba" e "a miragem do crédito barato".[65] Leon Louw deu uma palestra no mesmo ano em que Carel Boshoff IV — filho de Carel Boshoff — falou sobre o que chamava de "o experimento de Orânia".[66] Um dos organizadores enalteceu Orânia como um "raro exemplo" de secessão pacífica.[67] Peter Thiel, muito à vontade em meio a essa mistura de conservadorismo social e radicalismo de mercado antidemocrático, tinha uma palestra agendada numa das reuniões da PFS, mas a cancelou de última hora.[68]

Na reunião anual de 2010, um homem branco criado no Texas, mais jovem que os outros palestrantes, subiu ao palco. Vestindo um blazer de tweed, com um MacBook no púlpito à sua frente, Richard Spencer tinha a aparência do estudante de mestrado em história que havia sido recentemente. Ele acabara de lançar uma revista on-line intitulada *The Alternative Right* [A Direita Alternativa], termo que o tornaria famoso. Em sua palestra, Spencer pintou a imagem de um mundo vindouro muito semelhante ao ideal da aliança paleo. O separatismo racial seria a nova norma: "comunidades nacionalistas latinas" na Califórnia e no Sudoeste, comunidades negras nas "áreas residenciais centrais depauperadas das cidades", um "Estado cristão protestante reconstrucionista" no Meio-Oeste.[69] Para Spencer, a política atual caminhava para a desintegração. O programa era acelerar o colapso enquanto se preparava para sua chegada.

Spencer ganhou projeção seis anos depois, quando, num comício em Washington, traduziu a saudação nazista "*Sieg Heil!*" [Viva a vitória!] para o inglês, gritando "*Hail Trump!* [Viva Trump!]. Viva nosso povo! Viva a vitória!".[70] Para alguns, o sonho da fratura pareceu ter ficado mais próximo depois da eleição de Trump. O presidente do Instituto Mises escreveu que Trump havia mostrado "as rachaduras na narrativa globalista" de um governo mundial único e que os libertários deveriam capitalizar apoiando todas as formas de secessão.[71]

Hoppe se transformou em um ícone da extrema direita.[72] Sua reputação se baseou especialmente em seu livro *Democracia: O Deus que falhou*, que atribui ao sufrágio universal a pecha de pecado original da modernidade, por ter desempoderado a casta de "elites naturais" que havia organizado a sociedade sob a monarquia e o feudalismo.[73] O Estado de bem-estar social gerado pela democracia teve efeitos disgênicos, argumentou Hoppe, estimulando a reprodução dos menos capazes e impedindo os talentosos de sobressaírem. Hoppe recorreu a cientistas raciais para corroborar sua ideia de que era necessário dividir-se em comunidades homogêneas menores a fim de reverter o processo de "descivilização".[74] "Não pode haver tolerância para com os democratas e os comunistas em uma ordem social libertária", escreveu. "Eles terão de ser fisicamente separados e expulsos da sociedade."[75] O rosto de Hoppe apareceu em um sem-número de imagens na internet sobre o tema da remoção, muitas vezes acompanhado por um helicóptero, em referência à notória maneira como o ditador chileno Augusto Pinochet mandava sua polícia se livrar dos corpos dos oponentes de seu regime, atirando-os de helicópteros militares no mar.

Uma das últimas palestras que Rothbard deu antes de sua morte ocorreu numa fazenda nos arredores de Atlanta e previu o dia em que as estátuas dos generais e presidentes da União seriam "derrubadas e derretidas" — a exemplo da estátua de Lênin em Berlim Oriental —, e em seu lugar seriam erguidos monumentos aos heróis confederados.[76] Obviamente, muitas dessas estátuas confederadas já existiam. A defesa de uma delas, uma estátua do general Robert E. Lee em Charlottesville, Virgínia, se tornou um bastião simbólico para os nacionalistas brancos em agosto de 2017. Vestidos com camisas polo brancas e calças cáqui combinando e empunhando archotes, eles marcharam pela cidade e canalizaram em seu cântico as ansiedades do declínio demográfico branco: "Vocês não vão nos substituir!".[77] Um dos organizadores do comício, um nacionalista branco, era fã de Hoppe e vendia adesivos com os dizeres "EU ♥ A REMOÇÃO FÍSICA".[78]

Em vez de rejeitar esse apoio, Hoppe elogiava tais sacadas de seus apoiadores. Em 2018, ele escreveu o prefácio de um livro intitulado *White, Right, and Libertarian* [Branco, de direita e libertário]; a capa apresentava um helicóptero com quatro corpos pendurados, cada cabeça exibindo um logotipo: o do comunismo, o do islamismo, o do movimento antifa e o do feminismo.[79] Hoppe julgava que a ênfase da extrema direita na cultura comum e até mesmo na raça comum era indicativa de como criar coesão social em uma futura sociedade desprovida de Estado. A oposição militante da extrema direita à imigração não branca também era compatível com a posição de fronteiras fechadas que os paleolibertários vinham fomentando desde o início dos anos 1990.[80] No final, parece que ele não fez nenhuma objeção a uma imagem que despontou nos fóruns de discussão, na qual Rothbard, Hoppe e Mises (desenhados no estilo do sapo Pepe, o ícone da extrema direita) estão em frente à bandeira anarcocapitalista dourada e preta, Hoppe empunhando um rifle de assalto. Nessa versão extrema do capitalismo destrutivo, a zona era definida pela raça e marcada pela intolerância militante.

3.

O sonho de trazer de volta o Velho Sul parece ter sido um fracasso abjeto. Não surgiu nenhuma "Comunidade dos Estados do Sul".[81] No entanto, a aliança paleo era mais do que um sonho febril de escravidão de semovente, em que o escravizado é legalmente um bem comerciável, uma propriedade pessoal. A ideia de um Sul independente, praticante de livre-comércio, refletia deslocamentos geográficos de investimento e manufatura, à medida que as fábricas gravitavam para lugares em que as leis sindicais eram mais frágeis, e as isenções fiscais, mais polpudas. Centros logísticos globais estavam em operação em Memphis (FedEx) e Louisville (UPS). O aeroporto de Atlanta era o mais movimentado para o tráfego de passageiros do mundo. O parque multimodal Global Trans-Park, na Carolina do Norte, levou conexões marítimas, rodoviárias, ferroviárias e aéreas para uma zona de 15 mil acres.[82]

Os trechos rurais nas cercanias de Dallas, a cidade onde o Clube John Randolph se reuniu pela primeira vez, foram pastagens durante a maior parte do século XX, mas na última década passaram a ser áreas mais lucrativas como terras de fraturamento hidráulico. À medida que a revolução do xisto trouxe novas riquezas, a propriedade pública da terra se tornou cada vez mais politizada. Menos de 2% das terras do estado do Texas eram de propriedade federal, mas, no estado de Nevada — onde Rothbard e Hoppe lecionavam —, 84% das terras eram de propriedade federal. Para os indivíduos que, como os paleolibertários, alimentavam a fantasia de um país totalmente privatizado, essa era uma bandeira vermelha continuamente hasteada. Na década de 1990 e nos primeiros anos do século XXI, o desejo de propriedade alimentou movimentos separatistas, desde o suposto Estado Livre de Jefferson, no norte da Califórnia, até os fazendeiros militantes que ocuparam o Refúgio Nacional de Vida Selvagem de Malheur, no Oregon. Esses grupos buscavam tomar território dos coletivistas de Washington, demarcar suas propriedades e criar estruturas de poder paralelas.[83] Nenhuma dessas ações foi uma volta nostálgica ao tempo, um regresso a eras anteriores de autossuficiência, mas tratava-se de apropriações de terras centradas nas commodities comercializadas globalmente, como carne bovina, óleo e madeira.

A própria cidade de Dallas poderia ter mostrado ao Clube John Randolph que o capitalismo moderno oferecia muitas maneiras de se distanciar de outras populações sem uma bandeira ou um assento nas Nações Unidas, ao mesmo tempo que permanecia interconectado do ponto de vista econômico. Por mais de um século, a cidade foi um laboratório para as formas de contrato, exclusão e segregação com as quais sonhava a aliança paleo. Na década de 1920, foi aprovada uma lei proibindo a mistura racial nos quarteirões da cidade. Os brancos policiavam com violência vigilante essas divisões. À medida que a cidade crescia, os brancos se separaram em enclaves anexos; seus impostos pagariam suas próprias escolas, não as da cidade em geral.[84]

Os anos 1990 não foram só uma época de fratura das soberanias na Europa. O mesmo tipo de ruptura se dava no interior dos Estados Unidos. A década viu a explosão de um novo tipo de complexo habitacional: o condomínio fechado, a mais recente inovação em segregação espacial. Foi a época em que Las Vegas, o lar de Rothbard e Hoppe, se tornou a cidade que mais cresceu nos Estados Unidos, com o condomínio fechado sendo o formato favorito. Protestando contra a multiplicação das comunidades muradas, um vereador as chamou de "utopias privadas".[85] A expressão foi bem escolhida. Para aqueles que alegassem que as visões dos paleolibertários eram improváveis ou absurdas, seria possível responder que o futuro por eles previsto já estava aqui, nas realidades segregadas da paisagem urbana norte-americana e seus extensos arredores. Os enclaves fechados e as comunidades muradas, objetos de tanta angústia e temas de um sem-número de editoriais e artigos de opinião de centristas e esquerdistas preocupados com o declínio da cultura pública, se revelaram um dos pontos positivos mais estimulantes para os libertários. Eles fizeram a seguinte pergunta: e se essas odiadas formas suburbanas forem, na verdade, boas? Talvez aqui, em miniatura, o projeto de governo privado alternativo pudesse criar raízes, a criação de zonas liberadas dentro do território ocupado. Isso poderia significar uma "secessão suave" dentro do Estado, não fora dele. A fratura poderia começar em casa.

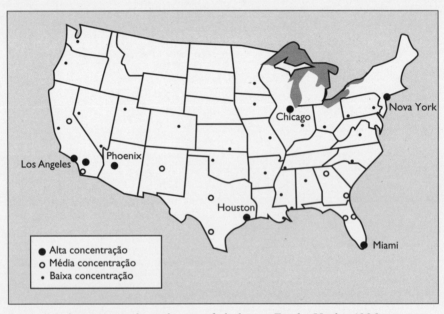

Concentração de condomínios fechados nos Estados Unidos, 1996.
FONTE: Reproduzido de Edward J. Blakely e Mary Snyder, *Fortress America: Gated Communities in the United States*. Washington, DC: Brookings Institution Press, 1997.

6. Cosplay da Nova Idade Média

Quando os luminares do neoliberalismo se reuniram em 1990 para coroar Hong Kong como a economia mais livre do mundo, escolheram um local deslumbrante.[1] A comunidade de Sea Ranch tem cerca de 10 mil residentes ao longo de dezesseis quilômetros na costa norte da Califórnia. Os bangalôs têm telhados íngremes e paredes de madeira estriadas em cinza e marrom castigadas pelo vento. Eles se agacham atrás de penhascos cobertos de líquen e se aninham nas suaves ondulações dos pântanos. Toda a paisagem mergulha em mel quando o sol se põe na linha plana do Pacífico. As edificações foram consagradas em incontáveis livros de mesa de centro, imortalizados em ensaios fotográficos nas páginas de papel reluzente de revistas como *Dwell* e *Architectural Digest*, *feeds* do Instagram e painéis do Pinterest. A estética se presta à fetichização. O *New York Times* chamou Sea Ranch de utopia modernista.[2] Mas o lugar também era, em termos mais mundanos, um condomínio fechado — uma utopia de propriedade privada e regras próprias. Na época da reunião de 1990, 97% da população era branca.[3] A vida era regida por um documento de 56 páginas chamado "Restrições de Sea Ranch".[4] O conjunto de regras limitava a altura das árvores, impunha cores suaves para cortinas e proibia roupas penduradas em varais visíveis. O planejador original o chamou de kibutz sem socialismo.[5] Lá as pessoas eram livres para escolher, mas apenas na medida em que se submetessem a uma lei maior: seguir as regras fixas.

A costa tinha uma longa história de cercamento e exclusão. Os russos aportaram nos anos 1840, em busca do "ouro macio" da pele de lontra marinha. Eles reivindicaram a posse de um pedaço de terra e ergueram paredes com troncos de árvores para fazer um assentamento chamado Forte Ross (de *Rus*, a raiz de *Rússia*). Uma moscovita refinada chegou, criou uma atmosfera de salão, organizou bailes e construiu uma estufa de vidro.[6] Mas, quando as lontras acabaram, os russos também foram embora, depois de venderem os prédios a preços baixos a fazendeiros alemães. O governo mexicano assumiu o controle do território; por um mês em 1846, a separatista República do Urso da Califórnia reivindicou a soberania sobre a região, antes de dar lugar aos Estados Unidos e deixar apenas o animal como resquício na nova bandeira do estado. O moinho construído para transformar árvores derrubadas em madeira pegou fogo na virada do século. Décadas depois, o pedaço de terra encontrou um novo uso como bem imobiliário e um reino de prazeres sensoriais.

Fundada na década de 1960, a comunidade Sea Ranch foi pioneira no renascimento do povoado murado, o retorno do forte ao litoral depois de um século de ausência. No final do século, os condomínios fechados eram mais do que apenas um novo tipo de imóvel — eles se tornaram metáforas do momento.[7] Pareciam sintetizar o paradoxo da década pós-Guerra Fria, quando duas forças batalhavam entre si. Uma era uma sensação de conexão cada vez maior, de mobilidade e comunicação perfeitas. A outra, um sentimento de isolamento, de separação social e novos muros — *apartheid global*, para usar um termo que ganhou popularidade mesmo depois de o sistema ter formalmente desaparecido na África do Sul.[8] Os condomínios fechados eram encerrados em si, mas interconectados, ligados ao mundo por "fitas de estradas, cabos de fibra ótica e sinais eletromagnéticos digitais".[9] Na empenhada tentativa de descreverem a ordem emergente, muitos chegaram ao passado profundo e diagnosticaram o retorno de uma nova Idade Média. "Estamos construindo uma espécie de paisagem medieval", lamentou um crítico de arquitetura, "na qual cidades defensáveis, muradas e fechadas pontilham o interior rural."[10]

Esses acontecimentos não deprimiram os radicais do mercado — pelo contrário, serviram de inspiração. Para eles, o condomínio fechado era mais do que uma metáfora. Assim como o distrito de Docklands em Londres e o bantustão do Ciskei, tratava-se de um laboratório, um lugar para praticar o micro-ordenamento e manter o projeto de perfuração funcionando. Eles encamparam a força centrífuga da comunidade e a multiplicação de diferentes arranjos jurídicos. Elaborando novos mapas para a descentralização, traçaram planos para o retorno da lei e da ordem, ao estilo medieval.

1.

Poucos entenderam o fetiche pela Idade Média de forma tão literal quanto o filho de Milton Friedman, David Director Friedman, cuja trajetória intelectual reflete a radicalização do pensamento libertário no fim do século XX. Nascido na cidade de Nova York em 1945, David cresceu no enclave acadêmico de Hyde Park, onde seu pai lecionava na Universidade de Chicago. Embora não fosse um condomínio fechado, o Hyde Park era um minúsculo trecho de cerca de cinco quilômetros quadrados rodeado pelos bairros mais pobres e negros do South Side, e uma linha de frente na luta por raça e propriedade nos Estados Unidos de meados do século. As tentativas de desagregar o enclave na década de 1940 esbarraram em um muro de oposição de seus moradores. Em um panfleto, os proprietários de imóveis da região descreveram os pactos raciais do bairro como "justificados do ponto de vista moral, jamais motivados por preconceitos". Argumentaram que as cláusulas restritivas eram "contratos privados" que ofereciam segurança de investimento e "salvaguardas contra a influência deletéria de vizinhos indesejáveis".[11] Em *Capitalismo e liberdade*, Milton Friedman expressou sua própria oposição às leis contra a discriminação. Preferia que o ensino fosse totalmente privado, em que as pessoas pagariam pela educação por meio de vouchers fornecidos pelo Estado. Se elas quisessem usar o dinheiro dos impostos para pagar uma escola segregada, que assim fosse.[12]

Como estudante de graduação em Harvard no início dos anos 1960, David fez parte de um renascimento conservador catalisado pela campanha presidencial de Barry Goldwater, a quem seu pai ajudava na função de consultor.[13] Depois de retornar a Hyde Park para uma pós-graduação em física teórica na Universidade de Chicago, David passou a escrever uma coluna regular para a publicação conservadora *New Guard* [Nova Guarda], voltada ao público leitor jovem. O tom era combativo. "Estudantes rebeldes são nossos inimigos", era a frase que iniciava uma coluna. "Os rebeldes, se recorrerem ao uso da força, devem ser enforcados no poste mais próximo."[14] A *New York Times Magazine* destacou David como um dos "porta-vozes mais brilhantes e articulados" do movimento libertário. "Não pergunte o que o governo pode fazer por você... em vez disso, pergunte o que o governo está fazendo com você", proclamou.[15] Com óculos de aro de tartaruga e cabelo comprido em um halo crespo, David fazia gracejos provocativos, com o deleite de um campeão de debates de república estudantil. Para as ocasiões públicas, por vezes usava um medalhão de ouro com uma tocha da liberdade envolta na cobra do lema "não pise em mim" da bandeira de Gadsden e as letras TANSTAAFL, acrônimo em inglês para a conhecida expressão cunhada por seu pai: "Não existe almoço grátis".[16]

A diretriz política de David Friedman era muito mais inclinada à ausência de Estado do que a de seu pai. Milton era um cético em relação à educação pública, mas acreditava que o governo se fazia necessário para uma série de outras funções, desde a manutenção da lei e da ordem até os direitos de propriedade, impressão e controle de dinheiro, e inclusive, às vezes, o combate ao monopólio e a punição dos poluidores do meio ambiente.[17] Como Milton com frequência insistia, ele não era um anarquista. Seu filho, ao contrário, sim. Dois anos depois de concluir o doutorado em física, David publicou um manifesto intitulado *The Machinery of Freedom: Guide to a Radical Capitalism* [As engrenagens da liberdade: Guia para um capitalismo radical].[18] O livro adotou uma posição extrema, juntando-se ao apelo de Murray Rothbard pelo anarcocapitalismo, definido como um sistema no qual todos os serviços estatais — das estradas aos tribunais e à polícia — seriam privatizados. O direito público deixaria de existir completamente, bem como qualquer aparência de democracia.

Desde o início, o anarcocapitalismo teve a qualidade de um experimento mental. Via de regra os debates sobre o tema giravam em torno da dificuldade de traduzir em fato concreto um mundo totalmente privatizado no contexto das estruturas estatais existentes. Uma objeção comum era o problema da defesa. De que forma qualquer comunidade privada seria capaz de se proteger contra um inimigo com armas nucleares? Devido a essas dificuldades de realização prática no presente, os anarcocapitalistas gostavam de se refugiar no passado. Em 1970, uma carta ao editor da *New Guard* alertou para a ideia de que privatizar a proteção não levaria à liberdade econômica, mas, sim, a "um novo feudalismo".[19] O missivista estava mais próximo da verdade do que poderia imaginar.

Na verdade, era difícil separar o trabalho de David Friedman de sua personagem extracurricular como um nobre berbere do início do século XII chamado duque Cariadoc do Arco. Ele era um membro ativo da Sociedade para o Anacronismo Criativo, grupo que começou suas atividades em Berkeley na década de 1960.[20] Na persona de Cariadoc, Friedman renunciava aos óculos, usava apenas a mão direita para comer, sempre seguia o nome de Deus com um título honorífico e, às vezes, emendava o nome de um não muçulmano falecido com "imprecações sobre o defunto por ser um incrédulo". O duque escrevia conselhos para as pessoas sobre como ser um muçulmano medieval e assinava seu nome em árabe.[21] Em 1972, Cariadoc lançou um encontro anual da Sociedade para o Anacronismo Criativo chamado Guerras Pênsicas — combinação das palavras *Pensilvânia* e *Púnicas*. A primeira edição atraiu 150 pessoas; no final dos anos 1990, o evento de acampamento medieval de duas semanas atraía regularmente 10 mil pessoas.[22]

O tópos da Idade Média alimentou a pesquisa de Friedman. Em um artigo publicado no prestigioso *Journal of Political Economy*, ele apresentou uma "teoria sobre o tamanho e o formato das nações", esmiuçando em fórmulas as medidas do comprimento das rotas comerciais medievais.[23] Mas foi em 1979 que ele fez sua contribuição mais duradoura à literatura da Nova Idade Média. Enquanto seu pai falava para as câmeras sobre o milagre de Hong Kong, David elogiava outra rocha no mar: a Islândia, onde julgou que poderia encontrar vestígios de uma civilização anarcocapitalista.

Do século X ao XIII, escreveu David Friedman, a ilha nórdica "quase poderia ter sido inventada por algum economista maluco para testar até que ponto os sistemas de mercado seriam capazes de suplantar o governo em suas funções mais fundamentais".[24] Na Islândia medieval, segundo David, a lei era aplicada em âmbito privado; até mesmo o assassinato era um crime civil pelo qual se pagava uma multa à família da vítima.[25] A característica atraente desse modelo era o fato de a retaliação ser transferível. Alguém que sofresse um crime poderia vender a terceiros o contrato para a represália — a vítima tinha direito de propriedade sobre sua própria condição de vítima. Friedman admirava a longevidade do sistema islandês, que durou mais de trezentos anos, e sugeriu que poderia servir de inspiração para os dias atuais. A Islândia medieval mostrou que "o sistema jurídico estadunidense está apenas mil anos atrasado em relação aos avanços jurídicos de ponta".[26]

Outros retomaram de onde Friedman havia parado. O mais importante foi seu colega economista anarcocapitalista Bruce Benson.[27] Em seu livro de 1990,

The Enterprise of the Law: Justice without the State [O empreendimento da lei: Justiça sem Estado], Benson também propôs um medievalismo "reiniciado" como modelo de reforma da justiça criminal para o fim do século XX. Na narrativa de Benson, as tribos alemãs trouxeram o modelo da *wergeld*, ou "preço do homem", para as ilhas Britânicas no século V.[28] O ressarcimento econômico, em vez da prisão, era o modo ideal de punição. Na Idade Média, a justiça ficava a cargo de grupos auto-organizados chamados "centenas", que Benson elogiou como "associações cooperativas de proteção e aplicação da lei".[29] Já no século XI, porém, a lei e a ordem começaram a se tornar mais instâncias de cima para baixo. O rei nomeava xerifes e recebia uma parte das multas.[30] Tornou-se ilegal fazer acordos para a resolução de disputas sobre roubos sem recorrer à lei real.[31] À medida que o centralismo normando substituiu o localismo saxão, os casos que antes eram tidos como ofensas interpessoais adquiriram a dimensão de "crimes". No século XII, cobradores de impostos e juízes faziam parte da corte, com licença para extorquir receitas da população por meio do imprimátur real.[32] A permissão para administrar prisões — também obtida junto ao rei — se tornou lucrativa, e os prisioneiros eram cobrados por seu próprio encarceramento.[33] Benson via o aprisionamento em si como uma função estatal desnecessária. O ponto mais baixo para ele veio no século XIX, quando surgiu na Grã-Bretanha um sistema prisional público financiado por impostos.[34]

O galope de Benson pela história judicial traçou um arco que foi do direito privado ao autoritário.[35] Como anarcocapitalista, ele acreditava que todas as formas de impostos, multas e penalidades impostas pelo governo eram roubo. Quanto mais nos afastávamos da auto-organização dos chefes militares germânicos, mais perto chegávamos da tirania. Mas Benson mantinha alguma esperança. Ele observou que o monopólio público do policiamento era bastante recente. No século XIX, atuavam "caçadores de ladrões" privados, bem como forças policiais privadas. No final do século XX, a privatização talvez estivesse mais uma vez transformando o empreendimento jurídico em negócio. Ele apontou a atuação de empresas como Mesa Merchant Police e Guardsmark, que ofereciam segurança privada, ao lado de agências de investigação e segurança de longa data, como Pinkerton e Wackenhut. Destacou a Behavioral Systems Southwest, que, a mando do antigo Serviço de Imigração e Naturalização, mantinha detidos imigrantes ilegais sem documentos.[36] O maior argumento de Benson para privatizar a lei e a ordem era de que isso reduziria a folha de pagamento.[37] Nas forças policiais e entre os funcionários dos presídios era alto o nível de sindicalização; a privatização resolveria esse problema imediatamente.

Versões de justiça privada neomedieval eram comuns no *cyberpunk* dos anos 1990. No romance *Virtual Light* [Luz virtual], de William Gibson, "rastreadores" são contratados para localizar o paradeiro das pessoas.[38] Em *Battle Angel Alita*, minissérie de *anime* ambientada em 2036, uma classe de freelancers empreendedores persegue criminosos para obter lucro. "Um dia existiu uma coisa chamada polícia, cujo objetivo era prevenir os crimes", explica um dos caçadores de recompensa. "Hoje em dia, a Fábrica simplesmente oferece um pagamento pela cabeça de criminosos procurados e permite que guerreiros caçadores como eu façam o trabalho sujo."[39] Nos Estados Unidos contemporâneos, Benson propôs outras maneiras de reavivar tradições perdidas. Transferir a propriedade das ruas para os residentes significava que as pessoas teriam autorização para afastar forasteiros suspeitos por meio do autopoliciamento e do aprofundamento do senso de comunidade. Benson dava o exemplo e fazia o que dizia porque morava em um condomínio fechado em Tallahassee, Flórida, que tinha ruas privativas, uma única entrada e um "Serviço de Vigilância contra o Crime" no bairro.[40] A privatização trazia de volta o espírito das "centenas" dos anglo-saxões.[41]

Benson não estava simplesmente construindo castelos de areia. Ele contava com financiamento graúdo e era festejado por *think tanks*. Em 1998, seus argumentos foram parar diretamente nas páginas de um relatório da Comissão William I. Koch para Redução e Prevenção do Crime no Estado do Kansas. Privatizar a lei e a ordem, afirmou ele, era, "na verdade, um retorno às práticas históricas, e não algo novo".[42] Para aqueles que estavam perplexos com a guinada de financiadores libertários como a Fundação Charles Koch, no sentido da abolição da prisão no século XXI, o argumento de Benson lança alguma luz. Os radicais do mercado da mesma espécie acreditam que a prisão em si é uma perversão da punição, que seria muito mais eficaz por meio de restituição privada do que por tentativas estatistas de reabilitação.[43] Mercenários caçadores de ladrões, justiça a cargo de bandos armados privados e acerto de contas por meio da negociação de contratos; esses eram os componentes de uma reforma inspirada no passado remoto.

2.

Nas últimas décadas do século XX, o centro de gravidade do movimento neoliberal se deslocou para o oeste. Um vórtice improvável foi formado em um lugar mais conhecido por sua cultura de protesto e rejeição da sociedade convencional: a San Francisco Bay Area. Pioneiros, Milton e Rose Friedman abriram o caminho, mudando-se em 1979. Compraram uma segunda casa em Sea Ranch e uma residência principal no Royal Towers, o edifício mais alto de Russian Hill, em San Francisco, com 29 andares que se erguiam acima de um punhado de casas geminadas com janelas salientes. Na base da colina ficava o Instituto Cato, fundado por Charles Koch, Ed Crane e Murray Rothbard. A alguns passos dali ficavam os escritórios da revista *Inquiry and Libertarian Review*.[44] Os Friedman quase sempre jantavam com seu vizinho Antony Fisher — ex-magnata da criação industrial de frango, criador de tartarugas marinhas falido e dono de uma rede de *think tanks*. Fisher havia fundado o Instituto de Pesquisa do Pacífico em 1979 e a Fundação Atlas em 1981, preenchendo o rol de entidades que seriam influentes agentes impulsionadores das políticas de privatização nos anos Reagan.[45] Foi o Instituto de Pesquisa do Pacífico que financiou o trabalho de Bruce Benson sobre a Idade Média.

Na década de 1990, as partes mais empolgantes da Costa Oeste dos Estados Unidos eram os lugares que haviam sido divididos em porções e administrados como Sea Ranch. Elogiando o fenômeno dos condomínios fechados, o vice-presidente do Instituto Cato escreveu que era uma resposta racional das pessoas "isolarem-se das ameaças bárbaras".[46] Outro libertário especulou se lançar mão de pactos e acordos para criar "cidades voluntárias" resolveria o problema das "cracolândias" nas cidades norte-americanas — expulsando os usuários de drogas, supunha-se.[47] Mas os condomínios fechados eram mais do que meros refúgios. Tratava-se de zonas de experimentação. Um par de economistas os descreveu como "governos contratuais [...] formados por empreendedores que produzem e vendem regras constitucionais".[48] Os votos eram atribuídos por unidade habitacional, ou até mesmo pelo tamanho da unidade residencial, em vez do antigo modelo de "uma pessoa, um voto", que, a seu juízo, produzia resultados aquém do ideal.[49] Vistas por essa ótica, as novas cidades muradas se tornaram evidências a favor do argumento do capitalismo sem democracia.

A investigação mais detalhada veio por cortesia de Gordon Tullock, que defendia o condomínio fechado como um modelo para redesenhar o futuro. Formado em direito, Tullock havia servido no Departamento de Estado dos Estados Unidos em Hong Kong, Seul e Tianjin antes de se concentrar em uma carreira acadêmica. Era um caleidoscópio intelectual, acumulando, compilando e combinando percepções de disciplinas e locais distantes. O enfoque sincrético de Tullock ganhou destaque quando, em 1979, ele desembarcou em um dos locais favoritos para experimentos de pensamento libertário: a África do Sul sob o apartheid. Antecipando Louw e Kendall, ele sugeriu que o país deveria se fragmentar em unidades menores, em vez de se unir sob o sufrágio universal.[50] A título de ilustração, Tullock tirou um coelho inesperado da cartola: a República Popular da China. A revolução comunista havia deixado muita coisa intacta, argumentou ele. O governo local ainda se assemelhava ao sistema da China Imperial, dividido em "uma federação de aldeias" de mil a 2 mil habitantes supervisionados por "governos de rua", o que permitia um elevado grau de controle local.[51]

Alguns anos depois, Tullock lavrou outro surpreendente manancial de ideias: o Império Otomano. À época ele residia em um condomínio da Virgínia protegido por um destacamento privado de policiais armados e conjecturava se os "pequenos governos privados" poderiam ser estendidos de forma universal no modelo dos *millets* otomanos. Sob o sistema que durou até a dissolução do Império Otomano depois da Primeira Guerra Mundial, a pessoa era tanto um súdito imperial quanto um membro de uma comunidade religiosa autogovernada. Por que, perguntou-se Tullock, as comunidades étnicas não poderiam governar a si mesmas de maneira semelhante nos Estados Unidos? Os fundos destinados às escolas poderiam ser distribuídos, por exemplo, para "uma comunidade polonesa em Chicago ou os cubanos de Miami", em vez de alocados por critérios geográficos de distrito escolar. Ele se deixou levar por um arroubo de fantasia racial ainda mais mirabolante quando sugeriu que, nas cidades estadunidenses contemporâneas, os muçulmanos negros usassem "força policial" em "seus cidadãos [...], incluindo repressão violenta e até mesmo execuções". Talvez para tranquilizar seu público de que sua proposta não tinha intenções negativas, Tullock ressaltou que aprovava a ordem e a prosperidade trazidas por esses muçulmanos negros. Em circunstâncias semelhantes, ele "se juntaria voluntariamente a eles".[52]

No outono de 1990, Tullock embarcou à Iugoslávia para uma turnê de palestras sobre descentralização e federalismo. Ficou surpreso ao descobrir que as repúblicas socialistas dos Bálcãs não eram organizadas de forma clara por diferenças étnicas, mas incluíam significativas populações minoritárias. Isso lhe pareceu uma falha fatal, intuição confirmada logo depois, quando o conflito étnico dividiu o país. Ele decidiu escrever um manual para federalizar o Estado, na esperança de que pudesse ser usado em países de todo o mundo para evitar mais violência.[53] Sempre atento ao seu entorno, Tullock encontrou em sua própria vizinhança um esboço inicial de sua política ideal quando se mudou para um condomínio fechado de cerca de 250 casas nas colinas ensolaradas e cobertas de cactos *saguaro* ao norte de Tucson. O que ele chamou em seus escritos de Associação de Proprietários de Sunshine Mountain Ridge se transformou no modelo para seu ambicioso esforço de escrever um projeto global para o federalismo baseado na auto-organização eletiva.[54]

A virtude da comunidade planejada era o fato de ser voluntária. Possuía um conjunto de regras sob medida, visíveis desde o início; a pessoa poderia aceitar e, estando de acordo com as regras, comprar uma casa, ou, se não aprovasse as regras, procuraria outro lugar para morar. Diferentemente da jurisdição maior de uma cidade, um condado ou um estado, a associação de proprietários de imóveis era uma unidade compacta, uma oportunidade para micro-ordenamento. "O que esse pequeno 'governo' fazia?", indagou Tullock. Cuidava da manutenção das ruas, das quais era dono, e instalava hidrantes. Empresas privadas providenciavam o fornecimento de gás, eletricidade, TV a cabo e serviços de proteção contra incêndios e de coleta de lixo. A defesa da comunidade ficava a cargo de um xerife local, mas a associação de proprietários acrescentava seus próprios guardas para os turnos da noite. Também havia normas estéticas precisas, incluindo a aparência do jardim visto da rua e a cor das casas. "Se chegar algum morador excêntrico que adoraria pintar sua casa de roxo", observou Tullock, "ele pode ser impedido."[55] Essa versão de liberdade não compactuava com o gosto considerado mais alegre ou jocoso — isso provavelmente entraria em conflito com muitos dos outros proprietários.

Não satisfeito em ver sua associação como um idiossincrático exemplo de um governo privado em funcionamento, Tullock usou a comunidade como evidência para uma teoria que ele chamou de "federalismo sociológico", a qual afirmava de maneira peremptória que as categorias sociológicas mais pertinentes são etnia e raça. A população do condomínio fechado Sunshine Mountain Ridge era "bastante homogênea", observou — ou seja, quase inteiramente branca e não hispânica, ao passo que praticamente um terço da população no condado de Pima ao redor tinha origem mexicana. Para Tullock, isso não era um problema, mas uma confirmação de sua hipótese: "Ao que parece, as pessoas, no geral, gostam de viver com semelhantes".[56]

Por que as pessoas teriam interesse em se "separar" para ir viver em condomínios fechados? "Elas estão tentando evitar pessoas de outras raças?", questionou com ceticismo David Boaz, do Instituto Cato, em 1996.[57] A análise de Tullock apontava que sim. Ele defendia a segregação tanto por sua qualidade voluntária quanto por seus resultados utilitários. Nada de divisão forçada pelo Estado; as pessoas fariam isso por conta própria. E, tão logo o fizessem, seus contratos vinculativos definiriam os limites de seu exercício de expressão individual, e as forças de segurança privada garantiriam a exclusão dos indesejáveis. Essa era a visão de um ordenado tabuleiro de xadrez de homogeneidade racial, possibilitado pelo abandono de qualquer perspectiva de corrigir a desigualdade por meio da ação coletiva. Escrevendo das paisagens de vegetação rasteira do sul do Arizona, Tullock viu a cidadela fortificada do Cáucaso tanto como um sonho especulativo quanto como uma realidade concreta.

3.

David Friedman viu um caminho para um futuro sem Estado na construção de instituições alternativas, ou o que denominou "o esqueleto do anarcocapitalismo" dentro da sociedade.[58] As comunidades fechadas exemplificavam a lei policêntrica. De acordo com essa teoria, não é necessário haver um único código de leis aplicável a todos. Na verdade, as coisas funcionam de maneira bem mais tranquila quando há muitos códigos. Era um defeito do mundo moderno o fato de apenas um conjunto de leis se aplicar a todo o território. Em contrapartida, os libertários celebravam a ideia de diferentes grupos carregando consigo sua lei. Foi o que Hans-Hermann Hoppe chamou de ordem "hierárquico-anárquica" da era medieval.[59] Os radicais do mercado deveriam seguir "o exemplo da Idade Média europeia", escreveu ele, "esforçando-se para fazer com que os Estados Unidos sejam pontuados por um grande e crescente número de cidades livres territorialmente desconectadas".[60] O problema não era a autoridade. O problema não eram as regras. O problema era não haver autoridades e regras suficientes para escolher.

Desnecessário dizer que essa compreensão da Idade Média se baseava mais na imaginação do que em um estudo acadêmico rigoroso. O mundo medieval costumava ser reduzido a alguns pontos convenientes. Mas criticar a precisão histórica seria procurar chifre em cabeça de cavalo e perder o foco. Pouco antes de Friedman produzir seu artigo sobre a Islândia, ele havia publicado outro em que descrevia a reconstituição medieval como uma "fantasia conjunta".[61] Nas reuniões de recriação histórica, ele introduziu algo chamado "Terreno Encantado", área isolada por uma corda dourada e uma placa em que se lia: DENTRO DESTES LIMITES O SÉCULO XX NÃO EXISTE. Esse tipo de recriação também é conhecido como LARPing (do inglês *live action role play*, jogo de interpretação ao vivo) ou cosplay (contração de *costume play*, em que fãs devotos de personagens fictícios se fantasiam para representá-los). Em discussões políticas, o termo cosplay por vezes é empregado para ridicularizar certo tipo de postura política escapista, sem envolvimento direto com o mundo real. Contudo, como o próprio Friedman aponta, sua resposta à Idade Média é singular por ser real. A pessoa veste roupas de época, fica com bolhas nas mãos de tanto manejar a espada, prepara e consome comida medieval. Da mesma forma, o LARPing histórico dos anarcocapitalistas teve resultados no mundo real. Eles nos convidam a especular, mas de maneira concreta, representando de verdade.

Um exemplo disso era o filho de David, Patri Friedman — cujo nome homenageava um colega de anacronismo criativo de seu pai, o doutor em história da ciência de Harvard que atendia pelo nome de Patri du Chat Gris. Na juventude, Patri participou das Guerras Pênsicas e, mais tarde, virou fã do célebre festival cultural Burning Man, realizado no deserto de Nevada. Ele se deleitava com a engenhosidade e a criatividade dos participantes, que faziam "imagens a laser de três quilômetros de comprimento [...] visíveis do espaço em um ambiente empoeirado", e não apenas um, mas dois "carros-dragão de doze metros de comprimento e que cospem fogo".[62] Ele, porém, tinha uma reclamação: o evento não permitia nenhuma forma de comércio. Em sua visão de utopia, assim como na dos anarcocapitalistas antes dele, a comoditização não era barrada na porta, mas dominava tudo à vista.

O objetivo de Patri era recriar o terreno encantado do Burning Man, mas pondo a utopia à venda. O emblema do Burning Man era um boneco com os braços no ar. O logotipo do Instituto Seasteading punha um navio de carga nas mãos do homem de braços abertos. "Atlas nadou", descontraiu um artigo crítico.[63] Era um condomínio fechado no mar, uma versão aquática da cidade voluntária e uma jurisdição flutuante. Ao discursar na segunda conferência do instituto, David Friedman explicou o significado da *seastead* retornando ao conhecido clichê do Império Otomano. "O mundo como um todo é um sistema polilegal", disse. Normalmente, isso significava que diferentes porções de terra se vinculavam a diferentes regimes jurídicos. Mas e se o território pudesse ser móvel, conectando-se a determinado conjunto de leis em um ano e a outro no ano seguinte? Ou poderia usar bandeiras de conveniência, como fazem os navios, carregando consigo a lei trabalhista ou a lei de propriedade intelectual da Libéria ou do Panamá para uma parte do mundo com regulamentação mais rigorosa. As *seasteads* poderiam ser casas móveis sancionadas pela lei.

Os anarcocapitalistas acreditavam que, por meio de periódicos atos de opção pela exclusão, seria possível definir os contornos de uma futura sociedade sem Estado. Encenar uma sociedade privada poderia gerar automaticamente seu próprio ímpeto. A realidade parecia acompanhar a fantasia. Quando David Friedman era criança, a Universidade de Chicago criou sua primeira força policial. Em *The Machinery of Freedom*, ele propôs a ideia de privatizar totalmente a segurança.[64] Em 2000, a Universidade de Chicago tinha uma das maiores forças policiais privadas do país. Fiel aos desejos de Friedman, esse contingente obteve a jurisdição sobre o bairro e passou a policiar 65 mil pessoas. Nesse mesmo ano, cerca de metade de todos os novos empreendimentos no Oeste e Sul dos Estados Unidos eram fechados e planejados, e 7 milhões de famílias estadunidenses viviam atrás de muros ou cercas.[65] A educação domiciliar parecia outro ponto positivo. Na década de 1970, havia cerca de 20 mil crianças sendo educadas em casa. Em 2016, 1,8 milhão.[66] Gary North, membro do Clube John Randolph, teve papel decisivo para que as leis de *homeschooling* fossem aprovadas em todos os cinquenta estados do país.[67]

"O Estado moderno, com seu sistema jurídico unitário, é menos tolerante com a diversidade do que os Estados da Idade Média", afirmou David Friedman.[68] No entanto, se os condomínios fechados eram ilhas neomedievais, demonstravam o contrário. Tullock elogiou o modo como uma pessoa poderia "votar com os pés" entre diferentes comunidades, mas, na verdade, não poderia fazer compras de forma significativa entre os minigovernos. Os acordos assinados pelos residentes da associação de proprietários de imóveis eram escritos na forma de batidos clichês elaborados por advogados e seguradoras.[69] Variavam ainda menos de uma comunidade para outra do que os estilos arquitetônicos e nomes chiques dos enclaves, e tendiam a estreitar os parâmetros de comportamento aceitável em vez de expandir a liberdade dos moradores. Era proibido afixar cartazes com textos e símbolos políticos e distribuir jornais. Um casal da Califórnia foi penalizado com multas diárias por ter um balanço de madeira em vez de um de metal. Uma mulher da Flórida foi levada ao tribunal por causa de um cachorro que pesava mais de treze quilos.[70] Os governos privados do condomínio fechado restringiam a livre escolha com base na convicção de que a homogeneidade era a melhor forma de proteger seu investimento de longo prazo. A liberdade econômica significava menos espaço para a expressão individual.

David Friedman deve levar o crédito por admitir que a sociedade anarcocapitalista não seria necessariamente "uma sociedade na qual cada pessoa é livre para fazer o que quiser consigo mesma e com sua propriedade, contanto que não use nenhum dos dois para empregar a força contra outros".[71] Em igual medida, é provável, admitiu, que a privatização da lei e da ordem resulte em mais restrições à liberdade pessoal. Os residentes do Oeste estadunidense precisavam apenas olhar para o passado recente para ter uma noção do que isso significaria na prática. Em meados do século XX, os Estados Unidos foram polvilhados por centenas de "cidades-empresa" ou "cidades operárias". Construídas por particulares e a eles pertencentes, eram enclaves de governo paternalista. As casas eram construídas pela empresa, e o patrão determinava a aparência e a cor. As lojas também pertenciam à empresa, e, às vezes, os trabalhadores eram remunerados com "vales" que poderiam ser usados exclusivamente lá. O federalismo sociológico estava na ordem do dia, e raças e etnias viviam em segregação. Controlava-se o comportamento, periodicamente se proibia o consumo de bebidas alcoólicas, era quase universal a proibição da organização de sindicatos ou ações trabalhistas. As represálias contra as greves eram a rescisão e a expulsão da comunidade. Algumas cidades carboníferas obrigavam os trabalhadores a assinar acordos comprometendo-se a não receber visitas de membros do sindicato em casa.[72] Em cidadezinhas mineiras como Bisbee e

Jerome, vigilantes autônomos armados eram incumbidos de prender e expulsar sindicalistas indesejáveis. No estado de Washington, um patrão de minas de carvão, dono e administrador de sua própria cidadezinha, repetia um ditado bem conhecido que funciona como slogan para o sonho anarcocapitalista: "Um reino bom é melhor do que uma democracia ruim".[73] Ele nunca dizia uma única palavra sobre os reinos ruins. Somente nas fantasias anarcocapitalistas é que as pessoas vivem sob as leis de sua própria escolha.

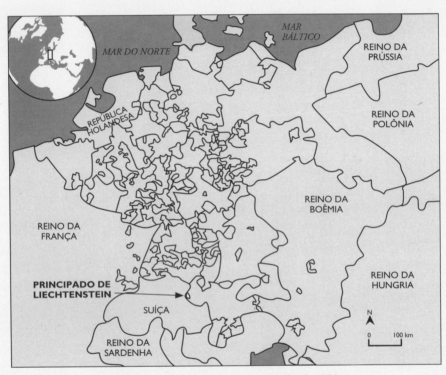

Mosaico de Estados na Europa por volta de 1789.

7. Um Liechtenstein para chamar de seu

Dizem que se você acender um cigarro ao entrar em Liechtenstein pela estrada que sai da Suíça, ainda o estará fumando quando cruzar a fronteira com a Áustria.[1] O principado tem a extensão aproximada de Manhattan, um vale verdejante e escarpado ao longo do rio Reno. Parece um lugar improvável para oferecer um modelo de organização política para o século XXI. No entanto, apesar — e por causa — de seu tamanho diminuto, a aura do principado brilha na mente libertária. Em 1985, o *Wall Street Journal* chamou Liechtenstein de "laboratório liliputiano dos adeptos da economia pelo lado da oferta".[2] No ano seguinte, Leon Louw e Frances Kendall usaram o principado para defender a cantonização na África do Sul sob o apartheid".[3] Os libertários radicais celebram Liechtenstein como "primeiro rascunho" de um Estado concebido como um provedor de serviços em que os cidadãos são clientes e sonham com "um mundo de mil Liechtensteins".[4]

Entre suas virtudes está a presença de um teórico libertário residente. O príncipe Hans-Adam II de Liechtenstein, o quarto monarca mais rico do mundo, com um patrimônio líquido de mais de 2 bilhões de dólares, se ofereceu ao papel de tribuno da causa, esboçando projetos para o que ele chama de "o Estado no terceiro milênio" — um globalismo alternativo baseado no sigilo, na autocracia e no direito de secessão. Para alguns radicais do mercado, esse último pedacinho de confete do Sacro Império Romano-Germânico é a prévia de um futuro em potencial.[5]

1.

O encanto de Liechtenstein começa pelas origens: foi comprado à vista.[6] No início do século XVIII, um membro da corte vienense adquiriu dois terrenos da falida dinastia Hohenem e os fundiu em um único principado. O território foi rebatizado com o sobrenome de seus novos proprietários.[7] Tornando-se um Estado totalmente soberano em 1806, Liechtenstein fez parte da Confederação Germânica até a dissolução dessa associação político-econômica em meados do século, e depois disso ficou sob a égide do Império Habsburgo. Nem o comprador original do principado nem nenhum de seus herdeiros residiam lá; até 1842, ninguém havia sequer visitado o principado.[8] Eles desfrutavam de imunidade diplomática em Viena, a 643 quilômetros de distância. Liechtenstein não passava de uma de suas tantas propriedades, espalhadas pelo território que ainda era a colcha de retalhos aristocrática da Europa Central.[9]

Quando o Império Habsburgo se esfacelou depois de sua derrota na Primeira Guerra, Liechtenstein se afiliou à Suíça. A moeda austríaca, desvalorizada pela hiperinflação, foi trocada pelo franco suíço, que se tornou a moeda nacional legal do microestado em 1924.[10] A guerra foi um duro golpe para a Casa de Liechtenstein: a maioria de suas propriedades estava dispersa no que passou a ser o novo Estado da Tchecoslováquia, que adotou uma política de nacionalismo econômico e expropriou as propriedades estrangeiras. A família principesca perdeu mais da metade de suas terras, e à guisa de compensação recebeu o que considerava uma fração do verdadeiro valor.[11] O pedido de Liechtenstein para ingressar na Liga das Nações foi rejeitado em 1920, mas o microestado ainda tinha sua soberania e buscou maneiras de tirar proveito dela. Ideias para uma loteria e uma operação de apostas em cavalos surgiram e desapareceram, assim como a proposta para lançar uma unidade monetária extranacional conhecida como *globo*.[12] Planos para imitar Mônaco e se tornar uma Monte Carlo alpina também fracassaram. Ao fim, Liechtenstein optou por se transformar naquilo que ainda não tinha um nome adequado: um paraíso fiscal.

A instituição central do paraíso fiscal é o *trust*, ou fundo patrimonial. Inventado na Inglaterra, o fundo remonta à época das Cruzadas, quando as pessoas que partiam para lutar nas Guerras Santas procuravam deixar seus bens nas mãos de uma pessoa de confiança. No período medieval e no início da Era Moderna, confiar a terra a amigos ou parentes vivos era uma forma de evitar que, depois da morte, ela fosse confiscada por autoridades ou cobradores de impostos. Era um meio de afirmar o poder das elites contra a ascensão de governantes coletores de impostos. Já no século XX, os fundos cumpriram um propósito semelhante. A socióloga Brooke Harrington tem mostrado como os profissionais de administração de fundos, bens e propriedades adotaram parte do código dos cavaleiros, ligados por laços pessoais que pairavam acima e além dos limites dos Estados-nação mundanos.[13] Durante séculos, o coração desses profissionais foi a City of London, mas a introdução do imposto de renda em muitos países na época da Primeira Guerra criou mais incentivos para a ocultação de riqueza pessoal, e empresas cujos negócios estavam fragmentados entre os Estados recém-criados buscaram uma única sede de incorporação.[14] Liechtenstein e a Suíça entraram em cena para preencher a lacuna.

O status de Liechtenstein como um resquício do sistema feudal pré-moderno tornava ainda mais convincente a postura de cavalheiresco guardião de segredos. Em 1920, um consórcio multinacional criou um novo banco no principado.[15] No mesmo ano, foi criada a primeira holding.[16] Em 1926, o microestado aprovou uma lei que permitia que empresas estrangeiras agissem como se estivessem domiciliadas no vale entre as montanhas. A única exigência era que um advogado local atuasse como agente do interessado. Aos olhos do cobrador de impostos, a residência do agente se tornava a residência do cliente. Em poucos anos, o número de empresas registradas quadruplicou, saltando para cerca de 1200 em 1932; no início do século XXI, seriam 75 mil. As contas eram anônimas, o registro poderia ser feito em qualquer idioma, as ações poderiam ser denominadas em qualquer moeda, e todas as subsidiárias da empresa-mãe teriam cobertura em qualquer lugar do mundo.[17] Uma das características duradouras do sistema de Liechtenstein é que uma corporação poderia ser composta de uma única pessoa, cuja identidade desapareceria dentro de uma caixa-preta legal.[18] A oferta de marca registrada de Liechtenstein era a Anstalt, originalmente desenvolvida na Áustria como uma espécie de fundação para fins de caridade. Liechtenstein a adaptou como uma forma de proteger as fortunas familiares contra os impostos sobre herança.[19]

"Enquanto país", escreveu um jornalista em 1938, "Liechtenstein é pequeno demais para ser independente. Porém, se considerado como um cofre, é bem grande, praticamente o maior já construído."[20] As pitorescas ruas da capital de Liechtenstein, Vaduz, cuja população é de alguns milhares de habitantes, estavam polvilhadas de escritórios corporativos das maiores empresas do mundo, incluindo IG Farben, Thyssen e Standard Oil. Liechtenstein também estreou outra prática adorada pelos super-ricos: a possibilidade de comprar a cidadania. Em 1938, o preço era de 5500 dólares (reajustado pela inflação, esse montante equivale hoje a cerca de 110 mil dólares — semelhante ao atual valor básico para a naturalização "por investimento" em países como Vanuatu e Granada).[21] A maioria dos novos liechtensteinenses não permaneceu no país. Eles entraram, prestaram o juramento de cidadania e foram embora. O principado de Liechtenstein ficou conhecido como "a capital do capital em fuga".[22]

Em 1938, o monarca de Liechtenstein passou a residir no próprio principado pela primeira vez, quando o príncipe Francisco José II fugiu da anexação da Áustria pela Alemanha nazista. Por meio de um acordo cujos termos continuam opacos até hoje, o país permaneceu intocado pelas forças alemãs. Houve um pequeno movimento nazista doméstico, e simpatizantes de Hitler eram tolerados no Parlamento de quinze pessoas, mas uma tentativa ligeiramente cômica de golpe foi sufocada com a ajuda de escoteiros.[23] Mais tarde, uma comissão internacional de historiadores descobriu que, embora trabalhadores forçados tenham sido usados em terras pertencentes à família real na Áustria, Liechtenstein — ao contrário da vizinha Suíça — não traficou ouro ou obras de arte roubados de judeus.[24]

Passada a guerra, Liechtenstein continuou a desenvolver seu status como um "Éden para capitalistas apreensivos".[25] Na década de 1950, houve a expansão e a extensão do mundo offshore, à medida que mais corporações buscavam escapar da tributação criando holdings fora do país em que operavam. Em 1954, Liechtenstein tinha entre 6 mil e 7 mil holdings, incluindo uma subsidiária da Ford, ao lado de outras empresas disfarçadas por trás de nomes inventados, como Up and Down Trading Corporation.[26] Como explicou o administrador de um fundo, alguém que aparecesse em Liechtenstein com uma maleta abarrotada de dinheiro receberia uma série de opções para depositá-lo em uma conta, pessoalmente ou por meio de um representante.[27] Era necessário ter um contrato social da sociedade empresarial aprovado pelo Estado em que fora criada, mas que só tinha de incluir o nome da empresa, a data de incorporação e o nome do representante; exigia-se a realização de uma reunião anual, que, contudo, poderia ser feita pelo representante indicado — e eram aceitáveis, inclusive, reuniões de uma única pessoa.[28] Como no caso das famosas contas bancárias numeradas da Suíça, o que estava sendo pago era o segredo — um esconderijo fora da vista do Estado em expansão do pós-guerra. "Os banqueiros suíços mantêm a boca fechada", dizia um ditado, "mas os banqueiros de Liechtenstein nem sequer têm língua."[29]

A era que vai do início da década de 1970 até o final da de 1990 constituiu os "anos dourados" para os paraísos fiscais.[30] Na esteira de Liechtenstein vieram outros, incluindo Bermudas, Bahamas e, acima de tudo, as ilhas Cayman. No final da década de 1970, Liechtenstein tinha mais empresas do que cidadãos e ostentava um PIB per capita que perdia apenas para o do Kuwait.[31] Ao lado de seus clientes corporativos regulares, havia alguns clientes mais obscuros. Nos anos 1960, a CIA usou Liechtenstein para registrar organizações de fachada para seu envolvimento secreto na guerra civil no Congo. (O nome genérico de sua holding era Western International Ground Maintenance Organization, algo como Organização de Manutenção de Terreno Ocidental Internacional.)[32] Algumas décadas depois, a Confederação Internacional de Sindicatos Livres acusou Liechtenstein de facilitar investimentos na África do Sul sob o apartheid.[33] Uma empresa austríaca construiu uma fábrica na África do Sul por meio de uma subsidiária anônima de Liechtenstein, ao passo que, a fim de evitar sanções, uma empresa britânica que vendia aos Estados Unidos amianto proveniente de minas sul-africanas usou uma empresa de fachada registrada em Liechtenstein.[34]

Entre os indivíduos com conexões em Liechtenstein estava o governante militar nigeriano Sani Abacha, bem como o magnata dos jornais Robert Maxwell, que desviou as pensões de seus funcionários para uma conta secreta em Liechtenstein.[35] Relatórios de inteligência vincularam ainda o traficante colombiano Pablo Escobar e o ditador zairense Mobuto Sese Seko a bancos do microestado.[36] Ainda mais notório é o caso de Ferdinand e Imelda Marcos, que usaram fundos de Liechtenstein para esconder parte da fortuna que desviaram, estimada entre 1 bilhão e 5 bilhões de dólares (quando queriam dinheiro, enviavam a frase *feliz aniversário* a seu banqueiro suíço, que retirava dinheiro de Liechtenstein e entrava em contato com o agente do casal em Hong Kong para entregar a bolada em Manila).[37] Outro cliente digno de nota era o presidente ucraniano Viktor Yanukovich, cuja luxuosa residência de férias era tecnicamente propriedade de uma empresa no elegante bairro londrino de Fitzrovia, que por sua vez pertencia ao P&A Corporate Services Trust sediado em Vaduz. Segundo a definição de um jornalista, Liechtenstein era um portal para a "Dinheirolândia", um reino além dos Estados cobradores de impostos.[38]

Liechtenstein não investiu todas as suas energias no que foi chamado, com boa dose de delicada diplomacia, de *gestão de patrimônio*. Como pontuou um analista logo nos primeiros tempos, embora os impostos e taxas de Liechtenstein fossem muito baixos, a quantidade de ouro em pó era mais do que suficiente para, feito uma nuvem, cobrir o pequeno país de ponta a ponta. A riqueza adquirida por meio de seu novo status de paraíso fiscal permitiu que o principado avançasse para a industrialização. Na década de 1980, Liechtenstein era uma das nações mais industrializadas do mundo, e suas fábricas forneciam produtos que variavam de dentaduras a sistemas de calefação. O país que antes exportava trabalhadores para a agricultura passou a importar operários para as fábricas. Mais da metade da mão de obra vinha de países vizinhos — sem chance de naturalização.[39]

A cidadania era regida por um espírito radical de comunitarismo. Depois de abolida a prática inicial de venda de passaportes, a única maneira de se tornar um cidadão liechtensteinense era com a aprovação dos membros da comunidade, por meio de uma votação secreta, seguida pela aprovação do Parlamento e do príncipe. O número dos que conseguiam era tão pequeno que a maioria das pessoas nem sequer tentava. Se o número de empresas registradas no país subiu para cinco dígitos, o número de imigrantes por ano se manteve numa média de apenas algumas dezenas. Liechtenstein aplicava sua própria versão da solução de Cingapura: um microestado com máxima abertura ao capital e fronteiras fechadas para novos cidadãos. Era, ao mesmo tempo, uma terra do futuro e do passado: somente em 1984 as mulheres obtiveram direito a voto.

2.

Liechtenstein é, no mais das vezes, tratado como uma curiosidade — um reino de conto de fadas no coração da Velha Europa. O que fez o principado se tornar parte da guerra libertária de ideias foi o aventureiro empreendedorismo ideológico do príncipe Hans-Adam II. Nascido em 1945 e batizado como Johannes Adam Pius Ferdinand Alois Josef Maria Marko d'Aviano von und zu Liechtenstein, Hans-Adam foi o primeiro monarca a ser criado no território. Depois de trabalhar por um breve período em um banco de Londres e estagiar no Congresso dos Estados Unidos, ele frequentou a escola de negócios em St. Gallen, uma hora de carro ao norte de Vaduz.[40] Na década de 1960, o país ainda era tão pobre que o pai de Hans-Adam vendeu uma pintura de Leonardo da Vinci de sua coleção para a Galeria Nacional de Arte em Washington, em parte para custear a suntuosa cerimônia de casamento do filho.[41] Hans-Adam dizia ter sido educado numa época que ensinava que "quanto maior, melhor". As nações menores pareciam destinadas a ser engolidas por um dos dois campos rivais da Guerra Fria. O fato de Liechtenstein nem sequer ter seu próprio assento na ONU fez Hans-Adam se perguntar se ele próprio estava fadado ao fracasso.

Incumbido da supervisão das finanças do país em 1970 e assumindo as funções de seu pai como regente em 1984, Hans-Adam foi descrito como "o príncipe-administrador da era tecnológica", levando sua mentalidade de escola de negócios para a governança.[42] Preocupado com a constatação de que Liechtenstein vinha sendo superado por outros paraísos fiscais como o Panamá e as ilhas do Canal, Hans-Adam abriu filiais em Zurique, Frankfurt e Nova York e aumentou o número de bancos do país de três para quinze.[43] Os ativos sob gestão triplicaram em meados da década de 1980.[44] Ele também partiu para uma ofensiva de charme. O Museu Metropolitano de Arte de Nova York organizou uma exibição de grande sucesso de peças da coleção principesca.[45] O ar de conto de fadas do principado ganhou realce ainda maior com a exposição da carruagem de ouro pesando 1,4 tonelada.

Outro objetivo do príncipe era reverter o constrangimento da rejeição da Liga das Nações e conquistar um assento na ONU, o que aconteceu em setembro de 1990. Em seu primeiro discurso na Assembleia Geral, Hans-Adam não seguiu a tradição de enumerar clichês acerca da cooperação internacional. Em vez disso, apresentou um argumento espantoso: de que todas as nações eram efêmeras e deveriam permanecer abertas à possibilidade de sua dissolução iminente. Os Estados não podem viver para sempre, alegou o príncipe. Eles têm "ciclos de vida semelhantes aos dos seres humanos que os criaram". Vez ou outra, estender a expectativa de vida pode acabar causando mais violência do que deixá-los morrer em paz. Apegar-se com excesso de zelo às configurações existentes era "paralisar a evolução humana". As próprias fronteiras eram arbitrárias — "produto da expansão colonial, tratados internacionais ou guerras, e muito raramente se perguntava às pessoas a que lugar queriam pertencer".[46]

Essas proclamações beiravam o escândalo, uma vez que movimentos separatistas ameaçavam resultar em fraturas nacionais do Quebec à Bélgica, passando por Belgrado. A ONU tinha uma política formal contra a secessão e desestimulava as minorias, dentro dos Estados-nação existentes, a buscar a independência.[47] Contudo, por ocasião do discurso de Hans-Adam, o clima estava mudando. A dissolução gradual da União Soviética parecia demonstrar que a desintegração pacífica era possível. Em sua fala, o príncipe deu boas-vindas à Letônia e à Estônia, que entraram na ONU ao mesmo tempo que o microestado de Liechtenstein. Saudou também as Coreias do Norte e do Sul como novos membros. O fim da Guerra Fria possibilitava o reconhecimento de múltiplas reivindicações sobre um único povo, juntamente com uma onda de novas nações.

O príncipe propôs que a maneira de ajudar — em vez de atrapalhar — a evolução humana era criar um meio para a agitação contínua do mapa-múndi. Isso se daria por intermédio de referendos. Tal rearranjo poderia ocorrer por etapas, delegando-se as responsabilidades iniciais relativas às questões locais e à tributação; mas se isso deixasse uma população insatisfeita, poderia levar à divisão de um Estado em duas ou mais novas entidades. A ideia surgiu em um jogo de salão que a família de Hans-Adam costumava jogar: especular acerca de que maneira seu antigo patrono e protetor, o Império Habsburgo, poderia ter sobrevivido. Hans-Adam acreditava que, para isso acontecer, o império deveria ter permitido a proliferação de unidades menores autodeterminadas — uma descentralização dentro de uma união mais "solta" para salvar o todo interdependente.[48] Ele julgava que o modelo era igualmente válido um século depois. O sistema de alta pressão da globalização seria capaz de preservar a importantíssima unidade econômica somente se os Estados tivessem a opção de se dividir em fragmentos.

Hans-Adam misturou o modelo do Sacro Império Romano-Germânico de propriedade estatal aristocrática, que dera origem ao próprio Liechtenstein, com a ideia fluida de soberania representada pelos clientes globais dos bancos de Liechtenstein. O emaranhado dessas corporações com subsidiárias no exterior e empresas de fachada sugeria que a soberania poderia ser desmembrada, deslocada e recombinada. A própria família de Hans-Adam governou Liechtenstein à distância durante séculos. Então por que o Estado moderno também não deveria ser um "prestador de serviços" em que todos os cargos e funções, exceto a defesa nacional, seriam exercidos por atores privados atuando sob contrato?[49] Era uma visão de cidadania com opção de adesão ou renúncia, explicitamente concebida como uma analogia ao mercado. As pessoas, escreveu ele, deveriam ser "os acionistas do Estado".[50]

O término da Primeira Guerra consagrou a ideia de autodeterminação wilsoniana, geralmente entendida como a soberania baseada em uma língua comum, território comum e história comum. Essa foi a justificativa por meio da qual a Tchecoslováquia expropriou as propriedades da família de Hans-Adam. O príncipe contra-argumentou que uma nação não deveria ter como premissa uma ideia transcendente do Estado como portador de uma essência inefável, ou mesmo de uma comunidade de destino compartilhado. Em vez disso, ele alardeou uma ideia pré-moderna de Estado. Algo nebuloso, aberto à adaptação, e até mesmo — como mostrava seu próprio Estado — disponível para compra e venda. Liechtenstein se estabeleceu como o campeão internacional das comunidades contratuais com que pessoas como Murray Rothbard sonhavam. Depois de ganhar um púlpito na ONU, Hans-Adam adotou um projeto libertário para o que ele denominou de "o Estado no terceiro milênio", ou o que Rothbard chamou de "nações por consentimento".[51] Era o anarcocapitalismo via Alpes.

O príncipe praticou o que pregava, levando sua versão de autodeterminação para o próprio país. No ano 2000, todos os cidadãos de Liechtenstein receberam pelo correio um livreto vermelho com a proposta de Hans-Adam para a revisão da Constituição.[52] A proposta aumentava sobremaneira o poder do príncipe, conferindo-lhe o direito de apresentar e vetar projetos de lei, dissolver o Parlamento e promulgar leis de emergência. Incluía também algo extraordinário: uma opção nuclear que permitia à população realizar um referendo para abolir a própria monarquia.[53] E, fiel ao discurso que Hans-Adam proferiu na ONU, a proposta autorizava qualquer uma das onze comunas de Liechtenstein a se separar depois de uma votação majoritária (contudo, reservava ao príncipe o direito de ordenar uma segunda votação). Essa cláusula era uma diluição da versão original do príncipe, que incluía a possibilidade de os *indivíduos* se separarem oficialmente do Estado sem a necessidade de aprovação do Parlamento nem do príncipe.[54] Quando os parlamentares rejeitaram o que entendiam ser a "tomada principesca do poder", Hans-Adam mostrou que falava sério sobre seu relacionamento transacional com o território. Ele sugeriu que, caso a reforma constitucional não saísse à sua maneira, ficaria feliz em vender o país para Bill Gates e renomeá-lo Microsoft.[55] "Meus ancestrais socorreram Liechtenstein quando o principado estava falido e, assim, adquiriram direitos soberanos", declarou ele ao *New York Times*. "Se em algum momento a população decidir que já é hora de a família regente abdicar do poder, então terão de encontrar outras pessoas ricas o suficiente para ocupar o nosso lugar."[56]

O príncipe não tinha a menor intenção de abrir mão de seu investimento e sair com uma mão na frente e outra atrás — mas encontrar alguém tão rico quanto ele teria sido uma tarefa difícil. A Casa de Liechtenstein era mais rica do que a Casa de Windsor.[57] A proposta de revisão constitucional foi aprovada em 2003, tornando Hans-Adam o "único monarca absoluto" da Europa, mas também o único a incluir uma saída constitucional da monarquia e do país em si.[58] A combinação era estranha, fora de sintonia com os tempos. Corriam rumores da expulsão de Liechtenstein do Conselho da Europa.[59] Mas o confronto com o Parlamento significava que o modelo de Hans-Adam havia passado no teste de estresse. No ano seguinte, o "monarca magnata" transferiu para seu filho as funções de governo.[60]

3.

O Liechtenstein de Hans-Adam era uma combinação de autocracia masculina hereditária e democracia direta acorrentada a uma dependência da hipermobilidade e sigilo do capital. A *Economist* chamou isso de "feudalismo democrático".[61] Na década de 1990 e nos primeiros anos do século XXI, a versão que o príncipe propôs — um híbrido de política medieval e moderna — despertou a imaginação dos libertários, tornando-se uma importante pedra de toque para suas críticas à integração europeia. Liechtenstein era o avatar de uma Europa diferente e uma forma alternativa de se relacionar com a economia mundial. John Blundell (que havia sido um defensor da pátria do Ciskei) escreveu: "Os enclaves da Europa podem ser mais do que anomalias divertidas. Talvez contenham as sementes para subverter a União Europeia".[62] De forma específica, os críticos argumentaram que a UE deveria seguir o exemplo de Liechtenstein, incluindo uma cláusula que permitisse referendos populares para endossar a saída oficial da união.[63]

A base de sustentação da crítica dos libertários à UE era uma romantização da fragmentação anterior do continente. O historiador Paul Johnson argumentou que "o chamado 'sistema feudal', muitas vezes empregado como sinônimo de atraso, era, na verdade, uma série de artifícios engenhosos para preencher o vácuo de poder deixado pela queda de Roma".[64] "Quando o Império Romano do Ocidente se desintegrou", escreveu ele, "na Idade das Trevas decorrente as funções do Estado foram assumidas por poderosos indivíduos privados ou cidades defensáveis."[65] Um economista alemão sugeriu que "a cultura europeia é a mais bem-sucedida da história mundial justamente por ser fragmentada em tantos países pequenos que competem entre si, e não apesar disso".[66] Longe de ser impraticável, a caótica mixórdia de Estados na península europeia banhada pelo Atlântico era uma fonte de força. E a Europa ideal, um "livre mercado de Estados" com um repositório comum de estado de direito e espírito empreendedor, um conjunto fraturado de soberanias em uma rede de cultura compartilhada.[67]

Essa contranarrativa virou de cabeça para baixo a história oficial da integração europeia. O sinal de progresso não era amalgamar soberanias e tomadas de decisão e cobrir o continente com leis e regulamentos compartilhados em escala cada vez maior. O arco do progresso não se envergou na direção de uma "união cada vez mais estreita". Em vez disso, a Europa trilhou o caminho de maior liberdade quando se viu fissurada em termos políticos. Os defensores do Brexit elogiaram o sucesso de Liechtenstein, Mônaco, Luxemburgo, Cingapura, Hong Kong e outros pequenos territórios na "era do Estado em miniatura".[68] Entre os celebrantes da Europa medieval estava o fundador do partido de extrema direita que ajudaria a ganhar a votação do Brexit.[69] O fato de Liechtenstein integrar a Associação Europeia de Livre-Comércio e o Espaço Econômico Europeu sem ingressar na UE significava que tinha livre-comércio sem livre circulação de pessoas — outro modelo de integração parcial que era atraente para os defensores do Brexit.[70]

Hans-Adam II ficou ao lado de outros eurocéticos. Em 2013, ele compareceu a uma reunião de neoliberais e nacionalistas com o economista Bernd Lucke, que acabara de fundar a Alternativa para a Alemanha, que logo se tornaria o primeiro partido alemão de ultradireita a conseguir entrar no Bundestag.[71] O príncipe também se filiou à Sociedade Hayek, que em suas fileiras incluía importantes figuras da Alternativa para a Alemanha.[72] Outro membro da

Casa de Liechtenstein, o príncipe Michael, um gestor de fortunas profissional, fundou o Centro Europeu da Fundação Austríaca de Economia, responsável por traduzir para quatro idiomas o livro de Alvin Rabushka sobre o imposto de alíquota fixa.[73]

Hans-Adam apresentou seus argumentos sobre o Estado como provedor de serviços na conferência do Instituto Ludwig von Mises, ao lado de figuras engajadas na defesa do rompimento da Suíça com a União Europeia. As propostas do príncipe guardavam uma extraordinária semelhança com as do homem que deu nome ao instituto, outro filho da Europa Central e ícone da direita libertária. Em um livro famoso de 1927, Mises defendeu a secessão por plebiscito e especulou sobre a possibilidade da secessão do indivíduo.[74] Dono de um estilo majestoso, Hans-Adam não incluiu em seus textos referências a outros pensadores, mas o espírito compartilhado de Mises conectava suas propostas às ideias de Rothbard e de outros paleolibertários do outro lado do Atlântico.

Parte da razão para os libertários defenderem o modelo de Liechtenstein era o fato de que ele estava sob ataque. A elisão fiscal e a lavagem de dinheiro, práticas havia muito permitidas e que proliferavam sem controle, se tornaram politizadas após a Guerra Fria em meio a renovadas preocupações com o narcotráfico, a corrupção e, depois de 2001, o terrorismo. Um primeiro sinal foi um relatório sobre "nociva competição fiscal" publicado em 1998 pela entidade intergovernamental das nações mais ricas, a Organização para a Cooperação e Desenvolvimento Econômico (OCDE).[75] Em 2000, uma força-tarefa criada por outro clube das nações mais poderosas do mundo, o G8, incluiu Liechtenstein em uma "lista negra" de quinze "Estados não cooperativos" relacionados à lavagem de dinheiro — o único da Europa.[76] A inclusão na lista foi um duro golpe para a reputação de Liechtenstein. Em 2008, um vazamento de grandes proporções — o primeiro de uma série que incluiria os Panama Papers, os Paradise Papers e os Pandora Papers — mostrou que, entre os indivíduos que mantinham contas em Liechtenstein por meio de um administrador de fundos, havia um cachorro alemão chamado Günter.[77] As instituições financeiras foram forçadas a mudar os regulamentos de modo a reduzir a possibilidade de titulares de contas anônimos.[78] O principal banco de Liechtenstein perdeu quase 10% de seus ativos, uma vez que, ao serem informados de que não poderiam mais permanecer desconhecidos, muitos clientes desistiram e encerraram suas contas.[79]

Mesmo sob ataque, Liechtenstein não perdeu seu glamour para os radicais do mercado. Pelo contrário, foi possível fabricar a narrativa do paraíso fiscal como um Davi capitalista lutando contra um Golias regulador e globalista. Paradoxalmente, um lugar que estava entre os mais ricos per capita do mundo, concebido sob medida para proteger as finanças dos ainda mais ricos, foi pintado como uma oprimida vítima do "imperialismo financeiro". Hans-Adam encabeçou a defesa, argumentando que a OCDE ameaçava se transformar em um cartel fiscal global e até mesmo em um governo mundial.[80] Tomando de empréstimo uma linha de raciocínio inventada por banqueiros suíços na década de 1960, ele defendeu as origens do sigilo bancário de Liechtenstein como parte de um esforço para salvar judeus perseguidos — interpretação duvidosa pelo fato de que alguns dos aliados corporativos mais próximos de Hitler, a IG Farben e a Thyssen, lá sediaram suas corporações anos depois da tomada do poder pelos nazistas.[81] Em uma afirmação ainda mais espantosa, o príncipe lançou seu país como a última estação de uma "ferrovia subterrânea" para os super-ricos. "Enquanto existirem piratas fiscais", afirmou , "não sinto nenhuma culpa moral por ser um paraíso fiscal, assim como outrora algumas pessoas davam abrigo a escravos para ajudá-los a escapar de seu pobre destino."[82] Quando o governo alemão buscou mais informações sobre os mecanismos internos de funcionamento dos bancos de Liechtenstein, que, descobriu-se, continham dezenas de milhões de contas alemãs, Hans-Adam o descreveu como o "Quarto Reich".[83]

4.

Para os libertários, Liechtenstein era como um buraco de minhoca de volta a uma forma anterior de economia política global, livre de tratados e regulamentações internacionais — que, na primeira década do século XXI, pareciam estar apertando o laço em torno de jurisdições secretas — e da integração que os libertários temiam ser capaz de levar à redistribuição e a violações da propriedade privada. Tal qual Hong Kong e Cingapura, Liechtenstein era um exemplo vivo de como as coisas poderiam ser, admitindo-se a premissa de um mundo globalmente interconectado sem barreiras à movimentação de bens e dinheiro — uma faixa de terra rural inserida de forma quase invisível no circuito das finanças internacionais, uma das "frágeis ilhas de liberdade" ameaçadas pela expansão do Estado regulador.[84] Lembremos que, no fim da Guerra Fria, vieram à tona duas tendências aparentemente contraditórias. Por um lado, havia uma maior interdependência econômica, a globalização sendo a palavra da moda na boca de todos. Por outro, a paisagem política estava mais fragmentada do que nunca, uma vez que a ONU abriu tacitamente a possibilidade de algo que nunca havia aceitado: agora a secessão e os movimentos nacionalistas de populações minoritárias eram tidos como política legítima. A originalidade de Liechtenstein era sua peculiar interpretação dessa nova forma de política. Se novos grupos podiam fazer reivindicações, o que aconteceria se começassem a fazê-las como clientes de serviços, em vez de membros de uma comunidade nacional?

Havia nessa visão de um mundo de paraísos fiscais algo genuinamente ideológico, que a mitologia em torno de Liechtenstein nos ajuda a entender. Não era apenas fuga ou saída no sentido negativo, mas uma filosofia totalmente formada de descentralização radical, em que a secessão era uma opção sempre presente. O príncipe bilionário promoveu sua quimera por meio do Instituto Liechtenstein de Autodeterminação, fundado em Princeton com uma doação de 12 milhões de dólares, bem como da Fundação Liechtenstein para Autogovernança, que busca divulgar no exterior o modelo do país. O mundo libertário presta atenção. Em 2018, Jeff Deist, do Instituto Ludwig von Mises, cobriu de elogios "movimentos separatistas do tipo sobre o qual o príncipe Hans de Liechtenstein está escrevendo, no sentido de que o governo seja repensado mais como um provedor de serviços, e os súditos, ou os cidadãos, sejam considerados clientes".[85] Um pensador libertário que ajudou a enfraquecer a campanha da OCDE contra paraísos fiscais nunca deixa de mencionar que o direito de secessão é consagrado na Constituição de Liechtenstein. "As pessoas de outras nações não deveriam ter a mesma liberdade?", pergunta ele.[86]

Uma pessoa que interpretou de maneira literal a retórica foi Daniel Model, magnata do papelão ondulado usado em caixas de embalagens e ex-campeão de *curling*. Depois de se mudar de sua terra natal, a Suíça, para Liechtenstein, ele deu um passo adiante, promulgando uma "declaração de soberania" que rejeitava a participação em qualquer coletivo humano com o qual não tivesse expressamente consentido, e que condenava a democracia como um sistema de roubo organizado.[87] Model declarou o Estado Independente de Avalon, com sede numa mansão cinza-claro do tamanho de um quarteirão num vilarejo rural suíço. Ele tirou o nome de *As brumas de Avalon*, romance de fantasia escrito por Marion Zimmer Bradley que revisita as lendas do rei Artur do ponto de vista das mulheres. Avalon se tornou o Liechtenstein particular de Model. Em 2021, ele organizou uma conferência intitulada Liberdade em Nosso Tempo, dedicada a encontrar lugares em todo o mundo nos quais as pessoas pudessem escapar do Estado. Um dos palestrantes, que elogiou o modelo de secessão por referendo vigente em Liechtenstein e concebeu seu próprio esquema de "cidades privadas livres" com cidadania por contrato, afirmou que os participantes eram movidos por uma indagação: "Existem possibilidades de optar por não participar?".[88]

A busca por essas fantasias de fuga levou os libertários da área central de Londres ao Leste e ao Sudeste da Ásia e aos microestados europeus. Todavia, em outras ocasiões eles foram ainda mais longe, procurando liberdade econômica naquilo que, equivocadamente, identificaram como as últimas porções de terra vazia ainda remanescentes no planeta.

Parte III

Nações-Franquias

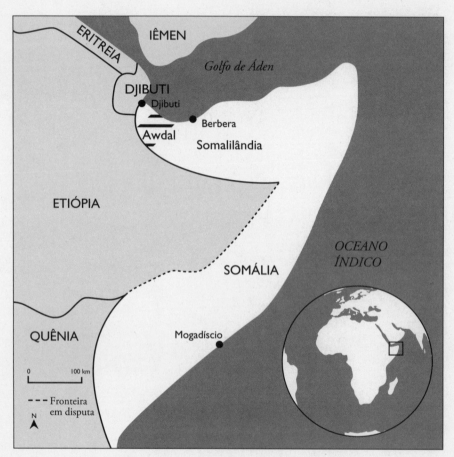

Somália.

8. O clã de negócios de homens brancos na Somália

No romance *Piratas de dados*, publicado por Bruce Sterling em 1988, o governo global é conhecido pela metonímia "Viena". O inimigo público número um é um ex-coronel branco das Forças Especiais dos Estados Unidos chamado Jonathan Gresham, que desertou. No final do livro, Gresham fala de uma "zona liberada" em uma "fortaleza supersecreta e protegida por guardas fortemente armados" nas Montanhas Aïr, na Argélia, usando o "xador para homens" do povo tuaregue. Numa entrevista em vídeo, ele está sentado "de turbante, véu e capa, sua cabeça e ombros imensos emoldurados numa ampla cadeira cujo espaldar imita uma cauda de pavão", rodeado por tenentes empunhando fuzis.[1] Ele é uma caricatura do radicalismo do passado: um Huey Newton caucasiano e libertário. Mas o absurdo de sua pose sugere a confusão da política no final da Guerra Fria. "Sou um anarquista tribal pós-industrial", diz, dando nome a uma nova e peculiar escola de pensamento.[2] Laura, a protagonista do romance, é consultora de relações públicas. Ela parece habitar um mundo diferente do de Gresham, um mundo de trajes poderosos e salas de reuniões em vez de esconderijos no deserto e armas automáticas. Mas ela também se deleita com as fissuras do novo mundo, ruminando sobre "pequenos Estados insulares do Pacífico, cuja 'soberania nacional' poderia ser obtida por um preço". Essas ilhas, observa Laura, "estavam na rede, e onde havia telefones, havia crédito. E onde havia crédito, havia passagens aéreas. E onde havia aviões, ela estava em casa".[3] O guerrilheiro libertário e a consultora eram almas gêmeas — paladinos da era do capitalismo destrutivo.

O capítulo anterior mostrou como, na década de 1990, os anarcocapitalistas ficaram eletrizados com a desintegração dos Estados e a comoditização da soberania. Entre suas inspirações mais surpreendentes estava a Somália, nação do Nordeste da África cuja sangrenta guerra civil deixou a comunidade internacional em estado de choque e o país sem governo efetivo depois de 1991. Para os capitalistas mais radicais, essa aparente catástrofe foi um estimulante vislumbre de esperança. Em vez de um pesadelo humanitário, a Somália ofereceu uma prévia do mundo por vir e uma chance de combinar "anarquia tribal pós-industrial" com soberania à venda. Nas palavras do Instituto Mises, o Chifre da África devastado pela guerra oferecia a perspectiva de uma nação ser "desprovida de Estado... e adorar isso".[4]

1.

Nosso guia para esse futuro alternativo é o libertário errante holandês Michael van Notten, que, talvez mais do que ninguém, personificou a furiosa experimentação política dos radicais do mercado. Nascido na milenar cidade holandesa de Zeist em 1933, Michael (também grafado Michiel) van Notten se formou em direito e acabou assumindo um cargo na CEE em Bruxelas. Trabalhou na Diretoria-Geral para a Concorrência, órgão muitas vezes descrito como um lugar especial do pensamento neoliberal em ação, por sua capacidade de anular as regras dos governos nacionais sobre os gastos estatais e a propriedade pública.[5] Depois de quase uma década em Bruxelas, Van Notten abandonou a cidadela da integração europeia para criar na Holanda o Centro Libertário e, em seguida, fundou o *think tank* libertário Institutum Europaeum. De acordo com um importante jornal holandês, ele transitava "muito à vontade nos bastiões conservadores, entre eles a Instituição Hoover na Universidade Stanford, a Fundação Heritage em Washington e o Instituto de Assuntos Econômicos em Londres.[6] Ele se tornou membro da SMP em 1977, cotraduziu para o holandês — por encomenda da *Reader's Digest* — a versão condensada de *O caminho da servidão*, de Friedrich Hayek, e fez a tradução holandesa de *Livre para escolher*, de Milton e Rose Friedman.[7]

Van Notten foi um soldado de infantaria genérico na "guerra de ideias" neoliberal até 1978, quando arquitetou a concepção que se tornaria sua marca registrada: a zona T isenta de impostos, que também seria definida pela desregulamentação.[8] Ele apresentou a noção em uma reunião da SMP em Paris, cujos trabalhos foram abertos pelo então prefeito, Jacques Chirac, que elogiou Hayek por diagnosticar os males cometidos sob a bandeira da "justiça social". Um economista presente enalteceu a ideia de Van Notten pela maneira como poderia começar a abrir buracos no sistema existente. Ao suspenderem a tributação em áreas discretas, as zonas T de Van Notten "dariam origem a um ciúme estimulante", pois cidades e regiões competiriam para emular os enclaves de impostos baixos; esse efeito de demonstração "jogaria no descrédito o sistema circundante".[9]

Tal qual outros paladinos das zonas antes dele, Van Notten via as jurisdições anômalas menos como óbvias entidades econômicas, e mais como experimentos de novas formas de vida e frentes de batalha em uma guerra em curso. Em um panfleto de 1982, ele se referiu à zona como um "pé de cabra político".[10] As zonas seriam "paraísos na terra para os empreendedores". Arregimentados contra elas estavam governos, sindicatos, associações de empregadores e ambientalistas, todos os que temiam a mudança e buscavam proteger seus próprios interesses especiais e bloquear a inovação.[11] No entendimento de Van Notten, o objetivo fundamental das zonas era "fazer os governos competirem entre si em prol das pessoas".[12] Como os cidadãos das democracias modernas foram seduzidos por ideias de justiça social, a maneira mais rápida de lhes ensinar "as virtudes de uma sociedade desregulamentada" era "criar algumas minissociedades".[13] Tão logo as zonas T passassem a existir, ele previa, todos os Estados europeus seriam forçados a replicá-las, por medo de perder investidores. A compulsão de baixo para cima de competir por recursos escassos seria mais eficaz do que qualquer projeto que viesse de cima.[14] A zona atuaria como pedagoga e disciplinadora.

Como para muitos outros, o protótipo de Van Notten era Hong Kong. Mas ele imprimiu uma reviravolta no modelo. Enquanto todos falavam sobre a necessidade de novos arranjos ao estilo de Hong Kong em âmbito mundial, Van Notten sugeriu que as zonas T fossem habitadas pelos próprios moradores de Hong Kong.[15] Ele conjecturou se a Europa ajudaria a acelerar um "êxodo", propondo que "1 milhão de chineses poderiam ser divididos em vinte nações europeias". Os emigrantes de Hong Kong atuariam como agentes da expansão capitalista: "cem pequenos enclaves" levariam 300 milhões de europeus a mudar seus hábitos social-democratas. Foi um sonho natimorto, no entanto: Bruxelas desempenhou o papel de estraga-prazeres, reduzindo as isenções fiscais, bloqueando as zonas T nas cidades e limitando-as a áreas problemáticas.[16] As "euro-Hong Kongs" que, Van Notten esperava, forçariam à disciplina que as democracias se recusavam a exercer e minariam o cartel político no coração da Europa, transformaram-se em parques tecnológicos triviais.

Tendo fracassado em âmbito doméstico, Van Notten procurou um campo de testes mais distante. Logo abaixo de Hong Kong, em sua lista de zonas francas ideais, ficava o território menos conhecido de Aruba, ilha caribenha na costa norte da Venezuela.[17] No início da década de 1980, ele trabalhou com líderes políticos locais a fim de redigir uma Constituição libertária para a nação enquanto a ilha ponderava sobre uma independência ainda não concretizada dos Países Baixos.[18] Ele imaginou a privatização da polícia e dos juízes, bem como a substituição de impostos por contribuições voluntárias.[19] Quando essa tentativa também malogrou, Van Notten voltou suas atenções para outro remanescente do Império Holandês: o Suriname, país do continente sul-americano que havia conquistado a independência total em 1975. Van Notten estabeleceu ligações com líderes da oposição exilados e guerrilheiros autônomos para planejar um golpe de Estado.[20] Pelas descrições de sua filha, Van Notten aparece em sua casa na Holanda, aconselhando possíveis insurgentes por meio de um rádio de ondas curtas. Ele manteve trancada a sete chaves no sótão da casa da irmã a minuta da Constituição que elaborara para um Suriname libertário. Depois de sua morte, o documento identificado como ULTRASSECRETO foi aberto e revelou uma proposta para a construção de uma zona dos sonhos em que todas as funções estatais seriam privatizadas, e os impostos, totalmente eliminados.[21]

No início dos anos 1980, Van Notten havia passado de um sujeito impertinente em Bruxelas a um suposto guerrilheiro libertário transfronteiriço. Com a queda do Muro de Berlim, sua atenção voltou a mudar de continente, da América do Sul para a África. Lá, ele criaria uma nova forma de pensamento jurídico, adaptando o que via como uma forma social arcaica perfeitamente adequada ao anarcocapitalismo: o clã somali.

2.

Van Notten já havia passado algum tempo na África.[22] Entre seu trabalho na CEE e sua jornada pelo mundo dos *think tanks* de livre mercado, ele fez várias incursões ao Sul da África. Segundo sua filha, um dos primeiros empreendimentos dele foi construir caixões de fibra de vidro; ele firmou um contrato de fornecimento com o vice-presidente da Zâmbia, que, segundo dizem, queria enterrar os corpos dos mortos nos campos de treinamento de guerrilheiros antes do retorno do presidente. A filha de Van Notten relata uma corrida ensandecida para fabricar cinquenta caixões, cuja tinta ainda secava a caminho do aeroporto de Bruxelas para o embarque. Por fim, o empreendedorismo de Van Notten não foi além de outro esquema de negócios, um serviço de aerodeslizadores no deserto de Kalahari.[23]

Depois do fiasco de seus planos para uma revolução libertária no Suriname, Van Notten passou da insurreição para o campo mais convencional da consultoria, assumindo uma missão da Organização das Nações Unidas para o Desenvolvimento Industrial a fim de investigar a possibilidade de estabelecer zonas de livre-comércio no Chifre da África.[24] Com o formato do número 7, a região do Chifre da África, no Nordeste do continente, foi dividida entre as potências coloniais no século XIX. A França estabeleceu a Somalilândia francesa no canto superior esquerdo do 7, no gargalo entre o golfo de Áden e o mar Vermelho; depois da descolonização em 1977, a região tornou-se o país conhecido como Djibuti. O restante da barra superior era o protetorado da Somalilândia britânica, e a barra diagonal, a Somalilândia italiana. Como todo o trecho da costa falava a mesma língua e se identificava com a mesma etnia, seguia-se o princípio-padrão de autodeterminação segundo o qual os antigos territórios britânicos e italianos deveriam ser uma só nação. Foi o que aconteceu em 1960, quando as duas colônias se fundiram para se tornar o Estado da Somália.

Depois de menos de uma década de relativa democracia, a Somália se tornou uma ditadura sob Siad Barre. Porém, nos anos 1980, forças de oposição se uniram contra ele, a partir do Norte do país. Em 1991, o país descambou para a guerra civil, tornando-se o mais notório "Estado falido" da década. A ONU enviou uma missão humanitária e militar de manutenção da paz que durou até 1995, com a participação de cerca de 30 mil soldados e pessoal de apoio civil.

Van Notten estava envolvido nos acontecimentos. Atuando não mais como um inócuo consultor de ONGs, ele encontrou um patrono na figura de um líder militar insurgente disposto a seguir seus conselhos sobre o projeto de uma Constituição para um futuro Estado somali. Aquartelado em um hotel de Mogadíscio, a capital do país, ele ruminava debaixo de uma mangueira quando os estrondos do conflito se iniciavam nas ruas.[25] Acreditava ter encontrado no Chifre da África a chance de criar uma utopia e chamou sua forma ideal de ordenamento alternativo de *critarquia*, "o governo dos juízes". Seria uma sociedade anarquista — sem um Estado central —, mas não sem lei. Embora não existisse legislatura nem Parlamento (e, portanto, nenhuma maneira de criar novas leis), haveria um conjunto codificado de proibições, sanções e punições, supervisionadas e aplicadas por juízes. Van Notten acreditava que a Somália era um local ideal para a realização de um teste desse tipo de governo, porque o país já abrigava uma forma rara e existente de critarquia: a lei tradicional da Somália, também conhecida como *xeer*.[26]

Havia muito o Chifre da África era objeto de interesse especial para anarquistas e libertários. Nas décadas de 1940 e 1950, antropólogos coloniais britânicos documentaram o que viam como uma excepcional forma de ordem social na região, organizada em torno da unidade hereditária do "clã".[27] Eles descreveram um povo nômade sem um governo centralizado, mas com fortes laços patrilineares, vinculando a origem de cada pessoa a um ancestral masculino do qual derivava o nome do clã. Cada clã tinha seu próprio conjunto não escrito de sanções, punições e regras que regiam casamentos e estipulavam penas por assassinato e roubo, bem como outras questões. A lei do clã permitia o que um acadêmico chamou de "anarquia ordenada", termo que, mais tarde, os libertários homenagearam ao adotá-lo para descrever seu próprio arranjo social ideal.[28]

Fiando-se em etnografias do Chifre da África, Van Notten escreveu algo extraordinário: uma Constituição para uma sociedade politicamente organizada sem um Estado.[29] Na mundividência de Van Notten, só abandonando tanto a democracia quanto a ideia do próprio Estado central é que a Somália poderia superar seu legado colonial. "A Somália se tornará o primeiro país do mundo a não ser governado pela ditadura democrática de 51% dos votos", escreveu ele numa carta à filha.[30] Não era o governo estrangeiro que constituía a essência do colonialismo, mas o governo em si.[31] A verdadeira descolonização exigia a desconstrução do Estado. Esse princípio, acreditava, havia sido esquecido pela comunidade internacional e pelos líderes iniciais da Somália, que haviam almejado eleições multipartidárias, mas criaram o caos.[32] "As Nações Unidas invadiram a Somália com um exército multinacional de 30 mil homens para restabelecer uma democracia", escreveu, mas isso só fez aprofundar a guerra civil.[33]

O tradicional sistema somali de lei e ordem que aparece nos escritos de Van Notten lembrava as construções anarcocapitalistas do sistema medieval descritas em um capítulo anterior: o acerto de contas por crimes cometidos era feito por meio de restituição e compensação em vez de encarceramento.[34] As famílias funcionavam como grupos de segurados contribuindo para o estabelecimento de um fundo de reserva: parentes compartilhavam seus rendimentos, e toda a família do criminoso indenizaria a vítima em caso de transgressão. Ele incluiu listas com o número de camelos devidos pela perda de um olho, nariz ou dedo do pé, e uma escala de preços para a compensação por estupro — nos casos em que a vítima era virgem, pagava-se o valor mais alto da tabela; quando era viúva, o mais baixo.[35]

O direito costumeiro somali parecia oferecer uma forma coerente de ordem social sem um Estado. Van Notten conjecturou se empresários estrangeiros poderiam adotá-lo e usá-lo para seu próprio benefício. O obstáculo óbvio era o fato de a lei somali ser baseada no parentesco enraizado no clã — mas havia uma maneira de contornar isso? Discutindo a ideia com um grupo de anciãos somalis, ele ouviu uma sugestão radical: "Reúna-se com seus amigos de negócios e forme um novo clã. Se o novo clã prosperar, os clãs existentes não hesitarão em adotar seu ambiente de negócios superior como o costume deles próprios". Os anciãos até sugeriram um nome — *Soomaali 'Ad*, ou os "Somalis Brancos".[36]

A desvairada inovação de um clã de negócios de somalis brancos foi enxertada por Van Notten na proposta mais convencional de um porto livre na costa da Somália, uma área delimitada em que as tarifas são suspensas e empresas recebem incentivos para investir e operar.[37] O "administrador" do porto franco — provavelmente o próprio Van Notten — atuaria como "o chefe de uma extensa família somali", resolvendo disputas, não exercendo a função de um governante per se, e mais como o gerente de um shopping center ou o capitão de um navio de cruzeiro.[38] Os membros do "clã do porto livre" estariam vinculados entre si não por parentesco, mas por uma rede de contratos.

Van Notten via a Somália sem Estado como uma "imensa rede de centenas, se não de milhares, de minigovernos, cada um totalmente independente dos demais".[39] Ele achava isso fantástico, em parte porque entendia que era um ensaio prático para um futuro próximo. Acreditava que o sistema monetário no mundo industrializado estava fadado ao colapso, e que as eleições multipartidárias e governos centrais sucumbiriam logo a seguir. No novo Estado de anarquia, as pessoas recorreriam a mercenários, empresas privadas e trabalhadores autônomos para infraestrutura e serviços. "É nesse momento", escreveu, "que a experiência somali pode nos oferecer algum norte."[40] Se os libertários já haviam elogiado a Hong Kong portátil por seu imposto de renda fixo, a Somália poderia ser ainda mais portátil. Para Van Notten, "com seu estilo de vida nômade, os somalis não podem se dar ao luxo de ter um governo amplo. O governo deles deve ser pequeno, tão diminuto que possa ser transportado no lombo de um camelo".[41] Era um caminho de volta ao ideal de Hans-Hermann Hoppe da Europa no ano 1000, compreendendo muitas centenas ou milhares de territórios independentes.[42] A Somália saiu na frente e desbravou o caminho como "a primeira nação a se livrar de seu sistema político estrangeiro" de democracia.[43] O Chifre da África foi o germe de um futuro anarcocapitalista global.

3.

No final dos anos 1990, Van Notten encontrou um aliado em um homem com uma biografia quase tão insólita quanto a sua. Escrevendo para a libertária Fundação para a Educação Econômica, o antropólogo Spencer Heath Mac-Callum descreveu ter conhecido "uma mulher de uma tribo somali em viagem pelos Estados Unidos com seu marido europeu". Era Van Notten e sua nova esposa, Flory Barnabas Warsame, originária da região de Awdal, no canto noroeste da Somália.[44] Ela explicou a MacCallum que seu povo havia percebido que "a ausência de Estado na Somália poderia dar mostras de ser um recurso singularmente valioso no mundo moderno". A ideia era que os clãs capitalizassem sua "inexistência de Estado abrindo áreas dentro dos limites de suas terras tribais para empreendimentos, convidando empresários e profissionais de todo o mundo a fim de tirar proveito da ausência de um governo central ou outra autoridade coercitiva". Os clãs arrendariam território, e Van Notten teria a chance de realizar seus planos. MacCallum se declarou inspirado pelo "experimento social com implicações de longo alcance para a liberdade humana" em andamento na Somália.[45]

MacCallum vinha trabalhando havia décadas em planos para suas próprias "minissociedades". Suas investigações começaram com as idiossincráticas ideias de seu avô e homônimo Spencer Heath, teórico amador e inventor profissional que enriquecera às custas de um projeto de hélices de avião.[46] Na narrativa de Heath, depois da queda de Roma, os "bárbaros" da Europa Central estabeleceram formas de propriedade e autogoverno em pequena escala que levaram consigo para as ilhas Britânicas. Foi lá, longe da contracorrente autoritária da tradição romana, que se desenvolveram formas ideal-típicas de comunidades "feudais livres", atingindo seu auge no século IX, antes da desagradável intromissão da mentalidade continental por meio da conquista normanda no século XI.[47] Incubado no isolamento de uma ilha, o patrimônio das "tribos teutônicas" permaneceu como a carga útil decisiva da evolução cultural, um tesouro trazido pelos colonos para o que se tornaram os Estados Unidos.[48]

Heath encontrou algumas das últimas ilhas da autopropriedade saxônica em um lugar improvável nos Estados Unidos de meados do século XX: os hotéis e resorts do país. Compartilhando serviços (energia elétrica, gás, água, telefone), segurança e comodidades, os hotéis eram o modelo do que ele chamava de *comunidades proprietárias* — aglomerações voluntárias de humanos em um espaço supervisionado e de propriedade de um agente privado.[49] MacCallum retomou a investigação de onde seu avô havia parado. De hotéis ele passou para shopping centers, prédios de escritórios, marinas e estacionamentos para trailers, todos exemplos de "propriedades multilocatário geradoras de receitas".[50] Heath se concentrou predominantemente nos antecedentes germânicos para um futuro da anarquia capitalista, abordando, apenas de forma muito breve, o "feudalismo voluntário" do México e do Japão antigos.[51] MacCallum foi mais zeloso ao esmiuçar as experiências além do mundo ocidental. Ao mesmo tempo que se debruçava sobre o modelo de gestão do shopping center, também concluiu o doutorado em antropologia para estudar melhor o que chamou de "sociedade tradicionalmente desprovida de Estado" das comunidades nativas.[52] Em uma inversão comum entre os românticos ocidentais, ele argumentou que "os conceitos de propriedade, liberdade de contrato e justiça foram descobertos e desenvolvidos pela primeira vez não pelas sociedades tecnologicamente avançadas, mas pelas sociedades tribais".[53]

Em 1971, MacCallum iniciou sua primeira tentativa de escrever um contrato de arrendamento delineando regras de conduta, direitos e responsabilidades para uma futura minissociedade. Quem o empregou para esse propósito foi Werner Stiefel, refugiado da Alemanha nazista e diretor-chefe de uma empresa dermatológica familiar cujo produto mais conhecido era o creme para a pele Lubriderm. Stiefel queria criar seu próprio país — "uma comunidade em alto-mar, fora da jurisdição política de qualquer nação", inspirada no "vale de Galt" de *A revolta de Atlas*, de Ayn Rand.[54] Ele era dono de um motel no norte do estado de Nova York. MacCallum sugeriu, em conformidade com as teorias de seu pai, que o lugar poderia funcionar como um laboratório.[55]

O motel se tornou o que eles denominaram *Atlântida I*, o protótipo para uma sociedade alternativa. Os novos residentes foram chamados de "imigrantes" e criaram sua própria moeda, o "atlante". O segundo "imigrante" conta que ajudava a vender as recém-cunhadas moedas de prata de atlante juntamente com sabonetes e adesivos. Satisfeito com o protótipo, Stiefel procurou locais no Caribe e começou a construir uma cúpula geodésica e um navio de concreto, batizado de *Atlântida II*. Lançado no rio Hudson, o navio tombou de lado e encalhou na lama. Por fim, conseguiu chegar às Bahamas, onde permaneceu até afundar em meio a um furacão.[56]

MacCallum fez ajustes no contrato de arrendamento que redigiu para governar a Atlântida, incluindo inovações tiradas do Ciskei na África do Sul.[57] Sua esperança era substituir os arranjos constitucionais por algo mais parecido com um contrato comercial. Em seu juízo, uma sociedade politicamente organizada deveria ser como um shopping center. Ninguém que alugasse um espaço comercial em um shopping teria a expectativa de exercer a soberania popular sobre o prédio inteiro. Isso seria absurdo. Da mesma forma, a esperança de MacCallum era criar um ambiente político que deixasse de lado a política. A vida coletiva seria reduzida a um problema de administração. A pessoa entraria se os termos do contrato fossem do seu agrado e sairia caso não fossem. Ideias vagas de "povo" não teriam lugar. Ele e Van Notten viram a Somália sem Estado como uma chance de implantar seu sistema anarco-capitalista em miniatura. Assim, arrendaram um pedaço de território do clã local, batizaram-no de Terranova e fizeram planos para que o clã de negócios governasse dentro dele.[58]

Era olhando para trás que os clãs de porto livre abririam o caminho para o futuro. "Se a 'nova Somália' surgir", escreveu MacCallum, "será simplesmente uma versão evoluída da Somália tradicional e pré-colonial. Ela fornecerá uma luz de navegação em um mundo devastado pela democracia política, um farol para uma humanidade que perdeu seu rumo."[59] Spencer Heath, o avô e mentor de MacCallum, enfatizou a importância fundamental do parentesco para unificar o "grupo de laços de sangue".[60] A noção de clãs de porto livre fazia a audaciosa proposição de que acordos voluntários entre parceiros comerciais se mostrariam tão robustos quanto os laços familiares. Murray Rothbard havia falado de "nações por consentimento". Isso ia além, imaginando contratos transmutados em parentesco em "clãs por consentimento".

Van Notten e MacCallum eram fantasistas anarcocapitalistas de primeira classe, mas também precisavam de apoio financeiro. Em 1995, Van Notten firmou uma parceria com o empresário norte-americano Jim Davidson para se concentrar no primeiro passo rumo a um futuro pós-democrático de clãs de porto livre: construir estradas privadas com pedágios.[61] Alguns anos depois, a dupla registrou uma empresa construtora de estradas, a Awdal Roads Company, junto ao paraíso fiscal das ilhas Maurício. O site da companhia incluía um link para algo chamado Freedonia, que estava "procurando terras nos arredores de Awdal". Um clique levava a uma página na qual se lia: "Boa noite, bem-vindo à embaixada do principado de Freedonia". Freedonia não era apenas uma divertida alusão ao país mítico do filme *O diabo a quatro* (1933), dos irmãos Marx, mas tinha oito anos de existência, com consulados em todo o mundo e passaportes disponíveis para seus cidadãos. Tal qual Atlântida, Freedonia criou sua própria unidade monetária: cunhou moedas com o brasão freedoniano e a palavra SUPERIBIMUS, um erro ortográfico da expressão latina para "venceremos".

Freedonia era aparentemente um principado sob o reinado de um certo príncipe João II. Em termos mais prosaicos, tratava-se do projeto de estimação de um grupo de jovens texanos. Nas fotografias, seu secretário do Tesouro, primeiro-ministro e ministro da Defesa aparecem em poses ao estilo de formatura num porão com painéis de madeira, em frente a uma bandeira freedoniana de cetim verde, com uma cruz diagonal amarela e seis estrelas brancas, vestindo o quepe quadrado e os bótons de metal dos fuzileiros navais dos Estados Unidos.[62] O pretenso Estado de Freedonia era uma nação sem território: uma "nação não territorial, como a Palestina", explicavam. Os jovens tinham algumas ideias para lidar com essa deficiência. Uma delas era "construir uma grande ilha em águas internacionais". Outra, "comprar uma pequena quantidade de terra de algum país (possivelmente caribenho, latino-americano ou pacífico [sic]) e adquirir também os direitos governamentais sobre a terra". O mais ambicioso era o plano venerado por libertários, de Robert A. Heinlein a Elon Musk: "Reivindicar a posse de terras na Lua e em Marte".[63]

Em 1999, o príncipe João, agora um estudante universitário, se aproximou de Davidson, que por sua vez o pôs em contato com Van Notten, que lhe prometeu terras em Awdal.[64] A jurisdição de Freedonia parecia ter finalmente encontrado um território. Seus fundadores desejavam transformá-la em "uma residência de meio período para os ricos do mundo", bem como um local para empreendimentos imobiliários, registro de navios e extração de recursos por meio de mão de obra barata.[65] Freedonia capturava, em miniatura, grande parte da imaginação secessionista do final do século XX. Também imitava em larga medida a realidade offshore que havia despontado: o uso de enclaves para a ocultação de ativos em jurisdições com impostos baixos ou inexistência de impostos, o registro de navios oceânicos sob bandeiras de conveniência e a possibilidade de obtenção de múltiplos passaportes.

Em janeiro de 2001, porém, os separatistas sentiram o ferrão da cauda de escorpião da soberania. De acordo com uma longa e encabulada mensagem postada pelo príncipe João, um membro da diáspora somali que vivia em Toronto enviou a sua terra natal, por fax, a impressão de uma página do site freedoniano.[66] Quando as autoridades locais descobriram que os jovens norte-americanos alegavam ter recebido uma faixa de litoral para construir sua nação imaginária, o acordo foi cancelado, e Van Notten e Davidson acabaram deportados por sua cumplicidade no esquema.[67] O paraíso fiscal offshore do monarca adolescente texano não veria a luz do dia.

4.

O clã de negócios de homens brancos na Somália também pode parecer uma brincadeira, a fantasia mirabolante de um par de excêntricos neocoloniais. Mas havia nessa quimera mais do que se poderia esperar. Com efeito, a Somália dos anos 1990 e 2000 punha em xeque algumas das expectativas básicas sobre como um Estado deveria atuar e como uma economia deveria ser. Além da preocupação por conta da calamidade humanitária da guerra civil, a questão de como a vida persiste sem um Estado representa um enigma sociológico elementar. A Somália passou a ser um lugar propício para se entender de que maneira as pessoas se adaptavam a fim de desenvolver o que alguns chamavam de "governança sem governo".[68] Os acadêmicos observaram que o fim do Estado não havia levado a uma guerra hobbesiana de todos contra todos. A Somália parecia configurar um erro de categoria. Poderia de fato haver "economia sem Estado"? Afinal, como um estudioso definiu, "se um Estado fosse um componente necessário, então a economia somali não poderia existir".[69] E, no entanto, não apenas a economia somali existia, como algo ainda mais extraordinário se revelava: ela ia melhor do que nunca.

A Somália mostrou os primeiros indícios de "comércio sem Estado" na década de 1990.[70] Depois do colapso do governo, o PIB cresceu, as exportações aumentaram e os investimentos tiveram um incremento.[71] Até mesmo a expectativa de vida melhorou.[72] Para acadêmicos libertários, a Somália se tornou "um teste singular" de ausência de Estado como uma condição sustentável.[73] Um deles escreveu: "Embora a Somália careça de um governo central, o setor privado desenvolveu mecanismos de governança para preencher o vazio".[74] Uma dissertação intitulada *Money without a State* [Dinheiro sem Estado] descreveu o fato excepcional de que o xelim somaliano funcionava como um símbolo de troca e uma reserva de valor bem depois do desaparecimento do Banco Central e do Tesouro.[75] O valor do xelim realmente se estabilizou em relação ao dólar, e era utilizado para câmbio em países vizinhos.[76] Um anarcocapitalista alemão talvez tenha ido mais longe quando angariou fundos para custear a tradução ao somali das obras de Ludwig von Mises, Friedrich Hayek e Hans-Hermann Hoppe, cujos escritos ajudariam ainda mais os residentes de Mogadíscio a não seguirem o "caminho da servidão" — expressão com a qual ele se referia ao restabelecimento de um Estado central.[77]

Em um artigo citado com grande frequência, um jovem economista chamado Peter Leeson apresentou o argumento de que a Somália estava "melhor sem Estado" em comparação com o Estado ditatorial que existia antes.[78] Ele foi adiante, a ponto de sugerir que o país poderia efetivamente ser um modelo para outras situações espinhosas. "A bem da verdade, permitir que o governo desmorone e a anarquia venha à tona" no Estado de Serra Leoa, na África Ocidental, sugeriu, "talvez melhore o grau de desenvolvimento do país."[79] Ele viu um paralelo histórico com a Angola do século XIX, em que o comércio de exportação — inclusive de humanos escravizados — era "amplo e sólido, embora não houvesse nenhuma imposição governamental de direitos de propriedade".[80]

Não havia como negar que a Somália estava especialmente bem preparada para sobreviver em condições de ausência de Estado. Por um lado, nem os Estados coloniais nem os pós-coloniais jamais tentaram capturar a maior parte da população, no sentido de incorporá-la à burocracia-padrão de educação, tributação e registro.[81] Se os italianos empreenderam algum esforço para desenvolver a infraestrutura de um Estado moderno, a presença britânica foi especialmente escassa. Sem recursos naturais que os atraíssem em direção ao interior, os colonos se limitaram ao litoral. Não buscaram desenvolver a parte interna do país, tampouco se empenharam muito para educar ou converter a população local, que não era propensa a permanecer no mesmo lugar por muito tempo.

Os grupos nômades mantiveram sua riqueza de rebanhos de gado, viajando para encontrar pastagens e fontes de água. O Estado pós-colonial da Somália também pouco lidou com os nômades, concentrando seus esforços nos centros urbanos. Assim, quando o governo desapareceu, a transição não foi tão abrupta como teria sido em outros países, o que ensejou o surgimento de um mercado de serviços políticos e uma "comoditização dos chefes guerreiros e déspotas militares".[82] O território se transformou não exatamente em uma jurisdição sem

Estado, mas em um composto de muitos Estados em miniatura: um "mosaico de governos fluidos e com características locais bastante acentuadas — algumas baseadas na autoridade tradicional, outras refletindo arranjos híbridos".[83]

O parentesco era parte da cola que mantinha a coesão do país. Os laços familiares também ajudam a explicar de outra maneira o paradoxo da prosperidade sem Estado: muitas vezes, os que fugiam para países mais ricos enviavam dinheiro de volta para seus parentes. O dinheiro ganho por somalis em outros lugares, sobretudo pelo grande contingente trabalhando nas nações do golfo, se tornou uma fonte desproporcional de riqueza local.[84] Para os refugiados nos países ocidentais, algumas das remessas poderiam vir da seguridade social e de outras transferências. Ironicamente, o próprio Estado de bem-estar ajudou a subsidiar o suposto milagre anarquista.[85]

Mas, na história que os libertários contaram, havia omissões. Eles ignoravam ou encobriam o fato de que a parte mais bem-sucedida da Somália depois do colapso do Estado foi o lugar onde um novo Estado acabou rapidamente restabelecido. Passados poucos meses da dissolução do governo central da Somália, a República Islâmica da Somalilândia declarou sua independência no Norte do país, dentro das fronteiras do antigo protetorado britânico. Foi onde a segurança retornou com mais rapidez e os fundamentos básicos do Estado apareceram bem cedo. O mesmo acadêmico cuja obra sobre "economia sem Estado" gerou dissertações libertárias também apontou que, "em nítido contraste com o Sul da Somália", o Estado de fato da Somalilândia tinha ministérios governamentais, realizava exercícios de planejamento de desenvolvimento e arrecadava impostos e taxas mínimos.[86] Ainda que, para atrair investidores estrangeiros, a esposa de Van Notten alardeasse a ausência de Estado do território de seu clã, isso passava longe da verdade. O fato é que o clã de sua esposa fazia parte da conferência que criou a Somalilândia em 1991.[87] Os membros do clã eram vice-presidentes no governo da Somalilândia.[88]

O território da Somalilândia é um lugar peculiar. Embora funcione como um Estado, não é reconhecido pela ONU, por isso foi chamado de "país que não existe".[89] Ainda assim, restabelecer as instituições do governo deu confiança aos investidores. A falta de reconhecimento da ONU não impediu que a petroleira francesa Total gastasse 3,5 milhões de dólares na reforma de suas instalações de armazenamento de petróleo em troca do monopólio de fornecimento e distribuição do combustível.[90] Também não impediu que, em uma década, cinco companhias aéreas e cinco empresas privadas de telecomunicações se estabelecessem na capital Hargeisa.[91] O país fez experimentos com seu próprio tipo de política antiquada. Em dezembro de 2002, seis meses depois da morte de Van Notten, o que ele chamava de "monstro da democracia" voltou quando 500 mil pessoas votaram nas primeiras eleições multipartidárias realizadas na região desde a década de 1960.[92] As eleições competitivas posteriores registraram transições suaves de poder entre partidos opostos.[93] Para muitos observadores externos, a Somalilândia foi uma "história de sucesso negligenciada" não de anarquia ordenada, mas de democracia descentralizada pós-conflito.[94]

O porto de Berbera, na costa da Somalilândia, simbolizou bem o modelo de desenvolvimento mais eficaz. Foi a maior história de sucesso econômico da região. Por mais de mil anos, mercadorias do interior da África lá aportaram para ser embarcadas rumo ao Oriente Médio, ao Sul e ao Leste da Ásia, e mar Vermelho acima até o Cairo, Alexandria e a Europa. Durante a época do protetorado britânico, serviu como capital colonial. Depois da independência, Berbera se tornou um clássico local da competição da Guerra Fria. Os soviéticos construíram um cais; os estadunidenses ergueram outro.[95] Na década de 1980, três quartos da ainda intacta moeda estrangeira da Somália vinham das exportações do porto.[96] Depois do colapso do Estado na década de 1990, o país exportou mais do que na década anterior.[97] Em junho de 2021, um novo terminal, grande o suficiente para as manobras dos maiores navios do mundo, foi inaugurado em Berbera com um investimento de meio bilhão de dólares de Dubai.[98] A empresa tem um acordo com a Somalilândia para administrar seu porto por trinta anos em troca de uma participação de 65% no empreendimento, com planos para a construção de uma zona franca adjacente destinada à instalação de fábricas estrangeiras.[99]

O opulento emirado foi uma tábua de salvação para a economia somali nos anos de inexistência de Estado. Redes de telefonia e sistemas de pagamento móveis foram estabelecidos por empresas sediadas em Dubai. Geradores elétricos comprados em Dubai foram acoplados às residências por empresários locais (ou rentistas), que cobravam pelas lâmpadas.[100] Aviões alugados por transportadoras somalis ficavam estacionados em Dubai à noite. Os somalis já haviam viajado em grande número para trabalhar como operários no golfo. Agora o golfo vinha até eles.

A receita para o sucesso na era da alta globalização, ao que parecia, não estava no clã somali, mas em se tornar um posto avançado de Dubai.

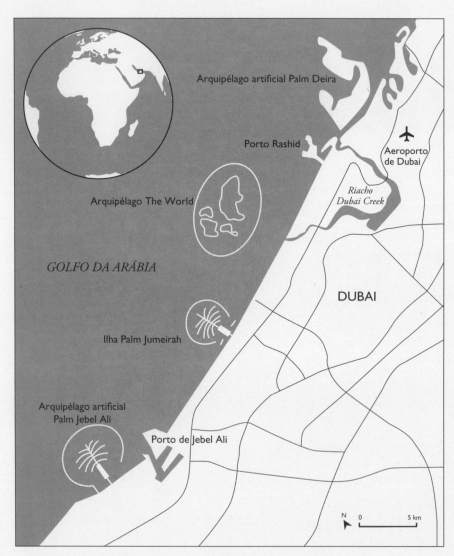
Dubai.

9. As estruturas de bolhas legais de Dubai

Se há algum lugar no mundo que contribuiu para a febre da zona global na mesma medida que os colossos asiáticos de Hong Kong e Cingapura, é Dubai. Em poucas décadas, o emirado do golfo Pérsico teve uma ascensão vertiginosa, passando de um posto avançado de contrabando de ouro, com casas construídas de coral e areia, para um lugar opulento e dourado que ostenta o hotel mais alto do mundo, a quadra de tênis mais alta do mundo e a única pista de esqui do mundo construída num deserto, entre diversos outros recordes. Em 2003, anunciaram-se planos para um parque de diversões três vezes maior do que a área de Manhattan.[1] No mesmo ano, foi inaugurado um arquipélago de trezentas ilhas artificiais no formato aproximado do mapa-múndi. O responsável logo anunciou uma sequência, o Universo, um arquipélago dos planetas e a Lua.[2] Na primeira década dos anos 2000, a economia de Dubai cresceu em média 13% ao ano, ultrapassando até a China.[3] Os arranha-céus eram construídos à taxa de um andar a cada três dias.[4] Em seis anos, a população da cidade dobrou, e sua área ocupada quadruplicou.[5]

"Quando você chega a Dubai e vê os chamativos arranha-céus, pensa que poderia estar andando de carro por Canary Wharf", escreveu um funcionário britânico de uma construtora. Então percebe o quanto o lugar é maior. "A escala das coisas é assustadora." Um grande empreendimento imobiliário no Reino Unido tem 600 mil metros quadrados; a principal zona franca de Dubai era cem vezes maior. Lá as pessoas faziam as coisas acontecer. "Em dois anos, construíram e puseram em operação um sistema de metrô", o britânico se espantou. "No Reino Unido, levaria esse tempo apenas para reformar uma estação."[6] Dubai lançou mão das formas mais avançadas de engenharia e arquitetura para realizar proezas visualmente impressionantes que desafiam a gravidade no ambiente construído. O local não se envergonha de sua ostensiva celebração da riqueza sem o peso de inquietações sobre desigualdade.

Como eles fizeram isso? O autoritarismo era parte da resposta. Dubai foi um estudo de caso no capitalismo sem democracia. Até o início dos anos 2000, era classificado como um dos lugares de menor liberdade política do mundo, devido à inexistência de eleições populares, proteção à liberdade de expressão e direitos para não cidadãos, bem como em decorrência do uso arbitrário da força policial e prática de trabalhos forçados.[7] Já em 1985, a CIA informou que em Dubai "considera-se que a ideologia é irrelevante para os negócios".[8] É claro que descartar a ideologia em favor dos negócios equivalia a uma ideologia em si. Mas que tipo de ideologia? O mais impressionante era a semelhança com a governança corporativa. Tanto o poder quanto a propriedade se concentravam inteiramente na figura do xeique, que com frequência era referido como CEO da Dubai, Inc. O conselho executivo da cidade-Estado era composto de diretores de empresas estatais, e não de autoridades eleitas.[9] O resultado foi um curto-circuito na deliberação pública — a bem da verdade, a eliminação de qualquer ideia de público. "Os atrasos, as divergências, os litígios, toda essa confusão de 'não no meu quintal'* inexiste no país", escreveu um crítico de arquitetura. A cidade era um anúncio: "Vejam o que um governo esclarecido, corporativo, eficiente e não democrático *é capaz de fazer*".[10]

"O clube de praia de Milton Friedman": foi assim que, em 2006, Mike Davis descreveu Dubai, "uma sociedade que poderia ter sido projetada pelo Departamento de Economia da Universidade de Chicago".[11] O lugar havia "alcançado uma condição com a qual os reacionários norte-americanos apenas sonham — um oásis de livre-iniciativa sem imposto de renda, sindicatos ou

---

* Do inglês *not in my backyard* (NIMBY), expressão ligada a alguns movimentos de bairro que se posicionam contra determinadas mudanças em suas vizinhanças. Um exemplo é a atuação de grupos de ativismo ambiental, cuja mobilização consegue barrar desde a construção de um empreendimento imobiliário até a abertura de novas vias sobre áreas verdes. Porém muitas vezes o "direito de vizinhança" é pretexto para a manutenção de privilégios. (N. T.)

partidos de oposição".[12] Mas o encanto de Dubai não surtiu efeito sobre o próprio Friedman, que jamais o mencionou. Os emirados não foram objeto de discussão nas reuniões sobre a elaboração de um índice anual de liberdade econômica do mundo, no qual Hong Kong, Cingapura e até Ciskei figuravam como estrelas. Os fãs de Dubai estavam mais à direita no espectro. No início dos anos 2000, o emirado começou a chamar menos a atenção de radicais do mercado da escola de Chicago, e mais da linha anarcocapitalista.

O que o *Financial Times* chamou de "mistura paradoxal de laissez-faire e autoritarismo rígido" de Dubai não era paradoxo nenhum para os libertários de direita.[13] Um anarcocapitalista alemão escreveu que Dubai era a melhor evidência de que Hans-Hermann Hoppe estava certo: a monarquia era superior à democracia, uma vez que os monarcas cuidavam da riqueza de longo prazo de seus territórios, ao passo que, durante seu mandato, as autoridades eleitas saqueavam a riqueza de seus territórios.[14] Dois autores anarcocapitalistas holandeses escreveram que a ausência de democracia não era um problema, mas a chave para o sucesso da cidade-Estado. As eleições só serviriam para diminuir a liberdade econômica.[15] A meteórica ascensão de Dubai fornecia a melhor evidência até então de que a democracia e o capitalismo não precisam andar juntos.

Talvez a avaliação mais apaixonada acerca do emirado tenha sido feita pelo autodenominado neorreacionário e tecnólogo Curtis Yarvin, que escrevia um blog sob o pseudônimo de Mencius Moldbug e frequentava os mesmos círculos de Patri Friedman e Peter Thiel.[16] Ao lado de Cingapura e Hong Kong, Dubai provou a Yarvin que "*a política não é necessária para uma sociedade moderna ser livre, estável e produtiva*".[17] Administrava-se Dubai como um negócio, e era assim que deveria ser, Yarvin disse. Em vez de cidadãos, tinha clientes, que não esperavam do Estado nada além do estipulado em contrato.[18] Em seu entendimento, os laços de cidadania eram meros instrumentos para, à base de extorsão, arrancar benefícios do Estado, que, por sua vez, tinha de extorquir outros por meio da cobrança de impostos. Ideias abstratas de pertencimento ou obrigação cívica não tinham lugar em Dubai. No início dos anos 2000, a população de Dubai era formada, segundo algumas estimativas, por 95% de estrangeiros.[19]

Se a rejeição da democracia por Dubai era um dos atrativos para Yarvin, outro era a sua escala. Assim como Hoppe e Rothbard, Yarvin considerava que quanto menor a jurisdição, melhor.[20] Dubai tinha uma enorme zona de livre-comércio, mas sua área total era inferior à de Rhode Island, menor unidade federativa dos Estados Unidos. O termo de Yarvin para seu ideal normativo era uma "colcha de retalhos" — "uma teia de aranha global de dezenas, até centenas, de milhares de minipaíses soberanos e independentes".[21] "Colcha de retalhos" também foi o termo utilizado por acadêmicos para descrever o que Dubai se tornou nos anos 2000, contendo o verdadeiro segredo do fascínio do emirado para o anarcocapitalista.[22]

Do lado de fora, Dubai se caracterizava por seu deslumbrante gigantismo, sua qualidade de ter brotado diretamente da tela de alta definição de uma renderização arquitetônica. Mas não foi isso que o tornou atraente para os libertários de direita. O aspecto que eles apreciaram era mais difícil de ver: o fato de Dubai adotar o pluralismo legal radical e sua disposição de projetar jurisdições sob medida para satisfazer os investidores. Dubai não era somente uma "cidade-corporação".[23] Era um Estado com muitos sistemas e um teste para pôr à prova a colcha de retalhos de Yarvin.

1.

Em fevereiro de 1979, enquanto nas ruas de Londres os pombos se alimentavam de montanhas semicongeladas de lixo deixadas por conta de uma greve dos trabalhadores do departamento de saneamento básico, a rainha Elizabeth se dirigia para um lugar onde jamais faziam greve. Acompanhada do marido e do ministro das Relações Exteriores, ela embarcou no novíssimo Concorde da British Airways rumo ao Kuwait, depois se instalou no iate real *Britannia* para sua viagem de três semanas, a primeira monarca britânica a visitar a península Arábica. Na alta que se seguiu à quadruplicação dos preços do petróleo, as conexões britânicas com o golfo foram um ponto positivo em meio à estagnação da década de 1970. À época da visita real, a Grã-Bretanha exportava mais para o golfo do que para Canadá, Austrália e Nova Zelândia — países da Commonwealth — juntos.[24] Uma única empresa britânica estava envolvida em obras estimadas em 1,8 bilhão de libras esterlinas, e as firmas britânicas abocanhavam a maior fatia das novas construções no golfo.[25]

Por causa de seus gostos, a elite do golfo era presença constante nos tabloides britânicos. Assim como uma cultura da realeza em comum uniu os soberanos europeus no século XIX, um glamoroso circuito de corridas de cavalos, luxuosos resorts de esqui e prestigiosos enclaves imobiliários unia a monarquia britânica a seus abastados equivalentes reais do Oriente Médio. Os soberanos do golfo não pouparam na hospitalidade. Cada jornalista tinha à disposição sua própria limusine, e a cada parada a monarca britânica recebia mimos extravagantes. O xeique Rashid de Dubai a presenteou com um colar de trezentos diamantes, além de uma escultura de ouro maciço de camelos sob palmeiras, com rubis fazendo as vezes de tâmaras.[26] Uma multidão se perfilou nas estradas e ruas ao longo do trajeto da comitiva real, incluindo muitos dos 10 mil cidadãos britânicos residentes no golfo e milhares de paquistaneses e indianos.

Algumas das pessoas mais velhas deste último grupo eram ex-súditos britânicos, mas os Emirados em si também eram? Não exatamente. Embora o golfo Pérsico tivesse sido tratado como um "lago britânico" desde o início do século XIX, a Inglaterra jamais reivindicou suserania sobre a costa da península Arábica, onde se situavam os emirados. Em 1820, os britânicos enviaram uma força de 30 mil soldados para derrotar os "piratas Qawassim" do território, mas o resultado foi uma trégua que transformou os piratas em governantes legítimos. Entre eles estava a família Al Makhtoum, que continua sendo a líder hereditária de Dubai.

Cunhou-se uma nova palavra para descrever o relacionamento legal dos britânicos com a região litorânea ao sul do golfo Pérsico, que ficava aquém da administração direta. Por causa da trégua, os territórios dominados pelos xeiques foram apelidados de "Estados da Trégua" ou "Costa da Trégua".[27] Essa forma de semissoberania significava que Dubai ficava, ao mesmo tempo, dentro e fora do Império Britânico. Em grande parte, isso refletia o fato de que a área era pouco notada pelas grandes potências, a não ser pelos produtos de suas águas, rotuladas nos mapas como "Grande Baixio de Pérolas".

A Grã-Bretanha começou a prestar mais atenção em Dubai na década de 1960, quando os bancos de Londres encontraram uma nova fonte de lucro vendendo grandes quantidades de barras de ouro do tamanho de biscoitos *wafer* para compradores nos territórios controlados pelo xeique. Os compradores as amarravam ao próprio corpo, ou as escondiam sob peixes, e as contrabandeavam em velozes botes com motores de popa turbinados por mais de 1600 quilômetros até Mumbai, numa estratégia para driblar as restrições comerciais indianas.[28] O xeique fazia vista grossa para esses pulos por cima do muro tarifário, alegando que o ouro era legal tão logo entrava em seu território. "No que nos diz respeito", afirmou uma autoridade da alfândega, "o comércio de produtos que saem de Dubai não é contrabando, mas livre-iniciativa."[29] As redes de contrabando eram complexas, ligando locais no oceano Índico e no mar do Sul da China. Uma delas, chamada de "Anel", operava negócios de importação e exportação no porto franco de Hong Kong, que servia como uma base conveniente, sem tarifas aduaneiras nem impostos. A mercadoria era adquirida especificamente para fins de contrabando: os biscoitos de ouro forjados na Suíça ou em Londres pesavam dez *tolas*, unidade usada apenas na Índia [uma *tola* equivale a 11,7 gramas]; têxteis japoneses eram fabricados em pedaços de 5,4 metros, comprimento específico para a confecção de sáris. A gestão das longas e intrincadas cadeias de abastecimento impressionou os jornalistas. A "eficiência do 'Anel' deixaria envergonhadas as operações de algumas das mais bem administradas empresas multinacionais", escreveu um deles.[30] Até a repressão de Indira Gandhi, os "reis da muamba" de Mumbai, que controlavam o comércio de contrabando de Dubai, eram descritos como administradores de um "Estado dentro de um Estado".[31]

Caracterizado pela não interferência, o relacionamento da Grã-Bretanha com Dubai foi estável até 1968, quando o primeiro-ministro Harold Wilson declarou a acelerada retirada das Forças Armadas britânicas dos postos avançados "a leste de Suez". Foi com pesar que os líderes dos Estados da Trégua assistiram à partida dos britânicos. O xeique Rashid declarou que "toda a costa — a população e os governantes — apoiaria a manutenção das forças britânicas no golfo".[32] Por mais de um século, como afirmou um historiador, os xeiques puderam "terceirizar para a Grã-Bretanha seus assuntos militares e externos".[33] Agora se viam obrigados não apenas a supervisionar esses assuntos, como também a formatar um terreno marcado por laços familiares, jurisdições sobrepostas e disputas de fronteira — que havia muito vinham cozinhando em banho-maria — em algo que se ajustasse ao modelo vestfaliano de fronteiras firmes e soberania exclusiva. Uma vez que o conceito de Estado-nação era tão inadequado para a realidade local quanto a ideia de um governo por consentimento popular, os xeiques optaram por algo diferente do modelo-padrão de autodeterminação nacional wilsoniana.[34] Em 1971, formaram a federação dos Emirados Árabes Unidos, tendo como capital Abu Dhabi.

Do ponto de vista econômico, os Emirados Árabes Unidos nasceram sob uma estrela da sorte. A quadruplicação dos preços do petróleo depois do embargo de 1973-4 fez dela uma nação rica. Os lucros eram reciclados por meio de centros financeiros como a City of London, o que gerava um enorme excedente de dinheiro disponível para ser emprestado. Ainda que a maior parte do petróleo estivesse em Abu Dhabi, Dubai confirmou a presença de uma quantidade comercialmente viável de jazidas petrolíferas em 1967, e dois anos depois despachou seu primeiro navio-petroleiro para uma refinaria na Grã-Bretanha.[35] No final de 1975, a receita oriunda do petróleo de Dubai era de 600 milhões de dólares anuais.[36] Durante sua visita em 1979, a rainha Elizabeth revelou alguns dos novos e emblemáticos projetos financiados pela riqueza do petróleo. Ela apertou um botão que fez uma torrente de água encher uma doca seca construída para petroleiros, com capacidade para até 1 milhão de toneladas e cuja extensão superava a altura do Empire State. Ela cortou a fita inaugural do World Trade Center de Dubai, o primeiro arranha-céu do Oriente Médio. Mais importante, a monarca abriu o porto de Jebel Ali, que se tornaria uma vasta zona de livre-comércio — com 66 berços de atracação, era o maior porto artificial do mundo.[37]

Os anúncios de Jebel Ali publicados nos jornais britânicos incluíam fotografias aéreas com o porto em primeiro plano e uma amplidão vazia de deserto estendendo-se atrás dele até o horizonte, um quadro em branco com o qual os investidores no espaço apertado do leste de Londres poderiam apenas fantasiar. Ainda mais importante do que sua vasta escala era o status legal de que desfrutava. Para se esquivar de complicações com as autoridades dos Emirados Árabes Unidos em Abu Dhabi, Dubai criou de modo unilateral a zona franca de Jebel Ali como um espaço formalmente extraterritorial, vinte quilômetros quadrados de terra pavimentada, conectada à internet e pronta para construção.[38] Entre as vantagens, incluíam-se a possibilidade de permissão de 100% de propriedade estrangeira, isenção de impostos corporativos por quinze anos, inexistência de imposto de renda pessoal, repatriação total de lucros e capital e, é claro, a garantia de nenhuma agitação trabalhista, graças à política de importação de trabalhadores constantemente ameaçados de deportação.[39] O modus operandi de Dubai era acessar um fluxo constante de mão de obra do Sul da Ásia, homens e mulheres atraídos por salários mais altos do que teriam em seu próprio país, embora os trabalhadores não tivessem direito de residência, de modo que se assegurava um perpétuo esquema de contratação seguida de demissão e deportação. Um risco adicional enfrentado pelos trabalhadores era de que a escassa proteção legal os deixava frequentemente vulneráveis a não receber salário nenhum.[40] Enquanto residentes estrangeiros de países mais ricos (conhecidos como *expatriados* em vez de *migrantes*) desfrutavam de brunches com bebida à vontade e dos confortos básicos da vida no Ocidente (alimento, habitação, vestuário), os trabalhadores braçais eram mantidos em acampamentos no deserto cercados de arame farpado, estratégia para minimizar o risco de fuga e os custos de manutenção.[41]

Jebel Ali acabou sendo a mais importante inovação de Dubai. Seguiu o modelo das zonas econômicas especiais em todo o mundo, mas se tornou mais do que apenas outro parque industrial. Com o tempo, passou a ser o molde para a singular urbanização de Dubai — do tipo "colcha de retalhos" —, à medida que o emirado foi construindo zona após zona dentro de suas fronteiras, cada uma com seus próprios e distintos conjuntos de leis, unidas por um objetivo comum: atrair investidores estrangeiros.

2.

Somos habituados a pensar em uma nação como um espaço jurídico unificado: um território habitado por cidadãos vivendo sob um conjunto de regras. Mas a verdade é que nunca é realmente assim. Os estados e as províncias têm leis próprias, bem como os municípios, e geralmente moramos em unidades menores (por exemplo, conjuntos habitacionais do governo, associações de condomínios ou campi universitários), que têm seus regulamentos próprios e, às vezes, forças de segurança privadas. Dubai é um caso especial porque pegou essa realidade de diversidade legal e a transformou em um princípio organizador para todo o emirado. Observadores relataram que caminhar entre os bairros de Dubai é como caminhar de um país para outro. O jornalista Daniel Brook compara a situação aos portos de tratado do século XIX na China. Lá, a regra da extraterritorialidade significava que diferentes leis se aplicavam a diferentes cidadãos; em Dubai, diferentes leis se aplicavam a diferentes pedaços de terra.[42] Na inesquecível metáfora de Mike Davis, as zonas foram estabelecidas sob "estruturas de bolhas regulatórias e legais", cada uma com seu próprio conjunto de regras.[43]

Novas jurisdições proliferaram. Elas foram agrupadas por função — o Oásis do Silício para a fabricação de tecnologia, a Cidade dos Serviços de Saúde de Dubai para as empresas médicas e a Vila do Conhecimento de Dubai (hoje chamada de Parque do Conhecimento) para as filiais de universidades.[44] Havia zonas fechadas chamadas de Cidade da Mídia e Cidade da Internet, nas quais o acesso à web não era filtrado.[45] Em 2006, 100 bilhões de dólares em projetos estavam em andamento, incluindo "uma Cidade da Aviação e uma Vila de Cargas, uma Cidade de Ajuda Humanitária e uma zona franca humanitária, uma Cidade de Exposições e uma Cidade de Festivais, uma Cidade de Assistência Médica e uma Cidade das Flores".[46] Talvez a experiência mais marcante na criação de zonas tenha sido o Centro Financeiro Internacional de Dubai (DIFC, na sigla em inglês), inaugurado em 2004. O centro foi supervisionado pelo regulador financeiro australiano Errol Hoopmann, que afirmou que seu objetivo era isolar 450 mil metros quadrados de terra, esvaziá-los de leis existentes e, em seguida, "escrever nossas próprias leis para preencher esse vácuo". Comparando o DIFC ao Vaticano, ele afirmou que se tratava de "um Estado dentro do Estado".[47]

Até 2002, a propriedade de terras por estrangeiros era permitida apenas em Jebel Ali. A partir desse ano, estrangeiros passaram a ter permissão legal para adquirir propriedades em qualquer lugar do emirado. O resultado foi uma corrida por terra. As habitações que surgiram para acomodar os recém-chegados e os investidores ausentes seguiram o conhecido formato de condomínios fechados, semelhantes às comunidades planejadas do Sudoeste dos Estados Unidos. Entre as precursoras regionais dessa modalidade de moradia estavam as falsas cidades suburbanas, a exemplo do American Camp, construído em 1930 nas imediações da refinaria de petróleo Aramco na Arábia Saudita — um complexo murado de casas em estilo de rancho para famílias brancas, com todas as comodidades, incluindo piscina e cinema, e circundado por uma população muito mais numerosa de trabalhadores migrantes e sauditas, que viviam em bairros segregados em péssimas condições.[48] Nos subúrbios de Dubai da década de 2000 via-se uma variedade de estilos, desde *villas* espanholas a construções árabes tradicionais, de Santa Fe a cubos Bauhaus.[49] O modelo de suburbanização centrada no automóvel e no ar-condicionado ecoou o modelo "cinturão do sol" do Sul e do Sudoeste dos Estados Unidos, abarcando Houston e Los Angeles, mas ampliando-o. Em condições climáticas ainda mais extremas, as populações do golfo consumiram mais água, eletricidade e gasolina per capita do que qualquer outra pessoa na face da Terra.[50]

"Compre terras", diz a apócrifa citação de Mark Twain, "porque já não são mais fabricadas." Mas isso não era verdade nem quando Twain supostamente fez o gracejo. Em Boston, metade do centro da cidade foi construído a partir de planícies de areia recuperadas no século XIX. O exemplo foi seguido em Lower Manhattan, Cingapura e Hong Kong. Ao ficar sem propriedades à beira-mar no início dos anos 2000, Dubai fez o mesmo, empilhando areia na forma de uma gigantesca palmeira que se estende mar adentro, suas folhas delgadas projetadas para maximizar o acesso à praia. A Palm Jumeirah, construída com 385 milhões de toneladas de areia, foi seguida pela Palm Jebel Ali e, por fim, pelas ilhas artificiais The World, cujos pseudopaíses de areia foram vendidos por até 30 milhões de dólares cada.[51] Os imóveis de Dubai se transformaram em refúgio para o dinheiro móvel e errante do mundo, sobretudo para "magnatas e cleptocratas do Oriente Médio, do Norte da África, do Sul da Ásia e da antiga União Soviética". Em um caso especialmente surpreendente, num intervalo de apenas duas semanas o chefe de Estado do Azerbaijão comprou nove mansões em Dubai "em nome de seu filho de onze anos de idade".[52]

Dubai sintetizou as três qualidades da cidade global do milênio: verticalidade, novidade e exclusividade.[53] Suas construtoras e incorporadoras, em especial o colosso estatal Nakheel Properties, internalizaram a regra de procedimento do urbanismo global de ser uma marca reconhecível: inconfundível, mas não estranha; exótica, mas não perturbadora; divertida, mas não muito esquisita, capaz de chamar a atenção dos investidores, mas sem representar risco em excesso. Tal qual o dinheiro, uma cidade contemporânea precisava ser, ao mesmo tempo, uma reserva de valor e uma unidade de troca. A exemplo dos superluxuosos apartamentos de Londres e Nova York, muitos dos apartamentos nos arranha-céus de Dubai foram comprados mas nunca ocupados, parte do que os críticos chamam de "arquitetura zumbi" do século XXI.[54]

Para quem chega de avião sobrevoando a vasta planície marrom do deserto interrompida por ilhas de usinas de dessalinização, imensas propriedades e bunkers industriais, as zonas de Dubai parecem "placas-mãe de computador".[55] É assim também que o emirado se apresentava aos investidores: um espaço plano no qual "multinacionais podem conectar suas operações regionais".[56] No entanto, ao nível do solo, Dubai perde a aparência de um design unificado. Leis descentralizadas se traduzem em caos visual, uma paisagem urbana de "ovais mais ou menos quadradas, quadrados arredondados, pirâmides curvilíneas [...], globos em cima de caixas, construções em formato de lágrimas montadas sobre pilares, lajes arqueadas presas a postes de concreto".[57] O efeito ecoa menos as linhas limpas do alto modernismo do que uma versão superdimensionada do emaranhado de neon das rodovias norte-americanas. Essa é a feição da lógica do capital.

Quando os Emirados começaram a construir Jebel Ali em 1968, o plano era de que fosse a futura capital dos Emirados Árabes Unidos.[58] Quatro décadas depois, a cidade portuária se tornou, em vez de parte do kit de ferramentas para a montagem de módulos legais dentro das nações, um pedaço de retalhos que poderia ser levantado e encaixado em qualquer lugar. Sem a obrigação de ser uma mera capital política para uma federação ou um Estado-nação, era um recipiente flexível para novos arranjos de mão de obra, capital e tecnologia.

Bastava adicionar território.

3.

Se uma das regras para o século XXI era ser icônico de forma inofensiva, outra era ser conectado, ligado suavemente a todos os outros entroncamentos da economia global. Na linguagem da logística, era necessário ser tanto um portal quanto um corredor. Na virada do milênio, Dubai começou a replicar a si mesmo no exterior, construindo zonas de franquia, Jebel Alis portáteis. Isso se deu por meio de um emaranhado de novas subsidiárias estatais.

Uma dessas denominadas organizações paraestatais foi a DP World (Dubai Ports World), que uniu sob um mesmo teto campos de atuação como transporte, imóveis, logística e indústria leve — uma agência que governava uma cidade dentro de uma cidade, encarregada da tarefa de clonar a si mesma no exterior, levando consigo a "estrutura de bolha regulatória legal".[59] A DP World iniciou suas atividades em 1999, quando assumiu a cogestão do porto islâmico de Jeddah, no mar Vermelho. No ano seguinte, criou-se a Jafza International (Autoridade Internacional da Zona Franca de Jebel Ali) para assessorar governos estrangeiros na instalação de suas próprias ZEEs — globalizando o modelo de colcha de retalhos.[60] De acordo com a descrição da Jafza International, seu trabalho era disponibilizar a "expertise de Dubai".[61] Em 2004, passou a administrar o porto de Klang, na Malásia.[62] No final de 2005, havia assinado contratos com cinco países africanos para supervisionar o desenvolvimento de seus respectivos portos.[63] Nesse mesmo ano, Dubai comprou a empresa norte-americana csx World Terminals, tornando-se o sexto maior operador de terminal de contêineres do mundo.[64]

Dubai se expandia em ritmo frenético. Assinou uma parceria de consórcio com o conglomerado indiano Tata Group para criar sete parques logísticos na Índia.[65] Anunciou sua entrada na Rússia, onde assessoraria a construção de zonas econômicas especiais, e assinou um memorando de entendimento com a Líbia.[66] Anunciou a construção de um porto de 800 milhões de dólares, isento de impostos alfandegários, no Senegal.[67] Autoridades romenas visitaram Dubai para estudar a criação de "uma plataforma semelhante a Jafza", provavelmente em seu curto quinhão de costa no mar Negro.[68] Em 2006, a DP World venceu um leilão com Cingapura pela companhia de navegação britânica P&O, operadora do transporte de carga que atendia ao Império Britânico. Outrora, estações de abastecimento de carvão, bases navais e portos livres uniram o império de Colombo, no Sri Lanka, a Gibraltar — as rotas marítimas eram o que o cientista político Laleh Khalili define como "tendões da guerra e do comércio".[69] Agora, os maiores operadores de portos eram ex-protetorados e ex-possessões: Cingapura, Hong Kong e Dubai.

Dubai não hesitou diante da própria metrópole. Comprou 20% da Bolsa de Valores de Londres, bem como uma participação na roda-gigante London Eye. O nome da companhia aérea de Dubai, Emirates, passou a ser estampado no peito da camisa de um time londrino da primeira divisão do futebol inglês, o Arsenal, cujo novo estádio foi inaugurado como Emirates Stadium. Em 2013, a DP World também abriu o porto London Gateway. Cerca de cinquenta quilômetros rio abaixo da Isle of Dogs, London Gateway era tudo o que as Docklands não eram: um parque logístico, um parque comercial e um porto de águas profundas para os maiores navios porta-contêineres do mundo.[70] Grande parte da construção foi feita por robôs, guindastes e caminhões automatizados.[71] Dubai, que poucas décadas antes não passava de uma semicolônia, agora administrava a porta de entrada para a hidrovia mais importante da metrópole.

Outro ponto focal foi a costa ao longo do estreito de Bab el-Mandeb, entre o Iêmen e o Djibuti, por onde passavam 20 mil navios por ano a caminho do canal de Suez, transportando 30% do petróleo da Europa.[72] Em 2000, a DP World assumiu a gestão do porto de Djibuti. Dois anos depois, encampou a administração do Aeroporto Internacional de Djibuti-Ambouli.[73] Dubai ainda construiu o primeiro hotel cinco estrelas do país e assumiu a administração da alfândega do Djibuti.[74] Uma subsidiária da Dubai World comprou a companhia aérea do Djibuti.[75] Conforme já mencionamos no capítulo anterior, alguns anos depois a DP World expandiu o porto em Berbera, o Estado de fato da Somalilândia.

Era difícil não comparar a hiperativa, dinâmica e bem-sucedida Dubai com o Iraque, seu duplo distorcido golfo acima. De um lado, o Iraque, onde a democracia era imposta por um ocupante estrangeiro sob a ameaça de mísseis Tomahawk. Do outro, Dubai, sem democracia, anfitriã de festas na piscina e brunches, pomposas cerimônias de inauguração de obras e novas aquisições todos os meses. Curtis Yarvin, o blogueiro ávido por uma colcha de retalhos de miniestados, se incluía entre aqueles que apresentavam Iraque e Dubai como opostos. No Iraque havia democracia sem lei, e em Dubai havia lei sem democracia. Qual dos dois era preferível?

Mas a escolha era falsa, assim como o antagonismo. Era difícil desvincular a ascensão de Dubai das intervenções militares dos Estados Unidos em seus países vizinhos. Desde 1991, os Emirados Árabes Unidos permitiam que os Estados Unidos instalassem equipamentos em bases na federação; no início dos anos 2000, Jebel Ali era o porto de escala mais movimentado da Marinha americana.[76] O surto de prosperidade econômica foi alimentado inteiramente pelo aumento nos preços do petróleo que se seguiu à invasão do Iraque e do Afeganistão. Em uma manobra reveladora, em 2007 a Halliburton, empresa de construção, exploração e produção de petróleo, se mudou de seu estado natal, o Texas, para a Zona Franca de Jebel Ali.[77] Quando o terminal de petróleo de Doraleh foi inaugurado no Djibuti, a cerimônia aconteceu a bordo do cruzador de mísseis guiados USS *Vicksburg*. Os militares norte-americanos haviam investido no terminal o montante de 30 milhões de dólares.[78]

A estreita parceria entre Dubai e os militares estadunidenses tornava irônico que os protestos mais indignados e estridentes acerca da expansão do emirado no exterior viessem dos próprios Estados Unidos. Entre os terminais operados pela companhia de navegação P&O, 22 ficavam nos Estados Unidos. Quando a DP World comprou a P&O em 2006, os formuladores de políticas norte-americanos se opuseram ao negócio alegando um suposto risco de segurança, o que levou a empresa de Dubai a vender os contratos de administração desses terminais. O protesto era especialmente incongruente, visto que os portos da DP World eram avançadíssimos em termos de tecnologia de ponta em segurança. Com efeito, como observou a geógrafa Deborah Cowen, os Estados Unidos colaboravam com Dubai na triagem de contêineres enquanto os acompanhavam na sujeição dos trabalhadores portuários a níveis anormalmente altos de vigilância.[79]

Alguns anos depois, Dubai voltou aos Estados Unidos por uma porta dos fundos do Sul. Em março de 2008, quatro autoridades do condado de Orangeburg, na Carolina do Sul, um distrito de cerca de 80 mil habitantes, embarcaram em um voo de catorze horas até Dubai para negociar um investimento de 600 milhões do emirado. Enfatizando o que viam como uma flora em comum entre as duas geografias, os habitantes da Carolina do Sul levaram consigo bótons de palmeto e gravatas com estampa de palmeira. Um membro da delegação expressou a esperança de que a palmeira e a lua crescente da bandeira de seu estado fossem recebidas de bom grado num país muçulmano.[80] A Jafza International comprou 5260 quilômetros quadrados de terra em Orangeburg e anunciou planos para um parque empresarial com instalações de manufatura leve, armazenamento e distribuição.[81]

A união das luas não estava escrita nas estrelas. Assim que o modelo de Dubai chegou ao pico, colidiu em cheio contra o muro da crise financeira global. Em novembro de 2008, a DP World solicitou a suspensão dos pagamentos de seus empréstimos, e a própria Dubai precisou do socorro financeiro de Abu Dhabi.[82] Jafza se retirou de Orangeburg. A Trump Tower Dubai planejada para o tronco de Palm Jumeirah não saiu do papel.

4.

Dubai era uma nova espécie de Estado, feita sob medida para a globalização. A desregulamentação do transporte de cargas marítimo e rodoviário permitiu o transporte intermodal, que impulsionou o comércio marítimo. Inovações técnicas em pórticos aceleraram como nunca o carregamento e o descarregamento de navios. Aeronaves de corpo largo próprias para o transporte de cargas de longa distância permitiram que um local longe da maioria dos centros de negócios se tornasse um importantíssimo eixo na rede global — uma "aerotrópole", na definição de um jornalista.[83] (Um livro didático observou que, por meio de uma escala em Dubai, era possível ligar praticamente quaisquer dois lugares no mundo.)[84] O fim dos controles de capital e a fluidez do dinheiro transformaram as reluzentes torres e mansões do emirado em contas de poupança tridimensionais e isentas de impostos. Dubai era um símbolo perfeito da economia global que tomava forma no início do século XXI.

É significativo que a ascensão de Dubai no início dos anos 2000 tenha se dado paralelamente ao surgimento do *nation branding*. Antes restritos às empresas, princípios de gestão de marcas passaram a ser aplicados a nações. Consultores e agências de relações públicas sintetizaram as qualidades e virtudes dos países em frases de efeito e slogans facilmente digeríveis. Índices de marcas de nações quantificaram em novas tabelas de classificação o que as pessoas pensavam a respeito de vários países. Esses índices ajudaram a direcionar os fluxos cada vez mais volumosos de dólares turísticos, investimentos em imóveis e transferências de endereço de empresas, em termos de condições de moradia para os funcionários, facilidade de fazer negócios, grau de liberdade econômica e acréscimos intangíveis ao valor do produto a ser descrito como "fabricado no país X". Entre os primeiros casos de posicionamento de marca de uma nação destaca-se o famoso exemplo da Grã-Bretanha, em que a ideia do rótulo *Cool Britannia* ficou intimamente ligada a Tony Blair e ao Novo Trabalhismo depois de 1997. Outro caso foi o de Hong Kong, que em 2001 elaborou uma campanha na qual se autodenominava a "Cidade Mundial da Ásia".[85] O slogan "Singularmente Cingapura" foi lançado em 2004; "Incrível Índia", em 2005.[86] O horizonte de Dubai e os muitos recordes mundiais da cidade fizeram dela a marca referencial dos Emirados Árabes Unidos e um dos principais destinos turísticos do mundo. Em 2014, foi a quinta cidade mais visitada do planeta.[87]

Depois de toda a conversa na década de 1990 sobre democracia e capitalismo caminhando juntos, uma coisa que os consultores de posicionamento de marcas de nações constataram desde o princípio foi o pouco valor que a democracia agregava quanto à reputação de um país. Na verdade, eram países antidemocráticos como Dubai e Cingapura que obtinham uma classificação especialmente alta nos rankings junto a turistas e investidores. Havia aí uma importante lição a ser aprendida. Ganhar o jogo capitalista em termos globais parecia ter pouco a ver com questões abstratas de liberdade democrática. Os consultores não viam isso como coincidência: centralizar o poder na figura de um chefe de Estado semelhante ao CEO de uma empresa permitia uma mensagem unificada.[88] A democracia era confusa: dobrava-se em diferentes visões de um país, deixava pontas soltas e narrativas pendentes e esfarrapadas. O capitalismo sem democracia é capaz de acertar o alvo todas as vezes. De fato, se alguém julgasse os países da mesma maneira como julgava as empresas — como tudo no mercado global nos dizia para fazer —, Dubai venceria em todas as métricas. O que era uma classificação desastrosa nos rankings de direitos humanos da Freedom House em comparação com o arranha-céu mais alto do mundo? Ao lado das avaliações do valor das terras que subiam 10% ao ano, o que era uma péssima posição no ranking mundial de liberdade de imprensa? As preocupações com as liberdades políticas e civis podem até parecer anacronismos sentimentais de uma época anterior, benevolências cuja existência já não se pode mais permitir no combate constante da competição global.

Um planejador urbano observa que Dubai cria uma infraestrutura monumental ao mesmo tempo que a esconde da vista.[89] O porto de Jebel Ali fica atrás de arame farpado. Os épicos projetos de recuperação de terras dos arquipélagos artificiais World e Palm Jumeirah são condomínios fechados inacessíveis ao público. Dubai é, ao mesmo tempo, hiper-real — reproduzida infinitamente em cintilantes imagens do horizonte e impactantes filmagens aéreas — e impossível de entender, um lugar visto apenas de cima, e não no nível da rua, onde ônibus com grades de metal no lugar de janelas transportam os trabalhadores para seus alojamentos. Talvez seja a forma como Dubai deliberadamente se oferece como uma tela de projeção que a torna disponível para reapropriação constante.

A cobertura jornalística da imprensa tradicional sobre Dubai toma o cuidado de não seguir totalmente o roteiro do Brand Dubai, órgão do escritório de mídia governamental inaugurado em 2009. Os jornalistas tendem a apontar a ausência de democracia como parte do lado sombrio de Dubai, juntamente com o tráfico sexual, o uso de crianças como jóqueis de camelos e a exploração de mão de obra, muitas vezes não remunerada. Pensadores reacionários como Yarvin consideravam isso desnecessário. Na verdade, ele estendia o sucesso de Dubai a conclusões mais radicais. Propôs sua própria solução para o Iraque tomando emprestadas as virtudes da governança fragmentada de Dubai. Primeiro, é necessário dividir o país, escreveu ele, de volta às suas províncias da era otomana. Em seguida, pôr cada território sob o controle de uma "corporação de segurança soberana" com fins lucrativos. Essas empresas seriam de propriedade e administração privadas e negociadas publicamente na bolsa financeira de Dubai. Os "novos emirados da Mesopotâmia" seriam compostos de uma dupla estrutura acionária. As pessoas nascidas no antigo Iraque teriam uma participação na corporação, mas sem direito a voto. Ações com direito a voto seriam vendidas em leilão em Dubai. Não haveria tolerância com dissidências internas, tampouco haveria proteção para as liberdades políticas ou civis. Sob a administração das companhias de segurança soberanas, escreveu Yarvin, "os negócios do Iraque serão negócios, assim como em Dubai".[90]

Isso não estava muito longe da administração de fato do Iraque por empreiteiras privadas. Yarvin escreveu seu artigo na primavera de 2007. No primeiro trimestre de 2008, o número de empreiteiros no Iraque era igual ao de militares.[91] O envolvimento de interesses privados na guerra era inaudito e extremamente lucrativo. O *Financial Times* descobriu que quem mais ganhava era a KBR, subsidiária da Halliburton até 2007, que ganhou pelo menos 39,5 bilhões em contratos federais no Iraque.[92] A Halliburton assinou um contrato sem licitação.

No entanto, embora a "Dubai Inc." fosse o modelo, o emirado não era literalmente uma corporação. Dubai ainda tinha cidadãos — uma minoria das pessoas que viviam no emirado — e um chefe de Estado tradicional, mesmo que não prestasse contas ao povo e governasse pelo privilégio da linhagem consanguínea. Em outras palavras, o sonho de Yarvin só foi realizado em parte. Ele se perguntou se seria possível para corporações soberanas (*sovereign corporations*, ou *sovcorps*) aprimorar Dubai eliminando o monarca hereditário e adotando o modelo corporativo mais tradicional de propriedade pública anônima.[93] Imagine se Dubai pudesse fazer uma oferta pública de ações, escreveu.[94]

Em um de seus provocativos comentários, Yarvin ponderou sobre até que ponto seria uma boa ideia deixar o xeique Al Makhtoum de Dubai administrar Baltimore.[95] Nos anos seguintes, outras pessoas de seu círculo proporiam uma variação da mesma ideia: e se o Vale do Silício administrasse Honduras? Algo parecido com uma *sovcorp* estava prestes a chegar mais perto da realidade.

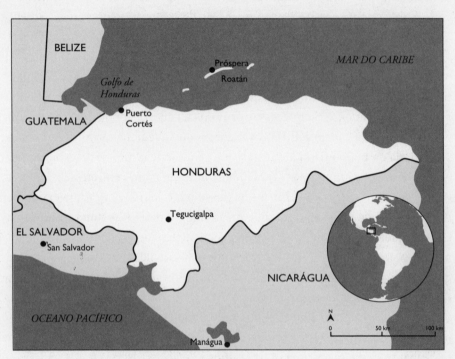

Honduras.

10. Colonialismo do Vale do Silício

Em 2009, um professor de economia da Universidade Stanford chamado Paul Romer deu uma palestra sobre como reavivar o colonialismo. Ele perguntou o seguinte: por que alguns países ficaram ricos ao passo que outros permaneceram pobres? Não se tratava apenas de estar no local certo ou de ter os recursos naturais certos, afirmou. Tinha a ver com algo mais intangível: o conjunto certo de regras. Regras significavam as leis que estabeleciam alíquotas de impostos, regulamentavam o trabalho e protegiam a propriedade. E diziam respeito também ao estilo geral de governo. Em um nível mais profundo, as regras eram normas culturais, valores e crenças. Eram o que determinava nosso comportamento inato, mas também a maneira como nos comportamos sem pensar. A história do capitalismo era a história de uma luta entre regras. As nações com as melhores regras venceram.

Hong Kong — um pedaço de litoral organizado sob regras diferentes do continente adjacente desde o século XIX — foi o principal exemplo de Romer. Quando, no final dos anos 1970, a China importou o modelo de Hong Kong para o delta do rio das Pérolas, disse Romer, um "processo de cópia" ajudou a China a começar a se pôr em condições de igualdade com o Ocidente. Romer rejeitava as objeções de que Hong Kong era antidemocrática. Até a devolução da ilha, o governador da colônia era nomeado pelo Parlamento do Reino Unido, eleito pelos eleitores britânicos. Hong Kong *era* uma democracia — "acontece que simplesmente não era uma democracia que envolvia os residentes locais".

Quanto às Guerras do Ópio — a violência que tornou tudo possível —, Romer insistiu que foram acidentais. Em sua narrativa, Hong Kong chegou aonde estava por causa do "acidente histórico" de ter sido colonizada pelos britânicos.[1]

Como seria possível fazer esses acidentes históricos acontecerem novamente? O atalho que Romer ofereceu para Hong Kong foi chamado de cidade *charter*. A fórmula: persuadir as nações pobres a entregar pedaços de território desabitado para serem administrados pelos mais ricos. Polinizar a terra vazia com regras conhecidas por fazer o capitalismo funcionar e então vê-lo crescer. Isso seria colonialismo por consentimento, ocupação por convite. Recorrendo ao jargão do Vale do Silício, ele as chamou de "jurisdições políticas startup".[2] As cidades *charter* poderiam acontecer em qualquer lugar. Exibindo um mapa noturno da África sem iluminação artificial, ele apontou a "enorme quantidade de terra subutilizada no planeta".[3] Os líderes precisavam apenas enfrentar o fato de que a soberania sob as condições da globalização já era discutível. Por que não ir até o fim e entregar seu país à administração externa? Não havia nada a perder, e havia Hong Kong a ganhar.

1.

Na virada do milênio, o setor de tecnologia se definiu pela incansável busca do próximo "aplicativo matador" que mudaria o mundo. Na visão do Vale do Silício, o mundo estava cheio de problemas que precisavam de soluções tecnológicas.[4] O Airbnb se propôs a resolver o problema dos hotéis. A Uber decidiu revolucionar a questão dos táxis. A Theranos prometeu revolucionar os exames de sangue. A ideia da cidade *charter* emprestou seu brilho da ideia de escolas *charter*, as instituições educacionais startup com apoio privado cujo número triplicou entre 2000 e 2012.[5] O *Wall Street Journal* fez a conexão, comparando o modelo de cidade *charter* de Romer a uma escola *charter* "livre de contratos sindicais e burocracia pública".[6] Para a maioria dos Estados Unidos nos anos 2000, as escolas *charter* tinham como alvo as obsoletas instituições das escolas públicas. O alvo das cidades *charter* era a antiquada instituição dos Estados-nação.

O primeiro lugar onde o plano de Romer pousou foi na ilha de Madagascar, na costa sudeste da África. Seu aliado era Marc Ravalomanana, magnata dos laticínios que se tornou presidente do país em 2002. Ravalomanana ganhou as manchetes seis anos depois, quando vieram à tona revelações de um esquema para arrendar 1,2 milhão de hectares de terras agrícolas gratuitamente por 99 anos para um conglomerado sul-coreano.[7] O acordo foi uma das mais escancaradas tentativas de apropriação de terras na África, à medida que as nações mais ricas buscavam garantir áreas para cultivo agrícola no exterior depois de um salto repentino nos preços mundiais dos alimentos.[8] Os países anfitriões ofereciam terras a troco de nada, ou quase nada, na esperança de assegurar um punhado de empregos para os moradores locais e "efeitos de transbordamento" do investimento estrangeiro. Romer via Ravalomanana como um homem disposto a repensar a soberania, mesmo diante de controvérsias. Ele voou a Madagascar para vender a ideia do modelo de cidade *charter* e ficou encantado quando o presidente concordou em criar duas delas.[9] Outras elites, menos convencidas acerca da proposta de subdivisão da nação, apoiaram um golpe de Estado que derrubou Ravalomanana em 2009.[10]

Enquanto um golpe fechava uma porta, outro abria uma nova. Dessa vez o local era Honduras, que no século XIX havia sido uma economia de enclave, com latifúndios monocultores administrados por empresas estrangeiras. Da década de 1960 em diante, o país caiu sob sucessivas ditaduras militares respaldadas pelos Estados Unidos.[11] Em 1976, Honduras aderiu à primeira onda de ZPEs, concedendo incentivos fiscais a empresas de Puerto Cortés, cidade portuária na costa caribenha que leva o nome do conquistador que lá desembarcou em 1526. A partir daí, as zonas se espalharam para um número cada vez maior de localidades, até que, por fim, uma lei de 1998 decretou que ZPEs poderiam ser criadas em qualquer lugar do país.[12] Essas zonas sugavam a mão de obra, que atuava sobretudo na manufatura no setor têxtil de baixa remuneração. A força de trabalho nas ZPEs cresceu de 9 mil trabalhadores em 1990 para 100 mil uma década depois,[13] ainda que nos anos 2000 o mesmo sucesso que Romer ressaltou nas zonas manufatureiras da China tenha começado a solapar a vantagem salarial de Honduras.[14]

O golpe de 2009 foi levado a cabo pelo Partido Nacional de Porfirio "Pepe" Lobo. Entre seus conselheiros estavam egressos de universidades de elite dos Estados Unidos. Assim como Romer, eles buscavam soluções e truques, formas de estender o que consideravam o sucesso das ZPEs. Uma de suas ideias era atualizá-las para algo mais próximo da concessão do século XIX. Eles lançaram no ar o rótulo "superembaixada", que um consultor descreveu como "uma área governada por leis de outro país".[15] No final de 2010, a liderança hondurenha se reuniu com Romer e concordou em fazer de seu país "o local de um experimento econômico".[16]

A forma jurídica da cidade *charter* em Honduras era a Região Especial de Desenvolvimento (RED), uma entidade extraterritorial a ser gerida por um país parceiro estrangeiro.[17] Criadas pelo Congresso Nacional de Honduras por meio de uma emenda constitucional, as REDs seriam verdadeiras colônias dentro da nação. Uma nação estrangeira estabeleceria tribunais de justiça, para os quais nomearia juízes, oficiais e funcionários; treinaria a polícia; abriria escolas, organizaria o sistema de saúde e o sistema prisional.[18] A formulação de políticas ficaria a cargo de uma Comissão de Transparência de nove membros e de um governador nomeado pelo presidente hondurenho em primeira instância e, depois, internamente.[19] As REDs se assemelhavam às concessões do século XIX, mas, de certa forma, iam além delas. O fato mais extraordinário era de que teriam seu próprio status jurídico: as REDs poderiam firmar tratados com outros Estados-nação, determinar suas próprias políticas de imigração e conduzir a diplomacia ao lado do governo hondurenho.[20] Em termos de direito internacional, as REDs teriam pelo menos tanta autonomia quanto a Região Administrativa Especial de Hong Kong. Fiel à retórica de Romer, o modelo era o de "um país, dois sistemas". Liberando pedaços de território da supervisão nacional e concedendo a um país estrangeiro todas as funções do Estado, as REDs puseram a soberania em leilão.

"Quem quer comprar Honduras?", questionou o *New York Times*, noticiando a expectativa de que Romer seria o "presidente do conselho de administração" de uma cidade *charter* de 10 milhões de pessoas (em um país cuja população total à época chegava a 8 milhões de habitantes).[21] O *Wall Street Journal* enalteceu a supervisão de Romer sobre "o desenvolvimento de uma cidade instantânea".[22] A *Economist* ficou maravilhada com a perspectiva de "Hong Kong em Honduras", reproduzindo a publicidade de Romer para imaginar "dezenas de arranha-céus e milhões de pessoas" em torno de um porto natural.[23] A revista *The Atlantic* perguntou: "Países em dificuldade deveriam deixar os investidores administrarem suas cidades?", e respondeu que sim: "Talvez seja mais fácil resolver os desafios sistêmicos de governança do país começando de novo, mesmo que em pequenas partes do território".[24] As vozes do canto libertário foram ainda mais efusivas. A revista *The Freeman* chamou as REDs de "uma revolução em governança".[25] Povoadas por "cidadãos-clientes", elas poderiam ser um local de "teste prático em condições reais" para outros experimentos de governança.[26] Um blogueiro libertário britânico declarou: "*Essas zonas são uma fronteira. São uma coisa nova, uma aventura e uma nova adição à humanidade*".[27]

Romer conseguiu garantir as condições domésticas necessárias no país anfitrião, mas estava tendo problemas para encontrar um Estado patrono, um país mais rico disposto a administrar a cidade *charter*. Um de seus candidatos dos sonhos era o Canadá. Nas primeiras apresentações do conceito de cidade *charter*, ele fantasiou sobre os canadenses tomando dos Estados Unidos o enclave cubano da baía de Guantánamo e transformando o notório presídio da Guerra Global contra o Terrorismo em um movimentado centro comercial para a região.[28] Em sua proposta, o Canadá teria papel semelhante em Honduras.[29] Não se tratava de uma missão humanitária, insistiu; era uma proposta de negócios.

O Canadá já era um dos principais investidores em Honduras, respondendo por uma média de 28,7% do investimento estrangeiro direto no país no início dos anos 2000, mais do que os Estados Unidos. A empresa canadense de roupas Gildan, produtora de meias, camisetas e outras peças, era o maior empregador individual nas ZPEs hondurenhas.[30] Uma cidade *charter* no país seria um mercado cativo e um cliente para os serviços canadenses. O Canadá poderia oferecer educação, assistência médica, gestão ambiental e administração tributária mediante pagamento de uma taxa-base de serviço.[31] Romer chegou, inclusive, a imaginar um contingente caribenho da Real Polícia Montada do Canadá patrulhando as zonas, com salários obtidos com as receitas da terra.[32] Ele repetiu um slogan popular: "O mundo quer mais Canadá".[33] Mas o Canadá recusou.

A cidade *charter* se conectava aos sonhos do Vale do Silício, mas também se vinculava ao contexto de uma geopolítica mais ampla. Romer falou sobre a necessidade de "repensar a soberania" como se fosse uma ideia nova. Mas os Estados Unidos vinham repensando seriamente a soberania desde a invasão e a ocupação do Afeganistão em 2001 e do Iraque em 2003. Quando Romer deu sua primeira palestra sobre as cidades *charter*, os Estados Unidos ainda tinham 130 mil soldados no Iraque. Sua apresentação em Stanford contou com a presença de Condoleezza Rice, que acabava de se afastar das calamidades que ajudara a conduzir como secretária de Estado no governo Bush, assumindo um novo cargo de prestígio como diretora da Instituição Hoover — o posto avançado da SMP na Costa Oeste.[34] Romer se referiu a ela pelo apelido, mencionando que "Condi" estava na plateia.[35] Os verdadeiros repensadores da soberania existentes eram os colegas de Romer.

As guerras no Oriente Médio deram rédeas soltas à imaginação criadora do mundo de muitas elites dos Estados Unidos e do Reino Unido. Vários historiadores e intelectuais públicos refletiram que o império havia sido difamado e precisava de reabilitação.[36] Um desses líderes de torcida, Niall Ferguson, membro adjunto da Hoover, se autodenominava um "integrante plenamente remunerado da gangue neoimperialista".[37] Uma vez que os fracassos da "construção da nação" estadunidense eram repetidos à exaustão no noticiário diário, a imprensa ficou feliz em mostrar os sonhos de Romer para uma versão menos militarizada do imperialismo, que tinha como objetivo a liberdade econômica.

As poucas vozes críticas apontaram que a cobertura midiática sobre as ideias de Romer punha panos quentes na natureza do governo em Honduras com o qual ele lidava. Assim como na cobertura da influência exercida pela Escola de Chicago sobre o Chile de Pinochet, a qualidade inovadora das propostas econômicas de Romer era noticiada sem que fosse dada atenção aos milhares de detenções ilegais, assassinatos e desaparecimentos de manifestantes e ativistas.[38] Um dos advogados que apresentaram uma queixa a respeito da constitucionalidade do esquema para as REDs foi morto a tiros no que parecia ser um assassinato, poucas horas depois de dar entrevista a um canal de TV denunciando a cessão de terras a investidores para a construção de "cidades--modelo" autogovernadas.[39] Mas o que eram esses episódios isolados de violência policial e violações de direitos humanos em comparação ao número de mortos na tentativa de trazer (de volta) eleições populares ao Oriente Médio? A política externa dos Estados Unidos e as propostas de cidades *charter* de Romer trabalharam em conjunto para deslocar a janela de Overton quanto à ideia de domínio estrangeiro. Se as publicações de maior prestígio do mundo pudessem dar total apoio a um projeto de colonialismo por convite, o que mais seria possível? Curtis Yarvin, como sempre, estava disposto a dizer em voz alta a parte silenciosa. Ele se indagava por que Romer insistia em que suas cidades *charter* não eram colonialismo. Eram "*exatamente* colonialismo", escreveu ele, e não havia razão para desculpas. As populações não europeias se saíram melhor quando foram governadas pelos europeus, proclamou ele. Romer abria caminho para o que Yarvin chamou de "colonialismo para o século XXI" — e estava empolgadíssimo.[40]

2.

Quem demonstrou o maior entusiasmo com relação ao plano de Romer para Honduras não foram Estados existentes como o Canadá, mas empreendedores libertários que julgaram que seria bom ter um miniestado próprio. A conferência na qual Peter Thiel especulou sobre um mundo com mil nações? O nome de Romer também estava na programação como um dos palestrantes. A recepção positiva da ideia das cidades *charter* (sem mencionar o boom de empreiteiras militares e empresas de construção no Oriente Médio) sugeria que o tabu contra a subdivisão e a recolonização do território estava enfraquecendo. Por que cidadãos privados não deveriam participar dos projetos de lei do governo, a linha de negócios mais lucrativa já criada? Patri Friedman apontou que os serviços governamentais representavam 30% do PIB global. "As pessoas falam sobre o desmantelamento da medicina, da energia ou da educação", afirmou Friedman. "Isso é fichinha. Estamos falando de peixe grande." O governo era o maior cartel do mundo. "Devemos pensar nos países como empresas e nos cidadãos como clientes", propôs. Se houver algo como a falência do Estado, então "poderemos lucrar com isso como empreendedores?".[41] Encaradas como um empreendimento puro, as cidades-startup pareciam um campo à espera de um investidor com ousadia suficiente para entrar.

"Se as leis eram o software", disse Friedman, então por que "o sistema operacional dos Estados Unidos [...] foi escrito em 1787?"[42] A reforma das leis domésticas era demasiadamente lenta. Melhor encontrar um lugar onde fosse possível escrever um novo código a partir do zero. Friedman esperava que Honduras fosse o país certo para fazer isso acontecer. Ele reuniu pessoas do círculo de Thiel para apoiar um grupo de investimento chamado Desenvolvimento de Cidades do Futuro, que anunciou planos para "trazer até Honduras o espírito de inovação do Vale do Silício". Em 2011, assinaram um memorando de entendimento com Honduras para construir uma RED.[43]

Diversos outros investidores foram atraídos para o Projeto Honduras pela perspectiva de um livre mercado na governança. Alguns tinham motivações mais políticas do que outros. Um membro do conselho do Instituto Seasteading, que também assinou um memorando de entendimento com o governo, alegou que queria transformar as zonas em um "paraíso anarcocapitalista".[44] Ele imaginou zonas perfurando os Estados existentes e atraindo pessoas e capital até que os territórios circundantes fossem abandonados como cascas vazias. "Em última análise, daqui a vinte, trinta, quarenta anos", disse ele, "chegaremos ao ponto em que o sistema de Estado-nação atrofiará." Ele comparou o Estado-nação ao serviço postal dos Estados Unidos, corroído mais e mais a cada dia pelo e-mail e por empresas de entrega particulares. A proliferação de zonas significava que o "governo do Estado-nação existe como os correios por algum tempo", mas "em algum momento" definharia até desaparecer.[45]

Outro via a zona hondurenha como a resposta para a única pergunta relevante: "Qual Estado você compraria?".[46] Ele entendia a zona como um lugar em que "cidadãos contratados" poderiam se unir em um verdadeiro contrato social, sem nenhuma chance de violação da propriedade privada em nome do "bem comum". Não haveria política coletiva além dos indivíduos atomizados, que seriam "soberanos de si mesmos".[47] Como "a velha ordem está visivelmente chegando ao fim, mas uma nova ainda não foi estabelecida", escreveu ele, os libertários não tinham outra opção a não ser recuar para territórios liberados.[48] A zona hondurenha poderia servir como um reduto e um bastião em uma época conturbada — uma versão do vale de Galt, o refúgio dos milionários no Colorado de *A revolta de Atlas*, mas com praias melhores.

Outro investidor, Erick Brimen, se referia ao seu métier como *countrypreneurship*, um empreendedorismo de criação de países, e iniciou um fundo de capital de risco oferecendo recursos para a criação de novas sociedades "a partir do zero".[49] Trabalhando com Patri Friedman, em maio de 2021 Brimen deu início às atividades em uma recém-inaugurada zona de 235 mil metros quadrados na ilha de Roatán, na costa norte de Honduras, com 17,5 milhões de dólares de capital.[50] Chamada de Próspera, a zona não era uma RED, mas sua sucessora legal, uma zona de emprego e desenvolvimento econômico (Zede), uma das duas no país.[51] As Zedes permaneceram sob a lei internacional e penal hondurenha; não podiam mais entrar em tratados de forma independente, mas ofereciam um quadro em branco para a construção de novas instituições internas a partir da estaca zero. Eram isentas de impostos de importação e exportação e podiam ter seus próprios tribunais, forças de segurança, sistemas educacionais e sistema jurídico.[52] "Somos um empreendimento privado em que todas as relações são determinadas por contratos entre o organizador e o empresário ou residentes individuais", afirmou um conselheiro. "Somos o epítome dos princípios do livre mercado."[53]

Acomodações de luxo, escritórios e laboratórios foram planejados para a Zede, mas um dos atrativos de se viver em Próspera também era o fato de que a pessoa não precisava morar lá — assim como os investidores de Próspera não residiam nas ilhas Cayman, onde seu fundo era registrado. Os defensores da sociedade-startup insistiam que a cidade do século XXI não era feita de concreto e vidro, mas de leis.[54] Sendo fiel ao ideal de Romer, a coisa mais importante sobre um lugar eram suas regras. Se os colonos de outrora buscavam riqueza em ouro, colheitas ou ferrovias, o tesouro de zonas como Próspera no século XXI era seu status como jurisdição — seu potencial como um novo lugar em que seria possível escolher entre regulamentos e requisitos de licenciamento. Essas zonas ofereciam incisivos exemplos do que havia se tornado a prática-padrão na conduta do capitalismo global. Em qualquer lugar do mundo, quando as pessoas firmam um contrato comercial, já podem escolher qual lei preferem usar; a maioria dos contratos comerciais é redigida ou de acordo com a lei do estado de Nova York, ou de acordo com a lei inglesa.[55] Para o que um acadêmico chama de "capital itinerante" ou "capital nômade", as leis são selecionadas e combinadas à la carte.[56] A empresa de capital de risco que financiou Próspera, por exemplo, foi registrada em Wyoming.[57] O negócio propriamente dito foi registrado em Delaware.[58] Essas jurisdições eram portais para o que Oliver Bullough chama de "Dinheirolândia", onde as pessoas podem selecionar quaisquer leis "que sejam mais adequadas para os que são ricos o bastante para pagar por elas a qualquer momento".[59]

Próspera esperava construir um novo portal para a Dinheirolândia, mas também acelerar a dinâmica da escolha das leis. A ambiciosa visão de seus idealizadores tinha como premissa a fé nas possibilidades sem atrito da governança pela internet. Um de seus modelos era o pequeno Estado báltico da

Estônia, berço do Skype, que nos anos 2000 se esforçou para se tornar o que um jornalista definiu como "república digital", permitindo que, pela internet, os cidadãos votassem, contestassem multas de estacionamento e até mesmo prestassem depoimentos em processos criminais.[60] Depois de 2014, a Estônia lançou um programa de "residência eletrônica" que permitia que as pessoas se tornassem "residentes virtuais" ao custo de uma pequena taxa, registrando seus negócios no país e obtendo acesso a uma gama de serviços on-line, bem como a entrada no Mercado Único Digital da União Europeia.[61] O arquiteto desse programa era um consultor.[62]

Havia muito os anarcocapitalistas sonhavam em transformar a metáfora do "contrato social" discutido por teóricos políticos em um contrato literal, impresso em papel ou exibido em uma tela, que um cliente assinaria para concordar em se submeter a um dado conjunto de regras. Essa ideia foi explorada no clássico romance especulativo de anarcocapitalismo, *Alongside Night* [Ao lado da noite], publicado em 1979, no qual os Estados Unidos entraram em colapso depois de uma crise monetária e os verdadeiros adeptos do livre mercado se reuniram em enclaves e fortalezas administrados por uma organização clandestina conhecida como Núcleo. Os membros se cumprimentam com a saudação "Laissez-faire!" e desfrutam de bibliotecas abastecidas com volumes de Mises, Rand e Rothbard, além de serviços fornecidos pelo Primeiro Banco e Fundo Patrimonial Anarquista, a Seguradora sem Estado e o Café TANSTAAFL, acrônimo para a expressão *There Ain't No Such Thing as a Free Lunch* [Não existe almoço grátis].[63]

Para entrar em um dos redutos fortificados, primeiro a pessoa tinha de assinar uma Submissão Geral à Arbitragem, que a obrigava a resolver todas as futuras disputas judiciais de qualquer natureza por meio de tribunais privados de terceiros. Partes desse sistema já existem no mundo comercial. Um contrato comercial geralmente inclui uma nota sobre onde um litígio será resolvido em caso de desacordo. Casos transfronteiriços são quase sempre ajuizados por centros internacionais, e Londres, Hong Kong e Cingapura são os principais centros de arbitragem. Em *Alongside Night*, isso se estende a todos os aspectos da lei civil e de conduta. Ninguém que recusasse o contrato seria admitido, e as pessoas que rejeitassem uma sentença seriam submetidas ao boicote e ao ostracismo, "uma 'expulsão' que, na prática, equivalia a ser entregue nu aos inimigos".[64]

Assim como nos redutos fortificados do Núcleo, em Próspera a arbitragem abrangeria assuntos cotidianos sem relação com os negócios.[65] O "acordo de convivência" assinado no ato de adesão à Zede significava que as infrações seriam tratadas não como crimes, mas como quebras contratuais. Os árbitros mais graduados do Centro de Arbitragem de Próspera que julgava as disputas eram três homens brancos idosos do Arizona.[66]

Essa era uma visão de governo diferente daquela baseada em direitos e obrigações, sem falar na soberania popular. Era uma escolha autoconsciente fazer da governança corporativa a base da comunidade humana, uma realização do projeto anarcocapitalista elaborado por David Friedman e muitos outros.

Um consultor de Próspera elogiou a decisão de Honduras de entregar o controle do território. "Honduras está abrindo mão", disse ele, "o que é um fenômeno absolutamente singular no mundo. É preciso estar muito desesperado enquanto território e enquanto classe política para ter o entendimento de que o problema pode ser tão grande a ponto de [...] deixar que outros assumam o controle."[67] O simbolismo da Zede como um ato de desespero não passou despercebido pela população hondurenha. O debate sobre as zonas reabriu uma discussão maior no país sobre a fragmentação do território nacional. Os críticos viam na perfuração histórica da soberania nacional uma linha direta que ia desde os enclaves de bananas, passava pelos *sweatshops* de empresas *maquiladoras* e chegava até as zonas de startups.[68] Um jornalista observou que as zonas foram legalizadas por ocasião do aniversário de cem anos da concessão de privilégios semelhantes pelo general Manuel Bonilla a empresas de banana dos Estados Unidos.[69] Outro apontou que uma Zede foi planejada para o local onde William Walker, o mercenário estadunidense do século XIX que se declarou presidente da Nicarágua, acabou sendo julgado e executado pelo governo de Honduras.[70] Os moradores se queixaram de uma "invasão de cidades-modelo criadas para o benefício dos ricos".[71]

O sonho da cidade *charter* em Honduras só foi viabilizado por obra de um governo violentamente repressor, por meio de milhares de detenções ilegais, assassinatos e desaparecimentos de manifestantes e ativistas.[72] O projeto foi levado adiante mesmo depois que o governo lançou uma campanha de terror contra seus oponentes, tendo como alvos específicos mulheres e ativistas LGBT+.[73] As Zedes passaram a ser um dos principais focos da ira contra o regime e a cumplicidade dos Estados Unidos e de outras potências estrangeiras por apoiá-lo. Em junho de 2021, um Movimento Nacional contra as Zedes e pela Soberania Nacional, formado por advogados defensores dos direitos humanos e representantes de igrejas, denunciou que Próspera havia desrespeitado as determinações da Organização Internacional do Trabalho ao não consultar os nativos antes de prosseguir com o empreendimento.[74] As Zedes suscitaram críticas não apenas de moradores locais, como também de representantes da ONU em Honduras, preocupados com a negligente fiscalização contra a discriminação nas zonas, e da ONG Conselho Nacional Anticorrupção.[75]

Em setembro de 2020, Brimen se envolveu, aos gritos, num bate-boca com moradores de Roatán, enquanto seus guarda-costas se engalfinhavam com a polícia hondurenha.[76] Na tentativa de amenizar o conflito, ele se dirigiu a um canal de notícias local e afirmou: "Quando se pensa em Próspera de Roatán, é necessário pensar em uma plataforma". Sim, declarou ele, o objetivo era um ambiente de impostos baixos, mas "o sentido de Próspera é criar um ambiente em que os direitos humanos e os direitos de propriedade sejam igualmente protegidos e defendidos". Ao apresentar slides de estatísticas da empresa de contabilidade Ernst & Young e fotos de consultores de Tallinn, Dubai e Londres, Brimen parecia incapaz de entender por que pessoas com séculos de história de subordinação a países mais poderosos eram tão sensíveis à campanha por ele encabeçada para "desestruturar" o governo do país.[77] Era terrivelmente cômico para Brimen menosprezar a ajuda externa, chamando-a de "colonialismo com rosto humano", enquanto ele próprio operava uma concessão territorial regida por leis estrangeiras e supervisionada por consultores estrangeiros.[78]

3.

Em um de seus diversos comentários envernizados sobre a ideia da cidade *charter*, Paul Romer disse, em termos elípticos, que se tratava de uma tentativa de "propor uma metarregra diferente para mudar as regras nos países em desenvolvimento, e que poderia, em certo sentido, contornar muitos dos obstáculos que impedem mudanças nas regras".[79] Claro, a "metarregra" era a cessão do controle territorial a uma potência estrangeira, e os "obstáculos" que contornava eram o controle democrático interno sobre as decisões tomadas no território ou sobre o território em questão. Porém, como vimos, para os libertários, a liberdade econômica sem liberdade política não era um paradoxo. Na verdade, quando um *think tank* libertário publicou uma análise histórica retrospectiva da liberdade econômica, classificou Honduras sob a ditadura militar de 1975 como o segundo território mais livre do mundo em termos econômicos — atrás apenas de Hong Kong.[80]

A cidade-startup era a mesma fantasia que atraiu libertários e neoliberais a Hong Kong nos anos 1970, Cingapura nos 1990 e Dubai nos 2000: o sonho do capitalismo sem democracia. Vez ou outra, eles descreviam isso como "encolhimento do Estado", mas um pescador hondurenho ofereceu uma metáfora melhor: as Zedes, disse ele, permitiam que os investidores "sequestrassem o Estado".[81]

No final de 2021, o antiquado mecanismo de eleições populares rangeu suas alavancas e a democracia se vingou. Um novo governo chegou ao poder em Honduras: a eleição foi vencida por Xiomara Castro, a esposa do presidente deposto no golpe de 2009 encabeçado por Pepe Lobo. Castro pôs as Zedes no topo de sua lista de alvos, buscando revisar a emenda constitucional que permitia a criação das zonas, ou submeter a continuidade de sua existência aos desígnios de uma votação popular.[82] Por sua vez, os defensores das cidades-startup tinham a esperança de que sua posição fosse defendida por acordos como o Tratado de Livre-Comércio entre Estados Unidos, América Central e República Dominicana, que permitia aos investidores processar os governos anfitriões caso seus investimentos fossem afetados negativamente por alterações legais.[83] Sem ironia, um ex-investidor declarou: "Os libertários não gostam das leis de comércio internacional, mas acontece que as leis de comércio internacional são tremendamente úteis".[84]

A oposição crescente pôs sob escrutínio o antigo modelo de enclaves. Em abril de 2022, o antecessor de Xiomara Castro, que havia supervisionado a criação de Zedes, foi extraditado para os Estados Unidos sob a acusação de traficar toneladas de cocaína e usar os lucros para financiar suas operações políticas.[85] No mesmo mês, o Congresso hondurenho aprovou, em votação unânime, a anulação da lei das Zedes, consideradas inconstitucionais. Estipulou-se que as Zedes existentes, caso de Próspera, deveriam ser extintas no período de um ano.[86]

Afinal, o futuro pode se afastar dos paraísos anarcocapitalistas? Outro membro do conselho de consultores de Próspera era Oliver Porter, o padrinho das cidades *charter*, que, em 2005, havia supervisionado a separação de Sandy Springs, na Geórgia, de Atlanta — mudança que cortou as receitas tributárias para o centro da cidade e terceirizou a fornecedores e prestadores privados todos os serviços do governo, no que Naomi Klein classificou como "o vislumbre de um desastroso futuro de apartheid".[87] Porter falava frequentemente, e com entusiasmo, sobre Próspera. No entanto, nunca mencionou o fato de que, em 2019, Sandy Springs acionou o freio e, numa reversão de rumo, trouxe de volta os serviços governamentais. Como em tantos outros casos nos quais a privatização de serviços de utilidade pública resultou em preços mais altos e menos opções, os empreiteiros privados em Sandy Springs se tornaram caros demais. Concluindo que a opção pública era mais barata, os dirigentes da cidade viraram as costas ao livre mercado.[88]

A estrada da secessão, apontando para a ilusória terra prometida da liberdade econômica livre e desimpedida, não era uma via de mão única. Na década de 2020, a convocação de uma assembleia constituinte para revisar a Constituição de um país ganhou popularidade como uma ferramenta para reescrever o contrato entre o Estado e o povo. Castro propôs uma para seu novo governo, realizando os planos de seu marido, que haviam sido frustrados pelo golpe. Mais ao sul, o Chile tenta revisar a Constituição estabelecida durante a ditadura militar de Augusto Pinochet. O governo do Peru também espera criar uma nova Magna Carta. A fantasiosa ideia da superfície da Terra como uma placa de circuito com componentes trocáveis ainda tem um poderoso adversário no esquivo sonho de pessoas que falam em uma voz democrática.

E, no entanto, a febre da zona continua a arder. Enquanto Honduras dá mostras de ser um lugar cada vez menos hospitaleiro, os entusiastas das cidades-startup começaram a voltar os olhos para os vizinhos. Em 2019, Nayib Bukele se tornou primeiro-ministro de El Salvador e, de imediato, lançou uma agressiva campanha para vender a imagem de sua nação como um centro global para outro tipo de saída: a criptomoeda. Em novembro de 2021, ele revelou planos para uma Cidade do Bitcoin, com energia gerada por um vulcão e uma gigantesca praça central no formato do logotipo da criptomoeda.[89] Numa reunião, os defensores da cidade-startup falaram sobre como o bitcoin poderia contribuir para o sonho de "optar por ficar de fora em todas as camadas". Eles iniciaram negociações com o presidente Bukele sobre transformá-la em uma "cidade privada livre", ao mesmo tempo que buscavam oportunidades mais ao sul, no Brasil de Jair Bolsonaro, por meio do ministro da Economia formado pela Universidade de Chicago, Paulo Guedes.[90] A história mostra que sempre há outra ilha da fantasia no horizonte.[91]

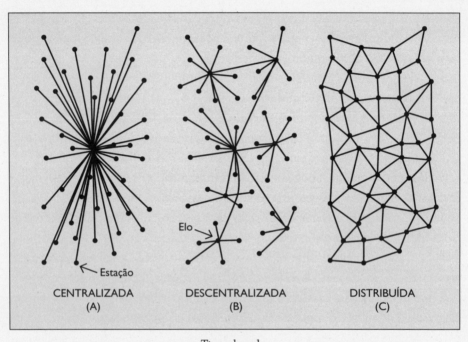

Tipos de rede.
FONTE: Reproduzido com permissão de Paul Baran, "On Distributed Communications" (Santa Monica, Califórnia: The Rand Corporation, 1964), Relatório Rand: RM-3420-PR.

11. Um país na nuvem no Metaverso

Embora grande parte da ação de *Snow Crash*, romance de Neal publicado em 1992, ocorra em uma geografia fraturada de condomínios fechados, prisões privadas, enclaves racistas e navios de refugiados em frangalhos, o cerne da trama está em um lugar que é um não lugar: o Metaverso. Os personagens usam óculos de proteção e fones de ouvido para escapar de seus trabalhos como entregadores de pizza ou pacotes, e transitam por uma realidade virtual em seus avatares de gorilas, samurais ou dragões. Compram, vendem e constroem propriedades no Metaverso, embora a terra subjacente, como em Cingapura e Hong Kong, seja propriedade de um único organismo que reinveste as receitas na expansão da infraestrutura. Certas áreas são exclusivas, mas qualquer pessoa com acesso a um computador pode abandonar a realidade cotidiana e circular no mundo on-line. Um dos personagens diz: "Quando você vive em um muquifo de merda, sempre há o Metaverso".[1]

Em 2021, o Facebook, uma das poucas empresas na história a atingir uma capitalização de mercado superior a 1 trilhão de dólares, anunciou a mudança de nome para Meta Platforms apostando em algo que também chamou de Metaverso. Esse Metaverso procurou fundir os mundos dos jogos, das mídias sociais e do uso da internet no local de trabalho, permitindo que a pessoa tivesse identidades, aparências (ou *skins*) e sistemas de pagamento interoperáveis entre plataformas — desde bater papo com a família no Facebook até participar de uma reunião de trabalho via Zoom e desferir ataques em jogos de RPG com múltiplos jogadores conectados, como *Final Fantasy* ou *World of Warcraft*. No vídeo promocional de lançamento, usuários jogavam cartas como avatares de desenho animado, e Mark Zuckerberg interagia com um funcionário numa conversa encenada enquanto um exemplar de *Snow Crash* aparecia sobre uma mesinha de centro entre os dois.[2] Outras empresas de tecnologia seguiram o exemplo. A Microsoft comprou a empresa que produziu *World of Warcraft*, e as páginas da imprensa de negócios começaram a se encher com um termo com o qual, até um ano antes, apenas leitores de ficção científica eram familiarizados.

Embora para muita gente o termo fosse novidade, o fenômeno não era. A ideia de uma experiência on-line imersiva já havia aparecido no futurismo tecnológico muito antes de os *millennials* nascerem. William Gibson cunhou a palavra "ciberespaço" em seu romance de 1984, *Neuromancer*, e já em 1992 o filme *O passageiro do futuro* apresentava um protagonista que, acoplado a fones de ouvido com microfone e óculos conectados a uma engenhoca eletrônica, descamba para uma fúria megalomaníaca em um espaço computadorizado tridimensional. Usados há muito tempo para treinar soldados e pilotos, óculos, fones de ouvido e outros equipamentos de realidade virtual entraram nos fliperamas na década de 1990 e eram uma presença constante em revistas de tecnologia como a *Wired*. O filme *Matrix*, de 1999, trouxe para a consciência popular a ideia *cyberpunk* de se conectar a uma realidade alternativa, numa época em que um terço dos norte-americanos começava a usar a internet. Interfaces de ambientes virtuais como o *Habbo*, lançado em 2000, e o *Second Life*, lançado em 2003, ofereciam versões rudimentares do Metaverso, em que os avatares caminhavam meio desajeitados por salas tridimensionais e paisagens urbanas, e vez ou outra interagiam com desconhecidos.

Como algumas pessoas se mostravam dispostas a pagar por acessórios e construções nesses jogos, surgiram muitos artigos sobre a nova ideia de "ganhar dinheiro de verdade em mundos virtuais" e "investir no boom imobiliário on--line".[3] Uma pessoa atenta aos números era o financista Stephen K. Bannon, que mais tarde se tornaria um dos principais conselheiros de Donald Trump. Em 2007, Bannon levantou 60 milhões de dólares, principalmente de seu ex--empregador, o grupo financeiro Goldman Sachs, para investir em uma empresa com sede em Hong Kong que recrutava jovens trabalhadores chineses para, em troca de baixíssimos salários, jogarem *World of Warcraft* dia e noite. Ao completarem tarefas simples, esses "caçadores de troféus" ganhavam moedas e prêmios virtuais que depois podiam ser vendidos a jogadores ocidentais por dinheiro de verdade, com lucro. Além do sagaz jogo de arbitragem, Bannon entende que essa experiência o alertou acerca da dimensão do potencial da internet. Ele descreveu ter visto o "monstruoso poder" dos jovens brancos insatisfeitos on-line, força que mais tarde canalizou para sua plataforma de mídia Breitbart, um dos fóruns para a erupção do movimento *alt-right* pós-2016.[4]

É impossível falar sobre ideologia política nos últimos vinte anos sem incluir a influência dos jogos e da internet. Embora até agora tenhamos examinado *lugares* sobretudo no sentido convencional, em suas recentes fantasias sobre a ideia de saída, os capitalistas têm um olho no mundo cotidiano e o outro no virtual. Com o tsunami de dinheiro aportado no setor de tecnologia e, posteriormente, em criptomoedas como o bitcoin, nas últimas duas décadas a mente libertária oscilou entre os dois domínios, o on-line e o off-line. A partir do final dos anos 1990, os anarcocapitalistas passaram a encarar a internet como um ambiente para reduzir as regras sociais às vigas de aço da propriedade privada e do contrato. Como já vimos repetidas vezes, o objetivo deles não é destruir o Estado com pancadas de uma bola de demolição, mas sequestrá-lo, desmontá-lo e reconstruí-lo sob sua propriedade privada. Eles construíram miniaturas de brinquedo do Estado com efeitos concretos no mundo real.

1.

O texto fundamental do libertarianismo tecnológico do século XXI foi publicado em 1997. Tinha um título mercenário: *The Sovereign Individual: How to Survive and Thrive during the Collapse of the Welfare State* [O indivíduo soberano: Como sobreviver e prosperar durante o colapso do Estado de bem--estar],[5] e seus autores foram o investidor de risco norte-americano James Dale Davidson e o jornalista e empresário britânico William Rees-Mogg, cuja obra incluía um livro anterior intitulado *Blood in the Streets: Investment Profits in a World Gone Mad* [Sangue nas ruas: Lucros de investimento em um mundo ensandecido][6] — o título faz alusão ao axioma do barão de Rothschild de que "a hora de comprar é quando há sangue nas ruas". Rees-Mogg descreveu a si mesmo e a Davidson como "prognosticadores de instabilidade" e "descontinuístas".[7]

O gênero da obra era o já reconhecido futurismo, combinado com conselhos de negócios — como lucrar com o colapso iminente.

Em 1991, eles já alardeavam a "invenção subversiva" do microchip e sua capacidade de "destruir o Estado-nação".[8] A discussão se cristalizou em torno da internet, que, argumentavam, corroía as ideias convencionais de governo territorial. "O ciberdinheiro", alegavam, permitiria que as pessoas levassem suas economias para onde bem entendessem por meio de transações anônimas; à medida que os ricos fugissem das jurisdições com altos impostos, essa portabilidade mataria de fome o Estado de bem-estar social. A essa observação sobre a fuga de capitais, eles acrescentaram um argumento especulativo, extraído da epigenética, de que os humanos haviam entrado em uma fase mais rápida de evolução. O resultado, segundo esse raciocínio, seria o surgimento de uma superclasse hipermóvel de indivíduos de elevado QI, capazes de coordenar remotamente uma plácida mão de obra de baixo QI, enquanto guardavam sua riqueza acumulada longe das gananciosas mãos dos governos.

Davidson e Rees-Mogg chamaram essa minúscula e rarefeita fração da população mundial de "indivíduos soberanos" e estimaram que, num futuro próximo, seu número chegaria a 100 milhões em todo o mundo.[9] A forma de Estado-nação era disgênica. Atuava contra os ditames do avanço evolutivo e da sobrevivência. Numa era de hipermobilidade, servia a interesses evolutivos para escapar de restrições nacionais. Eles previram que os olhos das novas elites globais se abririam e elas passariam a entender as coisas. As elites deixariam de ver a identidade nacional como algo relevante, e a presunção de que elas deviam algo aos seus supostos concidadãos seria risível. Elas entenderiam que os compatriotas eram, na verdade, "os principais parasitas e predadores", seu cérebro contaminado pela ideia de que lhes cabia uma parte da renda obtida a duras penas por outra pessoa.[10] Os indivíduos soberanos sabiam que não tinham obrigações com ninguém além de si mesmos.

Os autores falaram de um retorno à geografia política diversa da Idade Média. "Antes do Estado-nação", escreveram, "era difícil enumerar com precisão o número de soberanias que existiam no mundo porque elas se sobrepunham de maneiras complexas, e muitas e variadas formas de organização exerciam o poder. E as coisas voltarão a ser assim. No novo milênio, mais uma vez a soberania será fragmentada."[11] A desintegração favoreceria poucos.

> Toda vez que um Estado-nação desmoronar, isso facilitará uma maior transferência de poder e encorajará a autonomia dos Indivíduos Soberanos. Esperamos ver uma multiplicação de entidades soberanas, à medida que dezenas de enclaves e jurisdições mais semelhantes a cidades-Estado emergirem dos escombros das nações.[12]

Esse era um modelo de capitalismo sem democracia. Uma vez que a tomada de decisão majoritária não seria capaz de oferecer as escolhas necessárias para a sobrevivência econômica, as democracias seriam pouco a pouco superadas. E simplesmente desapareceriam, sem a necessidade de golpes de Estado.

The Sovereign Individual desfrutou de uma extraordinária vida post mortem entre os libertários do Vale do Silício. Marc Andreessen, conhecido investidor de risco e cocriador do primeiro navegador da web, chamou-o de "o livro mais instigante que já li sobre a natureza do século XXI".[13] Outro leitor influenciado pela obra por ocasião de seu lançamento foi Peter Thiel, que criou o sistema de pagamento on-line PayPal em parte como tentativa de concretizar as visões do livro sobre um "ciberdinheiro criptografado".[14] Ele afirmou que a obra o fez perceber que o sucesso vinha de pensar sempre em um intervalo de tempo de dez ou vinte anos no futuro.[15]

Um dos atrativos de *The Sovereign Individual* estava em como a obra funcionava contra o que poderia ser chamado de "história comunitária" da internet, que localiza as origens do Vale do Silício no fracasso das comunidades hippies da década de 1970 — fracasso este que levou pessoas como Stewart Brand, editor do *Whole Earth Catalog*, a tentar construir suas utopias no espaço limpo do código de computador, em vez da teimosa e caótica lama ao ar livre.[16] A "Declaração de Independência do Ciberespaço", escrita por John Perry Barlow, ex-compositor da banda de rock Grateful Dead e lançada no Fórum Econômico Mundial em Davos em 1996, exaltava o ciberespaço como o "novo lar da mente". Apresentando a web como uma espécie de terra psicodélica dos sonhos, Barlow afirmou que "os conceitos legais de propriedade, expressão, identidade, movimento e contexto não se aplicam a nós. Todos se baseiam na matéria, e não há matéria aqui".[17]

Os anarcocapitalistas, em contrapartida, argumentaram que a matéria *ainda se aplica* à criação de um mundo mediado pela tecnologia digital, bem como a propriedade. Desde que explorada corretamente, a propriedade poderia ser ainda mais inviolável em ambientes on-line do que off-line. Sem dúvida, o que atraiu um conservador como Thiel em *The Sovereign Individual* foi o reconhecimento desse fato e sua indiferença ao sentimentalismo da história da comunidade. Davidson e Rees-Mogg foram sinceros ao afirmar que as recompensas do novo paradigma seriam distribuídas de forma desigual. Para eles, a internet não apagaria as distinções, numa concretização do malogrado sonho dos anos 1970, mas levaria a um legítimo endurecimento da hierarquia baseada no mérito. Os acontecimentos acabaram confirmando suas previsões. No ano 2000, as empresas mais bem-sucedidas, incluindo Amazon e eBay, transformaram a internet em shopping centers on-line — espaços públicos de propriedade privada, em que os proprietários definiam os parâmetros das ações das pessoas e cobravam aluguéis com base tanto no valor das compras quanto, eventualmente, nos dados produzidos por cada movimento do cursor.[18] A web existente não era uma utopia além da propriedade; era uma utopia *de* propriedade. Ficou claro que a nova fronteira da web funcionaria como a antiga: novas terras a serem conquistadas pelos pioneiros. Novo território significava novas possibilidades de propriedade.

2.

Entre os expoentes do capitalismo radical mais articulados acerca da nova geografia política do mundo virtual havia outro fã de *The Sovereign Individual*, Balaji Srinivasan. Nascido em Long Island em 1980, filho de imigrantes indianos, Srinivasan obteve um doutorado em engenharia elétrica em Stanford antes de lançar uma startup de biotecnologia que oferecia um kit doméstico para exames de triagem genética capaz de detectar doenças hereditárias. Apontado pelo *MIT Technology Review* em 2013 como um dos principais "inovadores com menos de 35 anos", Srinivasan rapidamente entrou no mundo do capital de risco, tornando-se diretor da empresa de Marc Andreessen.[19]

No inebriante início de 2010, quando o público norte-americano voltava seus olhos para o Vale do Silício em busca de soluções para tudo, de saúde a educação, Srinivasan se mostrou um dos mais destacados defensores do que chamou, em uma célebre palestra, de "a saída definitiva do Vale do Silício".[20] Para ele, o Nordeste dos Estados Unidos, outrora dominante, havia entrado em uma fase de declínio permanente e irreversível. Em uma analogia com o cinturão do aço do Centro-Oeste, que no final dos anos 1970 havia se tornado o cinturão da ferrugem, o "cinturão do papel" do Nordeste do país estava condenado. O papel a que ele se referia incluía as leis feitas em Washington; os jornais, as revistas e os anúncios da cidade de Nova York; e os diplomas das universidades de Harvard e Yale.

Srinivasan citou Andreessen sobre a iminente proliferação de países, bem como Larry Page, do Google, que em 2013 afirmou que "talvez pudéssemos separar um pedaço do mundo [...] no qual as pessoas tenham a oportunidade de experimentar coisas novas".[21] Juntamente com Thiel, Srinivasan investiu na empresa Tlon, de Curtis Yarvin, dedicada a construir uma nova internet que se aproximasse de sua visão da sociedade administrada como um negócio.[22]

Srinivasan não defendeu a saída literal no sentido de secessão. "Eles têm porta-aviões, nós não", gracejou. Mas apresentou uma nova variação da cidade-startup, que ele desenvolveria na década seguinte, e chamou de "país na nuvem".[23] Começou com a observação de que as pessoas encontravam na internet indivíduos com gostos e pensamentos semelhantes. O universo on-line possibilitava formar grupos de afinidade e criar laços significativos sem conexão física, muitas vezes com base em critérios como gênero, geografia, classe e nacionalidade. "Centenas de milhões de pessoas já migraram para a nuvem", escreveu ele, "e passam horas por dia trabalhando, jogando, conversando e rindo com resolução HD e em tempo real com pessoas a milhares de quilômetros de distância [...] sem que conheçam seus vizinhos da porta ao lado." O resultado era uma nova geografia que as pessoas nem sequer tinham começado a mapear. Ele descreveu uma "cartografia em nuvem" gravada em redes sociais, "mapeamento não de Estados-nação, mas de estados de espírito".[24] O lugar físico onde a pessoa vivia em três dimensões era menos importante do que as pessoas com quem se conectava on-line.

"Secessão" e "saída" eram termos carregados de emoção, mas era verdade que as pessoas estavam aderindo a novas formas de sociabilidade por meio de vínculos voluntários com jogos on-line, marcas, serviços, plataformas e empresas. Srinivasan apontou para a mídia social. A maioria das pessoas em uma cidade como Nova York utilizava um serviço como o Facebook todos os dias, mas a menos que fôssemos um dos engenheiros ou executivos de marketing da empresa, não teríamos como saber quantas utilizavam, onde e por quanto tempo. E se a bandeira da empresa fosse desfraldada da janela de todos os usuários que estivessem conectados?[25] O azul do Facebook tremularia ao vento, ora cobrindo faces inteiras de prédios, ora minguando, movendo-se como a sombra de uma nuvem sobre o sol. Observar o padrão de propagação das bandeiras semana a semana e ano a ano pode ser algo espantoso e parecido com uma tomada do controle, como na aquisição de uma empresa por outra. O Facebook passou de 1 milhão de usuários ativos por mês em 2004 para 2,4 bilhões em 2019, quase um terço da população mundial. E se pensássemos nisso como deserções para um novo Estado por nascer?

As conexões com esses atores e empresas privados podiam ser muito mais fortes do que os laços com a nação. Quando é que as pessoas interagiam de forma consciente com o governo do país ou pensavam sobre a própria nacionalidade? Uma criança em idade escolar nos Estados Unidos começa todas as manhãs jurando lealdade à bandeira, mas e os adultos? Murmurando o hino nacional em uma ocasional partida de beisebol, exibindo o passaporte na fronteira ao sair em viagem, entregando a declaração do imposto de renda todo mês de abril, votando de dois em dois anos. Por outro lado, a maioria dos norte-americanos clicava no ícone de sua plataforma de mídia social favorita uma, duas, dezenas ou até centenas de vezes por dia. Por meio século, os intelectuais criticaram o deslocamento da identidade cívica causado pelo consumismo.[26] Srinivasan inverteu o roteiro. Por que o consumismo não deveria engolir o patriotismo? As empresas não são, em última análise, mais benéficas do que o Estado assassino do século XX? Qual foi a contagem de corpos do Facebook ou do Google em comparação com a de Mao Tsé-tung ou Adolf Hitler? Se as empresas de mídia social eram uma nova espécie de ditadura, com o poder centralizado na figura de um CEO, ninguém parecia se importar.

A ideia de *netizens*, cidadãos da internet, e comunidades on-line estava longe de ser nova; a novidade foi o salto que Srinivasan deu de comunidades on-line eletivas para a possibilidade de a nuvem voltar à realidade concreta.[27] "Em vez de começarmos com o território físico, comecemos com a comunidade digital", escreveu.

> Recrutamos na internet um grupo de pessoas interessadas em fundar uma nova rede social virtual, uma nova cidade e, futuramente, um novo país. Construímos o Estado embrionário como um projeto de código aberto, organizamos nossa economia interna em torno do trabalho remoto, cultivamos níveis presenciais de

civilidade, simulamos arquitetura em realidade virtual e criamos arte e literatura que refletem nossos valores.[28]

O número de membros e talvez seus investimentos ou salários seriam registrados em um painel visível de forma pública, até que se atingisse um ponto de inflexão em que um respingo de gotículas se tornasse uma nuvem — primeiro um bairro na nuvem, depois uma cidade na nuvem e, por fim, um país na nuvem.

Srinivasan idealizou dois passos em direção ao destino. Para começo de conversa, a saída seria virtual. As pessoas permaneceriam onde viviam, mas seriam incentivadas a imaginar sua casa como uma embaixada para um futuro país na nuvem. Em termos físicos, o país na nuvem não seria contíguo, mas isso não era problema. Srinivasan citou o exemplo da Indonésia, arquipélago com mais de 17 mil ilhas que, não obstante, manteve forte senso de identidade nacional desde sua independência da Holanda em 1945. Por que os usuários digitais não poderiam criar seu próprio arquipélago? "É possível conectar mil apartamentos, cem casas e uma dúzia de becos sem saída em diferentes cidades, num novo tipo de sistema fractal com capital na nuvem", escreveu ele.[29]

Uma grande parte disso já existia. Era possível utilizar sistemas de pagamento de terceiros, abrir contas bancárias on-line e registrar empresas remotamente. E ainda passar o dia inteiro em mundos de jogos imersivos como *Fortnite*, *Minecraft* ou *Roblox*. Muita gente fazia isso. A diferença era o que Srinivasan via como o objetivo final: hastear a bandeira da empresa privada para declarar a adesão a um regime diferente.[30]

Em vez de simplesmente estar on-line, a pessoa acabaria por começar a financiar via crowdfunding o território para estabelecer uma comunidade em algum lugar no planeta. Em momento algum Srinivasan mencionou em que local ficaria esse país na nuvem, e havia poucos motivos para pensar que driblaria as armadilhas que no passado haviam feito tantos outros aspirantes a fundadores de micronações naufragarem. Mas ele fazia ajustes no enredo habitual da sua ideia de "nuvem primeiro, terra por último", construindo uma base de clientes on-line como um prelúdio para estabelecer uma nova zona.[31] As plataformas de mídia social mostraram a possibilidade de expansão rápida. Srinivasan estabeleceu o projeto em termos comparativos. O Facebook tinha 2,89 bilhões de usuários ativos mensais, o Instagram, 1 bilhão. Em contrapartida, 20% dos países reais do mundo tinham menos de 1 milhão de cidadãos cada. Eram, nos termos técnicos que Srinivasan empregou, insignificantes contagens de usuários.[32] "Imagine mil cidades-startup em todo o mundo competindo por residentes", afirmou.[33] A mudança seria feita do indivíduo soberano para o "coletivo soberano".[34]

A ideia de "país na nuvem" que Srinivasan propôs como saída era bem diferente do cenário de "padrão-ouro" de uma bem abastecida e bem armada retirada para o interior. Esses refúgios existem na literatura e na realidade. O romance de Lionel Shriver *A família Mandible: 2029-2047*, por exemplo, apresenta os Estados Unidos de Nevada, fundados depois de uma devastadora crise financeira. No mundo real, New Hampshire tem visto esforços semelhantes de libertários tentando criar um "Estado Livre",[35] ao passo que, desde a década de 1990, supremacistas brancos têm se mudado para as florestas de Idaho com o intuito de construir uma suposta pátria.[36] Há pessoas vendendo silos de mísseis desativados na Dakota do Norte, enquanto o grupo de Thiel constrói luxuosos refúgios pós-apocalípticos na Nova Zelândia.[37] Essencial a todos esses cenários é o isolamento do local, um retorno a algo mais autossuficiente e menos dependente dos laços econômicos globais. Srinivasan, por outro lado, não tinha interesse em autossuficiência ou em desbaste. Seu modelo não era a cabana de Theodore Kaczynski, mas a Cingapura de Lee Kuan Yew. Um de seus livros favoritos era *Do Terceiro ao Primeiro Mundo*, escrito por Lee.[38] Ele descreveu seu modelo como "saída coletiva". "O fundador não se limita a simplesmente se mudar para uma cabana", disse ele. "Ele chama reforços e leva seus amigos para lá, e transforma a cabana em um pequeno assentamento, depois em um vilarejo, depois em uma cidade, depois em uma coisa maior, até ofuscar a cidade que deixaram para trás."[39]

Como muitos libertários da tecnologia, Srinivasan não media esforços para retratar seus projetos de construção de Estado como planos de negócios completos a ponto de incluir breves apresentações de slides e gráficos de estilo corporativo. Parecia importante para os libertários insistir que estavam rejeitando a tradição da democracia republicana em favor de algo mais rigoroso e norteado por preocupações empíricas — "uma sociedade financiada por verbas arrecadadas com assinaturas e senhoriagem", na definição que Srinivasan deu para seu país na nuvem.[40] Mas a imaginação política republicana ainda dominava até mesmo aqueles que se viam buscando uma saída da política. A descrição que Srinivasan faz de seu projeto como um deslocamento de indivíduos soberanos para o "coletivo soberano" se assemelhava bastante à clássica noção de grupos de pessoas se unindo como um único povo. Ele se referiu aos indivíduos que criariam países na nuvem como "fundadores", com ecos deliberados do Vale do Silício, e ecos apenas um pouco menos óbvios da Guerra da Independência dos Estados Unidos; vez ou outra a Declaração de Independência aparecia em suas apresentações de slides.

Diferentemente de Thiel e Friedman, Srinivasan também se destacou pelo uso que fez da linguagem da democracia. Ele afirmou que o sistema existente em um lugar como os Estados Unidos era uma "democracia de 51%", ao passo que o que ele defendia era a "democracia de 100%", por meio de modelos em que a pessoa precisava demonstrar ativamente sua opção por participar.[41] É necessário olharmos duas vezes para constatar que a diferença reside na questão da propriedade. O princípio básico da democracia republicana é "uma pessoa, um voto". De maneira curiosa, os projetos da cidade na nuvem de Srinivasan eram omissos quanto à questão de tomadas de decisão, mas pode-se presumir que seguiriam o exemplo da governança corporativa: uma ação, um voto do acionista. Quando indagado sobre a posse de propriedades numa futura cidade na nuvem, Srinivasan surpreendeu o entrevistador ao responder que um indivíduo não seria efetivamente dono de terrenos ou uma edificação — a corporação responsável pela construção é que seria. Em vez disso, o indivíduo teria uma participação na cidade como um todo.[42] Esse modelo fazia todo o sentido no mundo das plataformas de mídia social. Um usuário do Facebook não é dono de seu perfil; ele recebe o serviço do Facebook em troca de seus dados de usuário. Havia até mesmo um exemplo do mundo real que Srinivasan citou como modelo: a Nova Cidade de Songdo, na Coreia do Sul, construída por uma corporação privada e na qual os cidadãos-clientes detinham ações.[43] O país na nuvem era um mundo de termos e condições em vez de direitos e obrigações. Era a realização da quimera de Yarvin de *sovcorp*, a república corporativa soberana.

Uma razão pela qual Srinivasan parecia confiante sobre algo tão inverossímil quanto fundar um novo país pode ter sido o fato de ele já ter feito algo parecido antes. Ele atuou de forma ativa e pioneira no mundo das criptomoedas, que teve início com o lançamento do bitcoin em 2009. A ideia de moedas privadas concorrentes vinha sendo amplamente discutida em círculos libertários desde que Friedrich Hayek escreveu sobre a "desnacionalização do dinheiro" em 1976.[44] As criptomoedas nunca "pegaram", em parte devido à dificuldade de encontrar os meios técnicos adequados.

O bitcoin, concebido por uma figura misteriosa chamada Satoshi Nakamoto, era um sistema engenhoso no qual "moedas" digitais podiam ser transferidas com segurança entre os participantes, e no qual todas as transações e ativos eram registrados em um livro-razão público e compartilhado chamado de blockchain. As moedas podiam ser "extraídas" — isto é, adquiridas — por meio da execução de programas de computador com a resolução de equações difíceis, e o sistema limitava a 21 milhões o número total de bitcoins que podiam ser extraídos. Para quem desconfiava da gestão do dinheiro pelos órgãos do Estado democrático, e especialmente para os que se preocupavam com a inflação encabeçada pelo Estado, esse limite no fornecimento total de bitcoins era muito atraente. Ao mesmo tempo, o mecanismo de blockchain publicamente visível parecia prometer transparência radical e proteção rígida contra intromissão. A tecnologia do bitcoin oferecia a perspectiva de dinheiro além dos bancos centrais. Trazer para a realidade concreta o "ciberdinheiro" de *The Sovereign Individual* eliminaria o fator humano do dinheiro. E ainda proporcionaria a tentadora possibilidade de substituir a confiança pela tecnologia, permitindo "contratos inteligentes" regidos por algoritmos, sem juízes ou tribunais. Nesse sentido, pôr dinheiro e leis "no blockchain" era a forma definitiva de saída.

Em 2015, Srinivasan deixou a Andreessen Horowitz para trabalhar em tempo integral numa nova empresa dedicada à integração do bitcoin.[45] Quando ele começou, a criptomoeda era negociada a cerca de 258 dólares por bitcoin. Seis anos depois, atingiu o pico de cerca de 58 mil dólares, traduzindo-se em um retorno sobre o investimento da ordem de mais de 24 000%. Em termos econômicos, ele testemunhou algo muito próximo da magia. Para descrever a criação da criptomoeda, Srinivasan recorreu a um termo que já vimos anteriormente em relação à "fantasia conjunta" das recriações históricas da Idade Média de David Friedman: RPG de ação ao vivo, ou *LARPing*.

Por meio do jogo de representação do "Larp", os adeptos do bitcoin criaram uma moeda, afirmou Srinivasan. Eles trataram uma linha de código como se fosse dinheiro e convenceram tanta gente acerca da qualidade de seu modelo que isso *se tornou* dinheiro.[46] Surgida como fruto da imaginação de um único indivíduo em 2008, a criptomoeda cresceu tanto que, em 2021, já constituía uma fatia de 1 trilhão de dólares do sistema financeiro mundial, ao mesmo tempo que os bancos centrais em todo o mundo analisavam seus próprios movimentos na direção das moedas digitais. E se alguém era capaz de usar a encenação do Larp para fazer dinheiro, um dos filamentos essenciais do tecido social, então por que não poderia lançar mão da mesma estratégia para criar uma nação?[47] "Onde estamos: crie sua própria moeda", disse Srinivasan em 2017. "Para onde vamos: crie seu próprio país."[48]

Mais uma vez, isso não era tão absurdo quanto parecia. Durante décadas, os historiadores políticos escreveram sobre as "tradições inventadas" do nacionalismo moderno: a maneira como as nações modernas foram efetivamente engendradas por meio da criação de rituais de massa e cerimônias pomposas, a codificação da linguagem em dicionários e histórias folclóricas em antologias, a escrita e a apresentação de poemas, a encenação de peças teatrais de cunho nacional, a construção de monumentos e formalização de trajes típicos e vestimentas tradicionais.[49]

Um clássico da história cultural explica de que maneira o capitalismo impresso criou as "comunidades imaginadas" das nações modernas, em que as pessoas que liam os mesmos jornais, romances, biografias e poemas começaram a se ver como parte de um coletivo comum. Os sociólogos adaptaram o argumento para sugerir que a mídia on-line tem tido um efeito semelhante, conectando pessoas de todo o mundo em novos coletivos, muitas vezes com base na expectativa de um resultado futuro. Em igual medida, investidores de varejo e entusiastas de criptomoedas podem se tornar parte dessas "comunidades especulativas".[50]

Srinivasan elogiou a internet como uma "fronteira não rival", em que qualquer pessoa pode se recriar e "remixar" suas identidades.[51] Seus pais se mudaram para os Estados Unidos em busca de oportunidades, mas a geração seguinte iria para a nuvem. Uma expressão que ele gostava de usar para descrever isso era "diáspora reversa". Para ele, a reorganização real da sociedade global depois do fim da Guerra Fria se dava no universo on-line à medida que comunidades especulativas reorganizavam lealdades além das fronteiras nacionais (pelo menos até onde os firewalls permitiam). Os Estados Unidos territoriais eram para a internet o que a Grã-Bretanha havia sido para os Estados Unidos em 1776: um regime político estabelecido e fadado a ser abandonado e substituído.

O ajuste que Srinivasan fez no modelo de cidade-startup foi sugerir que os mundos on-line e off-line talvez não fossem alternativas entre si, mas se complementavam: primeiro construir on-line, depois voltar à realidade concreta. Sua proposta de substituição do indivíduo soberano pelo "coletivo soberano" parecia uma ruptura com Davidson e Rees-Mogg, mas, a bem da verdade, a diferença era apenas semântica. Os três viram as mesmas coisas: a nova tecnologia ensejando a possibilidade de saída; o surgimento de uma nova casta global de adeptos da meritocracia; e o abandono do Estado fiscalizador e regulador em favor de novas associações e até mesmo novos territórios, organizados segundo as linhas de corporações privadas.

3.

O sonho do país na nuvem foi baseado em uma série de omissões bastante óbvias. Em primeiro lugar, em seu desprezo pelo cinturão do papel, Srinivasan perdeu de vista a dívida do Vale do Silício. A própria internet era um produto do papel, tendo sido criada pelo governo e pelas universidades. O ex-chefe de Srinivasan, Andreessen, inventou o primeiro navegador da web em uma universidade pública de Illinois — construída com verba resultante da venda de terras federais. Sergey Brin e Larry Page inventaram o Google financiados por uma bolsa da Fundação Nacional da Ciência, que construiu a espinha dorsal da internet antes de permitir que fosse privatizada na década de 1990.[52]

Em segundo, o silêncio sobre a questão dos recursos. Nada é criado a partir do nada. A nuvem está ancorada em vastos centros de dados em expansão, que esquentam e são resfriados por rios e usinas de energia movidas a carvão. A criptomoeda é um consumidor de recursos extremamente voraz. No início da década de 2020, seu aumento de valor sobrecarregava as redes elétricas em todo o mundo, à medida que as pessoas conectavam vastos galpões apinhados de computadores funcionando dia e noite para resolver as equações que mineravam novas moedas. Quanto mais as pessoas tentavam resolver as equações, mais difíceis elas se tornavam. Quanto mais difíceis elas se tornavam, mais os computadores precisavam funcionar. Quanto mais os computadores precisavam funcionar, maior era a tensão nas redes elétricas. O Irã proibiu a mineração de bitcoin em 2021, depois que esse processo de resolução de complexos quebra-cabeças matemáticos resultou em apagões e, possivelmente, no desligamento de um reator nuclear. A China, um dos maiores produtores de bitcoin do mundo, também proibiu o procedimento, levando os mineradores a transferir suas plataformas para lugares como Canadá, Dakota do Sul e Texas, locais de commodities mais tradicionais.[53] Estima-se que o consumo anual de eletricidade da mineração de bitcoin seja maior do que o de toda a Suécia.[54] A discussão de Srinivasan sobre o país na nuvem não faz menção ao uso de energia ou a alterações climáticas. É de presumir que outros teriam de arcar com os ônus do ajuste a marés altas, inundações, incêndios e eventos climáticos extremos, cada vez mais frequentes.

O mais gritante era a ideia de "terra vazia". Srinivasan engoliu de uma só bocada todo o mito da fronteira.[55] Descreveu a si mesmo como parte da "geração *Oregon Trail*", alusão ao popular jogo de computador dos anos 1980 que permitia que o usuário representasse o papel de um colono em uma carroça coberta rumo ao Oeste. Em seu entendimento, a história dos Estados Unidos até a década de 1890 havia sido marcada pela abertura, em que "qualquer um poderia ir para o Oeste, pegar um pedaço de terra e transformá-lo em algo".[56] Ele via o século XIX como uma época de "igualdade de oportunidades". Mas a oportunidade sempre dependeu de quem a pessoa era. Eu também me lembro dos gráficos verdes e reluzentes do joguinho *Oregon Trail* no laboratório de informática da escola — mas sei que meu bisavô, um homem mestiço de ascendência indígena e europeia nascido em Montana, foi escorraçado com sua família das terras do Oeste dos Estados Unidos como um posseiro ilegal. Os rebanhos de bisão que o pai dele havia caçado para comércio e sobrevivência estavam mortos, e famílias como a dele tiveram de coletar ossos para vender como fertilizante. Para eles, a fronteira não foi uma terra de liberdade.[57]

Srinivasan fez frequentes referências a seu próprio passado e à necessidade de atrair as pessoas menos afortunadas que não tiveram a sorte de nascer com o passaporte certo. Mas sua versão da terra opera totalmente alheia ao rastro de sofrimento causado em nome da fantasia do colono-povoador. Afinal, onde fica a terra vazia? É no Norte do Canadá, de povoamento escasso, onde durante séculos as comunidades nativas lutaram sem sucesso pelo direito de moldar o território que seu povo habita há milênios? É no Oeste da Austrália, onde em 2020 a mineradora Rio Tinto dinamitou locais sagrados dos aborígines para explorar ferro? É na Polinésia Francesa, no Pacífico Sul, que os franceses usaram para testes nucleares na década de 1990? Ou é na Indonésia, que o próprio Srinivasan cita com aprovação, onde o povo daiaque resiste às empresas de mineração de ouro desde os anos 1960? Todos esses lugares eram espaços escuros no mapa-múndi à noite que os defensores da cidade-startup, a exemplo de Romer, utilizavam para apresentar seus argumentos. Mas essa era uma cartografia grosseira dos habitantes da Terra, um slide de PowerPoint ocupando o lugar da compreensão.

Srinivasan preferia a especulação irrealista (ou, melhor, as quimeras que um quadro em branco possibilitava) a exemplos do mundo real. No entanto, um dos casos de sucesso que apresentou foi eloquente: o Estado de Israel. Tratava-se, sim, de uma diáspora reversa, organizada por meio de jornais e textos que produziram uma espécie de país na nuvem de pátria judaica por meio da imprensa do período. Iniciado com a publicação em 1896 do livro *O Estado judeu*, de Theodor Herzl, apenas lentamente o plano sionista se traduziu em fatos concretos por meio de atos de colonização em pequena escala, que no fim acabaram sendo aceitos e legitimados pelas potências imperiais dominantes da época. Mas ponderemos sobre as consequências desse exemplo. A terra na Palestina não era mais vazia do que em qualquer outro lugar do mundo e permanece "alugada" por conta de reivindicações históricas concorrentes sobre o território. A solução de Israel para o problema da geografia demográfica e política foi criar um sistema de dois níveis, essencialmente separando os cidadãos judeus do país dos habitantes muçulmanos da região. Seus limites cercados — e policiados por câmeras, drones, soldados armados e tecnologia de detecção de calor no limite da fronteira tecnológica — envergonham a faixa da morte do Muro de Berlim.[58]

Talvez houvesse uma honestidade nesse exemplo. Srinivasan e seus colegas investidores em tecnologia expressaram frustração com os problemas de San Francisco — um lugar repleto de notórias desigualdades e doenças mentais não tratadas, legado de séculos de pobreza racializada, violência e política de imigração discriminatória que remontava à expropriação original da terra na qual a cidade foi construída. É claro que Srinivasan, com seus recursos, poderia encontrar um lugar melhor. Mas, como ele próprio admitiu, provavelmente se pareceria com o Estado de Israel: militarizado, paranoico, insolente — e também muito afeito a investir em tecnologia de última geração. Não foi à toa que um livro best-seller sobre Israel, elogiado por Srinivasan, chamou o país de "nação-startup".[59] Eis aqui um modelo: um país na nuvem com um muro fronteiriço de oito metros de altura.

4.

Em 2021, Srinivasan escreveu que

> um ponto de evacuação é uma forma interessante de pensar sobre a saída coletiva, sobre o coletivo soberano, sobre o que vem depois do indivíduo soberano. Quando o Estado falhar, acione o alarme de incêndio e reúna sua comunidade em um novo epicentro.[60]

Srinivasan julgou que o gatilho que desencadeava a mudança para o país na nuvem finalmente havia chegado quando a covid-19 assolou o mundo no início de 2020. Ele acionou o alarme logo no início das repercussões da pandemia, vaticinando uma divisão do mapa-múndi em "zonas verdes", que haviam logrado conter o vírus, e "zonas vermelhas", que não foram capazes de impedir o avanço da transmissão viral. Utilizadas pela primeira vez na África Ocidental durante a epidemia de ebola, essas zonas, designadas por autoridades de saúde pública, pareciam prestes a se tornar a base para uma nova economia política. A divisão em zonas codificadas por cores foi empregada para controlar o coronavírus na Malásia, na Indonésia, no Norte da Itália e na França; a estratégia também foi cogitada pela Casa Branca. A Índia dividiu sua população de 1,3 bilhão de habitantes em uma colcha de retalhos de zonas verdes, amarelas e vermelhas, com diferentes níveis de isolamento, liberdade e restrição de movimento da população em cada uma. Investidores globais tomaram nota. A Henley & Partners, empresa de consultoria global de cidadania e residência por investimento, previu que, "à medida que a cortina se levanta, as pessoas procurarão se mudar de 'zonas vermelhas' mal governadas e mal preparadas para as 'zonas verdes', ou lugares com melhor assistência médica".[61]

Nos Estados Unidos, surgiram "compactos" regionais conforme se intensificava a concorrência para a obtenção de ventiladores e respiradores mecânicos e equipamentos de proteção. A atmosfera era de federalismo competitivo, em que os estados se reconfiguraram como unidades econômicas fazendo lances no mercado. O governador Gavin Newsom chamou a Califórnia de "Estado-nação"; o governador de Maryland confessou manter testes de covid-19 em segurança num local não revelado e sob guarda armada, em parte para evitar sua apreensão pelas autoridades federais.[62]

"Estamos entrando em um ambiente fractal em que o vírus despedaça estados centralizados", declarou Srinivasan em um encontro virtual organizado pela Fundação de Sociedades-Startup na primavera de 2020. Uma vez que o vírus não se detém diante de fronteiras, o processo de fragmentação também não cessa. À medida que as regiões se fecham e se isolam a fim de evitar o contágio, "é possível esquadrinhar dados do estado, esmiuçando detalhes até mesmo em nível de cidade ou condado", observou Srinivasan. Qualquer estado em que o vírus não estivesse sob controle "enfrentaria a deserção", numa acirrada competição por talentos e capital. Depois que a pandemia passar, previu, "as nações se transformarão efetivamente em fornecedores e empreendedores, e as pessoas com relativo grau de mobilidade serão candidatos na disputa".[63] A mudança para o trabalho remoto, a dependência de serviços de entrega em domicílio e a evaporação da interação presencial, juntamente com os crescentes temores de agitação e revoltas urbanas — tudo isso era um terreno fértil para novos povoamentos na nuvem.

Durante a pandemia, ganharam fôlego as discussões sobre um "êxodo tecnológico". À medida que contingentes cada vez mais numerosos de pessoas deixavam a San Francisco Bay Area para trabalhar remotamente, a pandemia levou muitas das elites do Vale do Silício ao ponto de ebulição em relação à Califórnia e ao que consideravam a ingrata classe política dominante do estado. "A queda de San Francisco será o catalisador da ascensão de cidades-startup", postou Srinivasan em 2020.[64] "Algumas pessoas ficarão no trabalho remoto em exúrbios ou localidades rurais [...], pode ser que outras se aglutinem em torno de novas cidades temáticas."[65] Ele fez uma espalhafatosa propaganda de Próspera, na qual havia investido, e de Starbase, um pedaço de terra no Texas comprado por Elon Musk para lançar foguetes SpaceX, que Musk também imaginou como uma comunidade de onde partiriam futuros ônibus espaciais levando pessoas para povoar outros planetas.[66]

No fim, ficou claro que os destinos mais importantes para os colegas de Srinivasan eram menos Marte do que Mar-a-Lago. Miami abriu os braços para o setor de tecnologia em 2020, tornando-se o que o *Financial Times* chamou de "a cidade mais importante dos Estados Unidos".[67] Por 18 milhões de dólares, Thiel comprou duas casas em ilhas artificiais semelhantes a Dubai nos arredores de Miami Beach.[68] Keith Rabois, sócio da empresa de capital de risco de Thiel, comprou uma casa nas mesmas ilhas por 29 milhões de dólares.⁶⁹ Miami parecia estar simplesmente seguindo o velho e desgastado manual das cidades do cinturão do sol, atraindo investidores por meio de impostos baixos e regulamentação pouco rígida, mas Srinivasan a festejou como "o primeiro de um novo conjunto de capitais internacionais e cidades-startup na nuvem".⁷⁰ Ele exaltou Miami como a "Cingapura da América Latina", ainda que provavelmente fosse melhor descrevê-la como a Dubai latino-americana: um enclave de consumo desbragado e uma lavanderia para o dinheiro sujo da região. Enquanto Cingapura era conhecida por sua intolerância à corrupção, a Flórida estava entre os lugares mais corruptos do país.⁷¹

Apesar de toda a conversa sobre construir a partir do zero, os fomentadores do país na nuvem buscavam alguém disposto a fornecer a infraestrutura de que precisavam — desde proteção militar a energia barata, incluindo mão de obra dócil, uma piscina de borda infinita e sala de estar com vista para o mar. Suas metáforas eram meteorológicas, mas a realidade evocava mais algo do reino animal: a rêmora agarrada ao flanco do corpo do tubarão-baleia que era o Estado. Um momento especialmente revelador ocorreu em 2017, quando Thiel aconselhava Trump sobre suas novas nomeações para o gabinete. De repente o feed do X (antigo Twitter) de Srinivasan ficou em branco e o nome dele pipocou no noticiário — como candidato a próximo comissário da Food and Drug Administration.*⁷² Pelo visto, a única coisa melhor do que sair do Estado seria apoderar-se dele.

"Qual é o próximo passo para a classe dos defensores da liberdade global?", questionou Srinivasan em 2021. Ele mesmo optou por Cingapura, cidade--Estado autoritária e distante da desordem de San Francisco, da qual reclamava. Lá ele lançou uma campanha mais séria para um país na nuvem, incluindo uma série de palestras on-line e um site que pagava as pessoas em bitcoins para resolver possíveis problemas futuros relativos a uma cidade construída na tecnologia blockchain.⁷³ Os escritos de Srinivasan continuaram sua atualização de *The Sovereign Individual*, argumentando que os Estados são irrelevantes, que a criptografia havia resolvido os problemas do governo, e que a internet

---

* Órgão do governo dos Estados Unidos que faz o controle dos alimentos (humanos e animais), suplementos alimentares, medicamentos (humanos e animais), cosméticos, equipamentos médicos, materiais biológicos e produtos derivados do sangue humano; é análogo à Agência Nacional de Vigilância Sanitária (Anvisa). (N. T.)

viabilizava "uma Atlântida digital — um novo continente a flutuar na nuvem em que velhos poderes competem entre si e novos poderes surgem".[74]

No entanto, o curso da pandemia não se mostrou gentil para as previsões de Srinivasan. As pessoas não desertaram em massa, o centro do governo não cedeu, e a capacidade do Estado se tornou mais — e não menos — importante para as pessoas comuns. A criptomoeda não alterou a natureza do jogo do dinheiro — apenas acrescentou mais um cavalo no qual apostar. Como um ativo especulativo, bitcoins e outros tokens digitais subiram e caíram com os vaivéns do mercado de ações mais amplo, artefatos de um momento financeiro em que a liquidez não tinha para onde ir, exceto para fins improdutivos que prometiam pagamentos de curto prazo. Se o objetivo da tecnologia blockchain era eliminar o fator de confiança, isso parecia imprudente. Um estudo publicado na revista científica *The Lancet* mostrou que eram precisamente a "confiança no governo e a confiança interpessoal" que tinham correlação com o nível de eficácia com o qual o país pôde reduzir as vítimas da pandemia.[75]

Quem buscasse uma saída no Metaverso também não encontraria nada parecido. As plataformas nas quais nos conectamos são de propriedade de agentes privados. Cada tecla que pressionamos (assim como cada contração, inclinação do corpo e meneio de cabeça quando estamos acoplados a um equipamento de realidade virtual) é minuciosamente rastreada, monitorada, classificada, calibrada e, posteriormente, vendida a anunciantes e outros desenvolvedores. É bastante revelador o fato de uma das mais bem-sucedidas empresas do Vale do Silício, a Uber, não oferecer uma pradaria vazia na qual se possa perambular e construir algo. Em vez disso, o aplicativo arrasta cada um de seus motoristas como um cachorro na coleira, punindo-o por qualquer desvio, enquanto preserva a ficção de que ele é um empreendedor livre. Provavelmente a melhor maneira de definir o Metaverso, segundo a observação de um crítico astuto, é com a imagem de um cubículo.[76] O governo privado das corporações tem pouco espaço para as visões alternativas dos coletivos, exceto aqueles que reproduzem seu próprio domínio.

Como aponta um dos textos fundamentais da crítica à tecnologia, o Vale do Silício costuma esquecer seu Hegel por sua própria conta e risco.[77] O filósofo alemão ensinou que o senhor sempre depende do escravo. Nem ilha nem nuvem podem existir sem sua camada social mais baixa. Além das massas de trabalhadores temporários mediados por aplicativos e plataformas, até mesmo os alardeados programas de inteligência artificial só funcionam por causa das rotinas quase sempre repetitivas e dos esforços de mão de obra qualificada e não qualificada.[78] De Honduras a Dubai, os visionários têm a maior facilidade para esquecer a classe assalariada, mas, sem ela, teriam enormes dificuldades para viver. Quando a pandemia da covid-19 eclodiu, de início Cingapura pensou que havia achatado a curva, até ser atingida por uma onda de infecções de trabalhadores migrantes que viviam em apertados alojamentos longe dos olhos do público. Os líderes da cidade aparentemente haviam esquecido que eles existiam. A nuvem flutua porque as classes baixas a sustentam. O tempo dirá se um dia os trabalhadores soltarão os braços e farão algo novo.

Iniciativa Belt and Road, meados de 2021

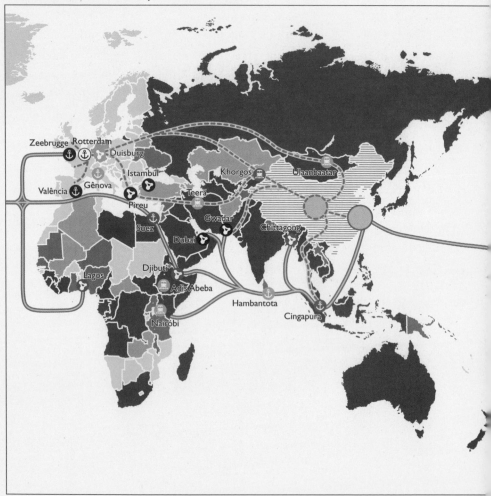

A BRI e o comércio internacional da China. Iniciativa Belt and Road, meados de 2021.
FONTE: BELT AND ROAD RESEARCH PLATFORM.

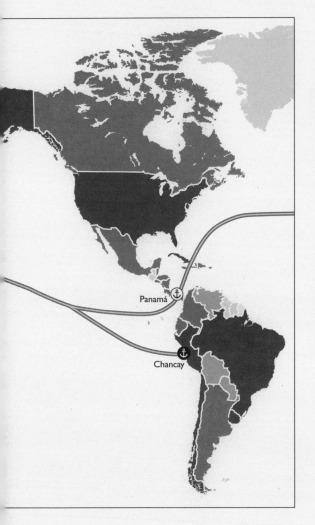

A BRI e o comércio internacional da China

Posição comercial da China por país

- A China é o parceiro comercial n o 1
- A China é o parceiro comercial n o 2
- A China é o parceiro comercial n o 3
- A China não é um dos três principais parceiros comerciais
- Sem dados

Corredores

- Principais corredores terrestres da BRI
- Principais corredores marítimos da BRI

Centros importantes de atividade da BRI

- Porto
- Ferrovia
- Multimodal
- Participação majoritária da China continental
- Participação minoritária da China continental
- Outro tipo de envolvimento da China continental
- Envolvimento de empresa sediada em Hong Kong

* Esta é a única base militar chinesa fora da China
** Com base na Direção de Estatísticas Comerciais do FMI de 2018: exportações *free on board* + importações *cost, insurance,* and *freigh* com a China por país em relação a outros países

A plataforma de pesquisa Belt and Road é uma iniciativa de LeidenAsiaCentre e Clingendael

Conclusão
Seja água

No início de 2022, Patrik Schumacher, diretor do Zaha Hadid Architects, um dos escritórios de arquitetura mais famosos do mundo, revelou planos para um extraordinário conjunto de edifícios. Ele exibiu imagens de galerias e auditórios, salas de reuniões e restaurantes, tudo com as linhas marcantes e vigorosas de seu estilo arquitetônico, algo entre a art nouveau e as pinturas com aerógrafo de H. R. Giger.

O escritório de Schumacher fez fama em megaprojetos no mundo inteiro, desde um estádio e um aeroporto em Beijing até a fábrica da BMW em Leipzig e um hotel em Dubai que parecia um cubo de gelo derretendo de dentro para fora. Entre os edifícios em construção incluíam-se o Museu de Ciência e Tecnologia de Shenzhen, a sede da OPPO em Shenzhen, semelhante a uma nave espacial, e a Base da Supersede da Baía de Shenzhen.[1] Em Chengdu, estava em obras um complexo chamado Ilha do Unicórnio, nome em homenagem ao termo que designava empresas que ele esperava atrair: startups com avaliações superiores a 1 bilhão de dólares.[2] O anúncio do projeto falava dos incentivos oferecidos aos investidores e proclamava que ele podia "se tornar o próximo Vale do Silício".[3]

A maior parte do trabalho feito pelo escritório Zaha Hadid Architects estava na Ásia, especificamente em países capitalistas sem democracia. As coisas eram mais rápidas lá, explicou Schumacher. Ele descreveu os Emirados como "um laboratório de pesquisa e desenvolvimento" para sua empresa: "Estamos tentando pela primeira vez coisas que queríamos experimentar, mas nunca podíamos".[4] Hong Kong continuou a ser outro desses "experimentos sociais".[5] A empresa acabara de lançar o conceito de um arranha-céu ligeiramente sinuoso no centro da cidade de Hong Kong, cujo mercado imobiliário era destacado como o do metro quadrado mais caro do mundo.[6]

Embora os projetos tenham recebido ampla cobertura da mídia em todo o mundo, era esse novo conjunto de edifícios que, na opinião de Schumacher, mais se aproximava de seus princípios políticos. Socialista na juventude, ele sofreu um violento revés com a crise financeira global em 2008 e se voltou para as obras de Murray Rothbard e Ludwig von Mises, que declaravam que os sistemas econômicos baseados na moeda fiduciária estavam inevitavelmente fadados ao fracasso.[7] O problema, julgava Schumacher, era tentar evitar os colapsos por meio de resgates financeiros e dinheiro fácil. Era necessário permitir que a crise viesse. Ele escandalizou o mundo da arquitetura quando expôs essa visão anarcocapitalista no Congresso Mundial de Arquitetura, argumentando que os governos deveriam abolir todas as moradias sociais e acessíveis, eliminar todos os padrões de moradia e privatizar todas as ruas, praças, parques e espaços públicos.[8] O status quo estava condenado — "a esperança reside no que ousarmos construir depois disso".[9] A nova cidade que ele propôs ofereceria a chance de "irradiar o imaginário coletivo no âmbito das sociedades avançadas e se tornar uma tocha para indicar o caminho a seguir rumo a uma revolução política há muito aguardada".[10] A arquitetura utópica tentou, muitas vezes, trabalhar contra as tendências do livre mercado e do capitalismo; Schumacher queria se inclinar na direção delas.[11]

Havia apenas um problema com a nova cidade de Schumacher: ela não existia. Era feita de bits e pixels, só acessível por meio de interfaces de computador através das quais o usuário poderia perambular feito um androide oco. As pessoas eram simulações, e o céu era vazio. Ao mesmo tempo, era mais do que um video game. Como na visão de Balaji Srinivasan, tratava-se de uma cidade na nuvem, com coordenadas que correspondiam a um pedaço de território real: uma faixa de terra lamacenta de pouco mais de cinco quilômetros quadrados, na curva do Danúbio, entre a Sérvia e a Croácia. Abandonado e sem dono depois da desintegração da Iugoslávia na década de 1990, o local foi simbolicamente "reivindicado" em 2015 por um empreendedor tcheco, que o nomeou Liberland. Além de sua bandeira e insígnias, Liberland tinha todas as características de um país-startup. Toda a terra pertenceria ao Estado, assim como em Cingapura; o sistema de "uma pessoa, um voto" seria substituído por um sistema ponderado com base na quantidade de propriedade possuída, como em um condomínio fechado. Algumas partes do país seriam reservadas para negócios, outras para o lazer, e uma "zona selvagem" permaneceria completamente livre de regulamentação.[12]

A bordo de lanchas de patrulha, guardas de fronteira croatas impediam os aspirantes a liberlandeses de pisarem em terra firme, e muito menos de erguerem no país um enclave de alta tecnologia.[13] As chances de êxito do projeto beiravam zero. Então, por que o diretor de um dos escritórios de arquitetura mais bem remunerados do mundo dedicaria tanto tempo e esforço ao projeto de recuperação de um lamaçal? Schumacher explicou sua motivação de forma desconcertante, invocando Karl Marx. Segundo ele, Marx havia ensinado que a política reflete as mudanças na natureza do capitalismo. Em um mundo baseado na agricultura, o feudalismo fazia sentido. Quando uma elite hereditária possuía a maior parte da terra e os camponeses apenas a cultivavam, não havia razão para deixá-los ajudar nas decisões. Na era da industrialização, a nova classe da burguesia começou a recombinar criativamente os recursos do mundo e inovar com as tecnologias recém-criadas, tornando racional uma nova forma política — a democracia — para lhes dar um papel na gestão do Estado. A isso se seguiram os votos para a classe trabalhadora, vinculando-a à nação.

No século XXI, entretanto, a situação mudou novamente, afirmou Schumacher. À medida que a produção industrial se tornava mais automatizada e os avanços na inteligência artificial prometiam uma "simbiose homem-máquina" no horizonte, a democracia já não fazia sentido. Era uma ideologia antiga, um arcaico artefato de um momento anterior e ultrapassado na história do capitalismo — uma leitura burra e literal do mapa-múndi, como se tudo estivesse escrito dentro de seus recipientes coloridos. No século XXI, o que fazia sentido eram pontos no mapa como Liberland: enclaves em branco que poderiam ser pontos de ancoragem para empresas virtuais, refúgios para a elite global ou novas cidadelas de serviços financeiros, marketing, design, engenharia de software e outras linhas de trabalho que precisavam de pouco mais do que uma tomada elétrica e uma robusta conexão com a internet. "A revolução ocorre quando o sistema político passa a ser uma barreira para as forças de produção", disse Schumacher. "E é esse o ponto que alcançamos."[14]

A zona era a forma política apropriada para o capitalismo do século XXI. Margaret Thatcher e Ronald Reagan haviam feito progressos privatizando bens públicos, desmantelando sindicatos e reduzindo as alíquotas marginais máximas, mas suas reformas eram muito hesitantes. Eles se aferraram à forma de nação. O ritmo precisava acelerar. A União Europeia tinha de ser desfeita. Espanha, Alemanha e Itália também tinham de ser divididas. Schumacher viu o colapso como um projeto em andamento. "Na próxima rodada de crises que estão prestes a acontecer", disse ele, talvez um país como a Escócia se separe e fracasse como um projeto socialista, momento em que os libertários de direita entrariam em cena — as pessoas "que estavam prevendo isso".[15] Bastava a coragem de imaginar o que viria depois do colapso. "A crise é um galvanizador", proclamou.[16]

1.

Anarcocapitalistas como Schumacher viraram de cabeça para baixo a narrativa convencional pós-Guerra Fria. Em vez do capitalismo democrático se alastrando para o exterior a partir de uma fonte ocidental, eles viam uma forma de capitalismo mais eficiente e não democrática, aperfeiçoada na Ásia, avançando na direção do Ocidente para reavivar a "esclerótica raça europeia".[17] Em vez de considerarem lugares como a China como monólitos, eles os viam tal qual colchas de retalhos em termos de lei, status e acesso — um modelo de "autoritarismo fragmentado".[18]

À medida que, a partir da década de 1970, a China orientou sua economia para o comércio global, o país lançou mão de zonas para subdividir a nação. Nos anos 2010, também criava zonas distantes de seu próprio território. Sob a Iniciativa Belt and Road, lançada em 2013, a China financiou a infraestrutura que se estende desde suas próprias fronteiras através de cadeias de zonas até lugares como Turquia, Quênia e além. Os chineses construíram uma linha férrea de alta velocidade que atravessa o Laos e o Camboja e desce pela península da Malásia até Cingapura.[19] A Iniciativa Belt and Road comprou o porto grego de Pireu, em Atenas, e financiou postos avançados nas Docklands de Londres. Empresas chinesas assumiram o controle do porto do Djibuti, antes pertencente à DP World de Dubai, e gastaram 4 bilhões de dólares em uma ferrovia ligando Djibuti à muito maior Etiópia, país vizinho de 100 milhões de habitantes.[20] A

China também construiu uma base militar no Djibuti, sua primeira no exterior, ao lado das bases da França, do Japão e dos Estados Unidos.[21] No Sri Lanka, uma empresa chinesa assinou um contrato de arrendamento de 99 anos para um porto de águas profundas e investiu em uma "cidade portuária" adjacente do tamanho do centro de Londres.[22] Em El Salvador, um conglomerado chinês propôs uma série de zonas que envolveriam um arrendamento de cem anos de um sexto do território do país.[23] Embora agindo de maneira muitas vezes aleatória e sem planejamento prévio, o governo chinês e as corporações chinesas estavam estabelecendo enclaves que se assemelhavam às concessões a eles impostas um século e meio antes.[24]

"Pode-se dizer que essas empresas chinesas são como a Companhia Britânica das Índias Orientais de nossos dias", definiu um diplomata depois que a China assinou um arrendamento de longo prazo para um porto nas ilhas Salomão. "Elas são a vanguarda do impulso de sua nação para novos mercados e novas esferas de influência." Um morador local perguntou: "Eles estão pensando em transformar as ilhas Salomão em colônia?". Faz mais sentido dizer que estão transformando o país numa zona. Zonas econômicas especiais nas ilhas das Filipinas; zonas de pesca em ilhas arrendadas ao largo de Papua-Nova Guiné; uma zona de desenvolvimento econômico ao longo da ferrovia no Camboja; uma proposta para construir um rival para o canal do Panamá na Nicarágua — apesar de toda a conversa sobre "desglobalização", a China parece continuar pondo em prática muitas das conhecidas técnicas do último meio século.[25] Sua visão é de corredores — vias marítimas, rodovias, e ferrovias — ligando centros de atividade do capitalismo através das fronteiras.[26]

A China percorre trilhas já bem conhecidas e exploradas, refazendo a rede de estações de abastecimento de carvão e portos livres que sustentaram o Império Britânico no século XIX. Outros países também se baseiam em precedentes de extraterritorialidade. Desde o século XVI, o sultão otomano concedia aos cidadãos de algumas nações ocidentais imunidade da lei local e o direito de serem julgados em seus próprios tribunais por meio das chamadas "capitulações" — prática que as nações ocidentais entendiam como um sintoma de sua suposta inferioridade civilizacional.[27] Em 2017, a Arábia Saudita, sob jugo otomano até a década de 1920, anunciou uma espetacular zona extraterritorial nos arredores da Jordânia e do Egito: um megaprojeto de 500 bilhões de dólares para a construção de uma cidade chamada Neom, com o apoio financeiro de alguns dos maiores investidores do mundo.[28] Planejada desde a estaca zero, Neom pretende cobrir cerca de 26 mil quilômetros quadrados de deserto e litoral do mar Vermelho. O projeto inclui uma "cidade linear" com um par de arranha-céus gêmeos que se estendem horizontalmente por dezenas de quilômetros, anunciados como "os maiores edifícios já construídos".[29] O empreendimento não é apenas uma façanha de arquitetura e engenharia (e, sem dúvida, um pensamento mágico quando se trata de suprimento de água), mas também um laboratório do governo privado. A megacidade será administrada por acionistas, e não pelo Estado saudita — "um governo autônomo cujas leis serão regulamentadas por investidores".[30] As ações serão vendidas na Bolsa de Valores saudita. A única obrigação do conselho de administração de Neom seria proteger o investimento dos acionistas. O príncipe herdeiro saudita Mohammed bin Salman chamou Neom de "a primeira zona lançada nos mercados públicos" e "a primeira cidade capitalista do mundo".[31]

"No deserto não há nada", diz um diálogo do filme *Lawrence da Arábia*, mas mesmo aqui a terra não estava vazia. Vinte mil beduínos tiveram de ser evacuados da região. Um dos que resistiram à remoção foi morto a tiros.[32] Em 2022, 10 mil trabalhadores iniciaram as obras de construção, inclusive um porto automatizado flutuante e centro de logística chamado Oxagon.[33] Parte do discurso de vendas de Neom é a promessa de que o problema trabalhista que atormenta o golfo acabará por ser resolvido com a utilização de robôs. Num país no qual cerca de um terço dos residentes é de expatriados, houve uma blitz de relações públicas em torno da concessão de cidadania saudita a um robô humanoide com inteligência artificial — a primeira vez no mundo que se concedeu personalidade jurídica a uma máquina.[34] Seu nome era Sophia, ela vestia um imponente terninho e era careca, supostamente para contornar a norma saudita de as mulheres não mostrarem o cabelo em público.

Nesse meio-tempo, ávida para ingressar no clube dos dinâmicos colossos asiáticos depois de deixar a União Europeia, a Grã-Bretanha procurou parceiros na península Arábica. Dubai — cuja DP World comprou a célebre empresa de navegação P&O Shipping Line e construiu o porto London Gateway — teve um papel especialmente destacado. O CEO da DP World UK fez parte do conselho consultivo de comércio pós-Brexit.[35] Por meio de seu novo braço de investimento estatal, a Grã-Bretanha passou a ser um parceiro minoritário no empreendimento de três portos africanos da DP World, incluindo o de Somalilândia. Importante ator no planejamento pós-Brexit para a construção em Londres de um porto franco "ao estilo de Cingapura", a DP World esperava receber 50 milhões de libras esterlinas em subsídios diretos e incentivos fiscais ininterruptos para seus investimentos no programa.[36] Um consultor econômico insistiu na necessidade disso para competir em pé de igualdade com as tentações oferecidas por zonas semelhantes no Oriente Médio. "Nossos portos livres só vão funcionar se pensarmos neles como pequenas ilhas costeiras."[37]

Os riscos de barganhar lascas de soberania ficaram claros em 2022, quando a P&O Ferries, de propriedade da DP World, buscando reduzir os salários que pagava, demitiu de uma só tacada todos os seus oitocentos funcionários, sem aviso-prévio e num único dia. Questionado sobre por que a empresa não tentou primeiro negociar com o sindicato, o CEO alegou que isso teria sido uma perda de tempo, porque nenhum sindicato jamais aceitaria seus termos.[38] Os trabalhadores eram bem-vindos para voltar — receberiam 5,15 libras esterlinas por hora, quase metade do salário mínimo britânico.[39] Como a P&O conseguiu fazer isso? Por meio de um truque da zona. Os navios zarpavam de portos do Reino Unido, mas ostentavam bandeiras das Bermudas, das Bahamas e do Chipre, e operavam de acordo com as leis trabalhistas *desses países*. Eles estavam em águas britânicas, mas não da Grã-Bretanha. Esses fiascos não impediram outros de fazer negócios com Dubai. Poucas semanas depois da demissão em massa da mão de obra, o fundo de pensão público do Quebec anunciou um investimento de 2,5 bilhões de dólares na DP World, a primeira grande participação estrangeira direta na empresa estatal.[40] Agora as economias para a aposentadoria da segunda maior província do Canadá dependiam das empreitadas globais do emirado em busca de lucro.

2.

Hong Kong e Cingapura, Londres e Liechtenstein, Somália e Dubai: o que estamos vendo não é a união de capitalismo e democracia, mas sua divergência cada vez maior. O desempenho relativo das diferentes nações no início do século XXI apenas tornou o enredo mais claro. O capitalismo antidemocrático é a marca vencedora. O tempo todo, as expressões de admiração dos libertários pelos governos autoritários da Ásia são cada vez mais habituais. Em uma conversa com um jovem guru do bitcoin que acabara de se mudar da Austrália para Dubai a fim de escapar do confinamento imposto pela covid, o presidente do Instituto Mises aplaudiu a eficiência de lugares como os Emirados e Cingapura. Da pandemia, ele tirou a lição de que as liberdades são provisórias em todos os lugares e, de uma hora para a outra, podem ser eliminadas. "Em Cingapura, as coisas funcionam. Em Dubai, as coisas funcionam", afirmou. "Se estamos nos tornando cada vez mais autoritários no Ocidente, é possível ser autoritário e nada funcionar, ou ser autoritário e as coisas funcionarem."[41]

Olhando ao redor do mundo, vemos zonas em todos os lugares. Durante a pandemia, a China deu continuidade a seus planos de converter a ilha de Hainan em uma zona econômica especial com isenções fiscais para investidores, compras isentas de impostos e regulamentações brandas para produtos farmacêuticos e procedimentos médicos.[42] Enquanto estratégia de desenvolvimento na África, as zonas mostram "acentuada tendência ascendente, e as projeções são de que proliferem na maioria dos países".[43] A África do Sul pós-apartheid é uma galáxia de enclaves de propriedade e administração privadas.[44] O governo do primeiro-ministro indiano Narendra Modi, muitas vezes descrito puramente em termos de seu chauvinismo hindu, vem impulsionando as zonas econômicas especiais. "Por causa desses incentivos, muitos negócios serão transferidos de Cingapura e Dubai", afirmou o representante do governo responsável.[45] A Hungria se voltou para uma forma mais nacionalista de desenvolvimento econômico, mas, ao mesmo tempo, abriu novas zonas econômicas especiais para investimentos coreanos.[46] A City of London está voltando às suas raízes do século XX à medida que tenta se inventar como um mercado offshore para bancos de criptomoedas, e aposta suas fichas na única coisa que foi capaz de fazer bem: cobrar taxas a fim de movimentar dinheiro para o benefício de um pequeno estrato dos ricaços.[47] Em 2022, inaugurou-se em Manhattan a mais alta torre-lápis de todos os tempos, cuja altura corresponde a 24 vezes a dimensão de sua largura. Os preços de um apartamento variavam de cerca de 8 milhões a 66 milhões de dólares. "Isso não é habitação", observou um sociólogo. "Não serve a nenhum propósito social. É um bem de luxo, está mais para um iate atracado e restrito à terra firme."[48] O setor imobiliário de Dubai recebeu um impulso pós-pandemia, registrando um recorde no número de propriedades vendidas. Entre os novos donos de imóveis se incluem "líderes militares afegãos e a elite política de países como Nigéria, Síria e Líbano, todos em busca de um lugar seguro para guardar suas economias".[49]

As zonas estão por toda parte, mas, diferentemente da retórica de seus fomentadores, não parecem estar criando ilhas de libertação em relação ao Estado. Em vez disso, os Estados as utilizam como ferramentas para promover seus próprios objetivos. Neom é um exemplo revelador. A Arábia Saudita, economia de propriedade de uma família real, que a opera a seu bel-prazer, está firmando um contrato com a empresa chinesa Huawei para transformar sua aglomeração no deserto numa "cidade inteligente".[50] Como admitiu um consultor, as zonas agiram lançando mão do confisco autorizado pelo governo, passando por cima dos princípios libertários básicos dos direitos de propriedade.[51] Calcula-se que a criação de um mercado de terras na China rural, por exemplo, transformará 110 milhões de aldeões em camponeses sem terra até 2030.[52] As zonas não estão transformando o mundo em uma colcha de retalhos de mil regimes privados em competição dinâmica. Estão fortalecendo a posição de um punhado de superpotências capitalistas estatais.

Em um novo prefácio a *The Sovereign Individual*, escrito em 2020, Peter Thiel afirmou que a ascensão da China foi a única megatendência que o livro deixou passar despercebida. Mas, questionou ele, a China era tão diferente, afinal? Apesar de o partido governante ainda ostentar a palavra "comunista" no nome, mostrava pouco interesse na igualdade redistributiva. Em vez disso, disputava alegremente o jogo do capitalismo no qual o vencedor leva tudo e permitia a "competição jurisdicional", em que os investidores procuravam bons negócios em vários territórios no encalço das leis que mais lhes convinham.[53] O próprio Thiel repensou a antipatia que sentia acerca do governo.[54] Depois de apoiar e ajudar a aconselhar o presidente Trump, sua empresa Palantir começou a assegurar vultosos contratos com o Departamento de Imigração e Alfândega dos Estados Unidos e os militares estadunidenses.[55] Em 2022, a Palantir entabulou negociações para começar a administrar a joia da coroa do Estado de bem-estar social britânico, o Serviço Nacional de Saúde.[56] China Miéville, escritor de ficção científica e estudioso do direito internacional, certa vez argumentou que a saída é para perdedores. Bons capitalistas sabem que o verdadeiro jogo é capturar o Estado existente, não passar pelo incômodo de criar um novo.[57] Thiel parecia concordar em que um mundo de mil novos contratos estatais era preferível a um de mil nações.[58]

Além disso, os próprios Estados Unidos se assemelham cada vez mais com uma zona. Em 2022, o país superou Suíça, Cingapura e ilhas Cayman para ocupar o primeiro lugar em um índice de sigilo financeiro, coroado como o melhor lugar do mundo para ocultar ou lavar ativos ilegalmente.[59] Seu próprio status como democracia vem sendo questionado. Por um curto período, um índice muito respeitado rebaixou o país à chamada anocracia, sistema que mescla características de governo democrático e autocrático.[60] Em breve, os estadunidenses talvez não precisem mais ir a outro lugar para materializar a zona perfeita. O que um acadêmico chama de "efeito bumerangue" poderá trazer essas políticas de zona de volta para casa.[61]

3.

Os lugares nos quais o sonho secessionista vive são invariavelmente encobertos por uma pitada de pânico. Em parte, isso é uma questão de polarização política. Nos Estados Unidos, a profunda animosidade acerca dos oponentes políticos e até mesmo o temor recíproco entre diferentes grupos fizeram aumentar, como nunca antes, o apoio à dissolução do país.[62] Falar de um "divórcio nacional" passou a ser lugar-comum; no final de 2021, 50% dos eleitores de Trump e 40% dos eleitores de Biden eram simpáticos à ideia de dividir o país.[63] No Reino Unido, a perspectiva de a Escócia, que na década de 1990 votou por mais autogoverno, deixar em definitivo o Reino Unido parece cada vez mais forte na sequência do Brexit. Na Espanha, a Catalunha continua em um conflito de baixo nível com o governo central de Madri quanto à repressão de suas ambições separatistas.[64]

O secessionismo também é impulsionado por um desejo de fugir para um local seguro. Da pandemia às mudanças climáticas, a zona passou a figurar cada vez mais como um refúgio. Na década que se passou desde os primeiros esforços de criação de *seasteads*, virou rotina enquadrar em termos do clima os projetos de construção de enclaves. Da noite para o dia, projetos que continuam a se parecer com variações de condomínios fechados começaram a ser alardeados como modelos de sustentabilidade, soluções responsáveis para fazer frente ao aumento do nível do mar, e modelos de excelência de estilo de vida de baixo carbono. Neom, por exemplo, é vendida como uma cidade de carbono zero, com promessas de incluir todas as comodidades a curtas distâncias — que podem ser percorridas a pé — e converter a areia do deserto em silício para painéis solares. A Eko Atlantic, comunidade de luxo para 250 mil habitantes que está sendo construída por um bilionário numa ilha artificial em Lagos, na Nigéria, já vem com suas próprias soluções de proteção contra inundações.[65] (O carro-chefe será um consulado dos Estados Unidos erguido ao custo de meio bilhão de dólares.)[66] O arquipélago artificial de Dubai, construído por meio da destruição de recifes locais e da importação de areia de lugares longínquos como a Austrália, agora também é perversamente alardeado como um ambiente favorável ao clima. Sua atração mais grotesca é o Coração da Europa, construído em torno da Ilha da Alemanha no arquipélago artificial. Ideia original de Josef Kleindienst, ex-policial austríaco e membro do alto escalão do Partido da Liberdade da Áustria, de extrema direita, o Coração da Europa incluirá, entre outras coisas, a Oktoberfest, feiras natalinas alemãs, chalés de madeira suíços, oliveiras importadas da Andaluzia, *villas* inspiradas nos longos barcos vikings e um mecanismo para criar uma rua chuvosa e até coberta de neve — tudo embalado como "o projeto de turismo mais sustentável do mundo".[67]

Um tipo diferente de zona que tem sido recorrente nas discussões sobre o clima é a ideia da *zona de sacrifício*, área em que os povoamentos humanos são abandonados devido à elevação do nível do mar. De uma ponta à outra do planeta, novas formas de desigualdade já estão entrando em foco, conforme comunidades mais pobres são designadas como zonas de sacrifício e entram em "recuo controlado", ao passo que áreas mais ricas começam a planejar paredões, barragens, diques e outras formas de contenção.[68] Quando o Instituto Seasteading fez uma parceria de curta duração com a nação do Taiti, no Pacífico Sul, seus executivos falaram de maneira bastante vaga sobre como suas estruturas flutuantes seriam capazes de propiciar aos taitianos um espaço alternativo de habitação, à medida que o nível do mar continua subindo.[69] Além da óbvia questão dos iminentes padrões climáticos extremos que provavelmente destruiriam essas estruturas, pouco se discutiu a visão de como, efetivamente, os habitantes locais se encaixariam nesse novo mundo das águas. Seriam eles membros plenos ou uma subclasse permanente?

Isso era a versão da zona como um bote salva-vidas — ou, mais provavelmente, como navio de cruzeiro. É revelador que os cruzeiros sejam um ponto de referência tão comum para os defensores das sociedades-startup: os resorts flutuantes são microcosmos de hierarquia racializada, selecionando e escolhendo entre as leis mundiais de modo a manter a força de trabalho o mais desempoderada possível.[70] Um dos promotores das sociedades-startup escreveu sobre o superluxuoso cruzeiro *The World* como um modelo para uma futura *seastead* ou cidade privada.[71] Em vez de cabines alugadas para turistas, o navio tinha residências com proprietários permanentes, que podiam embarcar e desembarcar enquanto o cruzeiro circulava pelo globo. Contudo, no início da pandemia, essas embarcações de escapismo se tornaram placas de Petri de contágio. Em março de 2020, depois de permanecer no mar continuamente por dezoito anos, o *The World* evacuou seus passageiros e entrou em hibernação nas ilhas Canárias.[72] O sonho da fuga extranacional se revelou desconfortavelmente atrelado ao mundo existente das nações.

4.

Retórica à parte, as zonas são ferramentas do Estado, não a libertação dele. Não importa quais sejam as fantasias de saída, as zonas não são capazes de escapar do mundo. A terceira verdade sobre elas talvez seja a mais banal, mas também a mais relevante: as zonas têm habitantes. Não existe tábula rasa nem folha de papel em branco.

Podemos ver isso claramente na ur-zona de Hong Kong. Comecei este livro com Milton Friedman contemplando afetuosamente o horizonte da cidade, que ele imaginou como um perfeito receptáculo para a condução do capitalismo, com as tomadas de decisão isoladas de perturbações graças à ausência de eleições democráticas. Em 2017, quando apresentei uma versão inicial desse capítulo na Universidade de Hong Kong, um professor da faculdade de direito riu. A descrição de Milton de uma cidade-Estado quiescente beirava o ridículo em meio a um dos períodos mais convulsivos da história de Hong Kong, em que a população saiu às ruas durante dias e noites de consecutivos protestos para exigir autodeterminação política. Alguns meses antes de minha palestra, dois legisladores recém-eleitos foram impedidos de assumir seus cargos porque expressaram o nacionalismo de Hong Kong e, ao prestarem juramento, amaldiçoaram a China.[73] Alguns anos antes, o movimento Occupy Central havia parado o trânsito na principal artéria da cidade durante 79 dias.

Mais tarde eu me dei conta de que minha palestra acontecia em um ano marcante. Fazia vinte anos desde a devolução de Hong Kong à China, e faltavam trinta anos para o planejado final de "um país, dois sistemas", com a reabsorção total de Hong Kong pela China. Percorrendo a cidade dentro de um ônibus, passei pela Universidade Politécnica. Os jovens em seus tênis Flyknit, estatuetas de plástico saltando de suas mochilas, não davam nenhuma pista do fato de que, apenas dois anos depois, muitos deles seriam combatentes em um campo de batalha naquele mesmo campus. Em setembro de 2019, a Universidade Politécnica se tornou palco de um cerco quase medieval, em que manifestantes munidos de estilingues e catapultas arremessavam tijolos contra a polícia, que do lado de fora atacava com bombas de gás lacrimogêneo e mangueiras de tinta azul.[74] A promessa de democracia enterrada na Lei Básica, que os ativistas de Hong Kong tentavam ressuscitar e concretizar, voltava a ser negada e esmagada.

Em 2020, enquanto Beijing se preocupava com uma crescente onda de candidatos pró-democracia dentro do governo de Hong Kong — aprovado de antemão pelas autoridades centrais chinesas —, o continente impôs uma lei de segurança nacional que tornava ilegal exigir a secessão. Jornais críticos à China foram fechados, e as críticas abertas a Beijing, silenciadas. Políticos, professores, advogados e jornalistas associados ao movimento pró-democracia acabaram presos, e suas postagens e declarações anteriores nas redes sociais agora serviam de base legal retroativa para perseguição. As lanchas que levavam a bordo ativistas pró-democracia tentando fugir para Taiwan foram interceptadas. O que os neoliberais antes elogiavam como "a outra ilha de Adam Smith" se transformou em um novo tipo de Berlim Oriental — mas uma variante estranha, em que o capital internacional ainda desfrutava de plena liberdade de movimento.[75]

A ilha de Hong Kong sempre foi marcada por aquilo que um livro chama de "política de desaparecimento".[76] Suas reduzidas dimensões trouxeram consigo tanto um sucesso extraordinário quanto a vertiginosa sensação de proximidade da extinção. Na série de *anime Genocyber*, de 1994, a cidade é destruída no final do primeiro episódio. O intertítulo diz: "Naquele dia, Hong Kong explodiu misteriosamente e desapareceu da face da Terra". Agora parece que isso pode estar acontecendo em termos políticos por *diktat*, ou seja, por decisão ou determinação imposta por meio da força; e, em termos de infraestrutura, por graus. Há planos avançados para a absorção de Hong Kong na Área da Grande Baía, um único e vasto megaconglomerado que inclui Shenzhen, Guangzhou e Macau.[77] A posição de liderança de Hong Kong nas áreas de finanças e transporte marítimo já havia sido solapada. A Bolsa de Valores de Shanghai está em ascensão como um local alternativo para ofertas públicas de ações. Em 2012, Hong Kong foi o terceiro maior porto de contêineres do mundo, depois de Shanghai e Cingapura; em 2020, havia caído para a oitava posição, ultrapassado por quatro portos chineses junto com Busan, na Coreia do Sul.[78] No mesmo ano, os Estados Unidos revogaram o status de Hong Kong como território alfandegário separado. "Fabricado em Hong Kong" passou a ser, simplesmente, "Fabricado na China". Os próprios neoliberais perderam a fé. Em 2021, a nova edição do Índice de Liberdade Econômica da Fundação Heritage foi lançada com uma ausência no topo.[79] Também para eles, Hong Kong havia desaparecido continente adentro.

Contudo, Hong Kong, como escreve um de seus filhos nativos, é "uma cidade que se recusa a morrer".[80] De que maneira ela sobreviverá? Uma proposta popular a imagina como uma cidade-Estado no estilo do início do império moderno, com delegação de poderes e alto grau de autonomia dentro de uma federação chinesa. Alguns exigem independência total de Hong Kong; outros defendem o retorno a uma China que já havia sido democratizada.[81] Alguns imaginam uma Hong Kong reconstituída no exílio. O magnata Ivan Ko, aconselhado por algumas das mesmas pessoas por trás de Próspera, vem explorando a possibilidade de um casulo de fuga para emigrados de Hong Kong, uma cidade *charter* implantada na costa irlandesa.[82]

Em 2019, enquanto enfrentavam uma repressão cada vez mais severa da polícia, os ativistas de Hong Kong que exigiam democracia e autodeterminação encontraram uma maneira de lidar com as autoridades e com a cidade por meio de protestos que mudavam rapidamente de formato. Eles pegaram emprestado uma expressão de um dos ícones de sua cidade, Bruce Lee. "Seja água", diziam, enquanto encaravam 16 mil rodadas de gás lacrimogêneo. O que isso significa só o futuro dirá.

Agradecimentos

Estou tomado de gratidão às pessoas que emprestaram seu apoio, ideias e amizade ao longo dos anos que levei para escrever este livro. Obrigado a Atossa Araxia Abrahamian, Hadji Bakara, Tim Barker, Grace Blakeley, Mark Blyth, William Callison, Will Davies, Daniel Denvir, Kristin Fabbe, Katrina Forrester, Heinrich Geiselberger, Ryan S. Jeffery, Ana Isabel Keilson, Alexander Kentikelenis, Aaron Kerner, Kojo Koram, Mathew Lawrence, Jamie Martin, Thomas Meaney, Dieter Plehwe, Justin Reynolds, Thea Riofrancos, Pavlos Roufos, Stuart Schrader, Hank Silver, Ben Tarnoff, Christy Thornton, Alberto Toscano, Isabella Weber, Moira Weigel, Kirsten Weld, e um agradecimento especial a Boaz Levin, por ler uma ideia inicial da coisa toda. Obrigado a Mel Flashman por sua camaradagem intelectual e ativo apoio, e a Sara Bershtel e Grigory Tovbis por ajudar a reconstruir o livro em pleno alto-mar e guiá-lo até o porto. Agradeço também a Marion Kadi pelos mapas e, na impressão, a Tim Duggan, Anita Sheih e Clarissa Long, da Holt, e Thomas Penn, Matthew Hutchison, Eva Hodgkin e Julie Woon, da Penguin. Agradeço a Cameron Abadi, da *Foreign Policy*, Hettie O'Brien e Jonathan Shainin, do *Guardian*, Gavin Jacobson, da *New Statesman*, e John Guida, da Suein Hwang, do *New York Times*, por me ajudarem a testar em público partes do argumento. As livrarias Harvard Book Store, Munro's e Raven me forneceram muitos dos livros necessários para escrever este. A plataforma de rádio NTS forneceu grande parte da trilha sonora. Meus pais, irmãos e a penumbra familiar providenciaram o núcleo emocional derretido, nos anos de pandemia e sempre. E, acima de tudo, um agradecimento infinito a Michelle, meu amor e companheira de viagem, e a nosso filho, Yann, com quem tenho a sorte de acordar na mesma casa todas as abençoadas manhãs.

Notas

INTRODUÇÃO: DESPEDACE O MAPA [pp. 13-21]

1. Peter Thiel, "Back to the Future" (palestra, vídeo). Seasteading Institute Conference, 29 set. 2009, San Francisco, Califórnia, 30min55s. Disponível em: <https://vimeo.com/7577391>. Acesso em: 28 nov. 2023.
2. Id., "The Education of a Libertarian". *Cato Unbound*, 13 abr. 2009. Disponível em: <https://cato-unbound.org/2009/04/13/peter-thiel/education-libertarian>. Acesso em: 28 nov. 2023.
3. Id., Op. cit., 29 set. 2009.
4. Depois de escrever esse trecho, deparei com um experimento mental semelhante citado num livro que teve apoio financeiro da Fundação Charles Koch. Ver Tom W. Bell, *Your Next Government? From the Nation State to Stateless Nations* (Cambridge: Cambridge University, 2017), p. 1; para ler trabalhos pioneiros sobre as zonas, ver Aihwa Ong, *Neoliberalism as Exception: Mutations in Citizenship and Sovereignty* (Durham, Carolina do Norte: Duke University, 2006); Keller Easterling, *Extrastatecraft: The Power of Infrastructure Space* (Nova York: Verso, 2014); Ronen Palan, *The Offshore World: Sovereign Markets, Virtual Places, and Nomad Millionaires* (Ithaca, Nova York: Cornell University, 2003); Nicholas Shaxson, *Treasure Islands: Tax Havens and the Men Who Stole the World* (Nova York: St. Martin's Griffin, 2011); e Patrick Neveling, "Free Trade Zones, Export Processing Zones, Special Economic Zones and Global Imperial Formations 200 BCE to 2015 CE" (In: Immanuel Ness e Zak Cope [Orgs.], *The Palgrave Encyclopedia of Imperialism and Anti-Imperialism*. Basingstoke: Palgrave Macmillan, 2015).
5. François Bost, "Special Economic Zones: Methodological Issues and Definition". *Transnational Corporations*, v. 26, n. 2, p. 142, 2019. Um estudioso resolve o problema simplesmente referindo-se à Zona com inicial maiúscula. Jonathan Bach, "Modernity and the Urban Imagination in Economic Zones" (*Theory, Culture & Society*, v. 28, n. 5, pp. 99-100, 2011).
6. Aihwa Ong, "Graduated Sovereignty in South-East Asia". *Theory, Culture & Society*, v. 17, n. 4, p. 68, 2000.

7. Gabriel Zucman, *The Hidden Wealth of Nations*. Chicago: University of Chicago, 2015.

8. Id., "How Corporations and the Wealthy Avoid Taxes (and How to Stop Them)". *The New York Times*, 10 nov. 2017. Disponível em: <https://www.nytimes.com/interactive/2017/11/10/opinion/gabriel-zucman-paradise-papers-tax-evasion.html>. Acesso em: 28 nov. 2023.

9. Oliver Bullough, *Moneyland: Why Thieves and Crooks Now Rule the World and How to Take It Back*. Londres: Profile, 2018, pp. 53, 79.

10. "Obama Targets Cayman 'Tax Scam'". *PolitiFact*, 9 jan. 2008. Disponível em: <https://www.politifact.com/article/2008/jan/09/obama-targets-cayman-islands-tax-scam/>. Acesso em: 28 nov. 2023.

11. Como se aponta com frequência, os próprios Estados Unidos são um dos maiores paraísos fiscais do mundo. Ana Swanson, "How the U. S. Became One of the World's Biggest Tax Havens" (*The Washington Post*, 5 abr. 2016. Disponível em: <https://www.washingtonpost.com/news/wonk/wp/2016/04/05/how-the-u-s-became-one-of-the-worlds-biggest-tax-havens/>. Acesso em: 28 nov. 2023).

12. Em 2019, a Conferência das Nações Unidas sobre Comércio e Desenvolvimento (Unctad) propôs referir-se a todas as zonas como *zonas econômicas especiais*. Isso não inclui os paraísos fiscais semelhantes às zonas. Unctad, World Investment Report: Special Economic Zones (Genebra: United Nations, 2019), p. xii.

13. Os Estados Unidos têm quase trezentas dessas zonas de comércio exterior.

14. Tim Looser, "21st Century City Form in Asia: The Private City". In: Setha Low (Org.), *The Routledge Handbook of Anthropology and the City*. Nova York: Routledge, 2018.

15. Kimberly Adams e Benjamin Payne, "Nevada Considers Bringing Back the 'Company Town' for the Tech Industry". *Marketplace*, 30 jun. 2021. Disponível em: <https://www.marketplace.org/shows/marketplace-tech/nevada-considers-bringing-back-the-company-town-for-the-tech-industry>. Acesso em: 28 nov. 2023.

16. Quinn Slobodian, "Rishi Sunak's Free Ports Plan Reinvents Thatcherism for the Johnson Era". *The Guardian*, 1 mar. 2020.

17. Grégoire Chamayou, *The Ungovernable Society*. Cambridge: Polity, 2021, p. 231.

18. François Bost, op. cit., p. 151.

19. Stuart M. Butler, "The Enterprise Zone as a Political Animal". *Cato Journal*, v. 2, n. 2, p. 374, 1982.

20. Lionel Shriver, *The Mandibles: A Family, 2029-2047*. Nova York: Harper Perennial, 2016, p. 48.

21. Jeff Deist, "The Prospects for Soft Secession in America". *Mises Wire*, 21 set. 2021. Disponível em: <https://mises.org/wire/prospects-soft-secession-america>. Acesso em: 28 nov. 2023.

22. Id., "Secession Begins at Home". *LewRockwell.com*, 31 jan. 2015. Disponível em: <https://www.lewrockwell.com/2015/01/jeff-deist/secession-begins-at-home/>. Acesso em: 28 nov. 2023.

23. Stephen Graham e Simon Marvin, *Splintering Urbanism: Networked Infrastructures, Technological Mobilities and the Urban Condition*. Londres: Routledge, 2001, p. 272.

24. Ola Uduku, "Lagos: 'Urban Gating' as the Default Condition". In: Samer Bagaeen e Ola Uduku (Orgs.), *Gated Communities: Social Sustainability in Contemporary and Historical Gated Developments*. Londres: Earthscan, 2010.

25. Sanjay Srivastava, *Entangled Urbanism: Slum, Gated Community, and Shopping Mall in Delhi and Gurgaon*. Nova York: Oxford University, 2014.

26. Michael P. Gibson, "The Nakamoto Consensus: How We End Bad Governance". *Medium*, 3 abr. 2015. Disponível em: <https://medium.com/@William_Blake/the-nakamoto-consensus-how-we-end-bad-governance-2d75b2fa1f65>. Acesso em: 28 nov. 2023.

27. Albert O. Hirschman, *Exit, Voice and Loyalty: Responses to Decline in Firms, Organizations, and States*. Cambridge: Harvard University, 1970.

28. Bruce Sterling, *Islands in the Net*. Nova York: Arbor House, 1988, p. 17.

29. Stéphane Rosiere e Reece Jones, "Teichopolitics: Re-considering Globalisation Through the Role of Walls and Fences". *Geopolitics*, v. 17, n. 1, p. 218, 2012.

30. Para esses dois pontos e uma interpretação extraordinária, ver Wendy Brown, *Walled States, Waning Sovereignty* (Nova York: Zone, 2010), p. 35.

31. Para documentação, ver o Projeto de Migrantes Desaparecidos da Organização Internacional para as Migrações, disponível em: <https:/missingmigrants.iom.int/region/mediterranean>. Acesso em: 28 nov. 2023.

32. Francis Fukuyama, "The End of History?". *The National Interest*, n. 16, pp. 3-18, 1989.

33. Angus Cameron e Ronen Palan, *The Imagined Economies of Globalization*. Londres: Sage, 2003, p. 157; e Vanessa Ogle, "Archipelago Capitalism: Tax Havens, Offshore Money, and the State, 1950s-1970s". *American Historical Review*, v. 122, n. 5, dez. 2017.

34. Thomas Piketty, *Capital in the Twenty-First Century*. Cambridge: Belknap Press of Harvard University, 2014; Gabriel Zucman, *The Hidden Wealth of Nations*. Chicago: University of Chicago, 2015.

35. Chuck Collins, *The Wealth Hoarders: How Billionaires Pay Millions to Hide Trillions*. Londres: Polity, 2021.

36. Raymond Plant, "Restraint and Responsibility". *The Times*, 16 out. 1990.

37. Andrew Kaczynski e Paul LeBlanc, "Trump's Fed Pick Stephen Moore Is a Self-Described 'Radical' Who Said He's Not a 'Big Believer in Democracy'". *CNN*, 13 abr. 2019. Disponível em: <https://www.cnn.com/2019/04/12/politics/stephen-moore-kfile/index.html>. Acesso em: 28 nov. 2023.

38. Jeff Deist, "The Prospects for Soft Secession in America". *Mises Wire*, 21 set. 2021. Disponível em: <https://mises.org/wire/prospects-soft-secession-america>. Acesso em: 28 nov. 2023.

39. Hari Kunzru, *Red Pill*. Nova York: Knopf, 2020, p. 226.

1. DUAS, TRÊS, MUITAS HONG KONGS [pp. 25-49]

1. Patri Friedman, "TSI Strategy & Status: The Future" (vídeo). Conferência do Seasteading Institute, San Francisco, Califórnia, 26min42s, 29 set. 2009. Disponível em: <https://vimeo.com/8354001>. Acesso em: 28 nov. 2023.

2. Patri Friedman, "Beyond Folk Activism". *Cato Unbound*, 6 abr. 2009. Disponível em: <https://www.cato-unbound.org/2009/04/13/peter-thiel/education-libertarian>. Acesso em: 28 nov. 2023.

3. Patri Friedman e Brad Taylor, "Seasteading: Competitive Governments on the Ocean". *Kyklos*, Oxford: John Wiley & Sons, v. 65, p. 225, maio 2012.

4. Ibid., p. 230.

5. Patri Friedman, op. cit., 6 abr. 2009.

6. Chris Ip, "Hong Kong Is Model for Ocean Utopias". *South China Morning Post*, Hong Kong, 4 dez. 2011.

7. Milton Friedman, *Capitalism and Freedom*. Chicago: University of Chicago, 2002.
8. Patri Friedman, op. cit., 29 set. 2009.
9. Homepage "Let a Thousand Nations Bloom", captura de tela em 2 mar. 2013, ⟨https://athousandnations.com⟩.
10. Michel J. Crozier, Samuel P. Huntington e Joji Watanuki, *The Crisis of Democracy*. Nova York: New York University, 1975, p. 2.
11. Peter Brimelow, "Why Liberalism Is Now Obsolete: An Interview with Nobel Laureate Milton Friedman". *Forbes*, p. 176, 12 dez. 1988.
12. "Hong-Kong". *Penny Magazine of the Society for the Diffusion of Useful Knowledge*, p. 500, 24 dez. 1842.
13. Barry Naughton, *The Chinese Economy: Transitions and Growth*. Cambridge: MIT, 2007, p. 42; e John M. Carroll, *A Concise History of Hong Kong*. Lanham: Rowman & Littlefield, 2007, p. 68.
14. Maria Adele Carrai, *Sovereignty in China: A Genealogy of a Concept since 1840*. Cambridge: Cambridge University, 2019, p. 51.
15. Wellington Koo apud Maria Adele Carrai, "China's Malleable Sovereignty Along the Belt and Road Initiative: The Case of the 99-Year Chinese Lease of Hambantota Port". *Journal of International Law & Politics*, v. 51, p. 1078, 2019.
16. Eunice Seng, *Resistant City: Histories, Maps and the Architecture of Development*. Cidade de Cingapura: World Scientific, 2020, p. 94.
17. Lawrence Mills, *Protecting Free Trade: The Hong Kong Paradox 1947-97*. Hong Kong: Hong Kong University, 2012, p. 33.
18. Barry Naughton, *The Chinese Economy: Transitions and Growth*. Cambridge: MIT, 2007, p. 35.
19. Yin-Ping Ho, *Trade, Industrial Restructuring and Development in Hong Kong*. Londres: Palgrave Macmillan, 1992, p. 17.
20. Lawrence Mills, op. cit., p. 8.
21. Y. C. Jao, "The Rise of Hong Kong as a Financial Center". *Asian Survey*, v. 19, n. 7, p. 686, jul. 1979.
22. Alvin Y. So, "The Economic Success of Hong Kong: Insights from a World-System Perspective". *Sociological Perspectives*, v. 29, n. 2, p. 249, abr. 1986.
23. Y. C. Jao, op. cit., p. 677.
24. Jamie Peck, "Milton's Paradise: Situating Hong Kong in Neoliberal Lore". *Journal of Law and Political Economy*, v. 1, n. 2, p. 192, 2021.
25. "Business: Uncle Miltie". *Time*, 10 mar. 1980. Disponível em: ⟨https://content.time.com/time/subscriber/article/0,33009,950360,00.html⟩. Acesso em: 28 nov. 2023.
26. James C. Roberts, "Milton Friedman, Superstar". *Human Events*, p. 40, 22 nov. 1980.
27. Mark Tier, "Hong Kong". *Reason*, p. 60, jun. 1977.
28. Simon Hoggart, "Where Even the Poor Are Rich". *The Observer*, 28 fev. 1982.
29. Free to Choose Network, "The Power of the Market" (vídeo). YouTube, 57min47s, 12 mar. 2019. Disponível em: ⟨https://www.youtube.com/watch?v=dngqR9gcDDw⟩. Acesso em: 28 nov. 2023.
30. Ver Melinda Cooper, *Family Values: Between Neoliberalism and the New Social Conservatism* (Nova York: Zone, 2017).
31. Catherine Schenk, "Negotiating Positive Non-interventionism: Regulating Hong Kong's Finance Companies, 1976-1986". *China Quarterly*, v. 230, p. 350, jun. 2017.

32. Jon Woronoff, *Hong Kong: Capitalist Paradise*. Hong Kong: Heinemann, 1980, p. 232.

33. Alvin Rabushka, *The Changing Face of Hong Kong: New Departures in Public Policy*. Washington: American Enterprise Institute for Public Policy Research, 1973, p. 2.

34. Id., *Hong Kong: A Study in Economic Freedom*. Chicago: Graduate School of Business; University of Chicago, 1979, p. 67.

35. Ibid., pp. 33, 39.

36. Ibid., p. 64.

37. Online Library of Liberty, "Hong Kong: A Story of Human Freedom and Progress" (vídeo). YouTube, 28min51s, 18 maio 2021 [1981]. Disponível em: <https://www.youtube.com/watch?v=RchkEruI1FA>. Acesso em: 28 nov. 2023.

38. Alvin Rabushka, op. cit., 1973, p. 1.

39. John M. Carroll, op. cit., p. 171.

40. Steve Lohr, "Unabashedly, the Business of Hong Kong Is Money". *The New York Times*, 27 set. 1982.

41. Ver, por exemplo, F. A. Hayek, "A Rebirth of Liberalism" (*The Freeman*, p. 731, 28 jul. 1952).

42. Para uma história completa do movimento libertário, ver Brian Doherty, *Radicals for Capitalism: A Freewheeling History of the Modern American Libertarian Movement* (Nova York: PublicAffairs, 2007).

43. Universidade Stanford, Arquivos da Instituição Hoover, Documentos de F. A. Hayek, caixa 34, pasta 10, MPS Hong Kong, Lista de hóspedes.

44. Rosemary McClure, "Hong Kong: Mandarin Celebrates Its First 50 Years and Its Next 50". *Los Angeles Times*, 15 fev. 2013.

45. "Film Designer Who Built the Replica of the Bridge on the River Kwai and Later Created Interiors for Luxury Hotels". *The Daily Telegraph*, 1 set. 2004; e William Rees-Mogg, "When Is a Bribe Just a Friendly Gesture?". *The Times*, 7 nov. 1994.

46. Henry Wai-Chung Yeung, *Transnational Corporations and Business Networks: Hong Kong Firms in the Asean Region*. Londres: Routledge, 1998, p. 74.

47. Nancy Yanes Hoffman, "Clavell Can Tell Hong Kong Fortunes". *Los Angeles Times*, 3 maio 1981.

48. Terry Teachout, "James Clavell, Storyteller". *National Review*, p. 1422, 12 nov. 1982.

49. Jennifer Burns, *Goddess of the Market: Ayn Rand and the American Right*. Oxford: Oxford University, 2009; e Marsha Enright, "James Clavell's Asian Adventures". *Atlas Society*, 23 mar. 2011. Disponível em: <https://www.atlassociety.org/post/james-clavells-asian-adventures>. Acesso em: 28 nov. 2023.

50. Linda Ashland, "Hong Kong's New Taipans". *Town & Country*, p. 133, maio 1980.

51. John M. Carroll, op. cit., pp. 160-2; e Ho-Fung Hung, *City on the Edge: Hong Kong Under Chinese Rule*. Cambridge: Cambridge University, 2022, p. 154.

52. Eunice Seng, op. cit., p. 91.

53. John Chamberlain, "There'll Always Be a Hong Kong". *Human Events*, p. 13, 14 out. 1978.

54. Michael Ng-Quinn, "Living on Borrowed Time in a Borrowed Place". *San Francisco Examiner*, 14 set. 1981.

55. Tim Summers, *China's Hong Kong*. 2. ed. Londres: Agenda, 2021, p. 17.

56. Lorenz Langer, "Out of Joint? Hong Kong's International Status from the Sino-British Joint Declaration to the Present". *Archiv des Völkerrechts*, v. 46, n. 3, set. 2008.

57. John Chamberlain, op. cit., p. 13.
58. Robert Poole Jr., "The China Decision". *Reason*, p. 6, mar. 1979.
59. "Hong-Kong", op. cit., p. 501.
60. Geoffrey Howe, *Conflict of Loyalty*. Nova York: St. Martin's, 1994, p. 318.
61. Margaret Thatcher, entrevista para o *The Wall Street Journal*. Margaret Thatcher Foundation, 24 jan. 1990. Disponível em: <https://www.margaretthatcher.org/document/107876>. Acesso em: 28 nov. 2023.
62. Id., *The Downing Street Years*. Nova York: HarperCollins, 1993, p. 259.
63. Anexo Confidencial à Ata do Gabinete Pleno, 30 set. 1982. Disponível em: <https://www.margaretthatcher.org/document/123921>. Acesso em: 28 nov. 2023.
64. Margaret Thatcher, entrevista para o *The Wall Street Journal*. Margaret Thatcher Foundation, 24 jan. 1990. Disponível em: <https://www.margaretthatcher.org/document/107876>. Acesso em: 28 nov. 2023.
65. Os britânicos propuseram a mesma coisa para as ilhas Malvinas. Ver Michael Frenchman, "Britain Puts Forward Four Options on Falklands" (*The Times*, 28 nov. 1980). Ver também Peter J. Beck, "The Future of the Falkland Islands: A Solution Made in Hong Kong?" (*International Affairs*, v. 61, n. 4, pp. 643-60, 1985); e Louisa Lim, *Indelible City: Dispossession and Defiance in Hong Kong* (Nova York: Riverhead, 2022), p. 103.
66. Ezra F. Vogel, *Deng Xiaoping and the Transformation of China*. Cambridge: Belknap Press of Harvard University, 2011, p. 477.
67. Barry Naughton, *Growing Out of the Plan: Chinese Economic Reform, 1978-1993*. Cambridge: Cambridge University, 1995, p. 54.
68. Don Graff, "Hong Kong Principle". *Indiana Gazette*, 5 out. 1982.
69. Ezra F. Vogel, *Deng Xiaoping and the Transformation of China*. Cambridge: Belknap Press of Harvard University, 2011, p. 494.
70. Apud Steve Tsang, *A Modern History of Hong Kong*. Londres: I. B. Tauris, 2004, p. 214.
71. Brian Eads, "Murdoch, Made for Hong Kong". *Spectator*, 15 nov. 1986.
72. Edward W. Cheng, "United Front Work and Mechanisms of Countermobilization in Hong Kong". *China Journal*, v. 83, pp. 5-7, 2019; e Leo F. Goodstadt, *Uneasy Partners: The Conflict Between Public Interest and Private Profit in Hong Kong*. Hong Kong: Hong Kong University, 2005, p. 132.
73. Ezra F. Vogel, *Deng Xiaoping and the Transformation of China*. Cambridge: Belknap Press of Harvard University, 2011, p. 506.
74. Apud Chi Kuen Lau, *Hong Kong's Colonial Legacy*. Hong Kong: Chinese University, 1997, p. 84.
75. Francis Yuan-hao Tien apud Leo F. Goodstadt, "Business Friendly and Politically Convenient: The Historical Role of Functional Constituencies". In: Christine Loh e Civic Exchange (Orgs.), *Functional Constituencies: A Unique Feature of the Hong Kong Legislative Council*. Hong Kong: Hong Kong University, 2006, p. 53.
76. Louisa Lim, op. cit., p. 138.
77. Ray Forrest, Sin Yee Koh e Bart Wissink, "Tycoon City: Political Economy, Real Estate and the Super-Rich in Hong Kong". In: _____, *Cities and the Super-Rich: Real Estate, Elite Practices, and Urban Political Economies*. Nova York: Palgrave Macmillan, 2017, p. 230.

78. Denis Chang, "The Basic Law of the Hong Kong Special Administrative Region: Economics and Norms of Credibility". *Journal of Chinese Law*, v. 2, n. 1, p. 31, 1988.

79. Shu-Hung Tang, "Fiscal Constitution, Income Distribution and the Basic Law of Hong Kong". *Economy and Society*, v. 20, n. 3, pp. 284-5, 1991; ver também id., "The Hong Kong Fiscal Policy: Continuity or Redirection?" (In: Li Pang-Kwong [Org.], *Political Order and Power Transition in Hong Kong*. Hong Kong: Chinese University, 1997), p. 224; sobre as cláusulas, ver também Gonzalo Villalta Puig, "Fiscal Constitutionalism and Fiscal Culture: A Comparative Study of the Balanced-Budget Rule in the Spanish Constitution and the Hong Kong Basic Law" (*Hong Kong Law Journal*, v. 43, 2013); Miron Mushkat e Roda Mushkat, "The Economic Dimension of Hong Kong's Basic Law: An Analytical Overview" (*New Zealand Journal of Public and International Law*, v. 7, n. 2, dez. 2008); e Conselho Legislativo de Hong Kong, "Ata Oficial" (13 jul. 1988, p. 1848).

80. Alvin Rabushka, "A Free-Market Constitution for Hong Kong: A Blueprint for China". *Cato Journal*, v. 8, n. 3, p. 647, 1989.

81. "Record of a Discussion between the Prime Minister and Premier Hua Guofeng". Margaret Thatcher Foundation, 1 nov. 1979. Disponível em: <https://www.margaretthatcher.org/document/138424>. Acesso em: 28 nov. 2023.

82. Lorenz Langer, op. cit., p. 328.

83. Tim Summers, op. cit., pp. 105-6.

84. Chien-Min Chao, "'One Country, Two Systems': A Theoretical Analysis". *Asian Affairs*, v. 14, n. 2, p. 107, 1987.

85. Aqueles que têm mais conhecimento acerca da história chinesa reconheceriam isso como parte do contínuo processo de transformar o multiétnico Império Qing em um único Estado-nação. O método usado para absorver Hong Kong se assemelhava muito ao que foi empregado para incorporar o Tibete na década de 1950. Ho-Fung Hung, op. cit., p. 106.

86. Jun Zhang, "From Hong Kong's Capitalist Fundamentals to Singapore's Authoritarian Governance: The Policy Mobility of Neo-Liberalising Shenzhen, China". *Urban Studies Journal*, v. 49, n. 13, p. 2866, out. 2012; para as origens da expressão, ver Isabella M. Weber, *How China Escaped Shock Therapy: The Market Reform Debate* (Nova York: Routledge, 2021), pp. 118-9.

87. Isabella M. Weber, *How China Escaped Shock Therapy: The Market Reform Debate*. Nova York: Routledge, 2021, p. 146.

88. Min Ye, "Policy Learning or Diffusion: How China Opened to Foreign Direct Investment". *Journal of East Asian Studies*, v. 9, n. 3, p. 410, set./dez. 2009.

89. Dennis Bloodworth, "Awakening China Courts Hong Kong". *The Observer*, 1 abr. 1979.

90. Juan Du, *The Shenzhen Experiment: The Story of China's Instant City*. Cambridge: Harvard University, 2020, pp. 6, 37; sobre a última expressão, ver Emma Xin Ma e Adrian Blackwell, "The Political Architecture of the First and Second Lines" (In: Mary Ann O'Donnell, Winnie Wong e Jonathan Bach [Orgs.], *Learning from Shenzhen: China's Post-Mao Experiment from Special Zone to Model City*. Chicago: University of Chicago, 2016), p. 135.

91. Mary Ann O'Donnell, "Heroes of the Special Zone: Modeling Reform and Its Limits". In: Mary Ann O'Donnell, Winnie Wong e Jonathan Bach (Orgs.), *Learning from Shenzhen: China's Post-Mao Experiment from Special Zone to Model City*. Chicago: University of Chicago, 2016, p. 44.

92. Ibid., p. 45.

93. Jun Zhang, op. cit., p. 2858.

94. Daniel You-Ren Yang e Hung-Kai Wang, "Dilemmas of Local Governance Under the Development Zone Fever in China: A Case Study of the Suzhou Region". *Urban Studies*, v. 45, n. 5/6, p. 1042, maio 2008.

95. Jun Zhang, op. cit., p. 2860.

96. Yehua Dennis Wei, "Zone Fever, Project Fever: Development Policy, Economic Transition, and Urban Expansion in China". *Geographical Review*, v. 105, n. 2, p. 159, abr. 2015.

97. Carolyn Cartier, *Globalizing South China*. Malden: Wiley-Blackwell 2002, p. x.

98. Juan Du, op. cit., p. 56.

99. Mihai Cracuin, "Ideology: Shenzhen". In: Chuihua Judy Chung et al. (Orgs.), *Great Leap Forward*. Colônia: Taschen, 2001, p. 83; para a última expressão, ver Jonathan Bach, "Shenzhen: From Exception to Rule" (In: Mary Ann O'Donnell, Winnie Wong e Jonathan Bach [Orgs.], *Learning from Shenzhen: China's Post-Mao Experiment from Special Zone to Model City*. Chicago: University of Chicago, 2016), p. 30; para detalhes sobre o desenvolvimento da política fundiária, ver Meg Rithmire, *Land Bargains and Chinese Capitalism: The Politics of Property Rights Under Reform* (Cambridge: Cambridge University, 2015).

100. Ezra F. Vogel, *Deng Xiaoping and the Transformation of China*. Cambridge: Belknap Press of Harvard University, 2011, p. 403.

101. Jun Zhang, op. cit., p. 2860.

102. Ezra F. Vogel, op. cit.

103. Jin Wang, "The Economic Impact of Special Economic Zones: Evidence from Chinese Municipalities". *Journal of Development Economics*, v. 101, p. 137, 2013.

104. Ver Barry Naughton, *Growing Out of the Plan: Chinese Economic Reform, 1978-1993*, (Cambridge: Cambridge University, 1995), cap. 4.

105. Shaohua Zhan, "The Land Question in 21st Century China". *New Left Review*, v. 122, p. 118, mar./abr. 2020.

106. Milton Friedman, "A Welfare State Syllogism" (discurso). Commonwealth Club of California, 1 jun. 1990, San Francisco, Califórnia, transcrito em *Commonwealth*, p. 386, 2 jul. 1990.

107. Isso não significa que o modelo de Friedman tenha sido adotado pelos reformadores chineses. Para detalhes, ver Isabella M. Weber, "Origins of China's Contested Relation with Neoliberalism: Economics, the World Bank, and Milton Friedman at the Dawn of Reform" (*Global Perspectives*, v. 1, n. 1, pp. 1-14, 2020); e Julian Gewirtz, *Unlikely Partners: Chinese Reformers, Western Economists, and the Making of Global China* (Cambridge: Harvard University, 2017).

108. Milton Friedman, "The Real Lesson of Hong Kong" (palestra). Salão Mandel, Universidade de Chicago, transcrição, 14 maio 1997. Disponível em: <https:/miltonfriedman.hoover.org/objects/57006/the-real-lesson-of-hong-kong>. Acesso em: 28 nov. 2023.

109. Simon Xiaobin Zhao, Yingming Chan e Carola B. Ramón-Berjano, "Industrial Structural Changes in Hong Kong, China Under One Country, Two Systems Framework". *Chinese Geographical Science*, v. 22, n. 3, p. 308, 2012.

110. Ezra F. Vogel, op. cit., p. 397; ver também Min Ye, op. cit., p. 409.

111. Taomo Zhou, "Leveraging Liminality: The Border Town of Bao'an (Shenzhen) and the Origins of China's Reform and Opening". *Journal of Asian Studies*, v. 80, n. 2, pp. 337-61, 2021.

112. Milton Friedman, "Questions and Answers with Milton Friedman". *HKCER Letters*, v. 23, nov. 1993. Disponível em: <https://hkcer.hku.hk/Letters/v23/rq&a.htm>. Acesso em: 28 nov. 2023.

113. Ver Maurice Adams, Federico Fabbrini e Pierre Larouche (Orgs.), *The Constitutionalization of European Budgetary Constraints* (Portland: Hart, 2014); e Hilary Appel e Mitchell A. Orenstein, *From Triumph to Crisis: Neoliberal Economic Reform in Postcommunist Countries* (Nova York: Cambridge University, 2018), p. 100.

114. Na Alemanha em 2009, na Áustria em 2011 e na Itália em 2012.

115. Milton Friedman, *Capitalism and Freedom*. Ed. rev. Chicago: The University of Chicago, 1982, p. 9.

116. Walter Block apud Milton Friedman, "A Statistical Note on the Gastil-Wright Survey of Freedom". In: Michael Walker (Org.), *Freedom, Democracy and Economic Welfare*. Vancouver: Fraser Institute, 1988, p. 134.

117. James Gwartney, Walter Block e Robert Lawson, "Measuring Economic Freedom". In: Stephen T. Easton e Michael A. Walker (Orgs.), *Rating Global Economic Freedom*. Vancouver: Fraser Institute, 1992, p. 156.

118. Ibid., p. 160.

119. James Gwartney e Robert Lawson, *Economic Freedom of the World: 1997 Annual Report*. Vancouver: Fraser Institute, 1997, p. 27.

120. James Gwartney, Robert Lawson e Walter Block, *Economic Freedom of the World: 1975--1995*. Vancouver: Fraser Institute, 1995, p. 64.

121. Richard B. McKenzie e Dwight R. Lee, *Quicksilver Capital: How the Rapid Movement of Wealth Has Changed the World*. Nova York: Free Press, 1991.

122. Ian Vásquez e Tanja Porcnik, *The Human Freedom Index 2016*. Washington: Instituto Cato, 2016, pp. 5-7.

123. Goodstadt, "Business Friendly and Politically Convenient: The Historical Role of Functional Constituencies", 53, <https://www.basiclaw.gov.hk>.

124. Ngok Ma, "Reinventing the Hong Kong State or Rediscovering It? From Low Interventionism to Eclectic Corporatism". *Economy and Society*, v. 38, n. 3, pp. 510, 516, 2009; e Jeffrey Wasserstrom, *Vigil: Hong Kong on the Brink*. Nova York: Columbia Global Reports, 2020, p. 45.

125. Keith Bradsher e Chris Buckley, "Hong Kong Leader Reaffirms Unbending Stance on Elections". *The New York Times*, 20 out. 2014. Disponível em: <https://www.nytimes.com/2014/10/21/world/asia/leung-chun-ying-hong-kong-china-protests.html>. Acesso em: 28 nov. 2023.

126. Samuel P. Huntington, "Democracy's Third Wave". *Journal of Democracy*, v. 2, n. 2, pp. 12-35, 1991.

127. Brian Fong, "In-Between Liberal Authoritarianism and Electoral Authoritarianism: Hong Kong's Democratization Under Chinese Sovereignty, 1997-2016". *Democratization*, v. 24, n. 4, pp. 724-5, 2017.

128. Ver Jane Burbank e Frederick Cooper, *Empires in World History: Power and the Politics of Difference* (Princeton, Nova Jersey: Princeton University, 2010), p. 2.

129. Lauren A. Benton, *A Search for Sovereignty: Law and Geography in European Empires, 1400-1900*. Nova York: Cambridge University, 2010, p. 290.

130. Vanessa Ogle, "Archipelago Capitalism: Tax Havens, Offshore Money, and the State, 1950s-1970s". *American Historical Review*, v. 122, n .5, p. 1432, dez. 2017.

131. James Ferguson, *Global Shadows: Africa in the Neoliberal World Order*. Durham: Duke University, 2006, p. 48.

132. Ezra F. Vogel, op. cit., p. 415.

133. Jonathan Bach, "Shenzhen: From Exception to Rule". In: Mary Ann O'Donnell, Winnie Wong e Jonathan Bach (Orgs.), *Learning from Shenzhen: China's Post-Mao Experiment from Special Zone to Model City*. Chicago: University of Chicago, 2016, p. 24.

134. Carolyn Cartier, "Zone Analog: The State-Market Problematic and Territorial Economies in China". *Critical Sociology*, v. 44, n. 3, p. 465, 2018.

135. Andrew Mertha, "'Fragmented Authoritarianism 2.0': Political Pluralization in the Chinese Policy Process". *China Quarterly*, v. 200, p. 995, dez. 2009.

136. Jeffrey Wasserstrom, op. cit., p. 42.

137. John M. Carroll, op. cit., p. 229.

138. Thomas K. Cheng, "Sherman vs. Goliath? Tackling the Conglomerate Dominance Problem in Emerging and Small Economies — Hong Kong as a Case Study". *Northwestern Journal of International Law & Business*, v. 37, n. 1, p. 89, 2017.

139. Ibid., p. 90.

140. Thomas Piketty e Li Yang, "Income and Wealth Inequality in Hong Kong, 1981-2020: The Rise of Pluto-Communism?". *World Inequality Lab Working Paper*, n. 18, p. 2, jun. 2021.

2. CIDADE DOS CACOS [pp. 51-71]

1. Yair Mintzker, "What Is Defortification? Military Functions, Police Roles, and Symbolism in the Demolition of German City Walls in the Eighteenth and Nineteenth Centuries". *German Historical Institute Bulletin*, v. 48, p. 46, 2011.

2. Fernand Braudel, *Civilization and Capitalism, 15th-18th Century*. Londres: William Collins Sons, 1979, p. 510, v. 1: The Structures of Everyday Life: The Limits of the Possible.

3. Maria Kaika, "Architecture and Crisis: Re-Inventing the Icon, Re-Imag(in)ing London and Re-Branding the City". *Transactions of the Institute of British Geographers*, v. 35, n. 4, p. 459, out. 2010. Em 2006, o nome da Corporação de Londres foi alterado para Corporação da City of London.

4. Nicholas Shaxson, *Treasure Islands: Tax Havens and the Men Who Stole the World*. Nova York: St. Martin's Griffin, 2011, p. 71.

5. Ibid.

6. Matthew Eagleton-Pierce, "Uncovering the City of London Corporation: Territory and Temporalities in the New State Capitalism". *Environment & Planning A: Economy and Space*, v. 55, n. 1, pp. 184-200, 2022.

7. Maria Kaika, op. cit., p. 459.

8. Nicholas Shaxson, *The Finance Curse: How Global Finance Is Making Us All Poorer*. Nova York: Grove, 2019, p. 59. O histórico colonial é importante, pois muitas vezes as ex-colônias herdaram o Common Law (direito comum) britânico. Manuel B. Aalbers, "Financial Geography I: Geographies of Tax" (*Progress in Human Geography*, v. 42, n. 6, p. 920, 2018).

9. Lewis Mumford, *The Culture of Cities*. Nova York: Harcourt Brace Jovanovich, 1938, p. 22.

10. A história do remodelamento das Docklands é um dos temas no popular livro de Peter Hall, *Cities of Tomorrow: An Intellectual History of Urban Planning and Design Since 1880* (4. ed. Malden: Wiley Blackwell, 2014), pp. 423-35. As zonas de empreendimento têm sido objeto de

exame acadêmico crítico desde a sua criação. Para dois excelentes estudos recentes, ver Timothy P. R. Weaver, *Blazing the Neoliberal Trail: Urban Political Development in the United States and the United Kingdom* (Filadélfia: University of Pennsylvania, 2016), cap. 6; e Sam Wetherell, "Freedom Planned: Enterprise Zones and Urban Non-Planning in Post-War Britain" (*Twentieth Century British History*, v. 27, n. 2, pp. 266-89, 2016). Sobre a "Hong Kong no Tâmisa", ver Martin Pawley, "Electric City of Our Dreams" (*New Society*, p. 12, 13 jun. 1986).

11. Peter Hall, *Cities of Tomorrow: An Intellectual History of Urban Planning and Desing since 1880*. 4. ed. Malden: Wiley Blackwell, 2014, p. 390.

12. Geoffrey Howe, "A Zone of Enterprise to Make All Systems 'Go'". Conservative Central Office, 26 jun. 1978. Disponível em: <https://www.margaretthatcher.org/document/111842>. Acesso em: 28 nov. 2023.

13. Ezra F. Vogel, *Japan Is Number One: Lessons for America*. Cambridge: Harvard University, 1979.

14. James Anderson, "The 'New Right', Enterprise Zones and Urban Development Corporations". *International Journal of Urban and Regional Research*, v. 14, n. 3, p. 474, set. 1990.

15. John Hoskyns e Norman Strauss, "'Stepping Stones' Report". Centre for Policy Studies, 14 nov. 1977. Disponível em: <https://www.margaretthatcher.org/document/111771>. Acesso em: 28 nov. 2023.

16. Catherine Schenk, "Negotiating Positive Non-Interventionism: Regulating Hong Kong's Finance Companies, 1976-1986". *China Quarterly*, v. 230, p. 352, jun. 2017.

17. Dados do PIB disponíveis pelo Banco Mundial em: <https://data.worldbank.org>. Acesso em: 28 nov. 2023.

18. Geoffrey Howe, *Conflict of Loyalty*. Nova York: St. Martin's, 1994, p. 361.

19. Peter Hall, "Enterprise Zones and Freeports Revisited". *New Society*, p. 460, 24 mar. 1983. Sobre o não plano, ver Anthony Fontenot, *Non-Design: Architecture, Liberalism, and the Market* (Chicago: University of Chicago, 2021), pp. 243-51; e Sam Wetherell, op. cit., p. 275.

20. Madsen Pirie, "A Short History of Enterprise Zones". *National Review*, p. 26, 23 jan. 1981.

21. Harvey D. Shapiro, "Now, Hong Kong on the Hudson?". *New York*, pp. 35-7, 26 abr. 1982.

22. Stuart M. Butler, op. cit., p. 373.

23. Ibid., p. 376.

24. Ibid., p. 377.

25. Paul Johnson apud Stuart M. Butler, op. cit., p. 374.

26. Jonathan Potter e Barry Moore, "UK Enterprise Zones and the Attraction of Inward Investment". *Urban Studies*, v. 37, n. 8, p. 1280, 2000.

27. Sue Brownill e Glen O'Hara, "From Planning to Opportunism? Re-Examining the Creation of the London Docklands Development Corporation". *Planning Perspectives*, v. 30, n. 4, p. 549, 2015.

28. Sam Wetherell, op. cit., p. 287.

29. Barry M. Rubin e Craig M. Richards, "A Transatlantic Comparison of Enterprise Zone Impacts: The British and American Experience". *Economic Development Quarterly*, v. 6, n. 4, p. 435, 1992; e "Enterprise Zones: Do They Go Too Far or Not Far Enough?". *The Sunday Times*, 12 ago. 1984.

30. Chris Tighe, "Slow Go in Go-Go Areas". *The Sunday Times*, 1 ago. 1982.

31. John Harrison, "Buy a Building for Free". *The Sunday Times*, 8 fev. 1987.

32. Peter Shearlock, "How to Build a Tax Haven". *The Sunday Times*, 3 fev. 1985.

33. Alan Walters a Margaret Thatcher, 5 jul. 1982. Disponível em: <https://www.margaretthatcher.org/document/218360>. Acesso em: 28 nov. 2023.

34. Apud James Anderson, op. cit., p. 479.

35. James Anderson, op. cit., p. 468.

36. Doreen Massey, "Enterprise Zones: A Political Issue". *International Journal of Urban and Regional Research*, v. 6, n. 3, p. 429, 1982.

37. David Harvey, "The Invisible Political Economy of Architectural Production". In: Ole Bouman e Roemer van Toorn (Orgs.), *The Invisible in Architecture*. Nova York: Academy Editions, 1994, p. 426.

38. Perry Anderson, carta ao autor, 11 set. 2018.

39. James Anderson, op. cit., p. 483.

40. Göran Therborn, *Cities of Power: The Urban, the National, the Popular, the Global*. Nova York: Verso, 2017, p. 50.

41. Martin Pawley, op. cit., p. 12.

42. Jo Thomas, "London Financial District Going to the Isle of Dogs". *The New York Times*, 7 jan. 1986.

43. Sara Stevens, "'Visually Stunning' While Financially Safe: Neoliberalism and Financialization at Canary Wharf". *Ardeth*, pp. 87-9, 2020. Disponível em: <http://journals.openedition.org/ardeth/1153>. Acesso em: 28 nov. 2023.

44. Martin Pawley, op. cit.

45. Sue Brownill, *Developing London's Docklands: Another Great Planning Disaster?*. Londres: Paul Chapman, 1990, p. 50; Jo Thomas, op. cit.; e Roy Porter, *London: A Social History*. Londres: Penguin, 1994, p. 381.

46. Nigel Broackes apud Timothy P. R. Weaver, op. cit., p. 262.

47. James Anderson, op. cit., p. 483.

48. E. J. Hobsbawm, *The Age of Empire, 1875-1914*. Nova York: Pantheon, 1987, p. 38.

49. David Edgerton, *The Rise and Fall of the British Nation: A Twentieth Century History*. Londres: Penguin, 2018, p. 290.

50. Ibid., pp. 310-1.

51. Rob Harris, *London's Global Office Economy: From Clerical Factory to Digital Hub*. Londres: Routledge, 2021, p. 6.

52. David Edgerton, op. cit., p. 472.

53. Maureen Mackintosh e Hillary Wainwright (Orgs.). *A Taste of Power: The Politics of Local Economics*. Londres: Verso, 1987, p. 354.

54. Jo Littler e Hillary Wainwright, "Municipalism and Feminism Then and Now: Hilary Wainwright Talks to Jo Littler". *Soundings*, v. 74, p. 12, 2020.

55. Hillary Wainwright, "Bye Bye GLC". *The New Statesman*, p. 10, 21 mar. 1986; Cutler a Thatcher, 26 mar. 1981. Disponível em: <https://www.margaretthatcher.org/document/126349>. Acesso em: 28 nov. 2023.

56. Maureen Mackintosh e Hillary Wainwright, op. cit., pp. 303, 310.

57. Jade Spencer, "A Plan for a People's London". *Tribune*, 16 maio 2022. Disponível em: <https://tribunemag.co.uk/2022/05/peoples-plan-royal-docks-london-thatcherism-glc-neoliberalism>. Acesso em: 28 nov. 2023. Ver também Owen Hatherley, "Going Back to NAM" (*Tribune*, 16 set.

2021. Disponível em: <https://tribunemag.co.uk/2021/09/going-back-to-nam>. Acesso em: 28 nov. 2023).

58. Charles Moore, *Margaret Thatcher: The Authorized Biography*. Nova York: Knopf, 2019, p. 55, v. 3: Herself Alone.

59. Apud Muhammet Kösecik e Naim Kapucu, "Conservative Reform of Metropolitan Counties: Abolition of the GLC and MCC in Retrospect". *Contemporary British History*, v. 17, n. 3, p. 89, 2003.

60. Marion Roe apud ibid., p. 89.

61. Sylvia Bashevkin, *Tales of Two Cities: Women and Municipal Restructuring in London and Toronto*. Vancouver: University of British Columbia, 2006, pp. 57-8.

62. Leo Panitch, Colin Leys e David Coates, *The End of Parliamentary Socialism: From New Left to New Labour*. Londres: Verso, 2001, pp. 171-2.

63. Chris Toulouse, "Thatcherism, Class Politics, and Urban Development in London". *Critical Sociology*, v. 18, n. 1, p. 70, 1991.

64. Andy Merrifield, "The Canary Wharf Debacle: From 'TINA' — There Is No Alternative — to 'THEMBA' — There Must Be an Alternative". *Environment & Planning A*, v. 25, n. 9, p. 1256, 1993.

65. Warren Hoge, "Blair's 'Rebranded' Britain Is No Museum". *The New York Times*, 12 nov. 1997. Disponível em: <https://www.nytimes.com/1997/11/12/world/london-journal-blair-s-rebranded-britain-is-no-museum.html>. Acesso em: 28 nov. 2023.

66. Desiree Fields, "Constructing a New Asset Class: Property-Led Financial Accumulation After the Crisis". *Economic Geography*, v. 94, n. 2, 2016; e Manuel B. Aalbers, "Financial Geography III: The Financialization of the City". *Progress in Human Geography*, v. 44, n. 3, p. 599, 2020.

67. Joshua K. Leon, "Global Cities at Any Cost: Resisting Municipal Mercantilism". *City*, v. 21, n. 1, pp. 6-24, 2017.

68. Ibid., p. 16.

69. Michael Freedman, "Welcome to Londongrad". *Forbes*, 23 maio 2005. Disponível em: <https://www.forbes.com/forbes/2005/0523/158.html>. Acesso em: 28 nov. 2023. Ver Oliver Bullough, *Butler to the World: How Britain Helps the World's Worst People Launder Money, Commit Crimes, and Get Away with Anything* (Londres: Profile, 2022).

70. Jae-Yong Chung e Kevin Carpenter, "Safe Havens: Overseas Housing Speculation and Opportunity Zones". *Housing Studies*, v. 37, n. 8, pp. 1350-78, 2020.

71. Joe Beswick et al., "Speculating on London's Housing Future". *City*, v. 20, n. 2, p. 321, 2016.

72. Jae-Yong Chung e Kevin Carpenter, op. cit., p. 7.

73. Rodrigo Fernandez, Annelore Hofman e Manuel B. Aalbers, "London and New York as a Safe Deposit Box for the Transnational Wealth Elite". *Environment & Planning A*, v. 48, n. 12, p. 2444, 2016.

74. Judith Evans, "The Gilded Glut: Falling Demand Hits Luxury Property Market". *Financial Times*, 8 jun. 2017.

75. Apud Brett Christophers, *The New Enclosure: The Appropriation of Public Land in Neoliberal Britain*. Londres: Verso, 2018, p. 172.

76. Alexandra Stevenson e Julie Creswell, "Bill Ackman and His Hedge Fund, Betting Big". *The New York Times*, 25 out. 2014. Disponível em: <https://www.nytimes.com/2014/10/26/business/bill-ackman-and-his-hedge-fund-betting-big.html>. Acesso em: 28 nov. 2023.

77. Matthew Soules, *Icebergs, Zombies, and the Ultra-Thin: Architecture and Capitalism in the 21st Century*. Nova York: Princeton Architectural, 2021, p. 99.

78. Nikita Stewart e David Gelles, "The $238 Million Penthouse, and the Hedge Fund Billionaire Who May Rarely Live There". *The New York Times*, 24 jan. 2019. Disponível em: <https://www.nytimes.com/2019/01/24/nyregion/238-million-penthouse-sale.html>. Acesso em: 28 nov. 2023.

79. Saskia Sassen, *The Global City*. Princeton: Princeton University, 1991.

80. Joshua K. Leon, op. cit.

81. Owen Hatherley, "Renzo Piano's Shard". *Artforum*, v. 49, n. 10, 2011. Disponível em: <https://www.artforum.com/print/201106/renzo-piano-s-shard-28344>. Acesso em: 28 nov. 2023.

82. Paul C. Cheshire e Gerard H. Dericks, "'Trophy Architects' and Design as Rent-Seeking: Quantifying Deadweight Losses in a Tightly Regulated Office Market". *Economica*, v. 87, p. 1081, 2020.

83. Luna Glucksberg, "A View from the Top: Unpacking Capital Flows and Foreign Investment in Prime London". *City*, v. 20, n. 2, p. 251, 2016.

84. Ibid., p. 246.

85. Rodrigo Fernandez, Annelore Hofman e Manuel B. Aalbers, op. cit., p. 2450.

86. Anna White, "The 200 Home Tower Block That Sold Out in Under Five Hours". *The Daily Telegraph*, 12 jul. 2015.

87. Rowland Atkinson, Simon Parker e Roger Burrows, "Elite Formation, Power and Space in Contemporary London". *Theory, Culture & Society*, v. 34, n. 5/6, p. 184, 2017.

88. Margaret Thatcher, Discurso ao Primeiro Congresso Conservador Internacional. Margaret Thatcher Foundation, 28 set. 1997. Disponível em: <https://www.margaretthatcher.org/document/108374>. Acesso em: 28 nov. 2023.

89. Julia Kollewe, "Canary Wharf Owner Rescued by China and Qatar". *The Guardian*, 28 ago. 2009. Disponível em: <https://www.theguardian.com/business/2009/aug/28/songbird-canary-wharf-china-qatar>. Acesso em: 28 nov. 2023; e Guy Faulconbridge e Andrew Osborn, "Thatcher's Legacy: A Citadel of Finance Atop Once-Derelict Docks". *Reuters*, 16 abr. 2013. Disponível em: <https://www.reuters.com/article/uk-britain-thatcher-wharf/thatchers-legacy-a-citadel-of-finance-atop-once-derelict-docks-idUKBRE93F0S920130416>. Acesso em: 28 nov. 2023.

90. Brenda Goh, "Chinese Developer to Revamp London Docks for Asian Firms". Reuters, 29 maio 2013. Disponível em: <https://www.reuters.com/article/us-abp-londondocks-idCABRE94S0W720130529>. Acesso em: 28 nov. 2023.

91. Matt Kennard, "Selling the Silverware: How London's Historic Dock Was Sold to the Chinese". *International Business Times*, 7 jun. 2016. Disponível em: <https://legacy.pulitzercenter.org/reporting/selling-silverware-how-londons-historic-dock-was-sold-chinese>. Acesso em: 28 nov. 2023.

92. Art Patnaude, "Chinese Investors Bet on U.K. Land". *The Wall Street Journal*, 19 set. 2014.

93. Ray Forrest, Sin Yee Koh e Bart Wissink, "Tycoon City: Political Economy, Real State and the Super-Rich in Hong Kong". In: _____. *Cities and the Super-Rich: Real State, Elite Practices, and the Urban Political Economies*. Nova York: Palgrave Macmillan, 2017, p. 235.

94. Thomas K. Cheng, op. cit., p. 91.

95. Alice Poon, *Land and the Ruling Class in Hong Kong*. Hong Kong: Enrich, 2011, p. 51.

96. Brett Christophers, op. cit., p. 310.

97. Rowland Atkinson, Simon Parker e Roger Burrows, op. cit., p. 193.

98. Ibid., p. 194.

99. Boris Johnson, "We Should Be Humbly Thanking the Super-Rich, Not Bashing Them". *The Daily Telegraph*, 18 nov. 2013.

100. Samuel Stein, *Capital City: Gentrification and the Real Estate State*. Nova York: Verso, 2019, p. 150.

101. Thomas J. Sugrue, "America's Real Estate Developer in Chief". *Public Books*, 27 nov. 2017. Disponível em: <https://www.publicbooks.org/the-big-picture-americas-real-estate-developer-in-chief/>. Acesso em: 28 nov. 2023.

102. Ver Samuel Stein, op. cit., p. 137.

103. Charles V. Bagli, "A Trump Empire Built on Inside Connections and $885 Million in Tax Breaks". *The New York Times*, 17 set. 2016. Disponível em: <https://www.nytimes.com/2016/09/18/nyregion/donald-trump-tax-breaks-real-estate.html>. Acesso em: 28 nov. 2023.

104. Garth Alexander, "Donald Trump Dreams Up a New City in Manhattan". *The Times*, 24 jul. 1994.

105. Nick Davies, "The Towering Ego". *The Sunday Times Magazine*, 17 abr. 1988.

106. Donald Trump, "Remarks at an Opportunity Zones Conference with State, Local, Tribal, and Community Leaders". GovInfo, 17 abr. 2019. Disponível em: <https://www.govinfo.gov/app/details/DCPD-201900229>. Acesso em: 28 nov. 2023.

107. Jesse Drucker e Eric Lipton, "How a Trump Tax Break to Help Poor Communities Became a Windfall for the Rich". *The New York Times*, 31 ago. 2019. Disponível em: <https://www.nytimes.com/2019/08/31/business/tax-opportunity-zones.html>. Acesso em: 28 nov. 2023.

108. Brett Theodos, "The Opportunity Zone Program and Who It Left Behind". *Statement Before the Oversight Committee, Ways and Means Committee, U.S. House of Representatives*, 16 nov. 2021.

109. Apud Ray Forrest, Sin Yee Koh e Bart Wissink, "Hyper-Divided Cities and the 'Immoral' Super-Rich: Five Parting Questions". In: _____, *Cities and the Super-Rich: Real Estate, Elite Practices, and Urban Political Economies*. Nova York: Palgrave Macmillan, 2017, p. 274.

110. Matthew Haag, "Amazon's Tax Breaks and Incentives Were Big. Hudson Yards' Are Bigger". *The New York Times*, 9 mar. 2019. Disponível em: <https://www.nytimes.com/2019/03/09/nyregion/hudson-yards-new-york-tax-breaks.html>. Acesso em: 28 nov. 2023.

111. Michael Kimmelman, "Hudson Yards Is Manhattan's Biggest, Newest, Slickest Gated Community. Is This the Neighborhood New York Deserves?". *The New York Times*, 14 mar. 2019. Disponível em: <https://www.nytimes.com/interactive/2019/03/14/arts/design/hudson-yards-nyc.html>. Acesso em: 28 nov. 2023.

112. Kriston Capps, "The Hidden Horror of Hudson Yards Is How It Was Financed". *Bloomberg*, 12 abr. 2019. Disponível em: <https://www.bloomberg.com/news/articles/2019-04-12/the-visa-program-that-helped-pay-for-hudson-yards>. Acesso em: 28 nov. 2023.

113. Michael Kimmelman, op. cit.

114. Rowland Atkinson, "London, Whose City?". *Le Monde Diplomatique*, jul. 2017. Disponível em: <https://mondediplo.com/2017/07/06london>. Acesso em: 28 nov. 2023; e Gordon MacLeod, "The Grenfell Tower Atrocity: Exposing Urban Worlds of Inequality, Injustice, and an Impaired Democracy". *City*, v. 22, n. 4, p. 464, 2018.

115. George Monbiot, "With Grenfell Tower, We've Seen What 'Ripping Up Red Tape' Really Looks Like". *The Guardian*, 15 jun. 2017. Disponível em: <https://www.theguardian.com/commentisfree/2017/jun/15/grenfell-tower-red-tape-safety-deregulation>. Acesso em: 28 nov. 2023.

116. David Madden, "A Catastrophic Event". *City*, v. 21, n. 1, p. 3, 2017.

117. Stephen Graham e Simon Marvin, op. cit., p. 325.

118. James Vernon, *Modern Britain, 1750 to the Present*. Cambridge: Cambridge University, 2017, p. 501.

119. Jacob Rowbottom, "Protest: No Banners on My Land!". *The New Statesman*, 1 nov. 2004.

120. Paul Mason, "New Dawn for the Workers". *The New Statesman*, 16 abr. 2007.

121. Anna Minton, "The Paradox of Safety and Fear: Security in Public Space". *Architectural Design*, v. 88, n. 3, p. 89, maio 2018.

122. Anna Minton, *Ground Control: Fear and Happiness in the Twenty-First Century City*. Londres: Penguin, 2009, p. 61.

123. Stephen Graham, "Luxified Skies: How Vertical Urban Housing Became an Elite Preserve". *City*, v. 19, n. 5, pp. 620, 638, 2015.

124. Matthew Soules, op. cit., p. 93.

125. Owen Hatherley, "Renzo Piano's Shard". *Artforum*, v. 49, n. 10, 2011. Disponível em: <https://www.artforum.com/print/201106/renzo-piano-s-shard-28344>. Acesso em: 28 nov. 2023.

126. Alan Wiig, "Incentivized Urbanization in Philadelphia: The Local Politics of Globalized Zones". *Journal of Urban Technology*, v. 26, n. 3, 2019; e Samuel Stein, op. cit., p. 57.

127. Paul Watt, "'It's Not for Us': Regeneration, the 2012 Olympics and the Gentrification of East London". *City*, v. 17, n. 1, p. 101, 2013. Para uma análise pioneira, ver Neil Smith, *The New Urban Frontier: Gentrification and the Revanchist City* (Nova York: Routledge, 1996).

128. Alan Wiig, op. cit., p. 112.

129. Jack Brown, "If You Build It, They Will Come: The Role of Individuals in the Emergence of Canary Wharf, 1985-1987". *The London Journal*, v. 42, n. 1, p. 71, 2017.

130. Richard Disney e Guannan Luo, "The Right to Buy Public Housing in Britain: A Welfare Analysis". *Journal of Housing Economics*, v. 35, pp. 51-3, 2017.

131. Stuart Hodkinson, "The New Urban Enclosures". *City*, v. 16, n. 5, pp. 510-4, 2012; e Christian Hilber e Olivier Schöni, "In the United Kingdom, Homeownership Has Fallen While Renting Is on the Rise". Brookings Institution, 20 abr. 2021. Disponível em: <https://www.brookings.edu/essay/uk-rental-housing-markets/>. Acesso em: 28 nov. 2023.

132. Ella Jessel, "Behind the Story: How Did Boris's Business Park Become a Ghost Town?". *Architects Journal*, 11 fev. 2022. Disponível em: <https://www.architectsjournal.co.uk/news/behind-the-story-how-did-boriss-business-park-become-a-ghost-town>. Acesso em: 28 nov. 2023.

133. Alastair Lockhart, "Big Changes Announced for London Skyscraper That's as Tall as the Shard". *MyLondon*, 26 jan. 2022. Disponível em: <https://www.mylondon.news/news/east-london-news/big-changes-announced-london-skyscraper-22883066>. Acesso em: 28 nov. 2023.

134. Patrick Radden Keefe, "How Putin's Oligarchs Bought London". *The New Yorker*, 28 mar. 2022. Disponível em: <https://www.newyorker.com/magazine/2022/03/28/how-putins-oligarchs-bought-london>. Acesso em: 28 nov. 2023.

135. Maureen Mackintosh e Hillary Wainwright, op. cit.; e Adrian Smith, "Technology Networks for Socially Useful Production". *Journal of Peer Production*, 2014. Ver Ben Tarnoff, *Internet for the People: The Fight for Our Digital Future* (Nova York: Verso, 2022), pp. 167-70. Ver também Jade Spencer, op. cit.

136. Alan Lockey e Ben Glover, *The "Preston Model" and the New Municipalism*. Londres: Demos, 2019. Disponível em: <https://demos.co.uk/wp-content/uploads/2019/06/June-Final-Web.pdf>. Acesso em: 28 nov. 2023; Matthew Brown, "Preston Is Putting Socialist Policies into Practice". *Tribune*, 20 jan. 2022. Disponível em: <https://tribunemag.co.uk/2022/01/community-wealth-building-preston-trade-unions-labour-party>. Acesso em: 28 nov. 2023; Bertie Russell, "Beyond the Local Trap: New Municipalism and the Rise of the Fearless Cities". *Antipode*, v. 51, n. 3, 2019; e Susannah Bunce, "Pursuing Urban Commons: Politics and Alliances in Community Land Trust Activism in East London". *Antipode*, v. 48, n. 1, 2016.

137. David Harvey, op. cit., p. 421.

138. Loraine Leeson, "Our Land: Creative Approaches to the Redevelopment of London's Docklands". *International Journal of Heritage Studies*, v. 25, n. 4, pp. 371-2, 2019.

3. A SOLUÇÃO DE CINGAPURA [pp. 73-90]

1. Charles Moore, op. cit., p. 802.

2. Owen Paterson, "Don't Listen to the Terrified Europeans. The Singapore Model Is Our Brexit Opportunity". *The Telegraph*, 21 nov. 2017.

3. Mark R. Thompson, "East Asian Authoritarian Modernism: From Meiji Japan's 'Prussian Path' to China's 'Singapore Model'". *Asian International Studies Review*, v. 17, n. 2, p. 131, dez. 2016.

4. Benjamin Tze Ern Ho, "Power and Populism: What the Singapore Model Means for the Chinese Dream". *China Quarterly*, v. 236, p. 968, 2018.

5. Milton Friedman e Rose D. Friedman, *Two Lucky People: Memoirs*. Chicago: University of Chicago, 1998, p. 327.

6. Milton Friedman, "The Invisible Hand in Economics and Politics". Palestra inaugural em Cingapura, patrocinada pela Autoridade Monetária de Cingapura e organizada pelo Instituto de Estudos do Sudeste Asiático, 14 out. 1980. Disponível em: <https://miltonfriedman.hoover.org/internal/media/dispatcher/271090/full>. Acesso em: 28 nov. 2023.

7. Linda Y. C. Lim, "Singapore's Success: The Myth of the Free Market Economy". *Asian Survey*, v. 23, n. 6, p. 761, jun. 1983.

8. Os maiores fundos soberanos são o Government of Singapore Industrial Corporation (GIC), fundado em 1981, e a Temasek Holdings, fundada em 1974. Em 2021, eles eram, respectivamente, o primeiro e o quinto investidores estatais mais ativos do mundo. Rae Wee, "GIC Retains Position as Most Active State-Owned Investor: Report" (*Business Times*, 13 jan. 2021. Disponível em: <https://www.businesstimes.com.sg/companies-markets/gic-retains-position-most-active-state-owned-investor-report>. Acesso em: 28 nov. 2023). As empresas estatais são chamadas de Corporações Vinculadas ao Governo (GLCs). Em 1998, dois terços das cem maiores empresas de Cingapura em termos de vendas eram GLCs. Linda Low, "Rethinking Singapore Inc. and GLCs" (*Southeast Asian Affairs*, p. 288, 2002). Sobre o capitalismo liderado pelo Estado, ver Adam D. Dixon, "The Strategic Logics of State Investment Funds in Asia: Beyond Financialisation" (*Journal of Contemporary Asia*, v. 52, n. 1, pp. 127-51, 2022).

9. S. Rajaratnam, "Singapore: Global City (1972)". In: Kwa Chong Guan (Org.), *S. Rajaratnam on Singapore: From Ideas to Reality*. Cingapura: World Scientific Publishing, 2006, p. 233.

10. Ibid., p. 231.

11. Michael D. Barr, *Singapore: A Modern History*. Londres: I. B. Tauris, 2019, p. 161.

12. W. G. Huff, "What Is the Singapore Model of Economic Development?". *Cambridge Journal of Economics*, v. 19, n. 6, pp. 735-59, dez. 1995.

13. Alexis Mitchell e Deborah Cowen, "The Labour of Global City Building". In: Deborah Cowen et al. (Orgs.), *Digital Lives in the Global City: Contesting Infrastructures*. Vancouver: University of British Columbia, 2020, p. 213.

14. Gordon P. Means, "Soft Authoritarianism in Malaysia and Singapore". *Journal of Democracy*, v. 7, n. 4, pp. 106-9, out. 1996. Desde 2000, definiu-se um pequeno "Speaker's Corner" [Canto do Orador] como uma zona designada para reunião e manifestação em um parque central da cidade.

15. Beng Huat Chua, *Liberalism Disavowed: Communitarianism and State Capitalism in Singapore*. Ithaca: Cornell University, 2017, p. 40.

16. Para um panorama recente, ver Chong Ja Ian, "Democracy, Singapore-Style? Biden's Summit Spotlights Questions of How to Categorize Regimes" (*Academia SG*, 20 dez. 2021. Disponível em: <https://www.academia.sg/explainer/democracy-singapore-style/>. Acesso em: 28 nov. 2023).

17. Sobre o pragmatismo, ver Kenneth Paul Tan, "The Ideology of Pragmatism: Neo-liberal Globalisation and Political Authoritarianism in Singapore". *Journal of Contemporary Asia*, v. 42, n. 1, fev. 2012; Beng Huat Chua, op. cit., pp. 6-7; e Denny Roy, "Singapore, China, and the 'Soft Authoritarian' Challenge". *Asian Survey*, v. 34, n. 3, p. 234, 1994.

18. Francis Fukuyama, "Asia's Soft-Authoritarian Alternative". *New Perspectives Quarterly*, p. 60, 1992.

19. Janet Lippman Abu-Lughod, "The World System in the Thirteenth Century: Dead-End or Precursor?". In: Michael Adas (Org.), *Islamic and European Expansion: The Forging of a Global Order*. Filadélfia: Temple University, 1993, p. 83.

20. Não são mencionados os trabalhadores condenados do Sul da Ásia que construíram as estradas e pontes em toda a ilha, bem como a Casa do Governo, uma bateria militar e uma igreja. Anand A. Yang, "Indian Convict Workers in Southeast Asia in the Late Eighteenth and Early Nineteenth Centuries" (*Journal of World History*, v. 14, n. 2, p. 201, 2003).

21. Carl A. Trocki, *Singapore: Wealth, Power and the Culture of Control*. Londres: Routledge, 2006, p. 13.

22. Apud Paul H. Kratoska, "Singapore, Hong Kong and the End of Empire". *International Journal of Asian Studies*, v. 3, n. 1, p. 2, 2006.

23. Jeevan Vasagar, *Lion City: Singapore and the Invention of Modern Asia*. Nova York: Pegasus, 2022, p. 32.

24. Michael D. Barr, *Singapore: A Modern History*. Londres: I. B. Tauris, 2019, p. 147.

25. Jeevan Vasagar, op. cit., p. 36.

26. Daniel Immerwahr, *How to Hide an Empire: A History of the Greater United States*. Nova York: Farrar, Straus and Giroux, 2019, p. 197.

27. Ibid., p. 4.

28. Jeevan Vasagar, op. cit., p. 225.

29. Lee Kuan Yew, *From Third World to First: The Singapore Story, 1965-2000*. Nova York: HarperCollins, 2000, pp. 14-5.

30. Ang Cheng Guan, *Lee Kuan Yew's Strategic Thought*. Nova York: Routledge, 2013, p. 96.

31. Jim Glassman apud Chris Meulbroek e Majed Akhter, "The Prose of Passive Revolution: Mobile Experts, Economic Planning and the Developmental State in Singapore". *Environment & Planning A*, v. 51, n. 6, 2019.

32. A citação é tirada de uma história oral de 1982 mencionada em *UNDP and the Making of Singapore's Public Service: Lessons from Albert Winsemius* (Cingapura: Centro Global do Programa das Nações Unidas para o Desenvolvimento para Excelência em Serviços Públicos, 2015), p. 11.

33. A autoridade colonial era Jan Pieterszoon Coen. Os debates sobre a remoção de sua estátua em sua cidade natal ressurgiram durante os confrontos com o passado colonial nacional. Olivia Tasevski, "The Dutch Are Uncomfortable with Being History's Villains, Not Victims" (*Foreign Policy*, 10 ago. 2020. Disponível em: <https://foreignpolicy.com/2020/08/10/dutch-colonial-history-indonesia-villains-victims/>. Acesso em: 28 nov. 2023).

34. Michael D. Barr, *Singapore: A Modern History*. Londres: I. B. Tauris, 2019, p. 162; e *UNDP and the Making of Singapore's Public Service: Lessons from Albert Winsemius*, op. cit., p. 11.

35. "Singapore's Successful Drive to Become Brain Centre of Southeast Asia". *Financial Post*, 7 out. 1972.

36. *UNDP and the Making of Singapore's Public Service: Lessons from Albert Winsemius*, op. cit., p. 8. Sobre Porto Rico, ver César J. Ayala e Rafael Bernabe, *Puerto Rico in the American Century: A History since 1898* (Chapel Hill: University of North Carolina, 2009), cap. 9.

37. Kees Tamboer, "Albert Winsemius: 'Founding Father' of Singapore". *IIAS Newsletter*, n. 9, p. 29, 1996.

38. Jeevan Vasagar, op. cit., p. 71.

39. Catherine Schenk, "The Origins of the Asia Dollar Market 1968-1986: Regulatory Competition and Complementarity in Singapore and Hong Kong". *Financial History Review*, v. 27, n. 1, p. 22, 2020.

40. Jeevan Vasagar, op. cit., p. 76.

41. J. K. Galbraith, "Age of Uncertainty, ep. 10" (vídeo). 1977.

42. Daniel P. S. Goh, "Super-Diversity and the Bio-Politics of Migrant Worker Exclusion in Singapore". *Identities*, v. 26, n. 3, p. 359, 2019.

43. Arif Dirlik, "Confucius in the Borderlands: Global Capitalism and the Reinvention of Confucianism". *boundary 2*, v. 22, n. 3, p. 239, 1995.

44. Ibid., pp. 232-6; e Denny Roy, op. cit., p. 232.

45. Arif Dirlik, op. cit., p. 239. Para a recepção nos Estados Unidos, ver Jennifer M. Miller, "Neoconservatives and Neo-Confucians: East Asian Growth and the Celebration of Tradition" (*Modern Intellectual History*, v. 18, n. 3, pp. 1-27, 2020).

46. Fareed Zakaria, "Culture Is Destiny: A Conversation with Lee Kuan Yew". *Foreign Affairs*, v. 73, n. 2, p. 115, 1994.

47. Wen-Qing Ngoei, *Arc of Containment: Britain, the United States, and Anticommunism in Southeast Asia*. Ithaca: Cornell University, 2019, p. 126.

48. Mario Rossi, "Singapore Run Like Corporation". *Santa Cruz Sentinel*, 5 out. 1980.

49. Apud Beng Huat Chua, op. cit., p. 50.

50. Lee Kuan Yew, op. cit., p. 304.

51. Ver Maurice Meisner, *Mao's China and After* (3. ed. Nova York: Free Press, 1999), pp. 291-412.

52. Pang Eng Fong, "Growth, Inequality and Race in Singapore". *International Labour Review*, v. 111, n. 1, p. 16, 1975.

53. Deng Xiaoping, "Excerpts from Talks Given in Wuchang, Shenzhen, Zhuhai and Shanghai". China.org.cn, 18 jan./21 fev. 1992. Disponível em: <http://www.china.org.cn/english/features/dengxiaoping/103331.htm>. Acesso em: 28 nov. 2023.

54. Eles pegaram emprestado o termo do Banco Mundial. He Li, "The Chinese Discourse on Good Governance: Content and Implications" (*Journal of Contemporary China*, v. 29, n. 126, p. 831, 2020).

55. Elsa van Dongen, *Realistic Revolution: Contesting Chinese History, Culture, and Politics After 1989*. Nova York: Cambridge University, 2019, p. 6; e Carolyn Cartier, "'Zone Fever', the Arable Land Debate, and Real Estate Speculation: China's Evolving Land Use Regime and Its Geographical Contradictions". *Journal of Contemporary China*, v. 10, n. 28, 2001.

56. Wang Hui, *The End of the Revolution: China and the Limits of Modernity*. Nova York: Verso, 2011, p. 51.

57. Ibid., p. 57. Um intelectual chinês, Wang Huning, viajou para os Estados Unidos e publicou um livro intitulado *America Against America* em 1991. Em 2022, ocupava o quarto lugar na hierarquia do PCC. Chang Che, "How a Book about America's History Foretold China's Future" (*The New Yorker*, 21 mar. 2022. Disponível em: <https://www.newyorker.com/books/second-read/how-a-book-about-americas-history-foretold-chinas-future>. Acesso em: 28 nov. 2023).

58. Lye Liang Fook, "Suzhou Industrial Park: Going Beyond a Commercial Project". In: Swee-Hock Saw e John Wong (Orgs.), *Advancing Singapore-China Economic Relations*. Cingapura: Institute of Southleast Asian Studies, 2014, p. 68; e Yang Kai e Stephan Ortmann, "The Origins of the 'Singapore Fever' in China 1978-92". In: Stephan Ortmann e Mark R. Thompson (Orgs.), *China's "Singapore Model" and Authoritarian Learning*. Londres: Routledge, 2020.

59. Kean Fan Lim e Niv Horesh, "The 'Singapore Fever' in China: Policy Mobility and Mutation". *China Quarterly*, v. 228, pp. 995, 1006, 2016.

60. Connie Carter, "The Clonability of the Singapore Model of Law and Development: The Case of Suzhou, China". In: Christoph Antons (Org.), *Law and Development in East and South-East Asia*. Londres: Routledge, 2003, p. 212.

61. Ver Mary G. Padua, *Hybrid Modernity: The Public Park in Late 20th Century China* (Londres: Taylor & Francis, 2020), cap. 5.

62. Tu Weiming, "Multiple Modernities: A Preliminary Inquiry into the Implications of the East Asian Modernity". *Globalistics and Globalization Studies*, 2014.

63. Hedley Bull, *The Anarchical Society: A Study of Order in World Politics*. Nova York: Columbia University, 1977, p. 258.

64. Margaret Tan, "Plugging into the Wired World: Perspectives from Singapore". *Information Communication & Society*, v. 1, n. 3, 1998. Um observador astuto se perguntou se eles não estavam tentando se antecipar à tecnologia para cercar e isolar digitalmente a ilha por motivos de censura a fim de proteger os "valores asiáticos" — o que, no fim ficou claro, mostrou-se verdade. Warwick Neville, "Managing the Smart City-State: Singapore Approaches the 21st Century" (*New Zealand Geographer*, v. 55, n. 1, p. 39, 1999).

65. Isso ocorreu depois de conversas na área de direito e desenvolvimento à época. Connie Carter, op. cit., pp. 208-20.

66. Ver Chris Gifford, *The Making of Eurosceptic Britain* (Aldershot: Ashgate, 2008); Quinn Slobodian e Dieter Plehwe, "Neoliberals Against Europe" (In: William Callison e Zachary Manfredi [Orgs.], *Mutant Neoliberalism: Market Rule and Political Ruptures*. Nova York: Fordham University, 2019), pp. 89-111; Quinn Slobodian, "Demos Veto and Demos Exit: The Neoliberals Who Embraced Direct Democracy and Secession" (*Journal of Australian Political Economy*, n. 86, pp. 19-36, 2020); e Roberto Ventresca, "Neoliberal Thinkers and European Integration in the 1980s and the Early 1990s" (*Contemporary European History*, v. 31, n. 1, pp. 31-46, 2022).

67. Margaret Thatcher, "Speech in Korea". Margaret Thatcher Foundation, 3 set. 1992. Disponível em: <https://www.margaretthatcher.org/document/108302>. Acesso em: 28 nov. 2023.

68. Ver, por exemplo, Margaret Thatcher, "Speech to the International Free Enterprise Dinner". Margaret Thatcher Foundation, 20 abr. 1999. Disponível em: <https://www.margaretthatcher.org/document/108381>. Acesso em: 28 nov. 2023.

69. Margaret Thatcher, "Speech Receiving Aims of Industry National Free Enterprise Award". Margaret Thatcher Foundation, 17 out. 1984. Disponível em: <https://www.margaretthatcher.org/document/105766>. Acesso em: 28 nov. 2023.

70. Youyenn Teo, "Interrogating the Limits of Welfare Reforms in Singapore". *Development and Change*, v. 46, n. 1, p. 99, jan. 2015. Ver Melinda Cooper, *Family Values: Between Neoliberalism and the New Social Conservatism* (Nova York: Zone, 2017). Outros legados do período anterior foram a ciência racial e a eugenia, adotadas abertamente por Lee na tentativa de aumentar o número de nascimentos de filhos de mulheres com alto nível educacional e diminuir o número de nascimentos de filhos das menos instruídas. Ver Michael D. Barr, "Lee Kuan Yew: Race, Culture and Genes" (*Journal of Contemporary Asia*, v. 29, n. 2, 1999).

71. Kwasi Kwarteng et al., *Britannia Unchained: Global Lessons for Growth and Prosperity*. Houndmills: Palgrave Macmillan, 2012, p. 57.

72. "Making the Break". *The Economist*, 8 dez. 2012.

73. Tony Rennell, "Brexit Bloodletting". *Daily Mail*, 31 out. 2016; e Ben Chapman, "'Singapore on Steroids'". *The Independent*, 13 nov. 2019.

74. Daniel Hannan, "Free Trade: Have We Lost the Argument?". Institute for Free Trade, 1 jun. 2017. Disponível em: <https://ifreetrade.org/?/article/free-trade-have-we-lost-the-argument>. Acesso em: 28 nov. 2023.

75. Jeremy Hunt, "Why I'm Looking East for My Vision of Post-Brexit Prosperity". *Daily Mail*, 29 dez. 2018. Disponível em: <https://www.dailymail.co.uk/debate/article-6539165/Why-Im-looking-east-vision-post-Brexit-prosperity-writes-JEREMY-HUNT.html>. Acesso em: 28 nov. 2023.

76. Owen Paterson, op. cit.

77. Glen Owen, "Let's Make Britain the Singapore of Europe!". *The Mail on Sunday*, 17 jan. 2021. Disponível em: <https://www.pressreader.com/uk/the-mail-on-sunday/20210117/281719797231656>. Acesso em: 28 nov. 2023.

78. Sobre essa questão, ver William Davies, "Leave, and Leave Again" (*London Review of Books*, v. 41, n. 3, 7 fev. 2019. Disponível em: <https://www.lrb.co.uk/the-paper/v41/n03/william-davies/leave-and-leave-again>. Acesso em: 28 nov. 2023).

79. Trata-se de Fraser Nelson, "Javid's Home Truths" (*The Spectator*, 11 fev. 2017. Disponível em: <https://www.spectator.co.uk/article/javid-s-home-truths>. Acesso em: 28 nov. 2023); e Jamie Grierson, "Going Up: Sajid Javid, the Tory from 'Britain's Worst Street', Is Back" (*The Guardian*, 27

jun. 2021. Disponível em: <https://www.theguardian.com/politics/2021/jun/27/going-up-sajid-javid-the-tory-from-britains-worst-street-is-back>. Acesso em: 28 nov. 2023).

80. Trata-se de Jacob Rees-Mogg. Alan Livsey, "Brexiter Jacob Rees-Mogg's Lacklustre Record as a Fund Manager" (*Financial Times*, 15 out. 2017); e James Meek, "The Two Jacobs" (*London Review of Books*, v. 41, n. 15, 1 ago. 2019. Disponível em: <https://www.lrb.co.uk/the-paper/v41/n15/james-meek/the-two-jacobs>. Acesso em: 28 nov. 2023).

81. Boris Johnson, "Boris Johnson's First Speech as Prime Minister". Gov.uk, 24 jul. 2019. Disponível em: <https://www.gov.uk/government/speeches/boris-johnsons-first-speech-as-prime-minister-24-july-2019>. Acesso em: 28 nov. 2023; e Arj Singh, "Liz Truss Plan for Singapore-Style Freeports 'Will Create Tax Havens' in Britain". *Huffpost*, 1 ago. 2019. Disponível em: <https://www.huffingtonpost.co.uk/entry/freeports-brexit-liz-truss-tax-havens-money-launderinguk_5d431469e4b0ca604e2eb8f4>. Acesso em: 28 nov. 2023.

82. Um bom exemplo foi Eamonn Butler, do Instituto Adam Smith, que ofereceu conselhos sobre portos livres às administrações de Thatcher e Johnson. Eamonn Butler e Madsen Pirie (Orgs.), *Freeports* (Londres: Instituto Adam Smith, 1983); e Eamonn Butler, "Now's the Time to Finally Get Freeports Right and Reinvigorate the British Economy" (*The Telegraph*, 2 ago. 2019).

83. "Post-Brexit Plans Unveiled for 10 Free Ports". *BBC News*, 2 ago. 2019. Disponível em: <https://www.bbc.com/news/49198825>. Acesso em: 28 nov. 2023.

84. Martina Bet, "EU Could Tear Up Rishi Sunak's Freeport Plan with Measure Agreed in Brexit Trade Deal". *Express Online*, 4 mar. 2021. Disponível em: <https://www.express.co.uk/news/uk/1405449/eu-news-rishi-sunak-freeports-brexit-trade-deal-exports-spt>. Acesso em: 28 nov. 2023. Na verdade, a primeira rodada de acordos comerciais com 23 países pós-Brexit tornou *menos* vantajoso produzir em portos francos do que fora deles. Jim Pickard, "UK Freeports Blow as Exporters Face Tariffs to 23 Countries" (*Financial Times*, 9 maio 2021. Disponível em: <https://www.ft.com/content/625d1913-9242-4d97-9d0b-9cd6925c4e0e>. Acesso em: 28 nov. 2023).

85. Margaret Thatcher, "Speech to Australian Institute of Directors". Margaret Thatcher Foundation, 2 out. 1981. Disponível em: <https://www.margaretthatcher.org/document/104711>. Acesso em: 28 nov. 2023.

86. Gavin Shatkin, "Reinterpreting the Meaning of the 'Singapore Model': State Capitalism and Urban Planning". *International Journal of Urban and Regional Research*, v. 38, n. 1, p. 124, jan. 2014.

87. Kenneth Paul Tan, op. cit., p. 76.

88. Gavin Shatkin, op. cit., p. 135.

89. Seth S. King, "Modern Building Changes Face of Romantic Singapore". *The New York Times*, 12 ago. 1963. Disponível em: <https://www.nytimes.com/1963/08/12/archives/modern-building-changes-face-of-romantic-singapore-tide-of.html>. Acesso em: 28 nov. 2023.

90. "Apartments Rising Fast in Singapore". *Los Angeles Times*, 12 jul. 1963.

91. Michael A. H. B. Walter, "The Territorial and the Social: Perspectives on the Lack of Community in High-Rise/High-Density Living in Singapore". *Ekistics*, v. 45, n. 270, p. 237, jun. 1978.

92. Susan S. Fainstein, "State Domination in Singapore's Public-Private Partnerships". *Journal of Urban Affairs*, v. 43, n. 2, p. 283, 2021.

93. Ver a série de sete postagens começando com Dominic Cummings, "High Performance Startup Government & Systems Politics: Some Notes on Lee Kuan Yew's Book" (Dominic

Cummings Substack, 2 ago. 2021. Disponível em: <https://dominiccummings.substack.com/p/high-performance-startup-government?s=r>. Acesso em: 28 nov. 2023).

94. Um acadêmico chamou isso de um programa "mais parecido com Taiwan-em-Trent; um Estado ativista e empreendedor que apoia indústrias de tecnologia intensiva e depende da exportação de serviços para competir na economia global". Adrian Pabst, "Power without Purpose" (*The New Statesman*, 14-20 fev. 2020. Disponível em: <https://www.newstatesman.com/magazine/power-without-purpose>. Acesso em: 28 nov. 2023). Nessa interpretação, o Brexit poderia ser mais relevante para escapar das proibições doutrinárias da UE sobre subsídios estatais. "Opening the Taps" (*The Economist*, p. 26, 19 set. 2020).

95. Charmaine Chua, "Sunny Island Set in the Sea". In: Deborah Cowen et al. (Orgs.), *Digital Lives in the Global City: Contesting Infrastructures*. Vancouver: University of British Columbia, 2020, pp. 238-47.

96. Paul R. Krugman, "The Myth of Asia's Miracle". *Foreign Affairs*, v. 73, n. 6, p. 71, nov./dez. 1994.

97. Daniel P. S. Goh, op. cit., p. 360.

98. Ibid., p. 358.

99. Antes da votação, 93% dos que planejavam votar pela saída estavam preocupados com as altas taxas de imigração. Harold D. Clarke, Matthew Goodwin e Paul Whitely, *Brexit: Why Britain Voted to Leave the European Union* (Nova York: Cambridge University, 2017), p. 12.

100. Dominic Cummings, "How the Brexit Referendum Was Won". *The Spectator*, 8 jan. 2017. Disponível em: <https://www.spectator.co.uk/article/dominic-cummings-how-the-brexit-referendum-was-won>. Acesso em: 28 nov. 2023.

101. Youyenn Teo, *This Is What Inequality Looks Like*. Cingapura: Ethos, 2018.

4. BANTUSTÃO LIBERTÁRIO [pp. 93-109]

1. Martín Arboleda, *Planetary Mine: Territories of Extraction Under Late Capitalism*. Brooklyn: Verso, 2020, p. 61.

2. Patrick Cox, "Spotlight: South African Individualist". *Reason*, p. 61, 1 dez. 1980.

3. Milton Friedman, "The Fragility of Freedom". In: Meyer Feldberg, Kate Jowell e Stephen Mulholland (Orgs.), *Friedman in South Africa*. Cidade do Cabo: Graduate School of Business, 1976, p. 8.

4. Kogila Moodley, "The Legitimation Crisis of the South African State". *Journal of Modern African Studies*, v. 24, n. 2, pp. 187-201, 1986.

5. Laura Phillips, "History of South Africa's Bantustans". *Oxford Research Encyclopedia of African History*, 2017. Disponível em: <https://oxfordre.com/africanhistory/display/10.1093/acrefore/9780190277734.001.0001/acrefore-9780190277734-e-80>. Acesso em: 28 nov. 2023.

6. Henry Kamm, "Transkei, a South African Black Area, Is Independent". *The New York Times*, 26 out. 1976. Disponível em: <https://www.nytimes.com/1976/10/26/archives/transkei-a-south-african-black-area-is-independent-transkei-becomes.html>. Acesso em: 28 nov. 2023.

7. Para detalhes, ver Jamie Miller, *An African Volk: The Apartheid Regime and Its Search for Survival* (Nova York: Oxford University, 2016).

8. Laura Evans, "Contextualising Apartheid at the End of Empire: Repression, 'Development' and the Bantustans". *Journal of Imperial and Commonwealth History*, v. 47, n. 2, p. 373, 2019.

9. Jamie Miller, op. cit., p. 22.

10. "Say No to Ciskei Independence". *South African History Online*. Disponível em: <https://www.sahistory.org.za/archive/say-no-ciskei-independence>. Acesso em: 28 nov. 2023.

11. Apud James Ferguson, *Global Shadows: Africa in the Neoliberal World Order*. Dunham: Duke University, 2006, p. 59.

12. Les Switzer, *Power and Resistance in an African Society: The Ciskei Xhosa and the Making of South Africa*. Madison: University of Wisconsin, 1993, p. 334.

13. Herbert Grubel, "Discussion". In: Michael Walker (Org.), *Freedom, Democracy and Economic Welfare*. Vancouver: Fraser Institute, 1988, p. 240.

14. Anthony Robinson, "The Supply-Siders of Ciskei". *Financial Times*, 19 nov. 1986; e "*The Sunday Times* Reports That Ciskei, the Small Self-Governing Territory Within South Africa, Is Enjoying an Economic Boom". *The Sunday Times*, 2 jun. 1985.

15. Andre Jordaan, "Ciskei's Tax Reform Benefits Explained". *Daily Dispatch*, 23 mar. 1985. Disponível em: <https://archive.org/stream/DTICADA337700/DTICADA337700djvu.txt>. Acesso em: 28 nov. 2023.

16. "*The Sunday Times* Reports That Ciskei, the Small Self-Governing Territory Within South Africa, Is Enjoying an Economic Boom", op. cit. Para detalhes, ver John Blundell, "Ciskei's Independent Way" (*Reason*, 1 abr. 1985. Disponível em: <https://reason.com/1985/04/01/ciskeis-independent-way/>. Acesso em: 28 nov. 2023).

17. George Stigler para Max Thurn, 7 abr. 1978. Arquivo da Instituição Hoover, Documentos da Sociedade Mont Pèlerin, caixa 20, pasta 5.

18. Claire Badenhorst, "Meet Leon Louw of the FMF; Marxist Turned Free Marketeer: The Alec Hogg Show". *Biz News*, 23 set. 2020. Disponível em: <https://www.biznews.com/thought-leaders/2020/09/23/leon-louw-free-market>. Acesso em: 28 nov. 2023.

19. "Introducing the South African Free Market Foundation". *Die Individualist: The Individualist*, n. 1, p. 1, dez. 1975.

20. Walter E. Williams, "After Apartheid: An Interview with Leon Louw and Frances Kendall". *Reason*, 1 jul. 1988. Disponível em: <https://reason.com/1988/07/01/after-apartheid1>. Acesso em: 28 nov. 2023; e Deborah Posel, "The Apartheid Project, 1948-1970". In: Robert Ross, Anne Kelk Mager e Bill Nasson (Orgs.), *The Cambridge History of South Africa*. Cambridge: Cambridge University, 2011, pp. 330-1.

21. Patrick Cox, op. cit., p. 61; e Dan O'Meara, *Volkskapitalisme: Class, Capital and Ideology in the Development of Afrikaner Nationalism, 1934-1948*. Cambridge: Cambridge University, 1983. Acerca do debate mais amplo sobre política econômica entre liberais e conservadores em que outros neoliberais da SMP estavam envolvidos, ver Antina von Schnitzler, "Disciplining Freedom: Apartheid, Counterinsurgency, and the Political Histories of Neoliberalism" (In: Quinn Slobodian e Dieter Plehwe [Orgs.], *Market Civilizations: Neoliberals East and South*. Nova York: Zone, 2022), pp. 163-88.

22. República do Ciskei, *Report of the Commission of Inquiry into the Economic Development of the Republic of Ciskei*. Bisho: Governo da República do Ciskei, 1983, p. 14. Nas décadas de 1980 e 1990, a recuperação de uma tradição africana nativa de respeito à propriedade fez parte de um

discurso civilizacional revisto — e, por vezes, até invertido — em alguns círculos libertários nos quais as mentalidades tribais foram redefinidas como verdadeiramente de livre mercado — comparáveis às das "tribos germânicas" dos visigodos que, supõe-se, preservaram a tradição de respeito aos direitos de propriedade destruídos pela tradição do direito romano, que a seu ver era originária da Pérsia. Nessa narrativa, o modelo de racionalização iluminista se torna uma invasão desde o Oriente contra o modelo medieval descentralizado que foi codificado como a "verdadeira" tradição ocidental. Nessa nova narrativa, as populações negras não precisavam ser educadas para o mercado — simplesmente precisavam que sua inerente natureza mercadológica fosse libertada. Michael O'Dowd, a principal voz neoliberal e membro da SMP, escreveu em uma publicação da Fundação Free Market em 1992: "As tribos germânicas protetoras de direitos que sobreviveram na Idade Média e as tribos africanas que sobrevivem até o presente têm muito em comum". Introdução a Leonard Liggio, *The Importance of Political Traditions* (Joanesburgo: Free Market Foundation, 1992), p. 4.

23. República do Ciskei, op. cit., p. 13.

24. Sobre a história das zonas de comércio exterior, ver Dara Orenstein, *Out of Stock: The Warehouse in the History of Capitalism* (Chicago: University of Chicago, 2019).

25. Angus Cameron e Ronen Palan, op. cit.

26. Declaração de Noel Beasley, presidente da campanha "Salvem nossos empregos", de Indiana, agente de negócios, Diretorias Conjuntas Indiana/Kentucky, Sindicato dos Trabalhadores das Indústrias Têxteis e do Vestuário, AFL-CIO, CLC. 97º Congresso, segunda sessão, 22 mar. 1982, pp. 51-2. Para ler um trabalho acadêmico abalizado e respeitado sobre as ZPEs, ver Patrick Neveling, "Export Processing Zones, Special Economic Zones and the Long March of Capitalist Development Policies during the Cold War" (In: Leslie James e Elisabeth Leake, *Decolonization and the Cold War: Negotiating Independence*. Londres: Bloomsbury, 2015), pp. 63-84.

27. Allister Sparks, "Foreign Companies Profit from Apartheid in S. Africa". *The Washington Post*, 10 abr. 1987.

28. Colin Nickerson, "Asian Companies Find Bonanza in S. African Marketplace". *The Boston Globe*, 22 maio 1988; Askold Krushelnycky, "Intelligence File". *The Sunday Times*, 2 ago. 1987.

29. Roger Thurow, "Ciskei Makes Offer Firms 'Can't Refuse'". *The Wall Street Journal*, 5 mar. 1987.

30. Colin Nickerson, op. cit.

31. Alan Hirsch, "Industrialising the Ciskey: A Costly Experiment". *Indicator South Africa*, v. 3, n. 4, p. 16, 1986.

32. Melanie Yap e Dianne Leong Man, *Colour, Confusion and Concessions: The History of the Chinese in South Africa*. Hong Kong: Hong Kong University, 1996, p. 422.

33. "*The Sunday Times* Reports That Ciskei, the Small Self-Governing Territory within South Africa, Is Enjoying an Economic Boom", op. cit.; e Brian Stuart, "Financial Aid for Black States Detailed". *Citizen*, 11 abr. 1985. Disponível em: <https://archive.org/stream/DTIC_ADA337700/DTIC_ADA337700djvu.txt>. Acesso em: 28 nov. 2023. As empresas receberiam o status de isenção de impostos somente se renunciassem aos incentivos do governo — mas ainda receberiam "concessões relacionadas a transporte, abatimentos, moradia e fornecimento de energia elétrica" e poderiam cancelar todos os benefícios anteriores recebidos. Os generosos incentivos do Estado desenvolvimentista sul-africano continuaram nos primeiros anos após os cortes de impostos. Andre Jordaan, op. cit.

34. Gillian Hart, *Disabling Globalization: Places of Power in Post-Apartheid South Africa*. Berkeley: University of California, 2002, p. 144.

35. Roger Thurow, op. cit.

36. Alan Hirsch, op. cit., p. 17.

37. "*The Sunday Times* Reports That Ciskei, the Small Self-Governing Territory within South Africa, Is Enjoying an Economic Boom", op. cit.; e Roger Thurow, op. cit.

38. Truth and Reconciliation Comission, Nome: Priscilla Maxongo, Caso: Mdantsane. 13 jun. 1997.

39. "Commuters Shot Dead in Ciskei". *The Times*, 5 ago. 1983.

40. Michael Hornsby, "Black Union Chief Challenges Ciskei Self-Rule". *The Times*, 17 dez. 1981.

41. Id., "South Africa Releases Black Union Leader". *The Times*, 5 mar. 1982; e "Unionist 'Was Tortured'". *The Times*, 24 mar. 1983.

42. Paul Vallely, "Amnesty Reports Priest Whipped in Church Raid". *The Times*, 30 jun. 1986; e Robert W. Poole Jr. et al., "Havens of Prosperity and Peace in South Africa's Back Yard". *Reason*, 1 jan. 1986. Disponível em: <https://reason.com/1986/01/01/trends-203/>. Acesso em: 28 nov. 2023.

43. Hermann Giliomee, "True Confessions, End Papers and the Dakar Conference: A Review of the Political Arguments". *Tydskrif vir Letterkunde*, v. 46, n. 2, p. 37, 2009.

44. Ray Kennedy, "Lawyers Seek Retrial for 'Death-Squad Hitman'". *The Times*, 20 nov. 1989.

45. John Blundell foi membro da SMP, chefe do Instituto de Estudos Humanos e, posteriormente, chefe da Fundação Atlas de Pesquisa Econômica e da Fundação Charles Koch. John Blundell, "Africa: Ciskei: A Trojan Horse to Topple Apartheid?" (*The Wall Street Journal*, 18 mar. 1985); e id., "Ciskei's Independent Way" (*Reason*, 1 abr. 1985. Disponível em: <https://reason.com/1985/04/01/ciskeis-independent-way/>. Acesso em: 28 nov. 2023).

46. Brian Kantor, comentário em P. T. Bauer, "Black Africa: Free or Oppressed?" (In: Michael Walker [Org.], *Freedom, Democracy and Economic Welfare*. Vancouver: Fraser Institute, 1988), p. 239.

47. Gordon Tullock, comentário em P. T. Bauer, op. cit., p. 23.

48. Walter Block, comentário em P. T. Bauer, op. cit., p. 2.

49. Leon Louw e Frances Kendall, *South Africa: The Solution*. Bisho: Amagi, 1986, p. xii.

50. Michael Johns, "Swiss Family Buthelezi". *Policy Review*, p. 84, 1988.

51. Leon Louw e Frances Kendall, op. cit., p. 126.

52. Walter E. Williams, op. cit.

53. Leon Louw, "A Non-Left Anti-Apartheid Program", 5 dez. 1986, Universidade Stanford, Arquivos da Instituição Hoover, Documentos do Instituto Heartland, caixa 87.

54. Leon Louw e Frances Kendall, op. cit., p. 136.

55. Ibid., p. 103.

56. Bruce W. Nelan, "306 Solutions to a Baffling Problem". *Time*, 23 mar. 1987.

57. Sobre o direito de expulsão, ver Leon Louw e Frances Kendall, op. cit., p. 138.

58. Leon Louw e Frances Kendall, op. cit., p. 215.

59. Ibid., p. 221. Provavelmente os modelos aqui tenham sido os cassinos e resorts de Sol Kerzner, alguns dos quais foram construídos em bantustões. Alan Cowell, "Sol Kerzner, South African Casino Tycoon, Is Dead at 84" (*The New York Times*, 27 mar. 2020. Disponível em: <https://www.nytimes.com/2020/03/27/business/sol-kerzner-dead.html>. Acesso em: 28 nov. 2023).

60. Leon Louw e Frances Kendall, op. cit., p. 217.

61. James Kirchick, "In Whitest Africa: The Afrikaner Homeland of Orania". *Virginia Quarterly Review*, v. 84, n. 3, p. 78, 2008.

62. Stanley Uys, "Is Partition the Answer?". *Africa Report*, p. 45, set./out. 1981.

63. Louw elogiou em especial o Klein Vrystaat (Pequeno Estado Livre) no canto nordeste do Transvaal, que durante cinco anos na década de 1880 existiu com uma população de menos de trezentos habitantes num formato que Louw chamou de "anarquia constitucional", em que o voto era restrito aos proprietários e o governo tinha apenas uma regra: eram proibidos de elaborar quaisquer leis adicionais. Leon Louw, "History Series South Africa: The Solution 1 of 6" (Vídeo. YouTube, 4h02min52s, [1985?]. Disponível em: <https://www.youtube.com/watch?v=46E-rdMDxY4>. Acesso em: 28 nov. 2023).

64. Frances Kendall e Leon Louw, *Let the People Govern*. Bisho: Amagi Publications, 1989, p. 210.

65. Leon Louw, "Why People Do Not Want Orania to Secede" (vídeo). Libertarian Seminar, Orânia, YouTube, 56min, 2015. Disponível em: <https://www.youtube.com/watch?v=iBVgyeON53o>. Acesso em: 28 nov. 2023.

66. Andrew Kenny, "Welkom in Orania". *politicsweb*, 29 out. 2015. Disponível em: <https://www.politicsweb.co.za/news-and-analysis/welkom-in-orania>. Acesso em: 28 nov. 2023.

67. Erwin Schweitzer, *The Making of Griqua, Inc.: Indigenous Struggles for Land and Autonomy in South Africa*. Münster: Lit, 2015, p. 37.

68. Ivo Vegter, "The Elusive Libertarian Enclave". *Daily Maverick*, 11 dez. 2012. Disponível em: <https://www.dailymaverick.co.za/opinionista/2012-12-11-the-elusive-libertarian-enclave/>. Acesso em: 28 nov. 2023.

69. Trevor Watkins, "The Future in South Africa". *LibertarianSA Google Group*, 17 mar. 2016.

70. Michael McGowan, "Australian White Nationalists Reveal Plans to Recruit 'Disgruntled, White Male Population'". *The Guardian*, 11 nov. 2019. Disponível em: <https://www.theguardian.com/australia-news/2019/nov/12/australian-white-nationalists-reveal-plans-to-recruit-disgruntled-white-male-population>. Acesso em: 28 nov. 2023.

71. "The New South Africa". *American Renaissance*, jan. 2003; e "Keep Hope Alive?". *American Renaissance*, fev. 2001.

72. Para oferecer uma evidência entre muitas: Fred Macaskill, o fundador e diretor da Fundação Free Market, que foi convidado a ingressar na SMP por Hayek e participou da reunião dos membros em Hong Kong, escreveu em 1979: "Em uma sociedade livre, comunidades inteiramente racialistas poderiam se desenvolver [...]. O indivíduo tem o direito de praticar qualquer forma de discriminação que escolher em relação a seu próprio patrimônio". Frederick Macaskill, *In Search of Liberty: Incorporating a Solution to the South African Problem* (Nova York: Books in Focus, 1979), p. 91. Jan Lombard, outro participante da reunião da SMP em Hong Kong em 1978, escreveu no mesmo ano que o mecanismo-chave de seus planos era de que "as pessoas podem até votar 'com os pés', no sentido de que sob sistemas de múltiplas jurisdições, elas terão a possibilidade de escolher entre uma grande variedade de minissistemas políticos em todo o país", acrescentando que "o princípio da exclusividade voluntária é também um elemento vital desse enfoque [...]. Se uma pátria puramente branca é organizada por determinado grupo de pessoas em algum lugar da África do Sul, isso não deve ser considerado contrário ao espírito das leis da liberdade". Johannes Anthonie Lombard, *On Economic Liberalism in South Africa* (Bureau for Economic Policy and Analysis: Pretória, 1979), p. 23.

73. A esse respeito, ver Lombard: "Nesta nova ordem, no futuro próximo as pessoas continuarão a viver em áreas urbanas separadas, determinadas pela homogeneidade de seus estilos de vida e suas preferências de demandas coletivas. Na medida em que a cor da pele de um homem e sua linguagem representam um razoável indicador de seu estilo de vida, surge a questão de saber se a aparência física da cena urbana na África do Sul será muito diferente daquela que vem se desenvolvendo sob as restrições da Lei de Áreas de Grupo". Johannes Anthonie Lombard, op. cit., p. 24.

74. "Transcription of Mandela's Speech at Cape Town City Hall". *The New York Times*, 12 fev. 1990. Disponível em: <https://www.nytimes.com/1990/02/12/world/south-africa-s-new-era-transcript-mandela-s-speech-cape-town-city-hall-africa-it.html>. Acesso em: 28 nov. 2023.

75. Eric Marsden, "Inside Johannesburg". *The Sunday Times*, 7 dez. 1986; e Anthony Robinson, op. cit.

76. "'Homeland' Leader Deposed in Ciskei". *The New York Times*, 5 mar. 1990. Disponível em: <https://www.nytimes.com/1990/03/05/world/homeland-leader-deposed-in-ciskei.html>. Acesso em: 28 nov. 2023.

77. Esse era um ideal compartilhado também por alguns chefes e líderes dos bantustões que lucraram com o sistema mais federal. Sobre as negociações para dissolver o sistema de pátrias, ver Hilary Lynd, "The Peace Deal: The Formation of the Ingonyama Trust and the IFP Decision to Join South Africa's 1994 Elections" (*South African Historical Journal*, v. 73, n. 2, pp. 318-60, 2021).

78. Apud Saul Dubow, *Apartheid, 1948-1994*. Nova York: Oxford University, 2014, p. 268.

79. Ver, por exemplo, Frederick Cooper, *Africa since 1940: The Past of the Present* (Nova York: Cambridge University, 2002), p. 1. Alguns cientistas políticos argumentam que a África do Sul já era formalmente independente; portanto, "descolonização" é uma descrição inadequada. Timothy William Waters, *Boxing Pandora: Rethinking Borders, States, and Secession in a Democratic World* (New Haven, Connecticut: Yale University, 2020), p. 59.

80. Dara Orenstein, op. cit., p. 216.

81. Unctad, op. cit., p. xii.

82. Sobre esse processo de desencanto, ver Patrick Bond, *Elite Transition: From Apartheid to Neoliberalism in South Africa* (Londres: Pluto, 2000).

83. James Ferguson, *The Anti-Politics Machine: "Development", Depoliticization, and Bureaucratic Power in Lesotho*. Nova York: Cambridge University, 1990.

84. James Ferguson apresenta esse argumento comparando o Lesoto a Transkei em *Global Shadows: Africa in the Neoliberal World Order* (Durham: Duke University, 2006), pp. 55-65. Ver também Laura Evans, "South Africa's Bantustans and the Dynamics of 'Decolonisation': Reflections on Writing Histories of the Homelands" (*South African Historical Journal*, v. 64, n. 1, pp. 122-3, mar. 2012).

85. Masande Ntshanga, *Triangulum*. Columbus: Two Dollar Radio, 2019, p. 210.

86. Ibid., p. 211.

87. Neal Stephenson, *Snow Crash*. Nova York: Del Rey, 1992, p. 40. Os suburbiclaves apartheid estão entre as que ele denomina de Franchise-Organized Quasi-National Entities [Entidades Quase Nacionais Organizadas em Franquias].

88. Id., *The Diamond Age: or, A Young Lady's Illustrated Primer*. Nova York: Bantam Spectra, 1995, p. 31.

89. Ibid., p. 30.

90. Tom Bethell, "Let 500 Countries Bloom". *The Washington Times*, 8 maio 1990.

5. A MARAVILHOSA MORTE DE UM ESTADO [pp. 111-27]

1. O princípio legal é *uti possidetis* — do latim *uti possidetis ita possideatis* ("que você tenha o que você já teve" — estabelece o direito de um país a um território, com base na ocupação efetiva e prolongada). Esta seção de abertura se baseia em Timothy William Waters, op. cit. A oposição à secessão tem base na Cláusula de Salvaguarda da Declaração sobre os Princípios do Direito Internacional Relativos a Relações Amistosas e à Cooperação entre Estados, adotada pela Assembleia Geral da ONU em 24 de outubro de 1970. Ver também Umut Özsu, *Completing Humanity: The International Law of Decolonization, 1960-82* (Cambridge: Cambridge University, no prelo).

2. Os Estados bálticos Letônia, Lituânia e Estônia não eram tecnicamente nações novas, pois permaneceram independentes *de jure*, mesmo quando foram incorporados *de facto* à União Soviética como repúblicas socialistas depois de 1940.

3. Para um extraordinário episódio da formação do Estado libertário no momento da independência de Vanuatu, ver Raymond B. Craib, *Adventure Capitalism: A History of Libertarian Exit from Decolonization to the Digital Age* (Oakland: PM, 2022), cap. 4.

4. Justin Raimondo, *An Enemy of the State: The Life of Murray N. Rothbard*. Amherst: Prometheus, 2000, pp. 46-54.

5. Murray N. Rothbard, "Free Market Police, Courts, and Law". *Reason*, mar. 1973. Disponível em: <https://reason.com/1973/03/01/free-market-police-courts-and/>. Acesso em: 28 nov. 2023.

6. Id., *Never a Dull Moment: A Libertarian Look at the Sixties*. Auburn: Ludwig von Mises Institute, 2016, p. 48.

7. Daniel Bessner, "Murray Rothbard, Political Strategy, and the Making of Modern Libertarianism". *Intellectual History Review*, v. 24, n. 4, p. 445, 2014.

8. Murray N. Rothbard, *For a New Liberty: The Libertarian Manifesto*. Auburn: Ludwig von Mises Institute, 2006 [1973], p. 350.

9. Id., *Never a Dull Moment: A Libertarian Look at the Sixties*. Auburn: Ludwig von Mises Institute, 2016, p. 48; e id., *For a New Liberty: The Libertarian Manifesto*. Auburn: Ludwig von Mises Institute, 2006 [1973], p. 102.

10. Id., "For Bengal". *Libertarian Forum*, v. 3, n. 5, maio 1971; e id., "For Croatia". *Libertarian Forum*, v. 4, n. 2, fev. 1972. Série completa de edições disponível em: <https://mises.org/library/complete-libertarian-forum-1969-1984>.

11. Id., *Never a Dull Moment: A Libertarian Look at the Sixties*. Auburn: Ludwig von Mises Institute, 2016, p. 102.

12. Murray N. Rothbard, Leonard Liggio e H. George Resch, "Editorial: The Black Revolution". *Left and Right*, v. 3, n. 3, p. 13, 1967; e id., "Editorial: The Cry for Power: Black, White, and 'Polish'". *Left and Right*, v. 2, n. 3, pp. 12-3, 1966. Sobre essa história mais ampla, ver Edward Onaci, *Free the Land: The Republic of New Afrika and the Pursuit of a Black Nation-State* (Chapel Hill: University of North Carolina, 2020).

13. Murray N. Rothbard, "Editor's Comment: The Panthers and Black Liberation". *Libertarian*, v. 1, n. 4, p. 3, 15 maio 1969. Disponível em: <https://www.rothbard.it/articles/libertarian-forum/lf-1-4.pdf>. Acesso em: 28 nov. 2023.

14. Id., *Egalitarianism as a Revolt Against Nature and Other Essays*. 2. ed. Auburn: Ludwig von Mises Institute, 2000, p. 16.

15. Ibid., p. 7.

16. Janek Wasserman, *Marginal Revolutionaries: How Austrian Economics Fought the War of Ideas*. New Haven: Yale University, 2019, p. 257. Sobre o atrito entre os institutos Cato e Mises, ver Brian Doherty, op. cit., pp. 607-13.

17. Nathaniel Weyl, *Traitors' End: The Rise and Fall of the Communist Movement in Southern Africa*. New Rochelle: Arlington House, 1970; Harry Browne, *How to Profit from the Coming Devaluation*. New Rochelle: Arlington House, 1970; e David Friedman, *The Machinery of Freedom: Guide to a Radical Capitalism*. New Rochelle: Arlington House, 1978.

18. Rockwell a Weyl, 11 fev. 1970, Universidade Stanford, Arquivos da Instituição Hoover, Documentos de Nathaniel Weyl, caixa 34, pasta 8 (citado, daqui em diante, como Weyl 34.8).

19. Paul cumpriu três mandatos na Câmara dos Deputados: de 1976 a 1977, de 1979 a 1985, e de 1997 a 2013.

20. Julian Sanchez e David Weigel, "Who Wrote Ron Paul's Newsletters?". *Reason*, 16 jan. 2008. Disponível em: <https://reason.com/2008/01/16/who-wrote-ron-pauls-newsletter/>. Acesso em: 28 nov. 2023.

21. "We Will Survive, and Prosper!". *Ron Paul Investment Letter*, v. 8, n. 12, p. 2, 15 dez. 1992; e "How to Store Your Gold at Home". *Ron Paul Investment Letter*, v. 4, n. 2, p. 8, 15 mar. 1988.

22. "Annie Get Your Gun... and Susie, Millie, and Marcia Too". *Ron Paul Investment Letter*, v. 8, n. 6, p. 2, 15 jun. 1992.

23. "Gold and South Africa". *Ron Paul Survival Report*, v. 9, n. 1, p. 2, 15 jan. 1993.

24. "There Goes South Africa". *Ron Paul Survival Report*, v. 10, n. 6, p. 5, 15 jun. 1994.

25. "Ethnic Hatreds May Raise the Gold Price". *Ron Paul Investment Letter*, v. 6, n. 6, p. 3, 15 jun. 1990; e "People Prefer Their Own". *Ron Paul Survival Report*, v. 9, n. 1, p. 3, 15 jan. 1993.

26. "The Disappearing White Majority". *Ron Paul Survival Report*, v. 9, n. 1, p. 7, 15 jan. 1993.

27. "Ron Paul's Bookstore". *Ron Paul Survival Report*, v. 10, n. 2, p. 8, 15 fev. 1994.

28. Murray N. Rothbard e Llewellyn H. Rockwell, "Why the Report?". *Rothbard-Rockwell Report*, v. 1, n. 1, p. 1, abr. 1990.

29. Ver Melinda Cooper, "The Alt-Right: Neoliberalism, Libertarianism and the Fascist Temptation" (*Theory, Culture & Society*, v. 38, n. 6, pp. 29-50, 2021); e Quinn Slobodian, "Anti-68ers and the Racist-Libertarian Alliance: How a Schism among Austrian School Neoliberals Helped Spawn the Alt Right". *Cultural Politics*, v. 15, n. 3, pp. 372-8, 2019.

30. Llewellyn H. Rockwell, "A New Right". *Rothbard-Rockwell Report*, v. 1, n. 1, p. 11, abr. 1990; e id., "The Case for Paleolibertarianism". *Liberty*, v. 3, n. 3, p. 35, jan. 1990.

31. Ibid., p. 37.

32. Murray N. Rothbard, "The Freedom Revolution". *Free Market*, v. 7, n. 8, p. 1, ago. 1989.

33. Id., "A Strategy for the Right". *Rothbard-Rockwell Report*, p. 6, mar. 1992.

34. Ibid., p. 16. Ver também John Ganz, "The Year the Clock Broke" (*Baffler*, nov. 2018. Disponível em: <https://thebaffler.com/salvos/the-year-the-clock-broke-ganz.> Acesso em: 28 nov. 2023.

35. Llewellyn H. Rockwell, "Rockwell's Thirty-Day Plan". *Free Market*, v. 9, n. 3, pp. 1-5, mar. 1991.

36. Murray N. Rothbard, *Egalitarianism as a Revolt against Nature and Other Essays*. 2. ed. Auburn: Ludwig von Mises Institute, 2000, pp. 11, 103.

37. Id., "The New Libertarian Creed". *The New York Times*, 9 fev. 1971.

38. Id., *Conceived in Liberty*. Auburn: Ludwig von Mises Institute, 2011, p. 177.

39. Thomas Fleming, comentários iniciais, Reunião do Clube John Randolph, 1 dez. 1990, Centro Howard para Família, Religião e Sociedade, Registros Rockford Illinois no Centro de História Regional, Universidade do Norte de Illinois, RC 238, Documentos de Allan Carlson, caixa 173, pasta 12 (citado, daqui em diante, como Carlson 173.12).

40. Para listas de membros e listas de participantes na reunião, ver Carlson 173.12. O autor também pode disponibilizar esses documentos, sob solicitação; sobre os paleoconservadores, ver George Hawley, *Right-Wing Critics of American Conservatism* (Lawrence: University Press of Kansas, 2016); e Nicole Hemmer, *Partisans: The Conservative Revolutionaries Who Remade American Politics in the 1990s* (Nova York: Basic, 2022).

41. "Who Speaks for Us?". *American Renaissance*, v. 1, n. 1, nov. 1990. Disponível em: <https://www.amren.com/archives/back-issues/november-1990/#cover>. Acesso em: 28 nov. 2023.

42. Aristide R. Zolberg, *A Nation by Design: Immigration Policy in the Fashioning of America*. Cambridge: Harvard University, 2008, p. 396.

43. Samuel Francis, "Why Race Matters". *American Renaissance*, set. 1994. Disponível em: <https://www.amren.com/archives/back-issues/september-1994/#cover>. Acesso em: 28 nov. 2023.

44. John Ganz, "The Forgotten Man". *Baffler*, 15 dez. 2017. Disponível em: <https://thebaffler.com/latest/the-forgotten-man-ganz>. Acesso em: 28 nov. 2023; Daniel Denvir, *All-American Nativism*. Nova York: Verso, 2020, p. 64; e Joseph E. Lowndes, "From Pat Buchanan to Donald Trump: The Nativist Turn in Right-Wing Populism". In: Kathleen Belew e Ramón A. Gutiérrez (Orgs.), *A Field Guide to White Supremacy*. Berkeley: University of California, 2021.

45. Euan Hague, Heidi Beirich e Edward H. Sebesta, *Neo-Confederacy: A Critical Introduction*. Austin: University of Texas, 2008, pp. 104-1.

46. Ibid., p. 1; Michael Hill e Thomas Fleming, "New Dixie Manifesto". *The Washington Post*, 29 out. 1995; e Carlson a Antony Sullivan, "Report on 'The New Politics' Conference", financiado por uma subvenção da Fundação Earhart [S.l.: s.n.].

47. Dixienet: Site da Liga Sulista, <https://web.archive.org/web/19961102130200/http://www.dixienet.org/slhomepg/foreign.html>.

48. Murray N. Rothbard, "The Nationalities Question (August 1990)". In: Llewellyn H. Rockwell (Org.), *The Irrepressible Rothbard*. Burlingame: The Center for Libertarian Studies, 2000, p. 231.

49. Murray N. Rothbard, *Never a Dull Moment: A Libertarian Look at the Sixties*. Auburn: Ludwig von Mises Institute, 2016, p. 48.

50. Murray N. Rothbard, "The 'New Fusionism': A Movement for Our Time". *Rothbard-Rockwell Report*, v. 2, n. 1, p. 8, jan. 1991.

51. Conforme observado no artigo, foi apresentado pela primeira vez como uma palestra no encontro regional da SMP no Rio de Janeiro em setembro de 1993. Murray N. Rothbard, "Nations by Consent: Decomposing the Nation-State" (*Journal of Libertarian Studies*, v. 11, n. 1, p. 1, 1994).

52. "Além de uma pequena quantidade, a heterogeneidade nacional simplesmente não funciona", escreveu ele, "a 'nação' se desintegra em mais de uma nação, e a necessidade de separação torna-se aguda." Para a África do Sul, defendeu ele, em vez de menos apartheid, mais: um "particionamento" em grupos étnicos separados. Murray N. Rothbard, "The Vital Importance of Separation" (*Rothbard--Rockwell Report*, v. 5, n. 4, pp. 5, 7, abr. 1994).

53. Ibid., p. 10.

54. Ibid.

55. Ron Paul, "The Moral Promise of Political Independence". *Secession, State and Economy Conference*, 7-9 abr. 1995. Disponível em: <https://mises.org/library/moral-promise-political-independence>. Acesso em: 28 nov. 2023.

56. Para detalhes biográficos, ver os materiais nos Arquivos da Instituição Hoover, Documentos do Centro de Estudos Libertários, caixa 4, pasta 4.

57. Richard Rahn, "Why Estonia Is a Country for the Future". Cato Institute, 22 set. 2015. Disponível em: <https://www.cato.org/commentary/why-estonia-country-future>. Acesso em: 28 nov. 2023.

58. Mila Jonjić e Nenad Pantelić, "The Mediterranean Tiger: How Montenegro Became a Neoliberal Role Model". In: Quinn Slobodian e Dieter Plehwe (Orgs.), *Market Civilizations: Neoliberals East and South*. Nova York: Zone, 2022. Ver também Torben Niehr, "Viva Montenegro! Lasst tausend Monacos blühen!" (*Eigentümlich Frei*, v. 9, n. 63, p. 13, jun. 2006).

59. Hilary Appel e Mitchell A. Orenstein, op. cit., p. 91.

60. Hans-Hermann Hoppe, "The Economic and Political Rationale for European Secessionism". In: David Gordon (Org.), *Secession, State & Liberty*. New Brunswick: Transaction, 1998, p. 222.

61. Ibid., p. 218.

62. Id., "The Political Economy of Centralization and Secession". *Secession, State and Economy Conference*, 7-9 abr. 1995. Disponível em: <https://mises.org/library/political-economy-centralization-and-secession>. Acesso em: 28 nov. 2023.

63. Id., "The Property and Freedom Society: Reflections After Five Years". *Libertarian Standard*, 2010. Disponível em: <http://libertarianstandard.com/articles/hans-hermann-hoppe/the-property-and-freedom-society-reflections-after-5-years/>. Acesso em: 1 set. 2017.

64. George Hawley, op. cit., p. 200. Entre os outros ex-membros do Clube John Randolph hospedados em Bodrum incluem-se Joseph Salerno e Thomas DiLorenzo. Salerno expressou uma afinidade muito rothbardiana entre Malcolm X e Mises em Joseph T. Salerno, "Mises on Nationalism, the Right of Self-Determination, and the Problem of Immigration" (Mises Institute, 28 mar. 2017. Disponível em: <https://mises.org/wire/mises-nationalism-right-self-determination-and-problem-immigration>. Acesso em: 28 nov. 2023).

65. Stephan Kinsella, "PFS 2010 Annual Meeting: Speakers and Presentations". The Property and Freedom Society, 21 fev. 2018. Disponível em: <https://propertyandfreedom.org/2018/02/pfs-2010-annual-meeting-speakers-and-presentations/>. Acesso em: 28 nov. 2023.

66. "PFS 2014 Annual Meeting: Speakers and Schedule". The Property and Freedom Society, 15 nov. 2013. Disponível em: <https://propertyandfreedom.org/2013/11/pfs-2014-annual-meeting-speakers-and-schedule/>. Acesso em: 28 nov. 2023.

67. Robert Grözinger, "Freie Stadt in Südafrika". *Eigentümlich Frei*, p. 18, maio 2013.

68. Agenda, captura via banco de dados digital Wayback Machine, 4 jun. 2016, https://propertyandfreedom.org/; e Brandon Thorp e Penn Bullock, "Peter Thiel Cancels Appearance at Fascist Conference". *Towleroad*, 29 jul. 2016.

69. Richard Spencer, "The 'Alternative Right' in America" (vídeo). *Property and Freedom Society*, 34min39s, 3-7 jun. 2010. Disponível em: <https://vimeo.com/12598049>. Acesso em: 28 nov. 2023.

70. Joseph Goldstein, "Alt-Right Gathering Exults in Trump Election with Nazi-Era Salute". *The New York Times*, 20 nov. 2016. Disponível em: <https://www.nytimes.com/2016/11/21/us/alt-right-salutes-donald-trump.html>. Acesso em: 28 nov. 2023.

71. Jeff Deist, "Self-Determination, Not Universalism, Is the Goal". *Mises Wire*, 29 maio 2017. Disponível em: <https://mises.org/blog/self-determination-not-universalism-goal>. Acesso em: 28 nov. 2023.

72. John Ganz, "Libertarians Have More in Common with the Alt-Right Than They Want You to Think". *The Washington Post*, 19 set. 2017; Quinn Slobodian, "A Brief History of Neoliberal Problems: How Race Theory Spawned the Alt Right". *Harvard University New Directions in European History Colloquium*, 21 set. 2017; e id., "Anti-68ers and the Racist-Libertarian Alliance: How a Schism among Austrian School Neoliberals Helped Spawn the Alt Right". *Cultural Politics*, v. 15, n. 3, pp. 378-82, 2019.

73. Hans-Hermann Hoppe, *Democracy: The God That Failed*. New Brunswick: Transaction, 2001, p. 73.

74. Ver, por exemplo, a citação do cientista racial Philippe Rushton em ibid., p. 141.

75. Hans-Hermann Hoppe, *Democracy: The God That Failed*. New Brunswick: Transaction, 2001, p. 218.

76. Murray N. Rothbard, "America's Two Just Wars: 1775 and 1861". In: John V. Denson (Org.), *The Costs of War: America's Pyrrhic Victories*. New Brunswick: Transaction, 1999, p. 133.

77. Ver Nicole Hemmer, "The Alt-Right in Charlottesville: How an Online Movement Became a Real-World Presence". In: Kathleen Belew e Ramón A. Gutiérrez (Orgs.), *A Field Guide to White Supremacy*. Berkeley: University of California, 2021, pp. 287-303.

78. "Christopher Cantwell Radical Agenda". Disponível em: <https://christophercantwell.com/product/i/>. Acesso em: 16 set. 2017.

79. Chase Rachels, *White, Right, and Libertarian*. Createspace Independent Publishing, 2018.

80. Hans-Hermann Hoppe, "Libertarianism and the Alt-Right: In Search of a Libertarian Strategy for Social Change", The Ludwig von Mises Centre, 20 out. 2017. Disponível em: <https://misesuk.org/2017/10/20/libertarianism-and-the-alt-right-hoppe-speech-2017/>. Acesso em: 28 nov. 2023. Ver, por exemplo, Hans-Hermann Hoppe, "The Case for Free Trade and Restricted Immigration" (*Journal of Libertarian Studies*, v. 13, n. 2, pp. 221-33, 1998); e Murray N. Rothbard, "Nations by Consent: Decomposing the Nation-State" (*Journal of Libertarian Studies*, v. 11, n. 1, p. 7, 1994).

81. Até o momento, os esforços mais bem-sucedidos na criação de comunidades nacionalistas brancas independentes ocorreram no outro canto do país, no noroeste do Pacífico. Ver Kathleen Belew, *Bring the War Home: The White Power Movement and Paramilitary America* (Cambridge: Harvard University, 2018).

82. Stephen Graham e Simon Marvin, op. cit., p. 360.

83. James Surowiecki, "Bundynomics". *The New Yorker*, 25 jan. 2016. Disponível em: <https://www.newyorker.com/magazine/2016/01/25/bundynomics>. Acesso em: 28 nov. 2023. Para excelentes estudos sobre esse tema, ver Phil A. Neel, *Hinterland: America's New Landscape of Class and Conflict* (Londres: Reaktion, 2018); Daniel Martinez HoSang e Joseph E. Lowndes, *Producers, Parasites, Patriots: Race and the New Right-Wing Politics of Precarity*. Minneapolis: University of Minnesota, 2019, cap. 5; e James R. Skillen, *This Land Is My Land: Rebellion in the West*. Nova York: Oxford University, 2020. Sobre os movimentos correlatos Posse Comitatus, "cidadão soberano", e "redentorista", ver Anna Merlan, *Republic of Lies: Conspiracy Theorists and Their Surprising Rise to Power* (Nova York: Metropolitan, 2019), cap. 7.

84. Michael Phillips, *White Metropolis: Race, Ethnicity, and Religion in Dallas, 1841-2001*. Austin: University of Texas, 2006, p. 64. Para uma reflexão sobre Spencer e Dallas, ver id., "The Elite Roots of Richard Spencer's Racism" (*Jacobin*, 29 dez. 2016. Disponível em: <https://jacobin.com/2016/12/richard-spencer-alt-right-dallas-texas>. Acesso em: 28 nov. 2023).

85. David Dillon, "Safe Havens: Gated Communities Are Appealing to Today's Yearning for Security (June 19, 1994)". In: Kathryn Holliday (Org.), *The Open-Ended City: David Dillon on Texas Architecture*. Austin: University of Texas, 2019, pp. 141-6.

6. COSPLAY DA NOVA IDADE MÉDIA [pp. 129-43]

1. Tratava-se da IV Conferência sobre o Índice de Liberdade Econômica, organizada pela Liberty Fund e o Instituto Fraser. Stephen T. Easton e Michael A. Walker (Orgs.), *Rating Global Economic Freedom* (Vancouver: Fraser Institute, 1992), p. vi.

2. Diana Ketcham, "Sea Ranch, California's Modernist Utopia, Gets an Update". *The New York Times*, 11 jun. 2019. Disponível em: <https://www.nytimes.com/2019/06/11/arts/design/sea-ranch-california.html>. Acesso em: 28 nov. 2023.

3. Martha Tyler, "Sea Ranch Races Toward Build Out: Information from the 2000 U.S. Census". *Soundings*, 2002. Disponível em: <https://www.tsra.org/wp-content/uploads/2019/11/Soundings_2002_Census-ID_3595.pdf>. Acesso em: 28 nov. 2023.

4. Milton Friedman e Rose D. Friedman, *Two Lucky People: Memoirs*. Chicago: University of Chicago, 1998, p. 562; e The Sea Ranch Association, "The Sea Ranch Restrictions: A Declaration of Restrictions, Covenants and Conditions", 10 maio 1965. Disponível em: <https://www.tsra.org/wp-content/uploads/2019/11/Restrictions.pdf>. Acesso em: 28 nov. 2023.

5. Lawrence Halprin e Bill Platt, "The Sea Ranch as an Intentional Community". *Ridge Review*, v. 3, n. 3, 1983. Disponível em: <http://s3.amazonaws.com/arena-attachments/2149774/71f003a25682dd4abc2c7aa0b93720b6.pdf?1525789191>. Acesso em: 28 nov. 2023.

6. Hadley Meares, "From Russia with Love: Fort Ross and Russia's Failed Attempt to Conquer California". KCET, 2 ago. 2017. Disponível em: <https://www.kcet.org/shows/california-coastal-trail/from-russia-with-love-fort-ross-and-russias-failed-attempt-to-conquer-california>. Acesso em: 28 nov. 2023.

7. Edward J. Blakely e Mary Gail Snyder, *Fortress America: Gated Communities in the United States*. Washington: Brookings Institution, 1997, p. 7. Para muitos, continua assim. Geoff Eley escreve sobre "fechamento" como um "paradigma social emergente." Geoff Eley, "Liberalism in Crisis: What Is Fascism and Where Does It Come from?" (In: Gavriel Rosenfeld e Janet Ward [Orgs.], *Fascism in America: Past and Present*. Nova York: Cambridge University, no prelo).

8. Gernot Köhler, "The Three Meanings of Global Apartheid: Empirical, Normative, Existential". *Alternatives: Global, Local, Political*, v. 20, n. 3, pp. 403-13, jul./set. 1995.

9. Roger K. Lewis, "'Gated' Areas: Start of New Middle Ages". *The Washington Post*, 9 set. 1995. Ver Stephen Graham e Simon Marvin, op. cit., p. 228.

10. Roger K. Lewis, op. cit.

11. Apud Natalie Y. Moore, *The South Side: A Portrait of Chicago and American Segregation*. Nova York: St. Martin's, 2016, p. 46.

12. Milton Friedman, *Capitalism and Freedom*. Ed. rev. Chicago: The University of Chicago, 1982, p. 118. Ver também Nancy MacLean, "How Milton Friedman Aided and Abetted Segregationists in His Quest to Privatize Public Education" (Institute for New Economic Thinking, 27 set. 2021. Disponível em: <https://www.ineteconomics.org/perspectives/blog/how-milton-friedman-aided-and-abetted-segregationists-in-his-quest-to-privatize-public-education>. Acesso em: 28 nov. 2023).

13. Ele escreveu textos para a *Harvard Conservative*, revista que ajudou a editar, e foi o representante da universidade no periódico *New Individualist Review*, de cujo conselho editorial seu pai fazia parte, ao lado de Friedrich Hayek. *New Individualist Review*, v. 2, n. 2, 1962; e Milton Friedman e Rose D. Friedman, *Two Lucky People: Memoirs* (Chicago: University of Chicago, 1998), p. 372.

14. David Friedman, "The Radical: Figs from Thistles". *New Guard*, p. 19, 1969.

15. Stan Lehr e Louis Rossetto Jr., "The New Right Credo-Libertarianism". *The New York Times Magazine*, 10 jan. 1971. Disponível em: <https://www.nytimes.com/1971/01/10/archives/the-new-right-credo-libertarianism.html>. Acesso em: 28 nov. 2023.

16. David Friedman, "Problems with Libertarianism". *Daviddfriedman.com*, 1981. Disponível em: <http://www.daviddfriedman.com/Ideas%20I/Libertarianism/Problems.pdf>. Acesso em: 28 nov. 2023.

17. Milton Friedman, *Capitalism and Freedom*. Ed. rev. Chicago: The University of Chicago, 1982, p. 32.

18. David Friedman, *The Machinery of Freedom: Guide to a Radical Capitalism*. Nova York: Harper Colophon, 1973.

19. Patrick M. Flynn, carta ao editor. *New Guard*, abr. 1970, p. 25.

20. Michael A. Cramer, *Medieval Fantasy as Performance: The Society for Creative Anachronism and the Current Middle Ages*. Lanham: Scarecrow, 2010, p. 1.

21. "Some Tricks". *Daviddfriedman.com*, p. 185. Disponível em: <http://www.daviddfriedman.com/Medieval/miscellany_pdf/Articles_about_Persona.pdf>. Acesso em: 28 nov. 2023.

22. The Pennsic War, "Pennsic's History, and Future". Disponível em: <http://www.pennsicwar.org/History>. Acesso em: 28 nov. 2023.

23. David Friedman, "A Theory of the Size and Shape of Nations". *Journal of Political Economy*, v. 85, n. 1, pp. 59-77, fev. 1977. David se gabava de ser um economista profissional sem jamais ter feito um curso de economia. David Friedman, "Problems with Libertarianism" (*Daviddfriedman.com*, 1981. Disponível em: <http://daviddfriedman.com/Ideas%20I/Libertarianism/Problems.pdf>. Acesso em: 28 nov. 2023).

24. David Friedman, "Private Creation and Enforcement of Law: A Historical Case". *Journal of Legal Studies*, v. 8, n. 2, p. 400, mar. 1979.

25. Como inspiração, Friedman dava crédito ao trabalho de Gary Becker e George Stigler do início da década, quando propuseram a "livre concorrência" entre os mandantes. Gary Becker e George J. Stigler, "Law Enforcement, Malfeasance, and Compensation of Enforcers" (*Journal of Legal Studies*, v. 3, n. 1, p. 14, jan. 1974); e David Friedman, "Private Creation and Enforcement of Law: A Historical Case" (*Journal of Legal Studies*, v. 8, n. 2, p. 400, mar. 1979).

26. David Friedman, "Legal Systems Very Different from Ours". 2nd Seasteading Institute Conference, 2009. Disponível em: <https://www.seasteading.org/david-d-friedman-legal-systems-very-different-from-ours/>. Acesso em: 28 nov. 2023. Para uma recente reprise do tema, ver Vincent

Geloso e Peter T. Leeson, "Are Anarcho-Capitalists Insane? Medieval Icelandic Conflict Institutions in Comparative Perspective" (*Revue d'économie politique*, v. 6, n. 130, pp. 957-74, 2020).

27. Página pessoal de Benson. Disponível em: <https://myweb.fsu.edu/bbenson/>. Acesso em: 28 nov. 2023.

28. Bruce L. Benson, *The Enterprise of Law: Justice without the State*. Oakland: Independent Institute, 2011, p. 22.

29. Ibid., p. 23.

30. Ibid., pp. 28, 46.

31. Ibid., p. 62.

32. Ibid., p. 51.

33. Ibid., p. 71.

34. Ibid., p. 73.

35. Ibid., p. 45.

36. Ibid., p. 182.

37. Ibid., p. 186.

38. William Gibson, *Virtual Light*. Nova York: Bantam Spectra, 1993.

39. *Battle Angel*, episódio 1, "Ruty Angel", dirigido por Hiroshi Fukutomi, escrito por Akinori Endō, animação em vídeo original, 1993.

40. Bruce L. Benson, *To Serve and Protect: Privatization and Community in Criminal Justice*. Nova York: New York University, 1998, p. 91.

41. Id., *The Enterprise of Law: Justice without the State*. Oakland: Independent Institute, 2011, p. 211.

42. Id., *To Serve and Protect: Privatization and Community in Criminal Justice*. Nova York: New York University, 1998, p. 5.

43. Ver também Murray N. Rothbard, *For a New Liberty: The Libertarian Manifesto* (Auburn: Ludwig von Mises Institute, 2006 [1973]), p. 108; e Murray N. Rothbard, *The Ethics of Liberty* (2. ed. Nova York: New York University, 1998), p. 87.

44. O endereço dos escritórios do Fórum Libertário era: rua Montgomery, 1620. *Libertarian Review*, p. 3, abr. 1979; e Brian Doherty, op. cit., p. 413.

45. Gerald Frost, *Antony Fisher: Champion of Liberty*. Org. de David Moller. Londres: Institute of Economic Affairs, 2008.

46. David Boaz, "Gates of Wrath". *The Washington Post*, 7 jan. 1996.

47. Alexander Tabarrok, "Market Challenges and Government Failure: Lessons from the Voluntary City". In: David T. Beito, Peter Gordon e Alexander Tabarrok (Orgs.), *The Voluntary City: Choice, Community, and Civil Society*. Ann Arbor: University of Michigan, 2002, p. 428.

48. Donald J. Boudreaux e Randall G. Holcombe, "Government by Contract". *Public Finance Quarterly*, v. 17, n. 3, p. 266, 1989.

49. Ibid., p. 276.

50. Gordon Tullock, *Efficient Government Through Decentralization*. Pretória: Bureau for Economic Policy and Analysis of Pretoria, 1979, p. 1.

51. Ibid., p. 12.

52. Gordon Tullock, "A New Proposal for Decentralizing Government Activity". In: Hellmuth Milde e Hans G. Monissen (Orgs.), *Rationale Wirtschaftspolitik in komplexen Gesellschaften: Gérard Gäfgen zum 60. Geburtstag*. Stuttgart: W. Kohlhammer, 1985, p. 146.

53. Gordon Tullock, *The New Federalist*. Vancouver: Fraser Institute, 1994, p. xvi.

54. Depois de se aposentar na Universidade George Mason (GMU) em 1987, ele arranjou um novo emprego na Universidade do Arizona apenas para retornar à GMU, onde trabalhou de 1999 a 2008. A Associação de Proprietários de Sunshine Mountain Ridge é quase certamente a Associação de Proprietários de Sunshine Mountain Ridge no sopé das montanhas de Santa Catalina, ativa ainda hoje.

55. Gordon Tullock, *The New Federalist*. Vancouver: Fraser Institute, 1994, p. 11.

56. Ibid., p. 14.

57. David Boaz, "Opting Out of Government Failure". *The Washington Post*, 10 set. 1996.

58. David Friedman, *The Machinery of Freedom: Guide to a Radical Capitalism*. Nova York: Harper Colophon, 1973, p. 19.

59. Hans-Hermann Hoppe, "The Libertarian Quest for a Grand Historical Narrative". Mises Institute, 5 nov. 2018. Disponível em: <https://mises.org/print/44602>. Acesso em: 28 nov. 2023.

60. Id., *Democracy: The God That Failed*. New Brunswick: Transaction, 2001, p. 291.

61. David Friedman, "Concerning a Dream". *Tournaments Illuminated*, n. 42, 1977. Disponível em: <daviddfriedman.com/Medieval/miscellany_pdf/Articles_about_Persona.pdf>. Acesso em: 28 nov. 2023.

62. Patri Friedman, "Ephemerisle" (vídeo). Conferência do Seasteading Institute, San Francisco, Califórnia, 31min46s, 29 set. 2009. Disponível em: <https://vimeo.com/10912197>. Acesso em: 28 nov. 2023.

63. Philip E. Steinberg, Elizabeth Nyman e Mauro J. Caraccioli, "Atlas Swam: Freedom, Capital, and Floating Sovereignties in the Seasteading Vision". *Antipode*, v. 44, n. 4, pp. 1532-50, 2012.

64. David Friedman, *The Machinery of Freedom: Guide to a Radical Capitalism*. Nova York: Harper Colophon, 1973, p. 156.

65. Stephen Graham e Simon Marvin, op. cit., p. 272; e Keith C. Veal, *The Gating of America: The Political and Social Consequences of Gated Communities on the Body Politic*. Ann Arbor: Universidade de Michigan, 2013. Tese (Doutorado em Filosofia).

66. Heath Brown, *Homeschooling the Right: How Conservative Education Activism Erodes the State*. Nova York: Columbia University, 2021, p. 5.

67. Ibid., p. 72.

68. David Friedman, "Secession". *Daviddfriedman.com*, 9 abr. 2013. Disponível em: <http://www.daviddfriedman.com/Academic/Secession.html>. Acesso em: 28 nov. 2023.

69. Eu tiro esses pontos de Evan McKenzie, *Beyond Privatopia: Rethinking Residential Private Government*. Washington: Urban Institute, 2012, p. 55.

70. Id., *Privatopia: Homeowners Associations and the Rise of Residential Private Government*. New Haven: Yale University, 1994, pp. 15-7.

71. David Friedman, *The Machinery of Freedom: Guide to a Radical Capitalism*. Nova York: Harper Colophon, 1973, p. 173.

72. Linda Carlson, *Company Towns of the Pacific Northwest*. Seattle: University of Washington, 2003, p. 193.

73. Ibid., p. 12.

7. UM LIECHTENSTEIN PARA CHAMAR DE SEU [pp. 145-59]

1. Peggy Durdinvaduz, "Life in Shangri-Liechtenstein". *The New York Times*, 17 out. 1954. Disponível em: <https://www.nytimes.com/1954/10/17/archives/life-in-shangriliechtenstein-the-tiny-nation-has-the-lowest-taxes.html>. Acesso em: 28 nov. 2023.
2. William McGurn, "Liechtenstein, the Supply-Siders' Lilliputian Lab". *The Wall Street Journal*, 10 jul. 1985.
3. Leon Louw e Frances Kendall, op. cit., p. 141.
4. "Aufruf zur sofortigen Abschaffung aller Sozialleistungen für Migranten". *Eigentümlich Frei*, 21 abr. 2017. Disponível em: <https://ef-magazin.de/2017/04/21/10876-massenmigration-wohlfahrtsstaat-und-grenzsicherung-aufruf-zur-sofortigen-abschaffung-aller-sozialleistungen-fuer-migranten>. Acesso em: 28 nov. 2023; e Titus Gebel, "What We Can Learn from Liechtenstein". *Mises Wire*, 3 set. 2019. Disponível em: <https://mises.org/wire/what-we-can-learn-liechtenstein>. Acesso em: 28 nov. 2023.
5. "Sorry, Savers, We've Gone Legit". *The Economist*, 13 abr. 2002.
6. Andrew Young, "Freedom and Prosperity in Liechtenstein: A Hoppean Analysis". *Journal of Libertarian Studies*, v. 22, p. 278, 2010.
7. Hoje, Liechtenstein e Arábia Saudita são os únicos dois países cujos nomes incorporam os sobrenomes de seus governantes.
8. Rudolf Bächthold et al., *Eine Adresse in Liechtenstein: Finanzdrehscheibe und Steuerparadies*. Wiesbaden: Gabler, 1979, p. 13.
9. David Beattie, *Liechtenstein: A Modern History*. 2. ed. Triesen: Van Eck, 2012, p. 37.
10. George E. Glos, "The Analysis of a Tax Haven: The Liechtenstein Anstalt". *International Lawyer*, v. 18, n. 4, p. 929, 1984.
11. David Beattie, op. cit., p. 68.
12. Ibid., p. 75.
13. Brooke Harrington, *Capital without Borders: Wealth Managers and the One Percent*. Cambridge: Harvard University, 2016, pp. 37-9.
14. Vanessa Ogle, "'Funk Money': The End of Empires, the Expansion of Tax Havens, and Decolonization as an Economic and Financial Event". *Past & Present*, v. 249, n. 1, p. 218, 2020.
15. David Beattie, op. cit., p. 75.
16. Rudolf Bächthold et al., op. cit., p. 15.
17. Ferdinand Tuohy, "Booming Capital for Capital in Flight". *The New York Times*, 15 jan. 1933.
18. George E. Glos, op. cit., p. 954.
19. Ronen Palan, Richard Murphy e Christian Chavagneux, *Tax Havens: How Globalization Really Works*. Ithaca: Cornell University, 2010, p. 117.
20. Vladimir Pozner, "Liechtenstein, the World's Biggest Safe". *Harper's*, 31 out. 1938, p. 604.
21. "A Well-Fixed State". *The New York Times*, 21 mar. 1938; e "Citizenship by Investment". Nomad Capitalist, [s.d.]. Disponível em: <https://nomadcapitalist.com/citizenship-by-investment/>. Acesso em: 28 nov. 2023. Ver também Atossa Abrahamian, *The Cosmopolites: The Coming of the Global Citizen* (Nova York: Columbia Global Reports, 2015).
22. "A Well-Fixed State", op. cit.; Ferdinand Tuohy, op. cit.
23. "Nazis in Cabinet in Liechtenstein". *The New York Times*, 1 abr. 1938.

24. "Nazi Crimes Taint Liechtenstein". *BBC News*, 14 abr. 2005. Disponível em: <http://news.bbc.co.uk/2/hi/europe/4443809.stm>. Acesso em: 28 nov. 2023.

25. "Liechtenstein Mecca for Nervous Capital". *The New York Times*, 10 jul. 1932.

26. Mitchell Gordon, "Tax Haven: Little Liechtenstein Lures Army of U.S. and Foreign Subsidiaries". *The Wall Street Journal*, 7 jul. 1954.

27. Felix Kessler, "Little Liechtenstein Still Draws Tourists — and a Lot of Money". *The Wall Street Journal*, 3 out. 1975.

28. Mitchell Gordon, op. cit.

29. Matthew Engel, "Lying Low Is Risky for Liechtenstein". *Financial Times*, 7 fev. 2009.

30. Ronen Palan, Richard Murphy e Christian Chavagneux, op. cit., p. 108.

31. Paul Hofmann, "For Little Liechtenstein (Population: 25 000) This Is the Golden Age". *The New York Times*, 7 ago. 1978.

32. Georges Nzongola-Ntalaja, *The Congo from Leopold to Kabila: A People's History*. Londres: Zed, 2002, p. 137.

33. "South African Firms Avoid Sanctions, Union Charges". *The Wall Street Journal*, 23 jun. 1989.

34. Mitchell Gordon, op. cit.; e Geoffrey Tweedale e Laurie Flynn, "Piercing the Corporate Veil: Cape Industries and Multinational Corporate Liability for a Toxic Hazard, 1950-2004". *Enterprise and Society*, v. 8, n. 2, p. 286, jun. 2007. Ver também Jocelyn A. Bell, "The Influence on the South African Economy of the Gold Mining Industry 1925-2000" (*South African Journal of Economic History*, v. 16, n. 1/2, p. 43, 2001.

35. Camillus Eboh, "Nigeria to Recover $228 Million of Abacha Loot After 16-Year Fight". *Reuters*, 19 jun. 2014. Disponível em: <https://www.reuters.com/article/us-nigeria-liechtenstein-idUSKBN0EU1ZQ20140619>. Acesso em: 28 nov. 2023; e Edward Luce, "The Prince Knows Everyone". *Gazette*, 4 dez. 1994.

36. Andrew Osborn, "Country for Hire: Low Rates, All Amenities". *The Guardian*, 14 fev. 2003.

37. Walter Wright, "Marcos Used Code to Juggle Fortune, Documents Show". *Toronto Star*, 23 ago. 1986; William C. Rempel, "U.S. Officials Weighing Indictment of Marcos Inquiry in Final Stages". *Los Angeles Times*, 16 jun. 1988.

38. Oliver Bullough, *Moneyland: Why Thieves and Crooks Now Rule the World and How to Take It Back*. Londres: Profile, 2018, p. 10.

39. David Beattie, op. cit., pp. 151, 157.

40. Ibid., p. 191.

41. Geoffrey Atkins, "Europe's Blue Bloods Flock to Wedding of Fairy-Tale Prince". *Sacramento Bee*, 30 jul. 1967.

42. Margaret Studer, "Tiny Medieval Principality Melds Past with the Future". *Calgary Herald*, 3 jul. 1984; e Hans-Adam II, *The State in the Third Millennium*. Schan: Van Eck, 2009, p. 84.

43. Hans-Adam II, op. cit., p. 142.

44. Marcia Berss, "The Prince That Roared". *Forbes*, 29 abr. 1985.

45. John Russell, "Royal Treasures Glow at the Met". *The New York Times*, 6 out. 1985.

46. Chefe de Estado do Principado de Liechtenstein, 46ª Sessão, Assembleia Geral, Ata Provisória Verbatim da 10ª Reunião, 26 set. 1991, Documentos da ONU A/46/PV.10, 1 out. 1991, p. 6.

47. Barry Bartmann, "From the Wings to the Footlights: The International Relations of Europe's Smallest States". *Commonwealth & Comparative Politics*, v. 50, n. 4, p. 536, nov. 2012.

48. Hans-Adam II, op. cit., p. 7.

49. Ibid., p. 117.

50. Ibid., p. 81.

51. Murray N. Rothbard, "Nations by Consent: Decomposing the Nation-State". *Journal of Libertarian Studies*, v. 11, n. 1, pp. 1-10, 1994.

52. David Beattie, op. cit., p. 222.

53. Eric Gwinn, "Liechtenstein's Prince Gains Power, Absolutely". *Chicago Tribune*, 28 mar. 2003.

54. David Beattie, op. cit., p. 289.

55. Fiona Fleck, "Prince to People: 'I'll Sell Up to Bill Gates'". *The Sunday Telegraph*, 11 fev. 2001. Mais tarde, ele alegou que se tratava de uma piada. Sarah Lyall, "In Liechtenstein, a Princely Power Grab" (*The New York Times*, 15 mar. 2003).

56. "Q&A/Prince Hans-Adam II: Liechtenstein's Future as a 'Clean Tax Haven'". *The New York Times*, 31 ago. 2000.

57. Audrey Gillan, "Liechtenstein Monarchy Tops List of Richest Royals". *The Guardian*, 4 jun. 1999.

58. Eric Gwinn, op. cit.

59. "Entre outras coisas, as propostas do príncipe permitiriam que ele dissolvesse o governo unilateralmente e fosse imune à autoridade do Tribunal Constitucional de Liechtenstein". Sarah Lyall, op. cit.

60. "Sorry, Savers, We've Gone Legit", op. cit.

61. "Democratic Feudalism". *The Economist*, 22 mar. 2003.

62. John Blundell, "Enclaves Punch Above Their Weight with the EU". *Sunday Business*, Londres, 24 set. 2006.

63. Isso incluía o Grupo Constitucional Europeu, que abrangia, sobretudo, economistas alemães e suíços. Quinn Slobodian e Dieter Plehwe, "Neoliberals Against Europe", op. cit., p. 97; e Detmar Doering, *Friedlicher Austritt: Braucht die Europäische Union ein Sezessionsrecht?*. Bruxelas: Centre for the New Europe, 2002, p. 41.

64. Paul Johnson, "Foreword". In: David T. Beito, Peter Gordon e Alexander Tabarrok (Orgs.), *The Voluntary City: Choice, Community, and Civil Society*. Ann Arbor: University of Michigan, 2002, p. viii.

65. Ibid.

66. Wolfram Engels em 1989, apud Roland Baader, *Die Euro-Katastrophe*. Böblingen: Antia Tykve, 2017, p. 31.

67. Gerard Radnitzky, "Towards a Europe of Free Societies: Evolutionary Competition or Constructivistic Design". *Ordo*, v. 42, p. 162, 1991.

68. Daniel Hannan, "Successful Countries Think Small". *The Telegraph*, 11 abr. 2007.

69. Alan Sked fundou o Partido pela Independência do Reino Unido (Ukip). Alan Sked, "Myths of European Unity" (*The National Interest*, n. 22, p. 73, 1990-1). Essa perspectiva foi especialmente inspirada por Eric Jones, *The European Miracle: Environments, Economies and Geopolitics in the History of Europe and Asia* (Nova York: Cambridge University, 1981).

70. David Beattie, op. cit., p. 182. Outros estados nessa posição incluem a Islândia e a Noruega, pontos de comparação positivos para os defensores do Brexit. Daniel Hannan, "Blue-Eyed Sheikhs" (*The Spectator*, 9 out. 2004).

71. Göttingen Hayek-Tage, 21-2 jun. 2013, programa.

72. Katja Riedel e Sebastian Pittelkow, "Die Hayek-Gesellschaft-Mistbeet der AfD?'". *Süddeutsche Zeitung*, 14 jul. 2017. Disponível em: <https://www.sueddeutsche.de/wirtschaft/hayek-gesellschaft-mistbeet-der-afd-1.3589049>. Acesso em: 28 nov. 2023.

73. Publicações do European Center for Austrian Economics Foundation, <https://ecaef.org/epublications/>. O príncipe Michael também é cofundador do International Institute of Longevity and Longevity Center, <https://l-institute.com/>.

74. Ludwig Mises, *Liberalism*. 3. ed. Irvington-on-Hudson: Foundation for Economic Education, 1985 [1927], p. 109.

75. Ver J. C. Sharman, *Havens in a Storm: The Struggle for Global Tax Regulation* (Ithaca: Cornell University, 2006).

76. David Beattie, op. cit., p. 355.

77. Ronen Palan, Richard Murphy e Christian Chavagneux, op. cit., p. 5.

78. Lynnley Browning, "Liechtenstein to Share Some Secrets of Its Bank". *The New York Times*, 4 dez. 2008.

79. Conal Walsh, "Trouble in Banking Paradise as Uncle Sam's Sheriffs Ride In". *The Observer*, 27 out. 2002.

80. Resumido em David Beattie, op. cit., p. 372.

81. Ronen Palan, Richard Murphy e Christian Chavagneux, op. cit., p. 107; e ReasonTV, "Is Liechtenstein a Libertarian Utopia?" (vídeo). YouTube, 8min19s, 21 mar. 2016. Disponível em: <https://www.youtube.com/watch?v=RGeOGnsSayc>. Acesso em: 28 nov. 2023.

82. Peter Ford, "Trouble in Fairy-Tale Kingdom: Liechtenstein Bows to International Pressure, Moves to Curb Money Laundering". *Christian Science Monitor*, 3 jul. 2000.

83. Haig Simonian e Gerrit Wiesmann, "'Fourth Reich' Remarks Take Relations to New Low". *Financial Times*, 12 set. 2008.

84. Richard Rahn, "Attack on the Free". *The Washington Times*, 12 fev. 2013. Disponível em: <https://m.washingtontimes.com/news/2013/feb/12/attack-on-the-free/>. Acesso em: 28 nov. 2023.

85. Property and Freedom Society, "Discussion Q&A: Kinsella, Stone, Salin, Deist, Malice (PFS 2018)" (vídeo). *Property and Freedom Podcast*, episódio 197, YouTube, 56min48s, 2018. Disponível em: <https://www.youtube.com/watch?v=ZptziXSxpx0>. Acesso em: 28 nov. 2023.

86. Daniel Mitchell, "Is Secession a Good Idea?". *Cato at Liberty*, 17 out. 2011. Disponível em: <https://www.cato.org/blog/secession-good-idea>. Acesso em: 28 nov. 2023.

87. Stephanie Hess, "The Swiss Village That's Home to an Imaginary State". swissinfo.ch, 13 abr. 2018. Disponível em: <https://www.swissinfo.ch/eng/fantasy-democracy_the-swiss-village-that-s-home-to-an-imaginary-state/44040380>. Acesso em: 28 nov. 2023; e Daniel Model, "My Declaration of Sovereignty". Disponível em: <https://modelhof.com/uploads/1/3/5/0/135061344/ich_als_souver%C3%A4n_en.pdf>. Acesso em: 28 nov. 2023.

88. Titus Gebel, "Is Liberty in Our Lifetime Achievable?" (vídeo). Free Cities Foundation, YouTube, 57min21s, 1 nov. 2021. Disponível em: <https://www.youtube.com/watch?v=m0gQKvPOIJ8>. Acesso em: 28 nov. 2023.

8. O CLÃ DE NEGÓCIOS DE HOMENS BRANCOS NA SOMÁLIA [pp. 163-79]

1. Bruce Sterling, op. cit., p. 386.
2. Ibid., p. 388.
3. Ibid., p. 261.
4. Yumi Kim, "Stateless in Somalia, and Loving It". Mises Institute, 21 fev. 2006. Disponível em: <https://mises.org/library/stateless-somalia-and-loving-it>. Acesso em: 28 nov. 2023.
5. Detalhes biográficos em Michael van Notten, *The Law of the Somalis* (Trenton, Nova Jersey: Red Sea, 2005), pp. 239-40. Destacados ordoliberais estiveram envolvidos na articulação e na promulgação das leis, que estabeleceram a autoridade do Tribunal Europeu de Justiça acima dos tribunais domésticos. Sobre política de concorrência, ver Antoine Vauchez, *Brokering Europe: Euro-Lawyers and the Making of a Transnational Polity* (Nova York: Cambridge University, 2015); e David J. Gerber, "Constitutionalizing the Economy: German Neoliberalism, Competition Law and the 'New' Europe" (*American Journal of Comparative Law*, v. 42, n. 1, pp. 25-84, 1994).
6. NRC apud Rudie Kagie, "Bemiddelaar in staatsgrepen". *Argus*, v. 1, n. 7, p. 14, 30 maio 2017.
7. Lista de novos membros, 1977, Universidade Stanford, Arquivos da Instituição Hoover, Documentos da SMP, caixa 19, pasta 4. No mesmo ano, ele organizou uma reunião especial da SMP em Amsterdam, com a participação de Ludwig Erhard, ex-chanceler alemão e também membro da SMP, e na qual F. A. Hayek apresentou sua proposta de desnacionalizar o dinheiro. Van Notten a Hayek, 9 fev. 1977, Arquivos da Instituição Hoover, Documentos Hayek, caixa 78, pasta 19; F. A. Hayek, *De weg naar moderne slavernij* (Trad. de Michael van Notten e Boudewijn Bouckaert. Bruxelas: Acropolis, 1980); e Milton Friedman e Rose Friedman, *Aan ons de keus* (Trad. de Michael van Notten. Bruxelas: Acropolis, 1981).
8. Michael van Notten, "Europe: Free-Market Ideas Sprout in Brussels". *The Wall Street Journal*, 29 fev. 1984.
9. Alain Siaens, "Les zones franches". Arquivos da Instituição Hoover, Documentos da SMP, caixa 25, pasta 7.
10. Michael van Notten, *De tewerkstellingszone als politiek breekijzer*. Sint Genesius Rode: Institutum Europaeum, 1982.
11. "Wie gelooft in het Wonder van de Deregulieringszone?". *Provinciale Zeeuwse Courant*, 30 jul. 1983.
12. Michael van Notten, "Make Governments Compete for People". *Economic Affairs*, pp. 13-7, abr./jun. 1984.
13. Id., "Politische Beweggründe für Freizonen in Europa". *Zeitschrift für Wirtschaftspolitik*, n. 32, p. 199, 1983.
14. Ibid., p. 205.
15. Id., "Make Governments Compete for People". *Economic Affairs*, pp. 13-7, abr./jun. 1984.
16. Id., "Encouraging Enterprise: The Belgian Experience". *Economic Affairs*, pp. 282-5, jul. 1983.
17. Id., "Politische Beweggründe für Freizonen in Europa". *Zeitschrift für Wirtschaftspolitik*, n. 32, p. 206, 1983.
18. Aurelia van Maalen, *Dag, ik ga vrijheid halen*. Amsterdam: Prometheus, 2016, p. 144; e M. M. Notten, *De Arubaanse grondwet: vriend of vijand van de samenleving?*. Bruxelas: Institutum

Europaeum, 1984. Este capítulo se baseia, em parte, no já mencionado livro de memórias escrito pela filha de Van Notten sob pseudônimo.

19. Rudie Kagie, op. cit., p. 15.

20. Supostamente, o plano era mobilizar guerrilheiros angolanos para ajudar no golpe e compensá-los depois com armamentos. Para tornar o plano mais barroco, Van Notten afirmou publicamente que a Líbia usava o Suriname como palco de operações na região. Ibid., p. 16; Vicki Rivera, "Libya Reported Drilling Terrorists in Suriname" (*The Washington Times*, 24 out. 1985).

21. Aurelia van Maalen, op. cit., p. 147.

22. "Free Trade Zone in the Yukon". *Whitehorse Star*, 4 jul. 1984.

23. Aurelia van Maalen, op. cit., p. 130.

24. Ibid., p. 155.

25. Ibid., p. 43.

26. Van Notten foi influenciado pelas ideias do filósofo libertário belga Frank van Dun sobre direito natural e direitos naturais. Van Dun escreveu o posfácio para Van Notten, *The Law of the Somalis* (Trenton: Red Sea, 2005), p. 121. Ver Frank Van Dun, "Against Libertarian Legalism: A Comment on Kinsella and Block" (*Journal of Libertarian Studies*, v. 17, n. 3, pp. 63-90, 2003).

27. Ver, por exemplo, E. E. Evans-Pritchard, *The Nuer: A Description of the Modes of Livelihood and Political Institutions of a Nilotic People* (Oxford: Clarendon, 1940). Seu aluno I. M. Lewis foi o primeiro a codificar o sistema de clãs somali em um livro intitulado *A Pastoral Democracy* [Uma democracia pastoral], o qual, apontou um acadêmico, teria como título mais adequado *A Pastoral Anarchy* [Uma anarquia pastoral]. Gérard Prunier, *The Country That Does Not Exist: A History of Somaliland* (Londres: Hurst, 2021), p. 219. Ver I. M. Lewis, *A Pastoral Democracy: A Study of Pastoralism and Politics among the Northern Somali of the Horn of Africa* (Oxford: Oxford University, 1961). O termo técnico para o sistema de clãs é "linhagem segmentar patrilinear". Alex de Waal, *The Real Politics of the Horn of Africa: Money, War and the Business of Power* (Cambridge: Polity, 2015), p. 110.

28. Hans-Hermann Hoppe, "Reply to Benegas Lynch". In: Gerard Radnitzky (Org.), *Values and the Social Order*. Aldershot: Avebury, 1997; e Günther Schlee, "Customary Law and the Joys of Statelessness: Idealised Traditions Versus Somali Realities". *Journal of Eastern African Studies*, v. 7, n. 2, p. 248, 2013.

29. "Somalië toneel van Afrika's gruwelijkste geweld". NRC Handelsblad, 14 dez. 1991. Disponível em: <https://www.nrc.nl/nieuws/1991/12/14/somalie-toneel-van-afrikas-gruwelijkste-geweld-6990603-a1042137>. Acesso em: 28 nov. 2023.

30. Aurelia van Maalen, op. cit., p. 36.

31. Michael van Notten, *The Law of the Somalis*. Trenton: Red Sea, 2005, p. 121.

32. Id., "Somalische Xeer is het meest geschikt voor Somalia". *de Vrijbrief*, n. 166, pp. 11, 16, mar. 1992.

33. Id., *From Nation-State to Stateless Nation: The Somali Experience* (2000), manuscrito, captura via banco de dados digital Wayback Machine em 16 ago. 2020, <http://www.awdal.com/awdalp13.html>.

34. Id., *The Law of the Somalis*. Trenton: Red Sea, 2005, p. 56.

35. Ibid., p. 70.

36. Ibid., p. 116.

37. Id., "From Nation-State to Stateless Nation: The Somali Experience". *Africa*, v. 58, n. 2, p. 150, jun. 2003.

38. Id., *The Law of the Somalis*. Trenton: Red Sea, 2005, pp. 117-8.

39. Ibid., p. 137.

40. Id., *From Nation-State to Stateless Nation: The Somali Experience* (2000), manuscrito, captura via banco de dados digital Wayback Machine em 16 ago. 2020, <http://www.awdal.com/awdalp13.html>.

41. Id., *The Law of the Somalis*. Trenton: Red Sea, 2005, p. 138.

42. Hans-Hermann Hoppe, "The Economic and Political Rationale for European Secessionism". In: David Gordon (Org.), *Secession, State & Liberty*. New Brunswick: Transaction, 1998, p. 212.

43. Michael van Notten, *The Law of the Somalis*. Trenton: Red Sea, 2005, p. 143.

44. Spencer Heath MacCallum, "A Peaceful Ferment in Somalia". Foundation for Economic Education, 1 jun. 1998. Disponível em: <https://fee.org/articles/a-peaceful-ferment-in-somalia/>. Acesso em: 28 nov. 2023.

45. Ibid.

46. Id., "Looking Back and Forward". In: Walter Block (Org.), *I Chose Liberty: Autobiographies of Contemporary Libertarians*. Auburn: Ludwig von Mises Institute, 2010, p. 206.

47. Id., *Citadel, Market and Altar: Emerging Society*. Baltimore: Science of Society Foundation, 1957, p. 79.

48. Ibid., p. 91.

49. Ibid., p. 82.

50. Id., "Looking Back and Forward". In: Walter Block (Org.), *I Chose Liberty: Autobiographies of Contemporary Libertarians*. Auburn: Ludwig von Mises Institute, 2010, p. 208.

51. Id., op. cit., 1957, p. 94.

52. Id., "Looking Back and Forward". In: Walter Block (Org.), *I Chose Liberty: Autobiographies of Contemporary Libertarians*. Auburn: Ludwig von Mises Institute, 2010, p. 208.

53. Introdução em Michael van Notten, *The Law of the Somalis* (Trenton: Red Sea, 2005), p. xii.

54. Spencer Heath MacCallum, "Werner K. Stiefel's Pursuit of a Practicum of Freedom". *LewRockwell.com*, 19 jun. 2006. Disponível em: <https://www.lewrockwell.com/2006/06/spencer-heath-maccallum/werner-k-stiefels-pursuit-of-a-practicumoffreedom/>. Acesso em: 28 nov. 2023. Para a melhor explicação, ver Isabelle Simpson, "Operation Atlantis: A Case-Study in Libertarian Island Micronationality" (*Shima*, v. 10, n. 2, pp. 18-35, 2016).

55. Id., "Looking Back and Forward". In: Walter Block (Org.), *I Chose Liberty: Autobiographies of Contemporary Libertarians*. Auburn: Ludwig von Mises Institute, 2010, p. 211.

56. Roy Halliday, "Operation Atlantis and the Radical Libertarian Alliance: Observations of a Fly on the Wall", 2002. Disponível em: <https://ad-store.sgp1.digitaloceanspaces.com/LUA/Documents/royhalliday%20operation%20atlantis.pdf>. Acesso em: 28 nov. 2023.

57. Spencer Heath MacCallum, "A Model Lease for Orbis". Freenation.org, 15 out. 1995. Disponível em: <http://freenation.org/a/f33m1.html>. Acesso em: 28 nov. 2023.

58. Id., "Werner K. Stiefel's Pursuit of a Practicum of Freedom". *LewRockwell.com*, 19 jun. 2006. Disponível em: <https://www.lewrockwell.com/2006/06/spencer-heath-maccallum/werner-k-stiefels-pursuit-of-a-practicumoffreedom/>. Acesso em: 28 nov. 2023; e Michael van Notten, "The

Freeport-Clan". In: *The Law of the Somalis: A Stable Foundation for Economic Development in the Horn of Africa*. Nova Jersey: The Red Sea Press, 2005.

59. Ibid.

60. Spencer Heath MacCallum, op. cit., 1957, p. 85.

61. Não confundir com o coautor homônimo de William Rees-Mogg.

62. "Freedonia: The Cabinet", captura em 29 ago. 2000, <http://www.freedonia.org/cabinet.html>.

63. "What Is the Principality of Freedonia?", captura em 7 maio 1999, <http://www.freedonia.org/whatis.html>.

64. "Kyle to Ryan, 3 October 1999", captura em 8 abr. 2000, <http://www.freedonia.org/dialogue.html>.

65. "Principality of Freedonia Sovereignty Plans", captura em 28 out. 2000, <http://www.freedonia.org/sovereignty2.html>.

66. "Recent Events Have Complicated Our Situation in Awdal", captura em 11 fev. 2001, <http://www.freedonia.org/sovereignty2.html>.

67. "Somaliland Protest Leaves 25 in Jail". *BBC Monitoring Newsfile*, 12 jan. 2001.

68. Ken Menkhaus, "Governance without Government in Somalia: Spoilers, State Building, and the Politics of Coping". *International Security*, v. 31, n. 3, pp. 74-106, 2006-7; e Nicole Stremlau, "Governance without Government in the Somali Territories". *Journal of International Affairs*, v. 71, n. 2, pp. 73-89, 2018.

69. Peter D. Little, *Somalia: Economy without State*. Bloomington: Indiana University, 2003, p. 13.

70. Alex de Waal, *The Real Politics of the Horn of Africa: Money, War and the Business of Power*. Cambridge: Polity, 2015, p. 115.

71. Ersun N. Kurtulus, "Exploring the Paradoxical Consequences of State Collapse: The Cases of Somalia 1991-2006, e Lebanon 1975-82". *Third World Quarterly*, v. 33, n. 7, p. 1287, 2012.

72. Benjamin Powell, Ryan Ford e Alex Nowrasteh, "Somalia After State Collapse: Chaos or Improvement?". *Journal of Economic Behavior & Organization*, v. 67, n. 3/4, p. 662, 2008.

73. Alexander Tabarrok, "Somalia and the Theory of Anarchy". *Marginal Revolution*, 21 abr. 2004. Disponível em: <https://marginalrevolution.com/marginalrevolution/2004/04/somalia_and_the.html>. Acesso em: 28 nov. 2023.

74. Christopher J. Coyne, "Reconstructing Weak and Failed States: Foreign Intervention and the Nirvana Fallacy". *Foreign Policy Analysis*, n. 2, p. 345, 2006.

75. William J. Luther, *Money Without a State*. Fairfax: Universidade George Mason, 2012. Tese (Doutorado em Economia). Ver também id., "The Monetary Mechanism of Stateless Somalia" (*Public Choice*, n. 165, pp. 45-58, 2015). Além do cargo universitário, Luther dirige o Projeto Sound Money [Dinheiro Robusto] do American Institute of Economic Research e é pesquisador adjunto do Center for Monetary and Financial Alternatives do Cato Institute, <https://www.cato.org/people/william-j-luther>.

76. Sobre a pesquisa inicial que inspirou muitos libertários, ver Peter D. Little, op. cit., pp. 139-46.

77. Björn Tscheridse, "Der gescheiterte Staat". *Eigentümlich Frei*, n. 60, p. 23, mar. 2006. Libertários de postura menos radical discordaram. "É difícil imaginar as pessoas nos Estados Unidos dizendo: 'Vamos tornar nossa nação mais parecida com a Somália'", escreveu um deles. Randall

Holcombe, "Is Government Inevitable? Reply to Leeson and Stringham" (*The Independent Review*, v. 9, n. 4, p. 551, 2005).

78. Peter T. Leeson, "Better Off Stateless: Somalia Before and After Government Collapse". *Journal of Comparative Economics*, v. 35, pp. 689-710, 2007.

79. Peter T. Leeson e Claudia R. Williamson, "Anarchy and Development: An Application of the Theory of Second Best". *Law and Development Review*, v. 2, n. 1, p. 91, 2009.

80. Peter T. Leeson, "Coordination without Command: Stretching the Scope of Spontaneous Order". *Public Choice*, v. 135, pp. 73-4, 2008.

81. D. K. Leonard e M. S. Samantar, "What Does the Somali Experience Teach Us about the Social Contract and the State?". *Development and Change*, v. 42, n. 2, p. 564, 2011.

82. Alex de Waal, "Somalia's Disassembled State: Clan Unit Formation and the Political Marketplace". *Conflict, Security & Development*, v. 20, n. 5, p. 562, 2020.

83. Ken Menkhaus e John Prendergast, "The Stateless State". *Africa Report*, v. 40, n. 3, p. 232, maio 1995. Ver também Rebecca Richards, "Fragility within Stability: The State, the Clan and Political Resilience in Somaliland" (*Third World Quarterly*, v. 41, n. 6, pp. 1067-83, 2020).

84. Alex de Waal, *The Real Politics of the Horn of Africa: Money, War and the Business of Power*. Cambridge: Polity, 2015, p. 113.

85. Günther Schlee, op. cit., p. 270.

86. Peter D. Little, op. cit., p. 132.

87. Henry Srebrnik, "Can Clans Form Nations? Somaliland in the Making". In: Tozun Bahcheli, Barry Bartmann e Henry Srebrnik (Orgs.), *De Facto States: The Quest for Sovereignty*. Londres: Routledge, 2004, p. 214.

88. Ibid., p. 219.

89. Gérard Prunier, op. cit.

90. Harvey Morris, "'Republic' Wants Recognition on the World Stage". *Financial Times*, 15 ago. 2000.

91. Henry Srebrnik, op. cit., p. 222.

92. Mark Bradbury, Adan Yusuf Abokor e Haroon Ahmed Yusuf, "Somaliland: Choosing Politics over Violence". *Review of African Political Economy*, v. 30, n. 97, p. 455, set. 2003; e Michael van Notten, *The Law of the Somalis*. Trenton: Red Sea, 2005, p. 142.

93. Alex de Waal, *The Real Politics of the Horn of Africa: Money, War and the Business of Power*. Cambridge: Polity, 2015, p. 130.

94. Jeffrey Gettleman, "Somaliland Is an Overlooked African Success Story". *The New York Times*, 7 mar. 2007. Disponível em: <https://www.nytimes.com/2007/03/06/world/africa/06iht-somalia.4818753.html>. Acesso em: 28 nov. 2023. Após o estabelecimento do governo federal da Somália em 2012, a Somalilândia permaneceu uma "região semiautônoma", buscando ativamente a independência total. Robbie Gramer e Mary Yang, "Somaliland Courts U.S. for Independence Recognition" (*Foreign Policy*, 21 mar. 2022. Disponível em: <https://foreignpolicy.com/2022/03/21/somaliland-united-states-independence-recognition/>. Acesso em: 28 nov. 2023).

95. Finn Stepputat e Tobias Hagmann, "Politics of Circulation: The Makings of the Berbera Corridor in Somali East Africa". *Environment & Planning D: Society and Space*, v. 37, n. 5, pp. 798-9, 2019.

96. Markus Virgil Hoehne, "The Rupture of Territoriality and the Diminishing Relevance of Cross-Cutting Ties in Somalia After 1990". *Development and Change*, v. 47, n. 6, p. 1390, 2016.

97. Jamil A. Mubarak, "The 'Hidden Hand' Behind the Resilience of the Stateless Economy of Somalia". *World Development*, v. 25, n. 12, p. 2032, 1997.

98. Andres Schipani, "Somaliland Gears Up for 'Healthy' Battle of Ports". *Financial Times*, 3 set. 2021.

99. Robert Clyde Mogielnicki, *A Political Economy of Free Zones in Gulf Arab States*. Cham: Springer, 2021, p. 218.

100. Tatiana Nenova e Tim Harford, "Anarchy and Invention". *World Bank Public Policy Note*, n. 280, p. 2, nov. 2004. Disponível em: <http://documents.worldbank.org/curated/en/774771468781541848/Anarchy-and-invention>. Acesso em: 28 nov. 2023.

9. AS ESTRUTURAS DE BOLHAS LEGAIS DE DUBAI [pp. 181-97]

1. Anthony Shadid, "The Towering Dream of Dubai". *The Washington Post*, 30 abr. 2006.
2. Rory Miller, *Desert Kingdoms to Global Powers: The Rise of the Arab Gulf*. New Haven: Yale University, 2016, p. 173.
3. Ibid., p. 172.
4. Ellen Knickmeyer, "In U.A.E., Weakened Dollar Slows Dubai Tower's Race to the Skies". *The Washington Post*, 7 dez. 2007.
5. Daniel Brook, *A History of Future Cities*. Nova York: Norton, 2013, p. 357.
6. Nick Cook, "Gazeley's Guy in Dubai". *Property Week*, fev. 2010. Disponível em: <https://www.propertyweek.com/industrial/gazeleys-guy-in-dubai/3158663.article>. Acesso em: 28 nov. 2023.
7. Arch Puddington et al. (Org.), *Freedom in the World*. Lanham: Rowman & Littlefield, 2007, pp. 845-9.
8. CIA, Directorate of Intelligence, *Near East and South Asia Review*, 29 mar. 1985. Disponível em: <https://www.cia.gov/readingroom/docs/CIA-RDP85T01184R000301390002-9.pdf>. Acesso em: 28 nov. 2023.
9. Daniel Brook, op. cit., p. 372.
10. Philip Kennicott, "Arabian Heights". *The Washington Post*, 28 out. 2007.
11. Mike Davis, "Fear and Money in Dubai". *New Left Review*, n. 41, p. 60, set./out. 2006.
12. Ibid.
13. Steve Negus, "An American Style Emirate? Dubai Sees a Future as Ally". *Financial Times*, 8 mar. 2006.
14. Björn Tscheridse, "Der kapitalistische Flaschengeist". *Eigentümlich Frei*, v. 8, n. 54, p. 24, ago. 2005.
15. Frank Karsten e Karel Beckman, *Beyond Democracy*. [S.l.]: CreateSpace Independent Publishing, 2012, p. 54.
16. Embora Yarvin afirme não ser um libertário, muitos de seus escritos condizem com a tradição anarcocapitalista de direita descrita neste livro. Curtis Yarvin, "Why I Am Not a Libertarian" (*Unqualified Reservations*, 13 dez. 2007. Disponível em: <https://www.unqualified-reservations.org/2007/12/why-i-am-not-libertarian/>. Acesso em: 28 nov. 2023).

17. Em itálico, para dar ênfase, no original. "Mediocracy: Definition, Etiology and Treatment", 8 set. 2007. Disponível em: <https://www.unqualified-reservations.org/2007/09/mediocracy-definition-etiology-and/>. Acesso em: 28 nov. 2023.

18. De fato, muitos trabalhadores migrantes não receberam o que foi prometido em seu contrato.

19. Daniel Brook, op. cit., p. 370.

20. Curtis Yarvin, "Neocameralism and the Escalator of Massarchy". *Unqualified Reservations*, 20 dez. 2007. Disponível em: <https://www.unqualified-reservations.org/2007/12/neocameralism-and-escalator-of/>. Acesso em: 28 nov. 2023.

21. Id., "Patchwork: A Political System for the 21st Century". *Unqualified Reservations*, 13 nov. 2008. Disponível em: <https://www.unqualified-reservations.org/2008/11/patchwork-positive-vision-part-1/>. Acesso em: 28 nov. 2023.

22. Laleh Khalili, *Sinews of War and Trade: Shipping and Capitalism in the Arabian Peninsula*. Nova York: Verso, 2020, p. 110.

23. Abdul Khaleq Abdulla apud Ahmed Kanna, *Dubai: The City as Corporation*. Minneapolis: University of Minnesota, 2011, p. 34.

24. John Andrews, "Oasis of Royal Diplomacy in a Troubled Region". *The Guardian*, 3 mar. 1979.

25. A empresa em questão era a Halcrow. Rafiq Zakaria, "British Queen's Visit to Gulf" (*The Times of India*, 24 fev. 1979).

26. "Rivals in Splendour of Gifts". *The Guardian*, 26 fev. 1979.

27. Todd Reisz, *Showpiece City: How Architecture Made Dubai*. Stanford: Stanford University, 2021, p. 22.

28. William Tuohy, "Dubai: Where Gold Smuggling Is a Way of Life". *Los Angeles Times*, 13 jan. 1971.

29. Id., "Dubai's Golden Fleece". *The Guardian*, 13 jan. 1971.

30. "India Hacks at Smugglers' Tentacles". *Los Angeles Times*, 18 nov. 1976.

31. Walter Schwarz e Inder Malhotra, "Dethronement of the Kings of Smuggling". *The Guardian*, 19 set. 1974.

32. The Economist Intelligence Unit, "The Arabian Peninsula and Jordan". *Quarterly Economic Review*, n. 3, p. 12, 1970.

33. Shohei Sato, *Britain and the Formation of the Gulf States: Embers of Empire*. Manchester: Manchester University, 2016, p. 74.

34. Rory Miller, op. cit., p. 6.

35. The Economist Intelligence Unit, "The Arabian Peninsula and Jordan". *Quarterly Economic Review*, v. 4, p. 17, 1969; e Paul Maubec, "Arab Sheiks Go It Alone". *The Washington Post*, 26 jul. 1970.

36. Stephen J. Ramos, *Dubai Amplified: The Engineering of a Port Geography*. Londres: Routledge, 2010, p. 74.

37. Todd Reisz, op. cit., pp. 308-9.

38. Valerie J. Pelton, "Jebel Ali: Open for Business". *Transnational Law & Contemporary Problems*, v. 27, pp. 386-7, 2018; e "Mina Jebel Ali Free Trade Zone" (anúncio publicitário). *The Times*, 23 fev. 1981.

39. Stewart Dalby, "Yet to Make Its Mark-Jebel Ali Free Zone". *Financial Times*, 29 mar. 1989. O fato de os estrangeiros terem propriedade total dentro da zona deu a Dubai uma vantagem sobre os

outros emirados, que, durante anos, não ofereciam essas oportunidades. Mark Nicholson, "Bahrain Makes Policy Switch to Rebuild Economy" (*Financial Times*, 3 jul. 1991).

40. Syed Ali, *Dubai: Gilded Cage*. New Haven: Yale University, 2010, p. 86.
41. Ibid., p. 91.
42. Daniel Brook, op. cit., p. 359.
43. Mike Davis, op. cit., p. 63.
44. Christopher M. Davidson, *Dubai: The Vulnerability of Success*. Nova York: Columbia University, 2008, p. 18.
45. "Fantasy Islands". *Financial Times*, 28 maio 2005.
46. Adam Nicholson, "Boom Town". *The Guardian*, 13 fev. 2006.
47. Daniel Brook, op. cit., p. 359.
48. Robert Vitalis, *America's Kingdom: Mythmaking on the Saudi Oil Frontier*. Stanford: Stanford University, 2006, pp. 88-92.
49. "Fantasy Islands", op. cit.
50. Salem Saif, "Blade Runner in the Gulf". *Jacobin*, 2 nov. 2017. Disponível em: <https://jacobin.com/2017/11/gulf-states-oil-capital-ecological-disaster>. Acesso em: 28 nov. 2023.
51. Adam Nicholson, op. cit.
52. Daniel Brook, op. cit., p. 357.
53. Göran Therborn, op. cit., p. 288.
54. Matthew Soules, op. cit., cap. 2.
55. Deborah Cowen, *The Deadly Life of Logistics: Mapping Violence in Global Trade*. Minneapolis: University of Minnesota, 2014, p. 168. Para uma metáfora similar, ver Mike Davis, op. cit., p. 51.
56. Steve Negus, op. cit.
57. Philip Kennicott, op. cit.
58. Stephen J. Ramos, op. cit., p. 137.
59. Ibid., p. 133.
60. "Rwandan Government Signs a Feasibility Study with 'Jafza International' to Set Up a Free Zone in Kigali". *Middle East Company News*, 6 set. 2005.
61. Ibid.
62. Presenna Nambiar, "Jafza Quits Managing Port Klang Free Zone". *New Straits Times*, 9 jul. 2007.
63. "Jafza Manages Tangier Med". *Middle East Financial News*, 21 jun. 2005.
64. "Ready for a Leap from the Desert". *Financial Times*, 23 maio 2005.
65. "Tril Forms JV with Jafza for Seven Logistic Parks in India". *The Press Trust of India*, 30 out. 2007.
66. "Jafza International Offers to Extend Full Support to Russia in Developing Sezs". *Middle East Company News*, 18 mar. 2007; e "Jafza, MFZ Sign MOU on Development of Misurata Economic Zone in Libya". *Middle East Company News*, 3 out. 2007.
67. "Dubai World to Invest US$800M in Senegalese Economic Zone". *National Post*, 22 jan. 2008.
68. "Romania Shows Interest in Jafza's Unique Business Model". *Middle East Company News*, 18 ago. 2007.
69. Laleh Khalili, op. cit., p. 108.

70. Stephen Williams, "DP World Makes Giant Acquisition". *The Middle East*, jan. 2006.

71. Oliver Wainwright, "Inside the London Megaport You Didn't Know Existed". *The Guardian*, 15 set. 2015.

72. "Somali Pirates Risk Choking Key World Trade Route". *Reuters*, 15 abr. 2009. Disponível em: <https://www.reuters.com/article/us-somalia-piracy-shipping-factbox-idUSTRE53E2JR20090415>. Acesso em: 28 nov. 2023.

73. David S. Fick, *Africa: Continent of Economic Opportunity*. Joanesburgo: STE Publishers, 2006, p. 285.

74. "JI Project Opens New Vista for Djibouti". *Gulf Industry Online*, 1 ago. 2007. Disponível em: <http://www.gulfindustryonline.com/news/5728_JI-project-opens-new-vista-for-Djibouti.html>. Acesso em: 28 nov. 2023.

75. Diery Seck e Amie Gaye, "The Impact of the Global Financial Crisis on Arab States and Sub-Saharan Africa: An Agenda for Growth-Inducing Collaboration". In: Diery Seck (Org.), *Regional Economic Integration in West Africa*. Cham: Springer, 2013, p. 17.

76. Arang Keshavarzian, "Geopolitics and the Genealogy of Free Trade Zones in the Persian Gulf". *Geopolitics*, v. 15, p. 276, 2010.

77. Christopher M. Davidson, op. cit., p. 116.

78. David S. Fick, op. cit., p. 286.

79. Deborah Cowen, op. cit., p. 123.

80. Gene Zaleski, "Mission to Dubai". *The Times and Democrat*, Orangeburg, 30 mar. 2008. Disponível em: <https://thetandd.com/news/mission-to-dubai/article_a44fa0c4-7148-52b4-b527-fc923e3ecbfc.html>. Acesso em: 28 nov. 2023.

81. Harvey Morris, "Dubai's $600m Hub in US 'Corridor of Shame'". *Financial Times*, 12 jan. 2008.

82. Kristian Coates Ulrichsen, "The Political Economy of Dubai". In: Matthew T. Page e Jodi Vittori (Orgs.), *Dubai's Role in Facilitating Corruption and Global Financial Flows*. Washington: Carnegie Endowment for International Peace, 2020, p. 17.

83. Greg Lindsay, "From Dubai to Chongqing to Honduras, the Silk Road of the Future Is Taking Shape in Urban Developments Based on Airport Hubs". *The Wall Street Journal Asia*, 4 mar. 2011.

84. Jean-Paul Rodrigue, *The Geography of Transport Systems*. 5. ed. Londres: Routledge, 2020, p. 236.

85. Stephen Yiu-wai Chu, "Brand Hong Kong: Asia's World City as Method?". *Visual Anthropology*, v. 24, n. 1/2, p. 48, 2011.

86. Para um estudo dessa dinâmica na Índia, ver Ravinder Kaur, *Brand New Nation: Capitalist Dreams and Nationalist Designs in Twenty-First-Century India* (Stanford: Stanford University, 2020).

87. Cornelia Zeineddine, "Nation Branding in the Middle East: United Arab Emirates (UAE) vs. Qatar". *Proceedings of the International Conference on Business Excellence*, v. 11, n. 1, p. 592, 2017.

88. Simon Anholt, "'Nation Branding' in Asia". *Place Branding and Public Diplomacy*, v. 4, n. 265-9, p. 268, 2008.

89. Stephen J. Ramos, op. cit., pp. 117, 29.

90. Curtis Yarvin, "UR's Plan to Fix Iraq". *Unqualified Reservations*, 16 maio 2007. Disponível em: <https://www.unqualified-reservations.org/2007/05/urs-plan-to-fix-iraq/>. Acesso em: 28 nov. 2023.

91. Heidi M. Peters, "Department of Defense Contractor and Troop Levels in Afghanistan and Iraq: 2007-2020". *Congressional Research Service*, pp. 6, 12, 22 fev. 2021.

92. Anna Fifield, "Contractors Reap $138bn from Iraq War". *Financial Times*, 18 mar. 2013.

93. Curtis Yarvin, "A Formalist Manifesto". *Unqualified Reservations*, 23 abr. 2007. Disponível em: ‹https://www.unqualified-reservations.org/2007/04/formalist-manifesto-originally-posted/›. Acesso em: 28 nov. 2023.

94. Id., "Against Political Freedom". *Unqualified Reservations*, 25 maio 2007. Disponível em: ‹https://www.unqualified-reservations.org/2007/08/against-political-freedom/›. Acesso em: 28 nov. 2023.

95. Id., "A Formalist Manifesto". *Unqualified Reservations*, 23 abr. 2007. Disponível em: ‹https://www.unqualified-reservations.org/2007/04/formalist-manifesto-originally-posted/›. Acesso em: 28 nov. 2023.

10. COLONIALISMO DO VALE DO SILÍCIO [pp. 199-213]

1. Paul Romer, "A Theory of History, with an Application" (vídeo). The Long Now Foundation, 52min10s, 18 maio 2009. Disponível em: ‹https://longnow.org/seminars/02009/may/18/theory-history-application/›. Acesso em: 28 nov. 2023.

2. Id., "Escape from the Great Distress". *Issues in Science and Technology*, v. 29, n. 1, p. 65, 2012.

3. Id., "A Theory of History, with an Application" (vídeo). The Long Now Foundation, 52min10s, 18 maio 2009. Disponível em: ‹https://longnow.org/seminars/02009/may/18/theory-history-application/›. Acesso em: 28 nov. 2023.

4. Ver Evgeny Morozov, *To Save Everything, Click Here: The Folly of Technological Solutionism* (Nova York: PublicAffairs, 2013).

5. Pauline Lipman, "Obama's Education Policy: More Markets, More Inequality, New Urban Contestations". In: James DeFilippis (Org.), *Urban Policy in the Time of Obama*. Minneapolis: University of Minnesota, 2016, p. 143.

6. David Wessel, "A Plan to Turn Honduras into the Next Hong Kong". *The Wall Street Journal*, 3 fev. 2011.

7. Song Jung-a, Christian Oliver e Tom Burgis, "Daewoo to Cultivate Madagascar Land for Free". *Financial Times*, 19 nov. 2008.

8. Renée Vellvé e Mamy Rakotondrainibe, "The Daewoo-Madagascar Land Grab: Ten Years on". *Thomson Reuters Foundation News*, 16 nov. 2018. Disponível em: ‹https://news.trust.org/item/20181116144408-pdi0a›. Acesso em: 28 nov. 2023. Ver também Daniel Shepard e Anuradha Mittal, *(Mis)investment in Agriculture: The Role of the International Finance Corporation in Global Land Grabs* (Oakland: Oakland Institute, 2008).

9. Sebastian Mallaby, "The Politically Incorrect Guide to Ending Poverty". *The Atlantic*, 8 jun. 2010.

10. Venusia Vinciguerra, "How the Daewoo Attempted Land Acquisition Contributed to Madagascar's Political Crisis in 2009". In: Sandra Evers, Gwyn Campbell e Michael Lambek (Orgs.), *Contest for Land in Madagascar: Environment, Ancestors and Development*. Leiden: Brill,

2013, p. 242. Ver também Tom Burgis, "Madagascar Leader Cancels Daewoo Farm Deal" (*Financial Times*, 18 mar. 2009).

11. Na década de 1980, o país era uma base operacional de retaguarda para a contraofensiva do governo Reagan contra a Nicarágua governada pelos sandinistas.

12. Michael Engman, "Success and Stasis in Honduras' Free Zones". In: Thomas Farole e Gokhan Akinci (Orgs.), *Special Economic Zones: Progress, Emerging Challenges, and Future Directions*. Washington: World Bank, 2011, p. 49. O termo doméstico é ZIPs (Zonas Industriales de Procesamiento).

13. Esse parágrafo se baseia em Todd Gordon e Jeffery R. Webber, "Post-Coup Honduras: Latin America's Corridor of Reaction" (*Historical Materialism*, v. 21, n. 3, pp. 16-56, 2013).

14. Michael Engman, op. cit., p. 62.

15. David Wessel, op. cit.

16. Adam Davidson, "Who Wants to Buy Honduras?". *The New York Times*, 8 maio 2012.

17. Por uma votação de 124 a 1, o Congresso aprovou uma emenda constitucional para a criação das REDs. Tom W. Bell, "No Exit: Are Honduran Free Cities DOA?" (*Freeman*, p. 10, dez. 2012); e David Wessel, op. cit.

18. Paul Romer e Octavio Sanchez, "Urban Prosperity in the RED". *Globe and Mail*, 25 abr. 2012.

19. Michael R. Castle Miller, "The Ciudades Modelo Project: Testing the Legality of Paul Romer's Charter Cities Concept by Analyzing the Constitutionality of the Honduran Zones for Employment and Economic Development". *Willamette Journal of International Law & Dispute Resolution*, v. 22, p. 280, 2014.

20. Para uma análise legal detalhada, ver ibid., pp. 271-312.

21. Adam Davidson, op. cit.

22. Greg Lindsay, op. cit.

23. "Hong Kong in Honduras". *The Economist*, 10 dez. 2011.

24. Eli Sugarman, "Should Struggling Countries Let Investors Run Their Cities?". *The Atlantic*, 11 jul. 2013.

25. Tom W. Bell, "No Exit: Are Honduran Free Cities DOA?". *Freeman*, p. 10, dez. 2012.

26. Id., "Principles of Contracts for Governance Services". *Griffith Law Review*, v. 21, n. 2, p. 494, 2012.

27. Graham Brown, "Honduran ZEDEs: The New Frontier". *PanAm Post*, 8 fev. 2014.

28. Paul Romer, "Why the World Needs Charter Cities" (vídeo). TED Global, 19min39s, jul. 2009. Disponível em: <https://www.youtube.com/watch?v=mSHBma0Ithk>. Acesso em: 28 nov. 2023.

29. Paul Romer e Octavio Sanchez, op. cit.

30. Michael Engman, op. cit., pp. 51, 54.

31. Brian Hutchinson, "Opportunity in 'Charter City'". *National Post*, 27 dez. 2012.

32. Brandon Fuller e Paul Romer, *Success and the City: How Charter Cities Could Transform the Developing World*. Ottawa: MacDonald Laurier Institute, 2012, p. 15.

33. Ibid., p. 16.

34. Stanford Institute for Economic Policy, "SIEPR Economic Summit 2009", 13 mar. 2009, captura via banco de dados digital Wayback Machine, 11 set. 2016.

35. Paul Romer, "Governance in Developing Countries" (vídeo). SIEPR Economic Summit, YouTube, 9min29s, 13 mar. 2009. Disponível em: <https://www.youtube.com/watch?v=v7fSvDLvkaw>. Acesso em: 28 nov. 2023.

36. Michael Ignatieff, "The American Empire". *The New York Times Magazine*, 5 jan. 2003; Niall Ferguson, *Empire: The Rise and Demise of the British World Order and the Lessons for Global Power*. Nova York: Basic, 2004; e Deepak Lal, *In Praise of Empires: Globalization and Order*. Nova York: Palgrave Macmillan, 2004.

37. Niall Ferguson, "The Empire Slinks Back". *The New York Times Magazine*, 27 abr. 2003. Disponível em: <https://www.nytimes.com/2003/04/27/magazine/the-empire-slinks-back.html>. Acesso em: 28 nov. 2023.

38. Keri Vacanti Brondo, *Land Grab: Green Neoliberalism, Gender, and Garifuna Resistance in Honduras*. Tucson: University of Arizona, 2013, p. 168.

39. Keane Bhatt, "Reporting on Romer's Charter Cities: How the Media Sanitize Honduras's Brutal Regime". *Nacla Report on the Americas*, 19 fev. 2013.

40. Curtis Yarvin, "From Cromer to Romer and Back Again: Colonialism for the 21st Century". *Unqualified Reservations*, 20 ago. 2009. Disponível em: <https://www.unqualified-reservations.org/2009/08/from-cromer-to-romer-and-back-again/>. Acesso em: 28 nov. 2023.

41. Patri Friedman, "Theory: Competitive Government, Practice: Seasteading" (vídeo). *The Future of Free Cities*, UFM, 20min51s, 4 abr. 2011. Disponível em: <https://newmedia.ufm.edu/coleccion/the-future-of-free-cities/theory-of-free-cities-and-seasteading/>. Acesso em: 28 nov. 2023.

42. Ibid.

43. Desenvolvimento de Cidades do Futuro, captura via banco de dados digital Wayback Machine, 11 set. 2012, <http://futurecitiesdev.com/about-us/>; e "Honduras Shrugged". *The Economist*, 10 dez. 2011. Investidores sul-coreanos também estiveram envolvidos. Para detalhes, ver Bridget Martin e Beth Geglia, "Korean Tigers in Honduras: Urban Economic Zones as Spatial Ideology in International Policy Transfer Networks" (*Political Geography*, v. 74, pp. 1-12, out. 2019).

44. Ele utilizou a abreviação "ancap". Michael Strong, "Marketing Free Cities as a Mainstream Solution to Global Poverty" (vídeo) (*Future of Free Cities*, UFM, 20min51s, 3 abr. 2011. Disponível em: <https://newmedia.ufm.edu/coleccion/the-future-of-free-cities/theory-of-free-cities-and-seasteading/>. Acesso em: 28 nov. 2023).

45. Michael Strong, "Free Zones: An Additional Option for the Cambrian Explosion in Government" (vídeo). Seasteading Institute Conference, 30min54s, 2009. Disponível em: <https://vimeo.com/7577391>. Acesso em: 28 nov. 2023. Para detalhes sobre Strong e outros libertários envolvidos com a empreitada de Honduras, ver Raymond B. Craib, op. cit., pp. 227-31.

46. Titus Gebel, "Welchen Staat würden Sie kaufen?". *Schweizer Monat*, v. 94, p. 36, fev. 2014.

47. Id., "Markt des Zusammenlebens". *Schweizer Monat*, out. 2018. Disponível em: <https://schweizermonat.ch/markt-des-zusammenlebens/>. Acesso em: 28 nov. 2023.

48. Id., "'In der Politik findet Man heute eher blender als echte Problemlöser'". *Mises.de*, 14 out. 2019. Disponível em: <https://www.misesde.org/2019/10/in-der-politik-findet-man-heute-eher-blender-als-echte-problemloeser>. Acesso em: 28 nov. 2023.

49. Erick Brimen, "The Startup Society: Political Innovations That Give Rise to Flourishing" (vídeo). Voice & Exit Festival, Future Frontiers, YouTube, 9min17s, 14 dez. 2017. Disponível em: <https://www.youtube.com/watch?v=Pa5WzcZAsco>. Acesso em: 28 nov. 2023.

50. Lizette Chapman, "The Hottest New Thing in Seasteading Is Land". *Bloomberg Businessweek*, 20 dez. 2019. Disponível em: <https://www.bloomberg.com/news/articles/2019-12-20/silicon-valley-seasteaders-go-looking-for-low-tax-sites-on-land>. Acesso em: 28 nov. 2023; Joshua Brustein, "A Private Tech City Opens for Business in Honduras". *Bloomberg*, 27 mar. 2021. Disponível em: <https://www.bloomberg.com/news/articles/2021-03-27/prospera-in-honduras-a-private-tech-city-now-open-for-business>. Acesso em: 28 nov. 2023; e Mario Aguero e Gissel Zalavarria, "Prospera: The First Charter City Approved by the Honduran Government". *Arias*, 30 jun. 2021. Disponível em: <https://www.lexology.com/library/detail.aspx?g=1ceb727f-364e-4d50-9018-803744f3c88c>. Acesso em: 28 nov. 2023.

51. A segunda Zede era "Ciudad Morazán", em Choloma. Beth Geglia e Andrea Nuila, "A Private Government in Honduras Moves Forward" (*Nacla Report on the Americas*, 15 fev. 2021. Disponível em: <https://nacla.org/news/2021/02/12/private-government-honduras-zede-prospera>. Acesso em: 28 nov. 2023).

52. Numa ruptura com a concepção de Romer, a Zede deixou de ser pensada como uma cidade. Em vez disso, houve uma inclinação maior para o modelo de Dubai, com distritos especializados em finanças, mídia, educação etc. A lista de possíveis Zedes permitidas por lei era extensa, incluindo "Centros Financeiros Internacionais, Centros Internacionais de Logística, Cidades Autônomas, Áreas de Comércio Internacional, Distritos Especiais de Investimento, Distritos de Energias Renováveis, Zonas Econômicas Especiais [...], Zonas Agrícolas Especiais, Zonas Especiais de Turismo, Zonas Sociais de Mineração, [e] Zonas Florestais Sociais". Uma mudança adicional ocorreu na governança da zona. O governador e a Comissão de Transparência da RED foram substituídos por um secretário técnico e um Comitê para a Implementação de Boas Práticas (Camp, na sigla em inglês) da Zede. Se na RED as autoridades nomeadas foram, aos poucos, dando lugar a um conselho eleito, na Zede o secretário técnico e o Camp não eram eleitos e mantinham poder de veto permanente. Outras duras medidas foram implementadas com rigor, incluindo um teto de 12% de imposto sobre a renda individual, um imposto de 16% sobre a receita comercial e um imposto sobre vendas ou valor agregado de 5% na Zede. Michael R. Castle Miller, op. cit., pp. 290-6. O Camp era a nata global dos neoliberais. Um terço dos integrantes era de membros da SMP. Ver Nina Ebner e Jamie Peck, "Fantasy Island: Paul Romer and the Multiplication of Hong Kong" (*International Journal of Urban and Regional Research*, v. 46, n. 1, p. 40, jan. 2022. Disponível em: <https://onlinelibrary.wiley.com/doi/epdf/10.1111/1468-2427.13060>. Acesso em: 28 nov. 2023).

53. Oliver Porter, "Prospera" (vídeo). Startup Societies Foundation, YouTube, 20min01s, 7 dez. 2021. Disponível em: <https://www.youtube.com/watch?v=IPKYyD9UuUc>. Acesso em: 28 nov. 2023.

54. Mark Klugmann, "Interview" (vídeo). *Tabula Magazine*, YouTube, 24min11s, 6 maio 2012. Disponível em: <https://www.youtube.com/watch?v=DHzZp4sx8UE>. Acesso em: 28 nov. 2023.

55. Katharina Pistor, *The Code of Capital: How the Law Creates Wealth and Inequality*. Princeton: Princeton University, 2019, p. 168.

56. Ibid., p. 221.

57. Open Corporates, <https://opencorporates.com/companies/uswy/2017-000763896>.

58. "Honduras Prospera LLC", <https://sec.report/CIK/0001794703>.

59. Oliver Bullough, *Moneyland: Why Thieves and Crooks Now Rule the World and How to Take It Back*. Londres: Profile, 2018, p. 25.

60. Nathan Heller, "Estonia, The Digital Republic". *The New Yorker*, 11 dez. 2017. Disponível em: <https://www.newyorker.com/magazine/2017/12/18/estonia-the-digital-republic>. Acesso em: 28 nov. 2023.

61. Piia Tammpuu e Anu Masso, "'Welcome to the Virtual State': Estonian E-residency and the Digitalised State as a Commodity". *European Journal of Cultural Studies*, v. 21, n. 5, p. 552, 2018.

62. Joshua Brustein, op. cit. O conselho de consultores incluía também o ex-CEO do Centro Financeiro Internacional de Dubai e o principal consultor de comércio internacional da facção dura do Brexit do Partido Conservador do Reino Unido.

63. J. Neil Schulman, *Alongside Night*. Nova York: Ace, 1979, p. 106.

64. Ibid., pp. 87-90.

65. "Erick Brimen on Próspera and the Birth of the First Charter City in Honduras" (podcast). *Charter Cities Podcast*, episódio 12, Charter Cities Institute, 1h37min11s, 8 set. 2020. Disponível em: <https://chartercitiesinstitute.org/podcast/charter-cities-podcast-episode-12-erick-brimen/>. Acesso em: 28 nov. 2023.

66. Prospera Arbitration Center, <https://pac.hn/>.

67. Patrik Schumacher, ArchAgenda Debates 1: Cyber Urban Incubators in the Blockchain Metaverse. Chicago Architecture Biennial, 16 out. 2021.

68. Graham Brown, "The Zedes as a Sudden Change". *PanAm Post*, 22 fev. 2014.

69. Ismael Moreno, "A Model City for a Society in Tatters". *Envio*, abr. 2011. Disponível em: <https://www.envio.org.ni/articulo/4330>. Acesso em: 28 nov. 2023.

70. David Wessel, op. cit.; sobre Walker, ver Michel Gobat, *Empire by Invitation: William Walker and Manifest Destiny in Central America* (Cambridge: Harvard University, 2018).

71. Maya Kroth, "Under New Management". *Foreign Policy*, 1 set. 2014. Disponível em: <https://foreignpolicy.com/2014/09/01/under-new-management/>. Acesso em: 28 nov. 2023.

72. Keri Vacanti Brondo, op. cit., p. 168.

73. Raymond B. Craib, op. cit., p. 223.

74. Knut Henkel, "Honduras: Widerstand gegen die Sonderwirtschaftszonen". *Blickpunkt Lateinamerika*, 29 jun. 2021. Disponível em: <https://www.blickpunkt-lateinamerika.de/artikel/honduras-widerstand-gegen-die-sonderwirtschaftszonen/>. Acesso em: 28 nov. 2023.

75. Marlon González, "Honduras Economic Development Zones Worry Residents, Experts". *AP News*, 3 set. 2021. Disponível em: <https://apnews.com/article/business-honduras-caribbean-d0496aa49fa1ae75547b56ad5476d790>. Acesso em: 28 nov. 2023.

76. Ian MacDougall e Isabelle Simpson, "A Libertarian 'Startup City' in Honduras Faces Its Biggest Hurdle: The Locals". *Rest of World*, 5 out. 2021. Disponível em: <https://restofworld.org/2021/honduran-islanders-push-back-libertarian-startup/>. Acesso em: 28 nov. 2023. Ver também Jeff Ernst, "Foreign Investors Are Building a 'Hong Kong of the Caribbean' on a Remote Honduran Island". *Vice*, 2 dez. 2020. Disponível em: <https://www.vice.com/en/article/k7a7ae/foreign-investors-are-building-a-hong-kong-of-the-caribbean-on-a-remote-honduran-island>. Acesso em: 28 nov. 2023; Beth Geglia e Andrea Nuila, op. cit.; e Beth Geglia, "As Private Cities Advance in Honduras, Hondurans Renew Their Opposition". *CEPR*, dez. 2020. Disponível em: <https://cepr.net/as-private-cities-advance-in-honduras-hondurans-renew-their-opposition/>. Acesso em: 28 nov. 2023.

77. Bay Islands Entertainment TV, <https://fb.watch/a96do32miK/>. Não consta a data da transmissão, mas foi logo após o incidente, em setembro de 2020.

78. Erick Brimen, "Free Trade, Not Aid, Is How to Eliminate Poverty". *Newsweek*, 29 set. 2021. Disponível em: <https://www.newsweek.com/free-trade-not-aid-how-eliminate-poverty-opinion-1633458>. Acesso em: 28 nov. 2023.

79. Paul Romer, "Escape from the Great Distress". *Issues in Science and Technology*, p. 63, 2012.

80. James Gwartney, Robert Lawson e Walter Block, *Economic Freedom of the World: 1975-1995*. Vancouver: Fraser Institute, 1995, p. 63.

81. Apud Danielle Marie Mackey, "'I've Seen All Sorts of Horrific Things in My Time. But None as Detrimental to the Country as This'". *The New Republic*, 14 dez. 2014. Disponível em: <https://newrepublic.com/article/120559/ive-seen-sorts-horrific-things-time-none-detrimental-country-this>. Acesso em: 28 nov. 2023.

82. "Incoming Honduran President Wants UN Help to Battle Corruption". *France24*, 4 dez. 2021. Disponível em: <https://www.france24.com/en/live-news/20211204-incoming-honduran-president-wants-un-help-to-battle-corruption>. Acesso em: 28 nov. 2023; e Ana María Rovelo, "Zelaya: Gobierno de Xiomara derogará las ZEDE con un plebiscito". *Tiempo*, 8 dez. 2021. Disponível em: <https://tiempo.hn/xiomara-derogara-zede-con-plebiscito/>. Acesso em: 28 nov. 2023.

83. Mark Lutter, "Honduras and the Future of Charter Cities". Charter Cities Institute, 2 dez. 2021. Disponível em: <https://www.chartercitiesinstitute.org/post/honduras-and-the-future-of-charter-cities>. Acesso em: 28 nov. 2023.

84. Michael Strong, "Startup Cities" (podcast). Startup Societies Foundation, YouTube, 20min30s, 19 abr. 2017. Disponível em: <https://www.youtube.com/watch?v=DRZtFdagJuc>. Acesso em: 28 nov. 2023.

85. Benjamin Weiser e Joan Suazo, "Ex-Honduran President Extradited to United States to Face Drug Charges". *The New York Times*, 21 abr. 2022.

86. Gustavo Palencia, "Honduran Congress Unanimously Nixes Special Economic Zones". *Reuters*, 21 abr. 2022. Disponível em: <https://www.reuters.com/world/americas/honduran-congress-unanimously-nixes-special-economic-zones-2022-04-21/>. Acesso em: 28 nov. 2023.

87. Naomi Klein, "Disaster Capitalism: The New Economy of Catastrophe". *Harpers*, p. 55, out. 2007.

88. John Ruch, "Sandy Springs to Bring Most Government Services In-House, Ending Much of Landmark Privatization". *RoughDraft*, 14 maio 2019. Disponível em: <https://roughdraftatlanta.com/2019/05/14/sandy-springs-to-bring-most-government-services-in-house-ending-much-of-landmark-privatization/>. Acesso em: 28 nov. 2023.

89. Laurie Clarke, "Crypto Millionaires Are Pouring Money into Central America to Build Their Own Cities". *MIT Technology Review*, 20 abr. 2022. Disponível em: <https://www.technologyreview.com/2022/04/20/1049384/crypto-cities-central-america/>. Acesso em: 28 nov. 2023.

90. "Adopting Bitcoin", captura em 26 abr. 2022, <https://adoptingbitcoin.org/speaker/VeronikaKuett/>.

91. "Free Private Cities: Brazil's New Libertarian Dystopia". *Brasil Wire*, 24 fev. 2021. Disponível em: <https://www.brasilwire.com/free-private-cities-brazils-new-libertarian-dystopia/>. Acesso em: 28 nov. 2023.

11. UM PAÍS NA NUVEM NO METAVERSO [pp. 215-35]

1. Neal Stephenson, *Snow Crash*. Nova York: Del Rey, 1992, p. 40.
2. CNET, "Everything Facebook Revealed about the Metaverse in 11 Minutes" (vídeo). YouTube, 10min35s, 28 out. 2021. Disponível em: <https://www.youtube.com/watch?v=gElfIo6uw4g>. Acesso em: 28 nov. 2023.
3. "Investing in the Online Property Boom". *CNN Money*, 20 out. 2006; "Making Real Money in Virtual Worlds". *Forbes*, 7 ago. 2006.
4. Jake Swearingen, "Steve Bannon Saw the 'Monster Power' of Angry Gamers While Farming Gold in World of Warcraft". *New York*, 18 jul. 2017. Disponível em: <https://nymag.com/intelligencer/2017/07/steve-bannon-world-of-warcraft-gold-farming.html>. Acesso em: 28 nov. 2023.
5. James Dale Davidson e William Rees-Mogg, *The Sovereign Individual: How to Survive and Thrive during the Collapse of the Welfare State*. Londres: Macmillan, 1997. As referências a páginas seguem a edição mais recente. Id., *The Sovereign Individual: Mastering the Transition to the Information Age* (Nova York: Touchstone, 2020).
6. Davidson foi um libertário de longa data. Ele fundou a revista *The Individualist* em 1970 e fez lobby em Washington como diretor-executivo do Sindicato Nacional dos Contribuintes (NTU, na sigla em inglês), de cujo comitê executivo Murray Rothbard fez parte. "Against Taxation" (*Libertarian Forum*, 15 jan. 1970). *The Sovereign Individual* foi a terceira colaboração de Davidson e Rees-Mogg depois de *Blood in the Streets: Investment Profits in a World Gone Mad* (1987) e *The Great Reckoning: How the World Will Change in the Depression of the 1990s* (1991).
7. Prefácio em James D. Davidson e William Rees-Mogg, *The Great Reckoning: How the World Will Change in the Depression of the 1990s* (Londres: Sidgwick & Jackson, 1991).
8. Ibid., pp. 13, 69.
9. Id., *The Sovereign Individual: How to Survive and Thrive during the Collapse of the Walfare State*. Londres: Macmillan, 1997, p. 388.
10. Ibid., p. 291.
11. Ibid., p. 31.
12. Ibid., p. 301.
13. Patrick McKenzie, "AMA with Marc Andreessen". *Stripe*. Disponível em: <https://stripe.com/atlas/guides/ama-marc-andreessen>. Acesso em: 28 nov. 2023.
14. George Packer, *The Unwinding: An Inner History of the New America*. Nova York: Farrar Straus and Giroux, 2013, p. 133. Para uma leitura perspicaz do livro e de Thiel, ver Mark O'Connell, *Notes from an Apocalypse: A Personal Journey to the End of the World* (Nova York: Doubleday, 2020), pp. 77-8.
15. Caroline Howard, "Peter Thiel: 'Don't Wait to Start Something New'". *Forbes*, 10 set. 2014. Disponível em: <https://www.forbes.com/sites/carolinehoward/2014/09/10/peter-thiel-dont-wait-to-start-something-new/?sh=2b27fd571e69>. Acesso em: 28 nov. 2023.
16. Outra narrativa relacionada vincula a web ao Burning Man, o festival no deserto onde uma cidade improvisada surgia uma vez por ano. Paul Romer e Patri Friedman promoveram a ideia de que suas sociedades-startup eram extensões do espírito do Burning Man. Raymond B. Craib, op. cit., pp. 186-8.
17. Fred Turner, *From Counterculture to Cyberculture: Stewart Brand, the Whole Earth Network, and the Rise of Digital Utopianism*. Chicago: University of Chicago, 2006.

18. Jathan Sadowski, "The Internet of Landlords: Digital Platforms and New Mechanisms of Rentier Capitalism". *Antipode*, v. 52, n. 2, pp. 562-80, mar. 2020.

19. "Innovators Under 35". *MIT Technology Review*, 2013. Disponível em: <https://www.technologyreview.com/innovators-under-35/2013/>. Acesso em: 28 nov. 2023.

20. Balaji Srinivasan, "Silicon Valley's Ultimate Exit" (vídeo). Y Combinator Startup School, YouTube, 16min29s, 25 out. 2013. Disponível em: <https://www.youtube.com/watch?v=cOubCHLXT6A>. Acesso em: 28 nov. 2023.

21. Drew Olanoff, "Google CEO Larry Page Shares His Philosophy at I/O: 'We Should Be Building Great Things That Don't Exist'". *TechCrunch*, 15 maio 2013. Disponível em: <https://techcrunch.com/2013/05/15/google-ceo-larry-page-takes-the-stage-at-ceo-to-wrap-up-the-io-keynote/>. Acesso em: 28 nov. 2023.

22. Max Chafkin, *The Contrarian: Peter Thiel and Silicon Valley's Pursuit of Power*. Nova York: Penguin, 2022, p. 209. Sobre a Tlon e seu principal projeto, Urbit, ver Harrison Smith e Roger Burrows, "Software, Sovereignty and the Post-Neoliberal Politics of Exit" (*Theory, Culture & Society*, v. 38, n. 6, pp. 153-7, 2021).

23. Balaji Srinivasan, "Software Is Reorganizing the World". *Wired*, 22 nov. 2013. Disponível em: <https://www.wired.com/2013/11/software-is-reorganizing-the-world-and-cloud-formations-could-lead-to-physical-nations/>. Acesso em: 28 nov. 2023.

24. Ibid.

25. Marshall Kosloff e Balaji Srinivasan, "#3 Network State with Balaji Srinivasan, Former CTO of Coinbase and Founder of 1729" (podcast). *The Deep End*, 26 maio 2021.

26. Herbert Marcuse, *One-Dimensional Man: Studies in the Ideology of Advanced Industrial Society*. Boston: Beacon, 1964; e Naomi Klein, *No Logo: Taking Aim at the Brand Bullies*. Nova York: Picador, 1999.

27. Para um exemplo pioneiro influente, ver Manuel Castells, *The Rise of the Network Society* (Malden: Blackwell Publishers, 1996). Centenas de livros similares vieram em seguida.

28. Balaji Srinivasan, "How to Start a New Country". *1729.com*, 9 abr. 2021. Disponível em: <https://1729.com/how-to-start-a-new-country/>. Acesso em: 28 nov. 2023.

29. Ibid.

30. Id., "The Network State". *1729.com*, p. 12, [s.d.].

31. Ibid., p. 6.

32. Id., "How to Start a New Country". *1729.com*, 9 abr. 2021. Disponível em: <https://1729.com/how-to-start-a-new-country/>. Acesso em: 28 nov. 2023.

33. Id., post do X (antigo Twitter) via @balajis, 28 dez. 2020.

34. Marshall Kosloff e Balaji Srinivasan, op. cit.

35. Ver Matthew Hongoltz-Hetling, *A Libertarian Walks into a Bear: The Utopian Plot to Liberate an American Town (And Some Bears)* (Nova York: PublicAffairs, 2020).

36. Kathleen Belew, op. cit.

37. Mark O'Connell, op. cit.

38. Balaji Srinivasan, "The Rise of Cloud Cities & Citizen Journalism with Balaji Srinivasan" (podcast). *The Paradox*, episódio 13, 1h06min28s, 29 jul. 2020. Disponível em: <https://podcastnotes.org/paradox-podcast/balaji-srinivasan-on-the-paradox-podcast/>. Acesso em: 28 nov. 2023.

39. Marshall Kosloff e Balaji Srinivasan, op. cit.

40. Balaji Srinivasan, "The Network State". *1729.com*, [s.d.], p. 9.

41. Id., "Bitcoin, China, the 'Woke' Mob, and the Future of the Internet" (vídeo). Joe Lonsdale: American Optimist, YouTube, 47min43s, 11 ago. 2021. Disponível em: <https://www.youtube.com/watch?v=MMuIyspn7s0>. Acesso em: 28 nov. 2023.

42. Id., "The Rise of Cloud Cities & Citizen Journalism with Balaji Srinivasan" (podcast). *The Paradox*, episódio 13, 1h06min28s, 29 jul. 2020. Disponível em: <https://podcastnotes.org/paradox-podcast/balaji-srinivasan-on-the-paradox-podcast/>. Acesso em: 28 nov. 2023.

43. Balaji Srinivasan, post do X (antigo Twitter) via @balajis, 28 ago. 2020. Ver Anna Verena Eireiner, "Promises of Urbanism: New Songdo City and the Power of Infrastructure" (*Space and Culture*, pp. 1-11, 2021. Disponível em: <https://journals.sagepub.com/doi/10.1177/12063312211038716>. Acesso em: 28 nov. 2023).

44. F. A. Hayek, *Denationalisation of Money: An Analysis of the Theory and Practice of Concurrent Currencies*. Londres: Institute of Economic Affairs, 1976. Sobre a história anterior, ver Eric Helleiner, "Denationalizing Money? Economic Liberalism and the 'National Question' in Currency Affairs" (In: Marc Flandreau, Carl-Ludwig Holtfrerich e Harold James [Orgs.], *International Financial History in the Twentieth Century: System and Anarchy*. Nova York: Cambridge University, 2003).

45. Chamava-se 21, sem dúvida devido ao número máximo de milhões de bitcoins que poderiam ser minerados.

46. Balaji Srinivasan, "The Network State". *1729.com*, p. 32. A história da origem do bitcoin foi contada em outro lugar. Ver, por exemplo, Stefan Eich, "Old Utopias, New Tax Havens: The Politics of Bitcoin in Historical Perspective" (In: Philipp Hacker et al. [Orgs.], *Regulating Blockchain*. Oxford: Oxford University, 2019), pp. 85-98.

47. Balaji Srinivasan, "The Network State: How Every Country Becomes a Software Country" (vídeo). Startup Societies Foundation, YouTube, 32min28s, 15 set. 2017. Disponível em: <https://www.youtube.com/watch?v=KiLUPvUsdXg&t=3s>. Acesso em: 28 nov. 2023.

48. Ibid.

49. E. J. Hobsbawm e Terence O. Ranger (Orgs.), *The Invention of Tradition*. Nova York: Cambridge University, 1983.

50. Aris Komporozos-Athanasiou, *Speculative Communities: Living with Uncertainty in a Financialized World*. Chicago: University of Chicago, 2022.

51. Balaji Srinivasan, "The Rise of Cloud Cities & Citizen Journalism with Balaji Srinivasan" (podcast). *The Paradox*, episódio 13, 1h06min28s, 29 jul. 2020. Disponível em: <https://podcastnotes.org/paradox-podcast/balaji-srinivasan-on-the-paradox-podcast/>. Acesso em: 28 nov. 2023.

52. Ben Tarnoff, *Internet for the People: The Fight for Our Digital Future*. Nova York: Verso, 2022, p. 36.

53. Quinn Slobodian, "Cryptocurrencies' Dream of Escaping the Global Financial System Is Crumbling". *The Guardian*, 5 jul. 2021.

54. Katie Martin e Billy Nauman, "Bitcoin's Growing Energy Problem: 'It's a Dirty Currency'". *Financial Times*, 20 maio 2021.

55. Sobre o mito da fronteira, ver Greg Grandin, *The End of the Myth: From the Frontier to the Border Wall in the Mind of America* (Nova York: Metropolitan, 2019).

56. Balaji Srinivasan, "The Rise of Cloud Cities & Citizen Journalism with Balaji Srinivasan" (podcast). *The Paradox*, episódio 13, 1h06min28s, 29 jul. 2020. Disponível em: <https://

podcastnotes.org/paradox-podcast/balaji-srinivasan-on-the-paradox-podcast/>. Acesso em: 28 nov. 2023.

57. Sobre o lugar onde eles foram parar, ver Justin Gaudet, "Paddle Prairie Metis Settlement" (*Canadian Encyclopedia*, 3 ago. 2021. Disponível em: <https://www.thecanadianencyclopedia.ca/en/article/paddle-prairie-metis-settlement>. Acesso em: 28 nov. 2023). Minha bisavó Emily Houle aparece na fotografia.

58. Ver Brenna Bhandar, *Colonial Lives of Property: Law, Land, and Racial Regimes of Ownership* (Durham: Duke University, 2018); e Eyal Weizman, *Hollow Land: Israel's Architecture of Occupation* (Nova York: Verso, 2017).

59. Dan Senor e Saul Singer, *Start-up Nation: The Story of Israel's Economic Miracle*. Nova York: Twelve, 2009.

60. Balaji Srinivasan, post do X (antigo Twitter) via @balajis, 13 maio 2021.

61. Apud Henley & Partners, "Record-Breaking Global Mobility Grounded by Covid-19 Pandemic". *PR Newswire*, 7 abr. 2020. Disponível em: <https://www.prnewswire.com/ae/news-releases/record-breaking-global-mobility-grounded-by-covid-19-pandemic-301034963.html>. Acesso em: 28 nov. 2023.

62. Quinn Slobodian, "How the Libertarian Right Plans to Profit from the Pandemic". *The Guardian*, 1 jun. 2020.

63. Virtual SSF Summit: Startup Societies in a Post-Covid World, 1-2 maio 2020. Transmitida on-line.

64. Balaji Srinivasan, post do X (antigo Twitter) via @balajis, 13 jan. 2020.

65. Ibid.

66. Ibid.

67. Joel Stein, "Bienvenidos a Miami". *Financial Times*, 5 fev. 2022.

68. Katie Warren e Mary Meisenzahl, "Peter Thiel Bought This Miami Compound on an Exclusive Manmade Island for $18 Million". *Insider*, 20 jan. 2021. Disponível em: <https://www.businessinsider.com/miami-real-estate-ford-ceo-compound-photos-2020-10>. Acesso em: 28 nov. 2023.

69. Joel Stein, op. cit.; e Max Chafkin, op. cit., p. 34.

70. Balaji Srinivasan, "The Start of Startup Cities". 1729.com, 3 maio 2021. Disponível em: <https://1729.com/miami>. Acesso em: 28 nov. 2023.

71. Dick Simpson, Marco Rosaire Rossi e Thomas J. Gradel, "Corruption Spikes in Illinois". *Anti-Corruption Report*, n. 13, 20 fev. 2021. Disponível em: <https://pols.uic.edu/wp-content/uploads/sites/273/2021/02/Corruption-Spikes-in-IL-Anti-Corruption-Rpt-13-final2.-1.pdf>. Acesso em: 28 nov. 2023.

72. Thomas Burton, "Donald Trump Looking Beyond Traditional Medical Experts for FDA Commissioner". *The Wall Street Journal*, 13 jan. 2017.

73. Balaji Srinivasan (em post do X, antigo Twitter, via @balajis, 16 mar. 2021) chamou o projeto de 1729, em referência ao número mais baixo que pode ser criado pela adição de dois cubos de duas maneiras diferentes — conhecido como "número de Ramanujan", em homenagem a um prodigioso matemático indiano. No entendimento de Srinivasan, seu projeto era, em parte, a descoberta de talentos para o mundo além do núcleo industrial. Tal qual o *Telescópio Hubble*, que buscava a matéria escura, ele disse que os telefones celulares ajudariam a encontrar o que chamou de "talento escuro". Marshall Kosloff e Balaji Srinivasan, op. cit.

74. Parag Khanna e Balaji Srinivasan, "Great Protocol Politics". *Foreign Policy*, 11 dez. 2021. Disponível em: <https://foreignpolicy.com/2021/12/11/bitcoin-ethereum-cryptocurrency-web3-great-protocol-politics/>. Acesso em: 28 nov. 2023.

75. Covid-19 National Preparedness Collaborators, "Pandemic Preparedness and Covid-19: An Exploratory Analysis of Infection and Fatality Rates, and Contextual Factors Associated with Preparedness in 177 Countries, from Jan 1, 2020, to Sept 30, 2021". *Lancet*, 1 fev. 2022. Disponível em: <https://www.thelancet.com/journals/lancet/article/PIIS0140-6736(22)00172-6/fulltext>. Acesso em: 28 nov. 2023.

76. Ben Tarnoff, "The Metaverse Is a Cubicle". *Metal Machine Music*, 30 nov. 2021. Disponível em: <https://bentarnoff.substack.com/p/the-metaverse-is-a-cubicle?s=r>. Acesso em: 28 nov. 2023.

77. Richard Barbrook e Andy Cameron, "The Californian Ideology". *Mute*, v. 1, n. 3, 1 set. 1995. Disponível em: <https://www.metamute.org/editorial/articles/californian-ideology>. Acesso em: 28 nov. 2023.

78. Ver Phil Jones, *Work without the Worker: Labour in the Age of Platform Capitalism* (Nova York: Verso, 2021).

CONCLUSÃO: SEJA ÁGUA [pp. 239-52]

1. Lizzie Crook, "Zaha Hadid Architects Releases Visuals of Amorphous OPPO Shenzhen Headquarters". *Dezeen*, 31 jan. 2020. Disponível em: <https://www.dezeen.com/2020/01/31/zaha-hadid-architects-oppo-headquarters-shenzhen-china-architecture/>. Acesso em: 28 nov. 2023; id., "Zaha Hadid Architects Unveils Pebble-Shaped Science Museum for Shenzhen". *Dezeen*, 1 dez. 2020. Disponível em: <https://www.dezeen.com/2020/12/01/zaha-hadid-architects-shenzhen-science-technology-museum/>. Acesso em: 28 nov. 2023; e id., "Supertall Skyscrapers Linked by Planted Terraces to Be Built in Shenzhen by Zaha Hadid Architects". *Dezeen*, 13 jan. 2021. Disponível em: <https://www.dezeen.com/2021/01/13/tower-c-supertall-skyscrapers-zaha-hadid-architects-shenzhen/>. Acesso em: 28 nov. 2023.

2. "The First Building of Zaha Hadid's 'Unicorn Island' Nears Completion in Chengdu, China". *Designboom*, 15 jan. 2020. Disponível em: <https://www.designboom.com/architecture/zaha-hadid-architects-unicorn-island-chengdu-china-01-15-2020/#:~:text=zaha%20hadid%20architects%20has%20revealed,of%20the%20much%20larger%20scheme>. Acesso em: 28 nov. 2023.

3. "Unicorn Island Will Be Built in Chengdu, China". *The Wall Strett Journal Business*. Disponível em: <https://partners.wsj.com/xinhua/chengdu/unicorn-island-will-be-built-in-chengdu-china/>. Acesso em: 28 nov. 2023.

4. Ahmed Kanna, op. cit., p. 91.

5. Patrik Schumacher e Rahim Taghizadegan, "The Failure of Urban Planning and the Future of Cities" (vídeo). Free Cities Foundation, YouTube, 1h09min, 11 jun. 2021. Disponível em: <https://www.youtube.com/watch?v=4ZppWV6w4XA>. Acesso em: 28 nov. 2023.

6. Tom Ravenscroft, "Zaha Hadid Architects Reveals Design for Skyscraper on World's Most Expensive Site". *Dezeen*, 26 set. 2020. Disponível em: <https://www.dezeen.com/2020/09/26/2-murray-road-skyscraper-zaha-hadid-worlds-most-expensive-site-hong-kong/>. Acesso em: 28 nov. 2023.

7. Patrik Schumacher e Martti Kalliala, "Total Freedom". *After Us*, 14 nov. 2016. Disponível em: <https://medium.com/after-us/total-freedom-5ee930676b65>. Acesso em: 28 nov. 2023.

8. Patrik Schumacher e Arno Brandlhuber, "Land of the Free Forces". *ARCH+*, p. 97, 2018.

9. Patrik Schumacher e Rahim Taghizadegan, op. cit.

10. Patrik Schumacher, "Increasing Freedom and Prosperity by Means of Private Cities". *Liberland Press*, 25 jul. 2020. Disponível em: <https://liberlandpress.com/2020/07/25/increasing-freedom-and-prosperity-by-means-of-private-cities/>. Acesso em: 28 nov. 2023.

11. Patrik Schumacher e Martti Kalliala, op. cit.

12. Patrik Schumacher, "Liberland's Prospective Urban Planning Regime". *Liberland Press*, 19 fev. 2020. Disponível em: <https://liberlandpress.com/2020/02/19/liberlands-prospective-urban-planning-regime/>. Acesso em: 28 nov. 2023.

13. Edward Ongweso Jr., "Inside Liberland, a Crypto-Libertarian Micronationin Eastern Europe". *Vice*, 29 abr. 2022. Disponível em: <https://www.vice.com/en/article/xgdj9k/inside-liberland-a-crypto-libertarian-micronation-in-eastern-europe>. Acesso em: 28 nov. 2023.

14. Patrik Schumacher, "Politics After the Libertarian Revolution, Interview at LibertyCon, Madrid" (vídeo). Patrik Schumacher (canal), YouTube, 26min04s, 14 mar. 2020. Disponível em: <https://www.youtube.com/watch?v=Oh_3yhcxCeY>. Acesso em: 28 nov. 2023.

15. Property and Freedom Society, "Dürr, Hoppe, Daniels, Kinsella, Discussion, Q&A (PFS 2017)" (vídeo). *Property and Freedom Podcast*, episódio 184, YouTube, 56min18s, 1 nov. 2017. Disponível em: <https://www.youtube.com/watch?v=T4-negu-E0E>. Acesso em: 28 nov. 2023.

16. Patrik Schumacher, "Politics After the Libertarian Revolution, Interview at LibertyCon, Madrid" (vídeo). Patrik Schumacher (canal), YouTube, 26min04s, 14 mar. 2020. Disponível em: <https://www.youtube.com/watch?v=Oh_3yhcxCeY>. Acesso em: 28 nov. 2023.

17. Patrik Schumacher e Rahim Taghizadegan, op. cit.

18. Andrew Mertha, op. cit.

19. Will Doig, *High-Speed Empire: Chinese Expansion and the Future of Southeast Asia*. Nova York: Columbia Global Reports, 2018.

20. David Pilling, "Djibouti Row with DP World Embodies Horn of Africa Power Struggle". *Financial Times*, 30 out. 2018.

21. Degang Sun e Yahia H. Zoubir, "Securing China's 'Latent Power': The Dragon's Anchorage in Djibouti". *Journal of Contemporary China*, v. 30, n. 130, p. 683, 2021.

22. Jonathan E. Hillman, *The Emperor's New Road: China and the Project of the Century*. New Haven: Yale University, 2020, p. 157.

23. Kathrin Hille, "The Chinese Companies Trying to Buy Strategic Islands". *Financial Times*, 11 abr. 2022.

24. Maria Adele Carrai, "China's Malleable Sovereignty Along the Belt and Road Initiative: The Case of the 99-Year Chinese Lease of Hambantota Port". *Journal of International Law & Politics*, v. 51, 2019.

25. Kathrin Hille, op. cit.; e Ho-Fung Hung, op. cit., p. 37.

26. Maximilian Mayer e Xin Zhang, "Theorizing China-World Integration: Sociospatial Reconfigurations and the Modern Silk Roads". *Review of International Political Economy*, v. 28, n. 4, p. 988, 2021.

27. Ver Umut Özsu, "The Ottoman Empire, the Origins of Extraterritoriality, and International Legal Theory" (In: Anne Orford e Florian Hoffmann [Orgs.], *The Oxford Handbook of the Theory of International Law*. Oxford: Oxford University, 2016), pp. 124-37.

28. Para a ligação com a prática otomana anterior, ver Moritz Anselm Mihatsch e Michael Mulligan, "The Longue Durée of Extraterritoriality and Global Capital" (*Culture, Theory and Critique*, v. 62, n. 1/2, p. 1, 2021).

29. Vivian Nereim, "Saudi Arabia Is Planning the Largest Buildings Ever Constructed". *Bloomberg*, 31 maio 2022. Disponível em: <https://www.bloomberg.com/news/articles/2022-05-31/saudi-arabia-is-planning-the-largest-buildings-ever-constructed>. Acesso em: 28 nov. 2023.

30. Ian Palmer, "Is Saudi Arabia's New Climate City 'Neom' Future or Fantasy?". *Forbes*, 28 fev. 2022. Disponível em: <https://www.forbes.com/sites/ianpalmer/2022/02/28/a-new-climate-city-in-a-big-oil-state--saudi-arabia--is-it-future-or-fantasy>. Acesso em: 28 nov. 2023.

31. Simon Robinson, Samia Nakhoul e Stephen Kalin, "Exclusive: New Saudi Mega-City Will Be Listed Publicly, Crown Prince Says". *Reuters*, 26 out. 2017. Disponível em: <https://www.reuters.com/article/us-saudi-economy-mbs-interview-exclusive-idUSKBN1CV0ZM>. Acesso em: 28 nov. 2023.

32. Merlyn Thomas e Vibeke Venema, "Neom: What's the Green Truth Behind a Planned Eco-City in the Saudi Desert?". *BBC News*, 22 fev. 2022. Disponível em: <https://www.bbc.com/news/blogs-trending-59601335>. Acesso em: 28 nov. 2023.

33. Bill Bostock, "Saudi Arabia Announced a Wild Plan to Build a Floating, 8-Sided City". *Business Insider*, 18 nov. 2021. Disponível em: <https://www.businessinsider.com/saudi-arabia-oxagon-floating-eight-sided-city-2021-11>. Acesso em: 28 nov. 2023; Reem Walid, "Mena Project Tracker: Contractors Prepare for Two Libyan Drilling Projects; Bids Invited for $500bn Saudi Oxagon Project and Alinma HQ". *Arab News*, 9 maio 2022. Disponível em: <https://arab.news/5m3ty>. Acesso em: 28 nov. 2023; Vivian Nereim, "Saudi Prince's 'Neom' to Expand Port to Rival Region's Biggest". *Bloomberg*, 24 nov. 2021. Disponível em: <https://www.bloomberg.com/news/articles/2021-11-25/saudi-prince-s-neom-to-expand-port-to-rival-region-s-biggest?sref=apOkUyd1>. Acesso em: 28 nov. 2023; e Osama Habib, "Neom Project Has Been Fast Tracked to Meet Deadline, Says Top Executive". *Arab News*, 19 fev. 2022. Disponível em: <https://www.arabnews.com/node/2027996/business-economy>. Acesso em: 28 nov. 2023.

34. Tracy Alloway, "Saudi Arabia Gives Citizenship to a Robot". *Bloomberg*, 26 out. 2017. Disponível em: <https://www.bloomberg.com/news/articles/2017-10-26/saudi-arabia-gives-citizenship-to-a-robot-claims-global-first>. Acesso em: 28 nov. 2023.

35. Richard Partington, "P&O Ferries Owner DP World Loses Status as Partner in Solent Freeport". *The Guardian*, 7 abr. 2022.

36. Richard Partington e Gwyn Topham, "P&O Ferries Owner to Benefit from at Least £50m of UK Freeport Scheme". *The Guardian*, 21 mar. 2022.

37. Eamonn Butler, "Freeports Will Be a World-Leading Policy: As Long as the Treasury Isn't Allowed to Water Them Down". *The Telegraph*, 3 mar. 2021.

38. Gwyn Topham, "P&O Ferries Boss Admits Firm Broke Law by Sacking Staff without Consultation". *The Guardian*, 24 mar. 2022.

39. Em 2022, o salário mínimo nacional para pessoas com mais de 23 anos era de 9,50 libras esterlinas por hora, <https://www.gov.uk/national-minimum-wage-rates>; Gwyn Topham, op. cit.

40. Simeon Kerr, "DP World Wins $2.5bn Investor Boost". *Financial Times*, 7 jun. 2022.

41. Jeff Deist e Stephan Livera, "Economic Freedom vs. Personal Freedom" (podcast). *The Human Action Podcast*, 38min23s, 13 maio 2022. Disponível em: <https://mises.org/library/economic-freedom-vs-personal-freedom>. Acesso em: 28 nov. 2023.

42. He Huifeng, "China Bets on Hainan Duty-Free Shopping Mecca to Boost Spending at Home". *South China Morning Post*, 13 jul. 2020; e id., "China Creates Hainan Special Health Care Zone to Tap Growing Medical Tourism Market". *South China Morning Post*, 14 jul. 2020.

43. Unctad, *Handbook on Special Economic Zones in Africa*. Genebra: Unctad, 2021, p. xvii.

44. Claire W. Herbert e Martin J. Murray, "Building from Scratch: New Cities, Privatized Urbanism and the Spatial Restructuring of Johannesburg After Apartheid". *International Journal of Urban and Regional Research*, v. 39, n. 3, p. 475, maio 2015. Ver também Benjamin H. Bradlow, "Weapons of the Strong: Elite Resistance and the Neo-Apartheid City" (*City & Community*, v. 20, n. 3, pp. 191-211, 2021).

45. "Steps Announced for SEZs in Budget Will Promote Growth, Boost Exports: EPCEs". *Economic Times*, 2 fev. 2022.

46. Dorit Geva, "Orbán's Ordonationalism as Post-Neoliberal Hegemony". *Theory, Culture & Society*, v. 38, n. 6, pp. 71-93, 2021.

47. Joshua Oliver e Philip Stafford, "Why the UK Joined the Race to Woo the Crypto Industry". *Financial Times*, 28 abr. 2022.

48. Edwin Heathcote, "Too Rich and Too Thin? Welcome to Manhattan's Newest 'Skinnyscraper'". *Financial Times*, 6 maio 2022.

49. "World's Ultra-Rich Flee to Dubai to Escape Pandemic". *Economic Times*, 6 maio 2021.

50. Robert Clyde Mogielnicki, op. cit., p. 205.

51. Thibault Serlet, "How Special Economic Zones Are Quietly Advancing State Capitalism". *FEE*, 25 fev. 2022. Disponível em: <https://fee.org/articles/how-special-economic-zones-are-quietly-advancing-state-capitalism/>. Acesso em: 28 nov. 2023.

52. Yi Wu, "Subcounty Administration in Rural Southwest China (1950-2000): Changing State Spatiality, Persistent Village Territoriality and Implications for the Current Urban Transformation". *Culture, Theory and Critique*, v. 62, n. 1/2, p. 40, 2021.

53. Peter Thiel em James Dale Davidson e William Rees-Mogg, *The Sovereign Individual: Mastering the Transition to the Information Age* (Nova York: Touchstone, 2020), p. 6.

54. Max Read, "Peter Thiel's Latest Venture Is the American Government". *New York*, 21 jan. 2020. Disponível em: <https://nymag.com/intelligencer/2020/01/peter-thiel-conservative-political-influence.html>. Acesso em: 28 nov. 2023.

55. Max Chafkin, op. cit., p. 290.

56. Madhumita Murgia e Sarah Neville, "Palantir Gears Up to Expand Its Reach into UK's NHS". *Financial Times*, 9 jun. 2022.

57. China Miéville, "Floating Utopias". In: Mike Davis e Daniel Bertrand Monk (Orgs.), *Evil Paradises: Dreamworlds of Neoliberalism*. Nova York: New Press, 2007, p. 255; ver a influente ideia de Tyler Cowen de "libertarianismo de capacidade estatal". Tyler Cowen, "What Libertarianism Has Become and Will Become: State Capacity Libertarianism" (*Marginal Revolution*, 1 jan. 2020. Disponível em: <https://marginalrevolution.com/marginalrevolution/2020/01/what-libertarianism-has-become-and-will-become-state-capacity-libertarianism.html>. Acesso em: 28 nov. 2023).

58. Max Read, op. cit.

59. Damian Shepherd, "World's Top Enabler of Financial Secrecy Is the United States". *Bloomberg*, 16 maio 2022. Disponível em: <https://www.bloomberg.com/news/articles/2022-05-16/world-s-top-enabler-of-financial-secrecy-is-the-united-states?sref=apOkUyd1>. Acesso em: 28 nov. 2023.

60. O indicador é criado pelo Projeto Polity. Rebecca Best, "Why Risk for Violence in U.S. Rises without Roe" (*The Washington Post*, 10 maio 2022. Disponível em: <https://www.washingtonpost.com/politics/2022/05/10/roe-civil-conflict-military-democracy-gender/>. Acesso em: 28 nov. 2023).

61. Raymond B. Craib, op. cit., p. 247.

62. Richard Kreitner, *Break It Up: Secession, Division, and the Secret History of America's Imperfect Union*. Nova York: Little, Brown and Company, 2020, p. 371.

63. Rich Lowry, "A Surprising Share of Americans Wants to Break Up the Country. Here's Why They're Wrong". *Politico*, 6 out. 2021. Disponível em: <https://www.politico.com/news/magazine/2021/10/06/americans-national-divorce-theyre-wrong-515443>. Acesso em: 28 nov. 2023.

64. Joan Faus, "Catalan Leader Says to Freeze Parliamentary Support to Spanish PM over Spying Row". *Reuters*, 21 abr. 2022. Disponível em: <https://www.reuters.com/world/europe/catalan-leader-says-freeze-parliamentary-support-spanish-pm-over-spying-row-2022-04-21/>. Acesso em: 28 nov. 2023.

65. Alastair Bonnett, *Else Where: A Journey into Our Age of Islands*. Chicago: University of Chicago, 2020, pp. 225-30.

66. Neil Munshi e William Clowes, "Mega-Consulate Ties U.S. to Convicted Billionaire in Nigeria". *Bloomberg*, 9 maio 2022. Disponível em: <https://www.bloomberg.com/news/articles/2022-05-10/mega-consulate-ties-u-s-to-convicted-billionaire-in-nigeria>. Acesso em: 28 nov. 2023.

67. Caline Malek, "Middle East Hospitality Project Pushes the Boundaries of Sustainable Construction". *Arab News*, 20 nov. 2021. Disponível em: <https://www.arabnews.com/node/1977791/middle-east>. Acesso em: 28 nov. 2023; and "How Dubai's Heart of Europe Mega Project Aims to Be Kind to the Planet". *Thoe*, 16 abr. 2020. Disponível em: <https://thoe.com/how-dubais-heart-of-europe-mega-project-aims-to-be-kind-to-the-planet/>. Acesso em: 28 nov. 2023.

68. Becky Ferreira, "We Need to Talk about a Planned Retreat from Climate Disaster Zones Now". *Vice*, 20 set. 2019. Disponível em: <https://www.vice.com/en/article/3kxv73/we-need-to-talk-about-a-planned-retreat-from-climate-disaster-zones-now>. Acesso em: 28 nov. 2023. Ver também Liz Koslov, "The Case for Retreat" (*Public Culture*, v. 28, n. 2, pp. 359-87, 2016).

69. Sobre esse episódio, ver Isabelle Simpson, *Cultural Political Economy of the Start-Up Societies Imaginary* (Montreal: McGill University, 2021. Tese de doutorado), cap. 6.

70. Rowland Atkinson e Sarah Blandy, "A Picture of the Floating World: Grounding the Secessionary Affluence of the Residential Cruise Liner". *Antipode*, v. 41, n. 1, 2009.

71. Tom W. Bell, *Your Next Government? From the Nation State to Stateless Nations*. Cambridge: Cambridge University, 2017, p. 56.

72. Madeline Berg, "Coronavirus: Even the World's Largest Luxury Yacht Has Now Stopped Sailing". *Forbes*, 16 mar. 2020. Disponível em: <https://www.forbes.com/sites/maddieberg/2020/03/16/the-worlds-largest-luxury-yacht-suspends-operations-amid-coronavirus/?sh=6d497e7d5f78>.

Acesso em: 28 nov. 2023. Para uma observação semelhante, ver Isabelle Simpson, "Cultural Political Economy of the Start-Up Societies Imaginary" (Montreal: McGill University, 2021. Tese de doutorado). Para uma história extraordinária sobre outro empreendimento de cruzeiro libertário fracassado, ver Sophie Elmhirst, "The Disastrous Voyage of Satoshi, the World's First Cryptocurrency Cruise Ship" (*The Guardian*, 7 set. 2021).

73. Benjamin Haas, "Hong Kong Government Seeks to Bar Four More MPs". *The Guardian*, 2 dez. 2016.

74. Antony Dapiran, *City on Fire: The Fight for Hong Kong*. Melbourne: Scribe, 2020, p. 25.

75. Hannes Gissurarson, *Spending Other People's Money: A Critique of Rawls, Piketty and Other Redistributionists*. Bruxelas: New Direction, 2018, p. 8.

76. M. Ackbar Abbas, *Hong Kong: Culture and the Politics of Disappearance*. Minneapolis: University of Minnesota, 1997.

77. Tim Summers, op. cit., p. 68. Ver também Jamie Peck, "On Capitalism's Cusp" (*Area Development and Policy*, v. 6, n. 1, pp. 1-30, 2021).

78. "The JOC Top 50 World Container Ports". *Journal of Commerce*, p. 24, 20-7 ago. 2012. Disponível em: <https://www.joc.com/sites/default/files/u48783/pdf/Top50-container-2012.pdf>. Acesso em: 28 nov. 2023; e World Shipping Council, "The Top 50 Container Ships", [s.d.]. Disponível em: <https://www.worldshipping.org/top-50-ports>. Acesso em: 31 jan. 2022.

79. Edwin J. Feulner, "Hong Kong Is No Longer What It Was". *The Heritage Foundation*, 5 abr. 2021. Disponível em: <https://www.heritage.org/asia/commentary/hong-kong-no-longer-what-it-was>. Acesso em: 28 nov. 2023.

80. Ho-Fung Hung, op. cit., p. 8.

81. Ibid., pp. 209-16.

82. Mark Lutter, "Building a New Hong Kong with Ivan Ko" (podcast). *Charter Cities Podcast*, episódio 8, 1h15min01s, 13 jul. 2020. Disponível em: <https://www.chartercitiesinstitute.org/post/charter-cities-podcast-episode-9-ivan-ko>. Acesso em: 28 nov. 2023.

Índice remissivo

As páginas indicadas em itálico referem-se às ilustrações

abolição da prisão, 135
Abramovich, Roman, 62, 70
Abu Dhabi, Emirados Árabes Unidos, 186-7, 194
Acordo de Livre-Comércio da América do Norte (Nafta), 18, 84
Acordo Geral sobre Tarifas e Comércio (GATT), 39
"acumuladores de riqueza", 19
Áden, 77
Aeroporto Internacional de Djibuti-Ambouli, 193
Aeroporto de Kai Tak, 33
Aeroporto de Shannon, 98
Afeganistão, invasão dos Estados Unidos, 193, 203
África, 16, 34, 192; *ver também locais específicos*
África do Sul, 20-1, 92, 112, 116, 118, 123, 137, 145, 149, 246; ajuda do governo na, 99; assassinatos na, 100; Estado policial na, 99-101; na ficção científica, 108-9; pátrias na, 93-109; proibição de sindicatos na, 99; repressão à resistência na, 99-101; "solução suíça" para a, 101-3; subsídios estatais na, 99

agentes penitenciários, sindicalização dos, 135
"Agulha, a" (edifício), 70
Airbnb, 200
Al Makhtoum (família), 185
Al Makhtoum, xeique, 197
Alemanha, 157, 242; Confederação Germânica, 146; reunificação da, 18, 20; *ver também Alemanha nazista*
Alemanha nazista, 148, 157
aliança paleo, 118, 120, 123, 125-6
Alongside Night [Ao lado da noite] (Schulman), 208
Alternativa para a Alemanha (AfD), 155
Alternative Right, The [A Direita Alternativa], 123
Amazon, 67, 220
América do Norte: zonas na, 16; *ver também locais específicos*
América do Sul, 27; *ver também locais específicos*
América Latina, zonas na, 16; *ver também localizações específicas*
anarcocapitalismo, 32, 113-5, 117, 120, 125, 153, 208-9, 212; Dubai e, 183-4; internet e,

217-35; narrativa pós-Guerra Fria e, 242-3; Nova Idade Média e, 132-4, 139-43; Somália e, 164, 166, 169-71, 173, 175-6
Anderson, Perry, 57
Andorra, 112
Andreessen Horowitz, 226
Andreessen, Marc, 219-21, 228
"Anel", 186
Angola, 176
anocracia, 248
Anstalt, 147
anticapitalismo, 97
anti-imigração, 119-20
antirrepúblicas, 113
"aplicativo matador", 200
Apple, 79
Arábia Saudita, 52, 189, 243, 247
Aramco, refinaria de petróleo, 189
arbitragem, 208
Ariel (assentamento na Cisjordânia), 105
Arlington House, 115
Armada Popular ao Parlamento, 71
arquitetura utópica, livre mercado e, 240
"arquitetura zumbi", 190
Arsenal Football Club, 192
Aruba, 166
Ásia, 16, 34; *ver também locais específicos*
associação de proprietários de imóveis, 138-9, 142
Associação de Proprietários de Sunshine Mountain Ridge, 138-9
Associação Europeia de Livre-Comércio (Efta), 155
Atenas, Grécia, 242
Atlantic, The (revista), 202
Atlântida I, 172
Atlântida II, 172
aumento do nível do mar, 249-50
ausência de Estado, 113, 117, 120-3, 132, 139, 141, 164, 170-2, 175-8
Austrália, 34, 104
Áustria, 145, 147
autocracia, 154

autodeterminação, 111, 113, 119, 122, 153-4, 186, 250; nacional, 113, 122
automação, 241, 244
autonomia política, meios econômicos de sobrevivência e, 107
auto-organização eletiva, 138
autopoliciamento, 135
Autoridade de Investimento do Catar, 64
autoritarismo, 76, 182-3, 242, 245
"autoritarismo brando", 76
"autoritarismo fragmentado", 48, 242-3
Avalon, 158
Awdal Roads Company, 173-4

Bab el-Mandeb, estreito de, 192
Bahamas, 149, 172, 245
baixos salários, 245
Bálcãs, 82, 138
Banco Mundial, 57
Bannon, Stephen K., 216-7
bantustões, 93-109, 112
Bao'an, China, 40
Barlow, John Perry, 219
Barre, Siad, 167
Base da Supersede da Baía de Shenzhen, 239
beduínos, 244
Behavioral Systems Southwest, 134
Bélgica, 111, 120, 152
Belgrado, 152
bem-estar social, 48; *ver também* Estado de bem-estar social
Benson, Bruce, 133-4, 136
Benton, Lauren, 47
Berbera, Somalilândia, 178, 193
Berlin, Isaiah, 87
Bermudas, 52, 149, 245
Bethell, Tom, 109
Biafra, 114
Biko, Steve, 96
Birmânia, 89
bitcoin, 226
Blair, Tony, 61, 195
bloco soviético, dissolução do, 111

Blundell, John, 154
Boaz, Davi, 139
bôeres, 103
Bolsa de Valores de Hong Kong, 58
Bolsa de Valores de Londres, 192
Bolsa de Valores de Shanghai, 252
Bolsonaro, Jair, 213
Bonilla, Manuel, 209
Boputatsuana, África do Sul, 95
borracha, 77
Boshoff, Carel, 103-4, 123
Boston, Massachusetts, 190
Bradley, Marion Zimmer, 159
Brand, Stewart, 219
Brandt, Willy, 27
Braudel, Fernand, 51
Breitbart, 217
Brexit, 15, 70, 73, 85-8, 90, 120, 155
Brimelow, Peter, 119
Brimen, Eric, 206, 210
Brin, Sergey, 228
Brook, Daniel, 188
Brosnan, Pierce, 33
Buchanan, Pat, 119
Bukele, Nayib, 212-3
Bull, Hedley, 83
Bullough, Oliver, 207
Burj Khalifa, 63
Burke, Edmund, 117
Burning Man, 141
Busan, Coreia do Sul, 252
Bush (administração), 204
Butler, Stuart, 16, 55

cadeias de valor, 93
Califórnia, 129-30, 230-2
calorias, 93
Câmara de Comércio de Hong Kong, 32
Camboja, 27, 242
Canadá, 34, 84, 111, 203, 205, 229, 245
canal de Suez, 77, 193
Canal do Panamá, 243
Canary Wharf, 52, 57-8, 61, 64-5, 68-71, 93, 181

cantonização, 101-5, 108-9, 116, 122, 145
"capital itinerante" ou "capital nômade", 207
"capital mercurial", 45
capitalismo, 97, 126; China e, 83-4, 247; contra o comunismo, 39; confucionista, 80-1, 83, 85; sem democracia, 20-1, 26-8, 32, 43-6, 57, 64, 136, 182-4, 195-6, 211, 219, 239-43, 245, 251; democrático, 242; evolução do capitalismo global, 19; no Leste Europeu, 122; narrativas sobre, 48; natureza mutável do, 38; política e, 241-2; radical, 94, 112, 121; regras e, 199; sem restrições, 69; transnacional, 84-5
capitalismo destrutivo: definição de, 16-7; significado de, 18-9
Carolina do Norte, parque multimodal Global TransPark, 125
Carolina do Sul, 194
"Carta do Povo para as Docklands", 71
Casa Nobre, 33
Castro, Xiomara, 211
Catalunha, 111, 248
Centro de Arbitragem de Próspera, 209
Centro de Planejamento do Povo, 59
Centro Europeu da Fundação Austríaca de Economia, 156
Centro Financeiro Internacional de Dubai (DIFC), 189
Centro Libertário, 164
Chamayou, Grégoire, 16
Chamberlain, John, 34-5
Charlottesville, Virgínia, marcha dos nacionalistas brancos, 124-5
Chelsea Football Club, 62, 70
Chengdu, China, 239
Chicago, Illinois, 131
Chifre da África, 21, 164, 167-9
Chile, 40, 124, 204, 212
China, 27, 64, 81, 89, 112, 137, 239; ascensão da, 62; "autoritarismo fragmentado" na, 242-3; capitalismo e a, 83-4, 247; Cingapura e, 73, 82-3; na década de 1990, 47-8; feiras imobiliárias na, 64; "gradualismo experimental" e a,

40-1; Hong Kong e a, 24-49, 55, 199-200, 250-2; Iniciativa Belt and Road, 236-7, 242-49; liberalismo na, 81-2; proibição de criptomoedas na, 228; Revolução Cultural na, 81; "século de humilhação" e, 28; "tigela de ferro de arroz" (tradição de emprego permanente), 41; União Soviética e, 36; zonas econômicas especiais na (ZEEs), 246-7; zonas manufatureiras da, 201; zonas na, 16, 201, 242, 246-7; *ver também locais específicos*
Chipre, 245
Chirac, Jacques, 61, 165
CIA (Agência Central de Inteligência), 149, 182
ciberdinheiro, 218-9, 226
ciberespaço, 216, 219
cidadania(s), 150, 244; "cidadãos contratados", 206; cidadãos substituídos por clientes, 183; cidadãos-clientes, 203, 225; direitos de, 102; em Liechtenstein, 150; múltiplas, 101; por contrato, 159; visão de cidadania com opção de adesão ou renúncia, 153
Cidade da Internet, 189
Cidade da Mídia, 189
"Cidade do Bitcoin", 212-3
Cidade do Conhecimento, Guangzhou, China, 82
Cidade dos Serviços de Saúde de Dubai, 189
"cidade-empresa" ou cidade operária, 142-3
cidades: como ilhas legais, 51; como minas viradas de cabeça para baixo, 93; *ver também cidades específicas*; cidades-Estado
cidades *charter*, 200-212
cidades globais, 63, 65
"cidades inteligentes", 247
cidades portuárias, 243
cidades-Estado, 122, 250
Cingapura, 21, 45, 52, 54-5, 72, 93, 121, 155, 183, 190, 192, 211, 224, 233, 235, 241-2, 245, 247, 252; "boa governança" e, 82; China e, 82-3; como cidade-Estado, 84; como "cidade inteligente", 84; City of London e, 79; democracia em, 75; desigualdade em, 90; economia do ópio e, 77; eleições em, 75; Estados Unidos e, 78; imóveis em, 88; no Índice de Liberdade Econômica do Mundo, 74; iniciativa "Ilha Inteligente", 84; Japão e, 78; legitimidade popular e, 87; liberdade política em, 76; localização de, 76; como microestado, 84; como modelo, 73, 82-7, 89; modelo de crescimento de, 89; motim em Little India, 90; não cidadãos em, 75-6, 89; papel do Estado em, 74; programa habitacional Moradia para a População, 88; programas habitacionais públicos em, 88-9; recursos em, 77-8; slogan da nação e, 195; solução de Cingapura, 74-6, 81, 85-8, 150; subclasse em, 235; sucesso de, 80, 87; valores confucionistas-comunitários em, 76
Cisjordânia, 105
Ciskei, África do Sul, 94-101, 105-6, 108, 172, 183
City of London, 51-71, 79, 147, 187, 246
clãs, 167-9, 171, 173, 175, 177-9
clãs de porto livre, 173
classes inferiores, 235
cláusulas restritivas, 131
"Clave Sendero" [Caminho Iluminado], 108-9
Clavell, James, 33
Clinton, Bill, 18
Clube John Randolph, 119, 121, 123, 125-6, 141
colcha de retalhos, 184, 191, 193, 242
"coletivo soberano", 224, 228
Colombo, Cristóvão, 76
colonialismo: livre-iniciativa e, 31-2; por convite, 204; renascimento do, 199, 205
"colônias da Coroa", 55
colonização, 230
comércio: comércio marítimo impulsionado, 194; direito comercial internacional, 211; livre-comércio, 122; zonas de comércio exterior, 97; zonas de livre-comércio, 106, 183-4
Comissão de Transparência, 202
Comissão William I. Koch para Redução e Prevenção do Crime no Estado do Kansas, 135

comoditização, utopia e, 140
Companhia Britânica das Índias Orientais, 77, 243
"Comunidade dos Estados do Sul", 119, 125
Comunidade Econômica Europeia (CEE), 55
"comunidades especulativas", 227
comunidades "feudais livres", 171
"comunidades imaginadas", nacionalismo e, 227
comunidades muradas, 130
comunidades nativas, 119, 172
comunidades on-line, 222-3
comunidades planejadas, 138-9, 141
comunidades proprietárias, 171
comunidades, autopoliciamento por, 135
comunismo: colapso de, 20; versus capitalismo, 39
condomínios fechados, 17, 68, 126, 129-43; nos Estados Unidos, 128; como modelo para o futuro, 137-9; vendidos como modelos de sustentabilidade, 248; como zonas de experimentação, 136; *ver também locais específicos*
Confederação Internacional de Sindicatos Livres, 149
Congresso Mundial de Arquitetura, 240
Congresso Nacional Africano (CNA), 100, 105
Congresso Nacional de Honduras, 202
conquista normanda, 171
Conselho da Grande Londres (GLC), 59-60, 70
Conselho Nacional Anticorrupção, 210
conservadores, 60, 85-6
conservadorismo social, 120, 123
construção da nação, 204
contrato social, 206; metáfora de, 208; mutação de, 16
contrato(s), 126, 131, 159, 172-3, 183, 206, 207, 208; "cidadãos contratados", 206; comunidades contratuais, 153; contrato social, 16, 206, 208
Cool Britannia, 195
Coreia do Norte, 152
Coreia do Sul, 54, 152, 246
Corporação de Desenvolvimento das Docklands de Londres, 58, 65

Corporação de Desenvolvimento Urbano (UDC), 65
Corporação de Londres, 51
corporações, 14, 26, 148, 152; bem-estar corporativo, 97; corporações de desenvolvimento imobiliário, 69; corporações multinacionais, 74; corporações soberanas (*sovcorps*), 197, 225; impostos corporativos, 40, 99
cosplay, 140
Costa Rica, 45
countrypreneurship [empreendedorismo de criação de países], 206
Cowen, Deborah, 194
Crane, Ed, 136
criação de nações, 111
criptografia, 233
criptomoedas, 212, 217, 225-6, 228, 234
crise: da democracia, 27, 47; como galvanizador, 242
crise financeira global de 2008, 62, 194, 240
critarquia, 168
crítica à tecnologia, 234
Croácia, 114
CSX World Terminals, 192
Cummings, Dominic, 88
cyberpunk, 135, 216

Dakota do Norte, 224
Dakota do Sul, 229
Dallas, Texas, 118, 125-6
Davidson, James Dale, 217-20, 226, 228, 233, 247
Davidson, Jim, 173-4
Davis, Mike, 182, 188
Declaração Conjunta Sino-Britânica de 1984, 37
Deist, Jeff, 158
Delaware, 207
democracia, 13, 46, 124; abandono da, 168; ausência de, 183-4, 196; automação e, 241; capitalismo sem, 20-1, 26-8, 32, 43-6, 57, 64, 136, 182-4, 195-6, 211, 219, 239-43, 245, 251; em Cingapura, 75; confusão da,

196; crise da, 27, 47; direta, 154; em Hong Kong, 199; inteligência artificial e, 241; linguagem da, 225; mercados e, 20; movimento de afastamento da social-democracia, 121; narrativas sobre a, 47; posicionamento de marcas de nações e, 195-6; em questão nos Estados Unidos, 248; renascimento da, 47; republicana, 225; restrição do direito de voto e, 46
"Democracia para as Docklands", 71
democratização, narrativas sobre, 47
Deng Xiao Ping, 37, 39-40, 43, 48, 82, 84
descentralização, 94-5, 98, 102, 131, 138, 152, 158, 214
descolonização, 106, 111, 169
"descontinuístas", 217
desemprego, 31, 48
Desenvolvimento de Cidades do Futuro, 205
desglobalização, 243
desigualdade, 82, 90, 249
desintegração, 113
desregulamentação, 85, 121, 165, 194
Deutsche Bank, 86
"diáspora reversa", 227
dinheiro, desnacionalização do, 225
"Dinheirolândia", 207
direito a voto, 46, 94, 124; restrito, 46, 94; *ver também* democracia
direito internacional, 19, 202
direitos de propriedade, 247
Djibuti, Somalilândia, 167, 192-3, 242
Docklands, Londres, 21, 50-71, 87, 242
DP World (Dubai Ports World), 191-3, 242, 244
Dubai, Emirados Árabes Unidos, 15, 21, 52, 63, 178-9, *180-97*, 211, 233, 235, 239, 242, 244, 245-6, 249; ascensão no início dos anos 2000, 195; autoritarismo em, 182; cidadãos de, 197; crise financeira mundial e, 194; Estados Unidos e, 193-4; expansão de, 192; expatriados em, 187-8; globalização e, 194; hiper-realidade de, 196; imóveis em, 189-90; jornalistas e, 196; migrantes em, 187-8; pluralismo legal radical em, 184, 188-9; população estrangeira em, 183, 187-9; trabalhadores estrangeiros em, 187-8
duque Cariadoc do Arco, 133

eBay, 220
ebola, epidemia de, 231
economia, política e, 45-6
economia apocalíptica, 17
"economia de arquipélago de offshores", 19
economia de guerra, 77
economia keynesiana, 44
economia, política e, 45-6
economias de enclaves, 201
Economist, The, 48, 86, 154, 202
"efeito bumerangue", 248
Eko Atlantic, 249
El Salvador, 212, 243
eleições, 31, 75; *ver também* democracia
Elizabeth, rainha, 184, 187
emendas orçamentárias equilibradas, 44
Emirados Árabes Unidos, 52, 187, 191, 193, 239, 244, 246
Emirates Stadium, 192
empresas de banana dos Estados Unidos, 209
empresas de fachada, 149, 152
encarceramento, substituído por restituição e compensação, 169
English Heritage (Patrimônio Inglês), 63
entroncamentos, 14, 191
Ernst & Young, 210
Escobar, Pablo, 149
Escócia, 114, 242, 248
escolas *charter*, 200
Espaço Econômico Europeu (EEE), 155
espaços públicos de propriedade privada, 68
Espanha, 111, 242, 248
espírito empreendedor, 155
essencialismo cultural, 80-1
estações de abastecimento de carvão, 192, 243
estado de apartheid, 100-1
"Estado de bem-estar de guerra", 118
Estado de bem-estar social, 46, 117, 122-3; ausência de, 30-2; fim do, 118; morto de fome pelo ciberdinheiro, 218

Estado de direito, 155
"Estado dentro de um Estado", 186
Estado mínimo, 32
"Estado no terceiro milênio", 153
Estado policial, na África do Sul, 99-101
Estado: desintegração do, 164; ideia pré-moderna de, 153; morte do, 111-26; papel do, 32, 65, 74; como prestador de serviços, 156, 158; saída do, 120-1, 132, 168; *ver também* Estados-nação
Estados Bálticos, 152
"Estados da Trégua", 185
Estados patronos, 203
Estados Unidos, 243; em 1978, 26-7; alíquotas de imposto nos, 31; como anocracia, 247; Cingapura e, 78; comunidades proprietárias nos, 171; condomínios fechados nos, 128; Dubai e, 193-4; intervenções militares no golfo Pérsico, 193; invasão do Afeganistão e, 193, 203; invasão do Iraque e, 61, 193, 197, 203; leis dos, 205; movimento neoconfederado em, 112-20; nacionalismo branco nos, 104; Nafta e, 84; pandemia da Covid-19 nos, 231-2; polarização política nos, 248; política externa dos, 203-4; pós-Jim Crow, 105; radicais do mercado nos, 112-3; segregação via mercado nos, 105; como zona, 247
Estados-nação: conceito de, 186; decomposição de, 16; impérios e, 47-8, 84, 106
estanho, 77
Estônia, 122, 152, 208
Etiópia, 242
etnia, 114; *ver também* raça
etnoestados, 104
eurocéticos, 84, 155
Europa: Estados por volta de 1789, 144; integração da, 154-5; zonas na, 16; *ver também locais específicos*
Excelsior, Hotel, 32-3
"êxodo tecnológico", 232
extraterritorialidade, 188, 243
extrema direita, 112-20, 124-5, 155

Facebook, 215, 221-3, 225
Fairchild Semiconductor, 84
"fantasia conjunta", 140, 226
Far Eastern Economic Review, 106
FDA (Food and Drug Administration), 233
"febre cultural", 82
febre da zona, 41, 82
federalismo, 138; sociológico, 138, 142
Ferguson, James, 107
Ferguson, Niall, 204
feudalismo, 132, 147, 154, 171
"feudalismo democrático", 154
Filipinas, 78, 243
"fim da história", 19, 76
Final Fantasy, 216
Firestone, 77
Fisher, Antony, 136
Flandres, Bélgica, 111, 120
Flórida, 232-3
Forças Armadas dos Estados Unidos, 193, 247
Forças de Defesa Sul-Africanas, 107
forças policiais, sindicalização das, 135
Forte Ross, 130
Fórum Econômico Mundial em Davos, 219
Foster, Norman, 37
fragmentação, 16, 28, 83, 105, 152, 155, 158, 209, 218, 232, 242-3
França, 28, 167, 177, 231, 243
Francisco, Samuel, 119
Francisco José II, príncipe, 148
fraturamento hidráulico (*fracking*), 125
Freedom House, 44-5, 101, 196
Freedonia, 173-4
Freeman, The, 203
freio à dívida, 44
Frente da Liberdade Africânder, 103
Friedman, David, 115, 131-3, 139-42, 209; *The Machinery of Freedom; Guide to a Radical Capitalism* [As engrenagens da liberdade; Guia para um capitalismo radical], 132; reconstituição medieval e, 226
Friedman, Milton, 26-7, 37-8, 74, 109, 122, 131, 136, 182-3, 250; na África do Sul, 95,

97; *Capitalismo e liberdade*, 26, 131; coluna na *Newsweek*, 30; discurso na Universidade de Hong Kong, 44; *Free to Choose* [Livre para escolher], 29-32, 42-3, 164; ganha o Prêmio Nobel, 30; Goldwater e, 131; em Hong Kong, 29-32, 42-3; Índice de Liberdade Econômica do Mundo, 44; palestra na Universidade da Cidade do Cabo, 94-5; workshops de, 44
Friedman, Patri, 26, 140-1, 205-6
Friedman, Rose, 109, 136, 164
fronteiras, barricadas de, 18
Fujisawa, Japão, 15
Fukuyama, Francis, 19, 76
Fundação Atlas, 136
Fundação Charles Koch, 135
Fundação de Sociedades-Startup, 232
Fundação do Livre Mercado, 97
Fundação Heritage, 16, 20, 55, 115; Índice de Liberdade Econômica, 252
Fundação Liechtenstein para Autogovernança, 158
Fundação Nacional da Ciência, 228
Fundação para a Educação Econômica, 170-1
Fundação Sarah Scaife, 29
fundadores, 225
Fundo Monetário Internacional (FMI), 54
fundos de capital de risco, 206

G8, 156
Galbraith, John Kenneth, 80
Gandhi, Indira, 186
GATT (Acordo Geral sobre Tarifas e Comércio), 39
Genocyber, 251
gentrificação, 69
"geosuborno" ou "geopropina", 69
gestão de patrimônio, 150
gestão versus governo, 46
Getty Oil Company, 29
Gibson, William, 135, 216
Giger, H. R., 239
globalismo alternativo, 145
globalização, 18-9, 47, 81, 121, 152, 158, 194

Goldman Sachs, 216
Goldwater, Barry, 131
golfo Pérsico, 184-5, 193
Goodyear, 77
Google, 228
governança corporativa, 225
governo: eliminação do, 113; falência do, 205; como gestão corporativa, 41; papel do, 60, 66, 105; versus gestão, 46; *ver também* Estado
Gqweta, Thozamile, 100
Grã Bretanha *ver* Reino Unido
"gradualismo experimental", 40
Grand Hyatt, 65
Grande Baía, Área da, China, 251
Grande Sociedade, 117
Grécia, 242
Guangzhou, China, 251
Guantánamo, baía de, 203
Guardsmark, 134
Guatemala, 45
Guedes, Paulo, 212
Guerra Civil (Estados Unidos), interpretações revisionistas da, 120
Guerra do Vietnã, 78, 114
Guerra Fria, 39, 44, 152, 178; fim da, 121-2, 156, 158
Guerras do Ópio, 200
Guerras Pênsicas, 133, 140
Guevara, Che, 35
guta-percha, seiva da árvore, 77

Habbo, 216
Hainan, China, 246
Hall, Peter, 55, 57
Halliburton, 193, 197
Hans-Adam II de Liechtenstein, príncipe, 145, 150-8
Hargeisa, Somalilândia, 178
Harrington, Brooke, 147
Harvey, David, 71
Hatherley, Owen, 68
Hayek, Friedrich, 32, 97, 115, 164, 176, 225
Heath, Spencer, 171, 173

Hegel, G. W. F., 234
Heinlein, Robert A., 174
Henley & Partners, 231
Herzl, Theodor, 230
hiperinflação, 121, 146
hipermobilidade, 42, 154, 218
Hirschman, Albert, 17
Hitler, Adolf, 157
Hohenem (dinastia), 146
holdings, 147-8, 157
homeschooling (educação domiciliar), 141
homogeneidade, 139, 142
Honduras, *198*, 201-213; apoio dos Estados Unidos a ditaduras militares em, 201; Canadá e, 203; golpe de Estado de 2009 em, 201-2; Nações Unidas e, 210; repressão em, 209; violência em, 204
Hong Kong, 20-1, 24-49, 93, 96, 98, 105, 133, 245; ativistas pró-democracia em, 251-2; autodeterminação em, 250; China e, 199-200, 250-2; concentração de riqueza em, 48-9; curiosidade legal de, 39; democracia em, 199-200; diáspora e, 44; economia do ópio e, 77; feiras imobiliárias em, 64; fim do domínio britânico em, 43; futuro de, 252; GATT e, 39; habitação pública em, 34; ilegalidade dos apelos por secessão em, 251; Império Britânico e, 27-9, 35-6, 43, 77, 186, 192; impostos em, 31-2, 43-4; no Índice de Liberdade Econômica do Mundo, 74, 129; Japão e, 78; Lei Básica de, 37-9, 46, 251; marca nacional e, 195; como modelo, 35, 42, 49, 54-5, 64-6, 73, 83, 155, 165-6, 183, 202, 211, 245; movimento de protesto em, 251; planos de absorção pela China, 251-2; política de desaparecimento em, 252; como protótipo para zonas, 42; como "região administrativa especial", 37, 202; Reino Unido e, 199; repressão à resistência em, 251-2; segmentação do espaço e, 82; terra artificial em, 190; zona como ferramenta para o Estado, 250
Hong Kong portátil, 35, 43, 170

Hoopmann, Errol, 189
Hoppe, Hans-Hermann, 121-2, 124-5, 139, 170, 176, 183
Hoskins, Bob, 53
Howe, Geoffrey, 54, 57
HSBC (Hongkong and Shanghai Banking Corporation) [Corporação Bancária de Hong Kong e Shanghai], 37
Huawei, 247
Hudson Yards, 67
Hungria, 246
Huntington, Samuel, 27
Hyde Park, 131

Idade Média, 122; cidades na, 51; medievalismo, 134; como modelo, 130-1, 170, 218; nova, 129-43; reconstituição medieval, 140, 226; tópos da, 133, 136, 140, 218
Idaho, 224
identidade nacional, fim da, 218
ideologia do colono, 118
Iêmen, 192
IG Farben, 148, 157
igualitarismo, revolta contra, 115
ilha de Wight, 55
Ilha do Unicórnio, 239
ilhas, 21
ilhas Canárias, 250
ilhas Cayman, 15, 52, 149, 247
ilhas do Canal, 151
ilhas Malvinas (Falklands), 36
ilhas Maurício, 45, 173
ilhas Salomão, 243
ilhas Virgens Britânicas, 62
Imigração e Alfândega dos Estados Unidos, 247
imperialismo, liberdade econômica e, 204; *ver também* império(s)
Império Britânico, 74, 77-9, 106, 184-6, 192, 243
Império Habsburgo, 122, 146, 152
Império Otomano, 122, 137, 141, 197, 243
Império Romano, queda do, 155, 171

império(s), 47-8, 106; Estados-nação e, 47-8, 84, 106; fim do(s), 95, 122; narrativas sobre, 47-8; reabilitação do(s), 204
imposto de alíquota fixa, 44, 122
imposto sobre heranças, 48
Índia, 34, 195, 246
"índice de capitalismo de compadrio", 48
Índice de Liberdade Econômica do Mundo, 44-5, 48, 74, 101, 183
indivíduos soberanos, 218-9, 225, 228
Indonésia, 223, 231
indústria petrolífera, 77
inflação, 26, 31
Instagram, 223
Instituição Hoover, 31, 204
Instituto Cato, 45, 115, 136, 139
Instituto de Pesquisa do Pacífico (PRI), 136
Instituto Liechtenstein de Autodeterminação, 158
Instituto Ludwig von Mises de Economia Austríaca, 115, 123, 156, 158, 164, 246
integração, 115-6
inteligência artificial, 241
internacionalismo, 59
internet, 217; anarcocapitalismo e, 217-35; como "fronteira não rival", 227-8; história comunitária da, 219-20
intervenção no mercado, segregação e, 105
intolerância, militante, 125
Irã: proibição de criptomoeda no, 228; revolução no, 26
Iraque, 193; administração por empreiteiros privados, 197; invasão norte-americana do, 61, 193, 197
Irlanda, 52, 98
Islândia, 133, 140
Isle of Dogs, 53, 57, 64
Israel, 105, 230
Itália, 231-2
Iugoslávia, 111, 138; dissolução da, 240

Jafza International (Autoridade Internacional da Zona Franca de Jebel Ali), 191, 194

Japão, 28, 78, 112, 120, 171, 243
Jardine Matheson, 33
João II, príncipe, 174
jogos, 217
jogos de RPG on-line multijogador, 216
Johnson, Boris, 64-5, 70, 86
Johnson, Paul, 155
Joseph, Keith, 55
jurisdições políticas startup, 26, 200, 205, 207, 211-2, 224, 227, 230, 232-3, 241, 249
jurisdições secretas, 146-50, 156-7, 248
Jurong, Cingapura, 83
justiça social, 165
justiça, privatização da, 134-5, 166

Kaczynski, Theodore, 224
Kansas, 135
Kaohsiung, Taiwan, 98
KBR, 197
Kendall, Frances, 101-4, 108, 112, 137, 145
Khalili, Laleh, 192
King Jr., Martin Luther, 114
Klein, Naomi, 212
Kleindienst, Josef, 249
Ko, Ivan, 252
Koch, Charles, 101, 115, 136
Kowloon, península, 28, 33
Kruger, Paul, 97
Krugerrand, 97
Krugersdorp, África do Sul, 97
Krugman, Paul, 89
Kunzru, Hari, 21
Kuwait, 149, 184

Lagos, Nigéria, 249
laissez-faire, 55, 183
Laos, 242
"lares para os heróis", 65
LARPing (*live action role play*) [jogo de interpretação ao vivo], 140, 226
lavagem de dinheiro, 156, 248
Lee Kuan Yew, 76, 78, 80-1, 85, 224
Lee, Bruce, 252

Lee, Robert E., 115, 124
Leeson, Peter, 176
Lega Nord, 119
Lei de Moore, 84
lei e ordem, privatização da, 134-5, 142-3, 166
lei(s): escolha de, 207; Estado de direito, 155; dos Estados Unidos, 205; internacionais, 19, 211; lei tradicional da Somália, 168-9; leis sindicais, 125; leis trabalhistas, 55, 125, 245; pluralismo legal, 184; policêntrica, 139; privatização da justiça, 134-5; reforma da, 205; *ver também* lei e ordem, privatização da
leis de comércio internacional, 211
leis trabalhistas, 55, 125, 245
Lesoto, 106-7
Leste Asiático, 76; *ver também locais específicos*
Leste Europeu, 40, 43, 122; *ver também locais específicos*
Letônia, 152
Leung Chun-ying, 46
Li Yang, 48-9
liberalismo, 55, 81-2
liberalização, limites de, 42
liberdade, 13, 82; definição de, 45; índice de "liberdade humana", 45; "liberdade localizada", 16; liberdade negativa, 87, 89; liberdade pessoal, 142-3; liberdade positiva, 87, 89; usos relativos da, 42; *ver também* liberdade econômica; liberdade política
"liberdade de dissociação", 102
liberdade econômica, 48; homogeneidade e, 142; imperialismo e, 204; liberdade pessoal e, 142-3; liberdade política e, 20, 26, 37-8, 44, 46, 94; narrativas sobre, 69
Liberdade em Nosso Tempo (conferência), 159
"liberdade humana", índice de, 45-6
liberdade negativa versus liberdade positiva, 87, 89
liberdade pessoal, liberdade econômica e, 142-3
liberdade política, 20, 26, 44-6, 76, 94, 182, 196
liberdade positiva versus liberdade negativa, 87, 89

Liberland, 240-1
libertarianismo, 13, 32, 93-109, 113, 123, 132, 150, 163, 174, 184, 245; empreendedor, 205; modelo de Liechtenstein e, 156-8; em New Hampshire, 224; radicalização de, 131, 145; sem Estado, 122; tecnológico, 217-35
Líbia, 52, 192
Liechtenstein, 112, 145-59, 245; autodeterminação em, 153-4; cidadania(s) em, 150; comunitarismo em, 150; defensores do Brexit e, 155; direitos das mulheres em, 150; como "Éden para capitalistas apreensivos", 148; libertários e, 157-8; na lista negra como "Estado não cooperativo" pela força tarefa do G8, 156; mão de obra não cidadã em, 150; modelo sob ataque, 156; como paraíso fiscal, 147-58; Primeira Guerra Mundial e, 147; radicais do mercado e, 157; secessão permitida na Constituição, 154, 158-9; Segunda Guerra Mundial e, 148
Liga das Nações, 146, 151
Liga do Sul (antiga Liga Sulista), 119
Lim, Louisa, 38
Lituânia, 120
Livingstone, Ken, 59, 61, 63
livre mercado na governança, 206
livre-comércio, 122; *ver também acordos específicos*
livre-iniciativa, colonialismo e, 31-2
Lobo, Porfirio "Pepe", 201, 211
London Eye, 192
London Gateway, porto, 192
Londres Vermelha, 52, 61
Londres, Inglaterra, 51-71, 93, 245; *ver também* City of London; Docklands de Londres
Louw, Leon, 97, 100-4, 108, 112, 123, 137, 145
Lubriderm, 172
Lucke, Bernd, 155
Luxemburgo, 121, 155
Lynn, Ricardo, 123

Macau, China, 251
MacCallum, Spencer Heath, 170-3

Madagascar, 200
Maddison, Angus, 57
Malásia, 192, 231
Malcolm X, 114
Mandarin, Hotel, 32-3
Mandela, Nelson, 105-6, 108
Manhattan, Nova York, 190
Manila, Japão e, 78
mão de obra: automação e, 244; excedente, 107
mão de obra feminina, 98
Mao Tsé-tung, 26, 34, 81, 109
mar do Sul da China, 40, 77
Marcos, Imelda e Ferdinand, 149
Marinha dos Estados Unidos, 193
Marinha Real britânica, 77, 78
Marx, irmãos, 173
Marx, Karl, 241
Maryland, 231
Matrix (filme), 216
Maxongo, Priscilla, 99
Maxwell, Robert, 149
megaprojetos, 239; urbanos, 15
mercado imobiliário, especulação no, 62
Mesa Merchant Police, 134
Meta Platforms, 215; *ver também* Facebook
metarregras, 210-1
Metaverso, 21, 215-36
México, 84, 130, 171
Miami, Flórida, 232-3
Michael, príncipe, 156
microchips, 218
microestados, 112, 121-2, 145-59
micronações: *ver* microestados
micro-ordenamento, 16, 19, 130, 138
mídia social, 221-3
Miéville, China, 247
"milha quadrada", A do distrito financeiro, Londres, 51-2
millets, 137
minarquistas, 32
miniestados, 193, 205; *ver também* microestados
minissociedades, 171
Minton, Anna, 68

Mirren, Helen, 53
Mises, Ludwig von, 115, 124-5, 156, 176, 208, 240
mito da fronteira, 229
Mobuto Sese Seko, 149
Model, Daniel, 158
Modi, Narendra, 246
Mogadíscio, Somália, 168, 176
Mohammed bin Salman, 244
Moldbug, Mencius, 183-4; *ver também* Yarvin, Curtis
Mônaco, 112, 121, 146, 155
monarquia, 183
Montenegro, 122
Moore, Gordon, 84
Moore, Stephen, 20
movimento antiapartheid, 95-6, 100
Movimento Nacional contra as Zedes e pela Soberania Nacional, 209-10
movimento neoconfederado, 112-20
movimentos nacionais, 158
movimentos separatistas, 111-20; *ver também* secessão
muçulmanos negros, 137
mudanças climáticas, 229, 248-50
Mumbai, Índia, 185-6
Mumford, Lewis, 52
mundo livre: definição de, 44; redefinição de, 46
mundos de jogos imersivos, 223
mundos virtuais, 215-36
municipalismo, renascimento do, 70
Muro de Berlim, queda do, 18
Museu de Ciência e Tecnologia de Shenzhen, 239
Museu Metropolitano de Arte (Nova York), 151
Musk, Elon, 174, 232

nacionalismo, 155; "comunidades imaginadas" e, 227; pós-colonial, 34; secessão e, 114; tradições inventadas de, 227
nacionalismo branco, 104
nacionalismo negro, 114

nações não territoriais, 174
"nações por consentimento", 120, 153, 173
Nações Unidas (ONU), 35, 73, 78, 84, 112, 126, 151; Assembleia Geral, 42, 112, 151; Estados-membros e quando aderiram, 110; Honduras e, 210; Liechtenstein e, 151, 153; micronações na, 112; movimentos nacionais e, 158; movimentos de secessão e, 158; Organização Internacional de Desenvolvimento, 167; política contra a secessão, 152; "Ring City", plano-piloto de Cingapura e, 87; Somália e, 167, 169; Somalilândia e, 177
Nakamoto, Satoshi, 226
Nakheel Properties, 190
não cidadãos, 75, 90, 102; *ver também* cidadania(s)
nation branding (marca da nação), 195
navios porta-contêineres, 53, 79, 109, 192
neoimperialismo, 204; *ver também* império(s)
neoliberalismo, 32, 34-5, 38, 40, 44, 54, 67, 94, 100, 113, 122, 129, 136, 155, 164, 251
Neom, 15, 243, 247-8
neorreacionários, 183-4
netizens, 222-3
Nevada, 15, 125
Neveling, Patrick, 97
New Guard [Nova Guarda], 131
New Hampshire, 224
Newsom, Gavin, 231
Newton, Huey, 163
Nicarágua, 243
noite do terror, A (filme), 53-4, 57, 68
North, Gary, 141
Nova Cidade de Songdo, Coreia do Sul, 15, 225
Nova Esquerda, 114
nova esquerda urbana, 60
Nova Scotia, 77
Nova York, 62-3, 65, 190
Nova Zelândia, 34, 224
novidade, 190
"Novo Manifesto Dixie", 119
novo mundo livre, 46
Novo Trabalhismo, 195

Novos Territórios, 40
Ntshanga, Masande, 108

Oásis do Silício, 189
Obama, Barack, 15
OCBC Tower, 79
Occupy Central, movimento, 250
Oeste dos Estados Unidos, 21
Ogle, Vanessa, 47
Okinawa, Japão, 120
One Canada Square, 61
ONU *ver* Nações Unidas (ONU)
Operação Gatekeeper [Guardião do Portão], 18
ópio, 77
Orangeburg, condado de, Carolina do Sul, 194
Orânia, 103-4, 108, 123
Organização de Manutenção de Terreno Ocidental Internacional, 149
Organização Internacional do Trabalho, 210
Organização Mundial do Comércio (OMC), 18, 29, 39, 84, 87
Organização para a Cooperação e Desenvolvimento Econômico (OCDE), 156, 158
orientalismo, 80-1
Otan (Organização do Tratado do Atlântico Norte), 82
Oxagon, 244

P&A Corporate Services Trust (Vaduz), 149-50
P&O, companhia de navegação britânica, 192-3, 244
padrão-ouro, 115, 121
padronagem do vazio, 16
Page, Larry, 221, 228
país na nuvem, 221, 223-5, 228-30, 231
Países Baixos, 166
Palantir, 247
"paleolibertarianismo", 116, 118, 121, 125, 156
Palestina, 174, 230
palestinos, 116
Palm Jebel Ali, 190
Palm Jumeirah, 190, 194, 196
Panamá, 151

Panama Papers, 19, 156
pandemia da Covid-19, 70, 231-5, 248, 250
Pandora Papers, 156
Papua-Nova Guiné, 243
Paradise Papers, 19, 156
parentesco, 173, 177
Parque de Inovação de Alta Tecnologia, Chengdu, China, 82
Parque Industrial de Suzhou, China, 83
parques logísticos, 192
Partido Comunista da China (PCC), 36, 38, 48, 82
Partido Conservador (Reino Unido), 53, 60, 84
Partido pela Independência do Reino Unido (Ukip), 120
Partido Trabalhista, 59
Patri du Chat Gris, 140
pátrias, 96, 103, 105-6, 116, 120
Paul, Ron, 116, 121
PayPal, 13, 219
PBS, 29, 31-2, 42, 80
Pearl Harbor, bombardeio de, 78
Pei, I. M., 57, 79
Pelli, César, 61
península Arábica, 20
Península da Malásia, 242
pensões, 245
pequenos Estados, viabilidade de, 121
perfuração, metáfora da, 15-8, 130, 206
pertencimento de grupo, 114
Peru, 212
petróleo, 77; embargo de (1973-4), 187; preços do, 61, 187; *ver também* indústria petrolífera
Philips, 79
phyles, 109, 112, 120
Piano, Renzo, 63-4
Piketty, Thomas, 19, 48
Pinkerton, 134
Pinochet, Augusto, 40, 124, 204, 212
Pireu, 242
Plano Oranje, 103
Plant, Raymond, 20
pluralismo legal, 184; radical, 188-9

poder do Estado: em Cingapura, 74; descentralização do, 21, 95, 101; limites do, 70
poder, concentração de, 69
política: capitalismo e, 241-2; de desaparecimento, 251; economia e, 45-6; ideologia política, 217; prefigurativa, 59
Poon, Alice, 64-5
"população excedente", 58, 95
Porter, Oliver, 212
Porto de Jebel Ali, 196
Porto de Klang, Malásia, 192
Porto do Djibuti, 192
Porto Islâmico de Jeddah, 191
Porto Rico, 79
portos de tratado, 48, 188
portos livres/Portos francos, 15, 77, 86, 88, 169, 192, 243
pós-colonial, nacionalismo, 34
posse da casa própria, declínio, 69
Praça da Paz Celestial, protestos na, 46, 81
Primeira Guerra do Ópio, 28
Primeira Guerra Mundial, 77, 122, 147
"primeiro crescer para depois compartilhar", 82
Princípio da "nação mais favorecida", 28-9
prisão de Victor Verster, 105
privação de direitos políticos, 94
privatização, 82, 100, 117, 132-5, 138, 141-2, 242, 247; da justiça, 134-5, 166; da lei e da ordem, 142-3, 166; projetos de privatização, 15-6; reversões de, 212
produtividade, 48
Projeto de Ação para a Saúde das Mulheres Negras de Londres, 70
projetos de construção de enclaves, 248
projetos de habitação social, 67; depois da Primeira Guerra Mundial, 65
projetos habitacionais, 34, 65, 67, 88
propriedade, 46, 113; *ver também* direitos de propriedade; propriedade privada
propriedade estatal aristocrática, 152
propriedade privada, inviolabilidade de, 46
propriedades imobiliárias, 61-2, 64, 88, 189-90
Próspera, 206-10, 232, 252

protecionismo, 122
Puerto Cortés, Honduras, 201
punição, restituição privada e, 135

Quebec, 111, 152, 245
Quênia, 242

Rabois, Keith, 232
Rabushka, Alvin, 31, 38, 44, 156
raça, 124; consciência racial, 118; poder econômico racializado, 104; secessão racial, 123; separatismo racial, 115-6, 123 (*ver também* segregação); solidariedade racial, 118-9
radicalismo de mercado, 112, 123, 130, 135, 139, 183; nos Estados Unidos, 112-3; Liechtenstein e, 157; neoconfederados e, 112-3
Raffles, Stamford, 77-9, 88
Rajaratnam, S., 74-5, 86
Rand, Ayn, 33, 86, 172, 208
ranking mundial de liberdade de imprensa, 196
Rashid, xeique, 185-6
Ravalomanana, Marc, 200
Reagan, Ronald, 136, 242
Reason, 30, 35, 94, 100
recolonização, 205
recursos, 228-9
redes centralizadas, 214
redes de contrabando, 186
redes distribuídas, 214
redistribuição, 45, 105
Rees-Mogg, William, 217-20, 226, 228, 233, 247
referendos, 152-4, 159
Região Administrativa Especial de Hong Kong, 202
Região Especial de Desenvolvimento (RED), 202-217
regras, 199, 210-1, 207
regulamentos, 55, 121; *ver também* desregulamentação; regras
regulamentos de saúde e segurança, 55
Reino Unido, 15; em 1976, 54; em 1978, 26-7; afastamento da manufatura e da agricultura,
59; alíquotas de imposto no, 31; Big Bang no, 52, 86; Brexit e, 15, 70, 73, 85-6, 88, 120, 155; depois do Brexit, 244, 248; Docklands de Londres, 51-71; Estado de bem-estar social no, 247; "Estados da Trégua", 184-6; Hong Kong e, 28, 34-7, 43, 54, 199; invasão do Iraque e, 61; marca nacional e, 195; modelo de Cingapura e, 88-9 (*ver também* City of London); secessão e, 248; Serviço Nacional de Saúde no, 247; *ver também* Império Britânico; *locais específicos*
remoção, à força, 95
Renascimento Americano, 104, 119
restituição, 169
restituição privada, punição e, 135
Revolta dos Guarda-chuvas, 46
revolução do xisto, 125
Rice, Condoleezza, 204
"Ring City", plano-piloto de Cingapura, 87
Rio das Pérolas, delta do, 40, 44, 199
riqueza, concentração de, 48-9
Roatán, Honduras, 206, 210
robôs, 244
Rockford, Instituto, 118
Rockwell, Llewellyn "Lew" Jr., 115-8, 121
Romênia, 192
Romer, Paul, 199-205, 210
Ron Paul Survival Report [Relatório de sobrevivência de Ron Paul], 116
Rothbard, Murray, 113-26, 132, 136, 153, 156, 173, 183, 208, 240
Rothbard-Rockwell Report (Triplo R), 116
Rothschild, Barão de, 213
Royal Dutch Shell, 77
Rússia: na década de 1990, 47; Dubai e, 192; invasão da Ucrânia, 70; oligarcas na, 62, 70; reformas de preços implementadas da noite para o dia na, 40; zonas econômicas especiais na, 192; *ver também* União Soviética
russos, 129-30

Sacro Império Romano-Germânico, 145, 152; cidades no, 51

Saez, Emmanuel, 19
San Francisco, Califórnia, 136, 230, 232
San Marino, 112
Sandy Springs, Geórgia, 212
Sani Abacha, 149
São Paulo, Brasil, 55
sapo Pepe, 125
Sassen, Saskia, 63
Saúde de Emergência (programa), 70
Schumacher, Patrik, 239-41
Sea Ranch, Califórnia, 129-30, 136
Seasteading, Instituto, 141, 206, 249
seasteads, 25, 248
Sebe, Lennox, 96, 105, 108
secessão, 16-7, 19, 21, 109, 139, 152-3, 221, 242; direito de, 145, 158; de indivíduos, 156; movimentos de secessão, 112-26, 158, 174, 248 (*ver também localizações específicas*); nacionalismo e, 114; por plebiscito, 156; como práxis revolucionária, 114; reivindicações ilegais em Hong Kong, 251; renascimento da, 117; reversões da, 212; secessão suave, 17, 127; sonho de, 248
Second Life, 216
sede da OPPO em Shenzhen, 239
segregação, 102-5, 115, 126; voluntária, 102-5, 112, 139
Segunda Guerra do Ópio, 28
Segunda Guerra Mundial, 78
Segunda-Feira Negra, queda do mercado de ações na (1987), 61
"Segundo Império Britânico", 52
segurança privada, 134, 139
seguridade social, 48
semissoberania, 185
Serra Leoa, 176
Serviço de Imigração e Naturalização, 134
Serviço Nacional de Saúde (NHS), 247
Serviço Postal dos Estados Unidos, metáfora do, 206
serviços de entrega, 232
serviços sociais, 45
setor de tecnologia, 200-13

Seul, Coreia do Sul, 55
Shanghai, China, 29
Shard (edifício), 63-4, 68
shardettes, 64
Shawarma (escultura), 67
Shaxson, Nicholas, 51
Shenzhen, China, 32, 40-1, 43, 82, 239, 251
shopping centers, como modelos, 172
Shriver, Lionel, 17, 224
"simbiose homem-máquina", 241
Sindicato dos Trabalhadores do Comércio e Aliados da África do Sul (Satawu), 100
Sindicato dos Transportes e Trabalhadores em Geral, 68
sindicatos, 78, 142, 245; ausência de, 31; destruidores de sindicatos, 97; leis sindicais, 125; proibição na África do Sul, 99; quebra dos, 242
sionismo, 230
sistema de moeda fiduciária, 121, 240
sistemas monetários, 121, 170, 240
Skidmore, Owings & Merrill, 57
Skype, 208
soberania: comoditização da, 164, 202; fragmentação da, 218; natureza cambiável da, 42; "repensar", 203
soberania nacional, limites de, 106
soberania popular, 31, 113
social-democracia, movimento de afastamento, 121-2
socialismo, 59-60, 84, 97; abandono da China, 83; fracasso do, 242; liberalismo e, 55
socialismo municipal, 60
Sociedade Hayek, 155
Sociedade Libertária Sul-Africana, 104
Sociedade Mont Pèlerin (SMP), 32-5, 40, 56, 97, 113, 164-5, 204
Sociedade para o Anacronismo Criativo, 133
Sociedade pela Propriedade e Liberdade (PFS), 122
sociedade anônima, 31
Somália, 18, 162-78, 245; ausência de Estado na, 164, 170-1, 173, 175-7; clãs na, 167-78;

"comércio sem Estado" na, 175; descolonização e, 167-9; história da, 167; *ver também* Somalilândia
Somália portátil, 170
Somalilândia, 177-8, 193, 244; britânica, 167; francesa, 167; italiana, 167
Soomaali'Ad ("Somalis Brancos"), 169
Sophia, 244
SpaceX, 232
Spencer, Richard, 123
Sri Lanka, 111, 243
Srinivasan, Balaji, 220-34
Standard Oil, 148
Starbase, 232
Stephenson, Neal, 108-9, 120, 215
Sterling, Bruce, 18, 163
Stiefel, Werner, 172
Sudão, 120
Sudeste Asiático, 76-7; *ver também locais específicos*
sufrágio, 45; universal, 124
Suíça, 145-7, 247
Sul da Ásia, 89; *ver também locais específicos*
Sul dos Estados Unidos, 21, 112, 115-6, 120, 125
Sumatra, 77
supremacia branca, 104, 119, 224
Suriname, 166-7
sustentabilidade, 248
sweatshops, 30, 98, 106, 209

Tailândia, 89
Taiti, 249
Taiwan, 28, 39, 54, 98, 251
tâmeis, 111
tarifas, suspensão de, 169; *ver também acordos específicos*; livre-comércio
Tata Group, 192
Taylor, Jared, 119
Tchecoslováquia, 111, 146, 153
Tebbit, Norman, 60
tecnologia blockchain, 226, 233-4
telecomunicações, 109
teoria das formigas, 41

terminais de contêineres, 192
terminal de petróleo de Doraleh, 193
Terranova, 173
"Terreno Encantado", 140
terrorismo, 156
"Tese do Sul Celta", 119-20
Texas, 121, 125, 229
Texas Instruments, 79
Thatcher, Margaret, 26, 36, 38, 52, 54-6, 59-60, 64, 66, 68, 87, 242; Big Bang e, 86; Cingapura e, 73, 85; Programa Right to Buy [direito de comprar], 69; como santa padroeira dos eurocéticos, 85
thatcherismo, 60
Theranos, 200
Thiel, Pedro, 13, 15, 17, 20, 25, 123, 183, 205, 219-21, 224-5, 232-3, 247
Thyssen, 148, 157
tigres asiáticos, economias dos, 87
tipos de rede, 214
Tirol do Sul, Itália, 120
Tlon, 221
Torre Grenfell, 67
Total, 177-8
trabalho remoto, 232
tráfico de drogas, 156
transição, 47
transitologia, 47
Transkei, África do Sul, 95-6
transporte marítimo, 194; *ver também* navios porta-contêineres
transporte rodoviário, 194
Tratado de Livre-Comércio entre Estados Unidos, América Central e República Dominicana (Cafta-DR), 211
Tratado de Maastricht, 84
Tratado de Nanquim, 27
tratados, 84
"três sem", 41
tributação, 13-5, 40, 55, 60, 99, 122; alíquotas de imposto, 40, 44, 82, 242; eliminação de, 165-6; evasão fiscal, 156; em Hong Kong, 31-2, 43-4; imposto de alíquota fixa, 44, 122;

imposto sobre heranças, 48; isenções fiscais, 61, 65-7, 79, 125, 201; paraísos fiscais, 14, 19, 52, 56, 66, 96, 98-9, 146, 149-51, 157-8, 165, 173-5; piratas fiscais, 157; como roubo, 45; *ver também locais específicos*
Trump Tower Dubai, 194
Trump Tower, Nova York, 65
Trump, Donald, 20, 65-6, 119, 123, 233, 247, 248
Truss, Liz, 85, 87
trust (fundo patrimonial), 146
Tullock, Gordon, 137-9, 141
Twain, Mark, 190

Uber, 200, 234
Ucrânia, invasão russa da, 70
Ugland House, 15
underthrow, 17
União Europeia (UE), 18, 84-7, 154, 244; integração de, 155; Mercado Único Digital, 208; separação de, 242; *ver também* Europa; *locais específicos*
União Soviética, 89, 178; China e, 36; dissolução da, 117, 152; fragmentação da, 18; glasnost e, 82
União Soviética, antiga, "terapia de choque", privatização na, 82
Universidade de Chicago, 141, 182, 204, 213
Universidade de Hong Kong, 44, 250
Universidade de Nevada, 122
Universidade de Princeton, 158
Universidade Politécnica de Hong Kong, 251
urbanismo global, 190
"urbanização incentivada", 69
USS *Vicksburg*, 193
utopia do livre mercado, 16
utopia, comoditização e, 140
"utopias privadas", 126

Vaduz, Liechtenstein, 147
Vale do Silício, colonialismo do, 199-213
valores asiáticos (clichê), 80-1, 85
Van Notten, Michael, 164-74, 177-8

Vanuatu, 112
Venda, África do Sul, 95
verticalidade, 190
Verwoerd, Hendrik, 103
Vietnã, 27
Vila do Conhecimento de Dubai (Parque do Conhecimento), 189
violência vigilante, 126
Vogel, Ezra, 54
voortrekkers, 103, 118

Wackenhut, 134
Walker, William, 209
Walters, Alan, 56-7
Warsame, Flory Barnabas, 170, 177
Waterman's Arms, 53-4
wergeld ("preço do homem"), 134
Wetherell, Sam, 56
Wilson, Harold, 186
Wilson, Woodrow, 122, 153, 186
Winsemius, Albert, 78-9
World Financial Center de Shanghai, 63
World of Warcraft, 216
World Trade Center de Dubai, 187
Wyoming, 207

xeer, 168
Xi Jinping, 64, 73

Yanukovich, Viktor, 149
Yarvin, Curtis, 183, 193, 196-7, 204, 221, 225

Zaha Hadid Architects, 239-40
Zâmbia, 167
Zede (*zona de empleo y desarrollo económico*) [zona de emprego e desenvolvimento econômico], 206-10
Zhao Ziyang, 37
Zheng He, 76
Zona de Alimentos em Jilin, China, 82
Zona de Empreendimento das Royal Docks, 64, 70
Zona Franca de Jebel Ali, 15, 187-93

"zona selvagem", 241
zonas, 14-20, 28, 48, 69, 181-97; capitalismo do século XXI e, 242, 250; condomínios fechados como, 136-7; direitos de propriedade e, 247; dívida de Trump com, 66; Estados Unidos como, 247; de exceção, 14-6; como ferramentas para Estados, 247; funções para a direita capitalista, 20; Hong Kong como protótipo de, 42; micronações como, 112; novas formas de, 52; pátrias como, 96; como "pé de cabra político", 165; penetração de, 246; como refúgio, 248-9; sonho das, 106; vendidas como modelos de sustentabilidade, 248; *ver também locais específicos*
zonas de comércio exterior, 97
zonas de empreendimento, 54-71, 87
zonas de franquia, 191
zonas de livre-comércio, 106, 183-4
"zonas de oportunidade", 66
zonas de processamento de exportação (ZPEs), 79, 83, 97-8, 201-213
zonas de sacrifício, 249
zonas econômicas especiais (ZEEs), 40, 42, 55, 83, 192, 243
zonas francas, 15, 98, 178, 181-97
zonas T, 165
zonas verdes, 231
zonas vermelhas, 231
zonificação, 42
Zuckerberg, Mark, 216
Zucman, Gabriel, 14

ESTA OBRA FOI COMPOSTA PELA ABREU'S SYSTEM EM INES LIGHT
E IMPRESSA EM OFSETE PELA GRÁFICA HROSA SOBRE PAPEL PÓLEN NATURAL
DA SUZANO S.A. PARA A EDITORA SCHWARCZ EM JUNHO DE 2024

A marca FSC® é a garantia de que a madeira utilizada na fabricação do papel deste livro provém de florestas que foram gerenciadas de maneira ambientalmente correta, socialmente justa e economicamente viável, além de outras fontes de origem controlada.